Irenäus Eibl-Eibesfeldt
GALÁPAGOS

SERIE PIPER
Band 1232

Zu diesem Buch

Mit seinem Klassiker »Galápagos« ist Irenäus Eibl-Eibesfeldt als Verhaltensforscher einem breiten Publikum bekannt geworden. Die spontane Erlebnisfrische seines Berichts und die sachkundige Deutung des Verhaltens der Galápagos-Tierwelt haben den Autor und sein Buch (die Erstausgabe erschien 1960) populär werden lassen. Immer wieder hat Eibl-Eibesfeldt sein Buch überarbeitet und ergänzt. Auch für die Neuausgabe in der Serie Piper hat er neue Forschungsergebnisse berücksichtigt. Außerdem enthält das Buch erstmals einen reich mit Karten ausgestatteten Reiseführer, durch den der Autor Galápagos-Reisenden zeigen will, welche Gebiete sie besuchen sollen und besuchen können, ohne die natürliche Umwelt der Inseln zu gefährden.

Im Vorwort zur Neuausgabe schreibt der Autor: »Galápagos war meine Liebe auf den ersten Blick. Diese Liebe hat sich bis zum heutigen Tag nicht abgenützt, sondern von Reise zu Reise vertieft. Es ist ja auch ein unbeschreibliches Erlebnis, aus nächster Nähe in der Brandung spielenden Seelöwen zusehen zu können und Meeresechsen, die wie vorweltliche Drachen schnaubend ihre Reviere verteidigen. Überdies lernte ich auf jeder Reise neue überraschende Facetten dieses vielgestaltigen Inselreiches kennen.«

Irenäus Eibl-Eibesfeldt, geboren 1928 in Wien, Professor Dr. phil., Studium der Zoologie in Wien. Seit 1949 Mitarbeiter des Instituts für vergleichende Verhaltensforschung (1951 als Max-Planck-Institut für Verhaltensphysiologie in Buldern neu gegründet, später in Seewiesen angesiedelt), seit 1970 Leiter der Forschungsstelle für Humanethologie am Max-Planck-Institut für Verhaltensphysiologie in Seewiesen (seit 1987 selbständige Forschungsstelle in der Max-Planck-Gesellschaft mit Sitz in Andechs), Professor an der Universität München, zahlreiche Forschungsreisen.

Im Piper Verlag liegen vor: Liebe und Haß; Krieg und Frieden aus der Sicht der Verhaltensforschung; Grundriß der vergleichenden Verhaltensforschung; Die Malediven; Die Biologie des menschlichen Verhaltens; Der Mensch – das riskierte Wesen.

Irenäus Eibl-Eibesfeldt

GALÁPAGOS

Die Arche Noah im Pazifik

Überarbeitete und erweiterte Neuausgabe

Mit 43 farbigen und 229 schwarzweißen
Abbildungen
sowie 52 Karten im
Inselführer

Piper
München Zürich

Von Irenäus Eibl-Eibesfeldt liegen in der
Serie Piper außerdem vor:
Liebe und Haß (113)
Krieg und Frieden aus der Sicht der Verhaltensforschung (329)
Der Mensch – das riskierte Wesen (585)

Vorsatzkarten und Karten im Inselführer: Jutta Winter
Zeichnungen (ohne Angabe): Hermann Kacher
Fotos (ohne Angabe): Irenäus Eibl-Eibesfeldt

Für die Neuausgabe wurden die Farbtafeln
auf den Seiten 241–270 zusammengefaßt.

ISBN 3-492-11232-3
Überarbeitete und erweiterte Neuausgabe 1991
8. Auflage, 43.–47. Tausend April 1991
(1. Auflage, 1.–5. Tausend dieser Ausgabe)
© R. Piper & Co. Verlag, München 1960
Umschlag: Federico Luci,
unter Verwendung eines Fotos von Irenäus Eibl-Eibesfeldt
Gesamtherstellung: Clausen & Bosse, Leck
Printed in Germany

Meiner lieben Frau

Inhalt

Vorwort zur achten Auflage

Galápagos war meine Liebe auf den ersten Blick. Diese Liebe hat sich bis zum heutigen Tag nicht abgenützt, sondern von Reise zu Reise vertieft. Es ist ja auch ein unbeschreibliches Erlebnis, aus nächster Nähe in der Brandung spielenden Seelöwen zusehen zu können und Meerechsen, die wie vorweltliche Drachen schnaubend ihre Reviere verteidigen. Überdies lernte ich auf jeder Reise neue überraschende Facetten dieses vielgestaltigen Inselreiches kennen.

Als ich die Inselgruppe 1954 als Teilnehmer der Hans-Hass-»Xarifa«-Expedition zum erstenmal bereiste, da galt sie noch zu Recht als das »Ende der Welt«[1]. Nur alle paar Monate kamen unsäglich rostige Frachter vom Festland mit Post und Versorgungsgütern. Heute können Touristen bequem einfliegen, und die Besucherzahlen steigen von Jahr zu Jahr. 1989 waren es bereits 42 000 Personen.

Diese Entwicklung war nicht vorauszusehen. Als ich die erste Auflage dieses Buches konzipierte, schrieb ich für einen Leserkreis biologisch und geographisch Interessierter, von denen kaum einer das Inselgebiet selbst bereisen würde. Heute ist das ganz anders, und das Buch wendet sich nunmehr auch an den potentiellen Galápagos-Besucher. Es soll ihn auf ein großes Erlebnis vorbereiten und ihn zu selbständigem Beobachten anregen. Ich berichte als Verhaltensforscher von Schlüsselbeobachtungen, die mich selbst dem Verständnis tierischen Verhaltens näherbrachten. Dem Buch liegen die Beobachtungen der ersten Expedition zugrunde, die ich allerdings um die Erfahrungen aus allen weiteren Forschungsreisen bereicherte. Auch

---

1 Nach W. Beebe: Galápagos, das Ende der Welt. Brockhaus, Leipzig 1935

weise ich auf die Entdeckungen anderer Forscher hin und berücksichtige neue Entwicklungen. Am ursprünglichen Charakter der Erlebnisschilderung halte ich auch in dieser neuen Auflage fest. So hoffe ich, daß der Leser meine Entdeckerfreuden nachvollziehen kann.

Ich habe die Galápagos-Inseln bisher neunmal bereist: 1954 als Teilnehmer der mittlerweile Geschichte gewordenen Xarifa-Expedition von Hans Hass, auf der wir als erste auch die Meeresabgründe dieser Inselwelt schwimmtauchend erforschten. 1957 bereiste ich den Archipel als Leiter einer UNESCO-Expedition, mit dem Ziel, wirksame Naturschutzmaßnahmen einzuleiten, einen Platz für eine biologische Station auszusuchen und einen Überblick über den Erhaltungszustand der Tier- und Pflanzenwelt zu gewinnen (S. 418). 1960 führte ich Heinz Sielmann in dieses Gebiet und beriet ihn bei seinem abendfüllenden Kulturfilm »Landung auf Eden«, zu dem ich auch die Unterwasseraufnahmen drehte. Weitere Reisen folgten 1966, 1974, 1978, 1982, 1987 und 1988. Der Besuch im Jahre 1982 war vor allem taucherischen Unternehmungen gewidmet. Mit Friedemann und Heide Köster, Gary und Gail Robinson und meiner Tochter Roswitha bildeten wir ein unternehmungslustiges Team, das sich an recht exponierte Tauchgründe wie die Gordon Rocks und Roca Redonda wagte. Jede dieser Reisen vermehrte mein Wissen um diesen einzigartigen Archipel, und davon profitierte das Buch von Auflage zu Auflage. Es wuchs gewissermaßen mit.

Daß die Inseln heute zu relativ günstigen Bedingungen jedermann zugänglich sind, hat ihnen nichts von ihrem Zauber genommen. Die dunklen Meerechsen stelzen weiterhin unbekümmert um die Touristen auf den Lavafelsen umher, die zahmen Seelöwen betrachten den Besucher mit der gleichen Neugier, mit der jene sie studieren, und im Landinneren stapfen die Elefantenschildkröten auf alten Pfaden. Noch gibt es die flugunfähigen Kormorane und die Galápagos-Pinguine, und zu bestimmten Jahreszeiten kann man balzende Fregattvögel, Albatrosse und Blaufußtölpel beobachten, und Darwins Finken, die in der Zoologie Geschichte machten, hüpfen einem wie die Spatzen vor die Füße. Möge das Buch zur vertieften Schau auch für die verborgenen Wunder verhelfen!

Ein Garten Eden im Pazifik

Dort, wo heute die Galápagos-Inseln liegen, erstreckte sich einst der weite Pazifische Ozean, bis eines Tages, vor vielen Millionen Jahren, die See an dieser Stelle zu kochen begann. Die Erdkruste war geborsten, und die glühenden Eingeweide unseres Planeten quollen unaufhörlich zutage. Immer neue Lava- und Aschenlagen türmten sich auf dem Meeresboden, und dann erhoben die glutspeienden Vulkane ihre Häupter aus der tosenden See. Die Galápagos-Inseln waren geboren!

Weitere Jahrtausende vergingen, ehe sich Leben an den Hängen der erkaltenden Vulkane ansiedeln konnte. Wind und Wellen brachten die ersten Keime, und genügsame Arten bezogen die kargen Felsböden. Oft, wenn die Berge von neuem ihre Flammen in den Himmel spien, ging der mühsam eroberte Boden wieder verloren. Den niederen Pflanzen folgten höher organisierte und diesen wiederum Insekten, Echsen und Vögel. Sie alle kamen als Strandgut an, auf großen vom Festland losgespülten Bäumen oder auch von Stürmen verschlagen. Die Wahrscheinlichkeit, daß eine Art den Transport über die tausend Kilometer Ozean vom südamerikanischen Festland bis zu den Inseln lebend überstand, war allerdings gering. Nur wenige widerstandsfähige Arten hielten durch. Das erklärt manche Lücke in der Tier- und Pflanzenwelt der Galápagos-Inseln.

1 Nachtreiher.

2 (nächste Doppelseite)
Meerechse beim Imponieren. Sie zeigt dem Gegner (im Hintergrund) die Breitseite. Links im Bild der flugunfähige Kormoran.

Während auf dem südamerikanischen Kontinent viele Lurche leben, gibt es auf den Galápagos-Inseln keinen einzigen Frosch oder Molch. Landsäuger sind nur durch eine Rattengattung, eine Fledermausgattung und einen erst kürzlich in Raubvogelgewöllen entdeckten hamsterartigen Nager vertreten[1]. Die Masse der Landvögel stellen die Darwin-Finken (*Geospizidae*), während viele für das südamerikanische Festland typische Vogelgruppen (z. B. Papageien und Kolibris) fehlen.

Noch deutlicher wird die Lückenhaftigkeit der Galápagos-Tierwelt, wenn man sie mit der Tierwelt anderer Inseln, die mit einem Kontinent in Verbindung waren, vergleicht. So kennt man von den britischen Inseln 20 007 Insektenarten, die sich auf 4717 Gattungen und 425 Familien verteilen. Von den Galápagos-Inseln kennt man dagegen nur 618 Arten aus 395 Gattungen und 129 Familien. Man wird zwar sicher noch neue Arten entdecken, sie werden jedoch die Relation nicht wesentlich ändern (E. G. Linsley und R. L. Usinger 1966).

Was jedoch diese fernen Inseln erreichte, bildete sich im Laufe der Zeit zu ganz eigenartigen Sonderformen um, Arten, die man sonst an keinem anderen Platz unserer Erde wiederfindet. Nur hier gibt es die tangfressende Meerechse und den kakteenfressenden Drusenkopf, nur hier gibt es die großen Elefantenschildkröten und den flugunfähigen Kormoran. Die Mehrzahl der Arten ist endemisch, das heißt in ihrem Vorkommen auf den Archipel beschränkt. Von den 89 hier brütenden Vogelarten sind 76 den Galápagos-Inseln eigentümlich.

Auch unter den Landpflanzen gibt es zahlreiche Endemismen. Es handelt sich allerdings meist nur um Arten oder Unterarten. Nach einer Aufstellung von Duncan Porter kannte man bis 1984 541 Arten und Unterarten von Gefäßpflanzen, die nicht vom Menschen eingeführt waren. Von diesen waren 229 endemisch. Dazu kamen 195 vom Menschen eingeführte Unkräuter und Kulturpflanzen, die nunmehr mit der einheimischen Galápagos-Flora konkurrieren.

---

1 Siehe Anhang: Tiernamenverzeichnis.

Die Tiere, die ankamen, fanden hier gegenüber ihrem Ursprungsland veränderte Lebensbedingungen vor. Sie mußten sich diesen anpassen, wenn sie nicht zugrunde gehen wollten, und so spielte sich auf diesen Inseln ein großartiges Experiment der Stammesgeschichte ab, das Darwin als erster zu deuten verstand. Wir werden auf seine Beobachtungen näher eingehen. Sie fanden ihren Niederschlag in dem 1859 veröffentlichten Werk über die Entstehung der Arten, das heute noch zum Fundament unseres modernen naturwissenschaftlichen Weltbildes gehört.

Eine weitere Besonderheit der Galápagos-Inseln ist das Nebeneinanderleben von Vertretern der antarktischen und tropischen Fauna. Ist es nicht merkwürdig, daß man hier unter dem Äquator Pinguine und Pelzrobben neben den tropischen Meerechsen antrifft? Diese Eigentümlichkeit verdanken die Inseln dem kalten Humboldtstrom, der sie, von Süden kommend, umspült. Er brachte die Pinguine und Robben unter die Äquatorsonne.

Das erstaunlichste Merkmal der Galápagos-Tiere bleibt jedoch die außerordentliche Zahmheit gegenüber den Menschen. Bereits die ersten Besucher berichten uns von den vielen zahmen Vögeln, die sich neben ihnen niederließen, von den großen Echsen, die kaum auswichen, und von den furchtlosen Seelöwen. Noch heute sind die Spottdrosseln der Insel Española so zahm, daß sie mittrinken und einem die Brote stibitzen, wenn man picknickt. Es gelang nämlich keinem einzigen räuberischen Landsäuger, auf den Inseln Fuß zu fassen. Bis in die neueste Zeit waren die Inseln frei von Furcht, und die Tiere verloren daher ihre Scheu.

Galápagos ist in dieser Hinsicht ein Garten Eden, oder richtiger: er war es, denn eines Tages setzte ja der Mensch, das gefährlichste aller Lebewesen, seinen Fuß auf diese einsamen Gestade.

Die ersten Besucher kamen höchst unfreiwillig. Der Bischof Tomás de Berlanga stach am 23. Februar 1535 von Panama in Richtung Peru in See. Sieben Tage segelte er im Schutz der Küste nach Süden, dann verließ ihn das Segelglück, der Wind flaute ab, und von einer starken Strömung erfaßt, trieb das

Schiff hilflos in die See hinaus. Das Trinkwasser ging schon zur Neige – da endlich, am 10. März, entdeckte man eine Insel. Groß war die Enttäuschung, als die Seefahrer eine Steinwüste, bedeckt mit dornigen Kakteen, vorfanden. »Es sah aus, als hätte es Steine geregnet«, klagte Berlanga in seinem Bericht. Immerhin, die Kakteen retteten die Mannschaft vor dem Verdursten.

Berlanga verdanken wir den ersten Bericht über die zahmen Schildkröten, Echsen und Vögel. Berlanga hat den Inseln keine Namen gegeben. Wenige Jahre nach seinem Besuch kam Kapitän Diego de Rivandeira. Er nannte die Inseln »Las Encantadas«, die Verwunschenen, da er meinte, sie würden auf der Meeresoberfläche treiben.

Den Namen »Galápagos-Inseln«, das heißt Schildkröten-Inseln, verwendet zum erstenmal der flämische Kartograph Abraham Ortelius im Jahre 1574. Die »Galápagos« – wie die Spanier die Schildkröten nennen – wurden in der Folge eine Attraktion für die Seeräuber, die hier einen ruhigen Stützpunkt fanden. Sie konnten hier ungestört ihre Beute teilen, die Schiffe reparieren, und die Schildkröten ergaben einen ausgezeichneten Proviant. Es waren klingende Namen unter den Besuchern, wie Ambrose Cowley, der die Inseln nach englischen Königen und Edelleuten benannte, oder William Dampier, der große Seeräuber-Schriftsteller, und Woodes Rogers, um nur einige zu nennen.

Woodes Rogers brachte damals auch Alexander Selkirk zu den Galápagos-Inseln, nachdem er ihn von der Robinson-Insel Juan Fernández befreit hatte. Woodes Rogers schildert in seinem Bericht, wie er diesen Mann, »der in Ziegenfelle gekleidet war und wilder aussah als deren erste Besitzer«, vorgefunden hatte. Er war dort wegen eines Streites mit seinem Kapitän ausgesetzt worden und hatte vier Jahre und vier Monate in so absoluter Einsamkeit verbracht, daß er seine Sprache halb verlernt hatte. Selkirks Schicksal regte Daniel Defoe zur Niederschrift des »Robinson Crusoe« an.

3 Meerechse und Felsenkrabben (Foto: H. Hass).

Den Seeräubern folgten die Walfänger, und alle Besucher wußten die schmackhaften Elefantenschildkröten zu schätzen. Bis in das vorige Jahrhundert füllten die Schiffer ihre Laderäume mit Schildkröten. Schließlich waren diese so selten geworden, daß sich ihr Fang nicht mehr lohnte. Zu allem Übel setzte man auf verschiedenen Inseln auch noch Haustiere wie Schweine, Hunde und Katzen aus, die sich auf die zahmen Galápagos-Tiere stürzten. Sie fraßen die Eier und die frisch geschlüpften Schildkröten und vernichteten so, was der Mensch übriglief. Und nicht nur die Schildkröten litten! Man tötete die arglosen Tiere oft nur zum Zeitvertreib. So schildert Kapitän Porter in seinem »Journal of Cruise« seine erste Begegnung mit den Meerechsen wie folgt: »Als wir in die Büsche hineingingen, fanden wir zu unserer Bestürzung Unmengen riesiger Leguane von denkbar häßlichem Aussehen… An einigen Stellen war eine Fläche von zwanzig Ar vollständig mit ihnen bedeckt, daß es aussah, als könne sich unmöglich noch ein Tier dazwischenschieben. Sie stierten uns alle fortwährend an, und wir glaubten anfänglich, sie wollten uns angreifen. Wir merkten indessen bald, daß es die harmlosesten Geschöpfe der Welt waren, und in ein paar Augenblicken hatten wir Hunderte von ihnen mit unseren Knütteln totgeschlagen.«

Und so hielt es der Mensch bis in die jüngste Zeit. Um die Jahrhundertwende begannen Kolonisten mit der Urbarmachung des Landes. Kleine Siedlungen entwickelten sich. 1957 lebten etwa 2500 Menschen in dem Archipel. 1989 war die Zahl auf etwas über 10000 angewachsen. Davon lebten auf San Cristóbal etwa 4000, auf Santa Cruz 5000, auf Isabela 1200 und rund 60 auf Floreana.

Daß die Tierwelt durch die Besiedlung gefährdet würde, erkannte man bereits früh, und 1934 erließ Ekuador, dem die Inseln seit 1832 politisch gehören, Schutzgesetze, die zunächst nur auf dem Papier standen.

Der Galápagos-Archipel ist über einen weiten Meeresraum ausgebreitet. Die Landmasse bedeckt, zusammengenommen, rund 7800 Quadratkilometer. Sie verteilt sich auf 10 größere Inseln und zahlreiche Inselchen und Klippen. Die größeren Inseln, wie zum Beispiel die 132 Kilometer lange und an der

4 Pinguinpärchen an der Küste Fernandinas.

5 Die Spottdrosseln sind neugierig und zahm. Hier eine Hood-Spottdrossel auf der Kamera von Eugen Schuhmacher, der mich auf meiner vierten Reise begleitete.

breitesten Stelle 84 Kilometer breite Insel Isabela, sind nur zum Teil erforscht. Ihre unwirtlichen Vulkanriesen ragen bis 1707 Meter über den Meeresspiegel empor. Sie sind von frischen Lavaströmen gezeichnet, und zahlreiche Nebenvulkane sitzen auf den aufgerissenen Flanken, denn die westlichen Inseln sind auch heute noch vulkanisch aktiv. An den Hängen und im Krater des Riesenvulkans Alcedo entdeckte Craig MacFarland eine der größten intakten Schildkrötenpopulationen dieser Insel.

Über die Hälfte der Landmasse von Galápagos wird von Isabela gebildet. Als zweitgrößte Insel folgt Santa Cruz.

Die Inseln erheben sich von einer unterseeischen Plattform. Zwischen ihr und dem Sockel des südamerikanischen Kontinents fällt der Meeresboden auf 1200 Faden ab. Es ist daher nicht anzunehmen, daß einst eine Landverbindung zwischen den Galápagos-Inseln und dem südamerikanischen Kontinent bestand. Bei den Inseln handelt es sich um Schildvulkane, die fast ausschließlich aus Basalt aufgebaut sind. Sie markieren einige parallel von Südost nach Nordwest verlaufende Bruchlinien, die von anderen im rechten Winkel dazu von Südwest nach Nordost verlaufenden gekreuzt werden. Eruptionen wurden zuletzt auf Isabela (1953, 1957, 1979) und Fernandina (1969, 1973, 1978) beobachtet. Die Lava von Hood (Española) ist nach Argon-Datierungen zwei Millionen Jahre alt, die Inseln sind jedoch sicher viel älter, denn auf Santa Cruz und Baltra gibt es gehobene Muschelbänke, die dem Jungtertiär (Pliozän) zuzuordnen sind. Dort fand man auch Fossilien der Landschnecke *Gastrocopta minuta*, die noch heute lebend anzutreffen ist. Folglich müssen die Inseln bereits damals bestanden und eine Trockenvegetation getragen haben.

Tropische Inseln! Unsere Vorstellung verbindet mit diesem Begriff grünen Palmenstrand, bunte Vögel und üppige, lianenverwobene Wälder mit seltenen Orchideen. Aber hier auf Galápagos werden diese Erwartungen nicht erfüllt. Statt der schlanken Kokospalmen spiegeln sich Kakteen und dürres Gestrüpp in der See, denn die Küstenregion ist wüstenhaft trokken. Nur von Dezember bis März fällt hier Regen. Der kalte Humboldtstrom bestimmt nämlich das Klima der Inselgruppe.

6 Lavawüste auf James (Santiago).

7 Vulkan an der Küste von James (Santiago), eine der vielen »Mondland-schaften« des Archipels.

8 Detail der Lavaformation des gleichen Gebietes (James).

9 Kraterlandschaft von Bartholomew.

10 Stricklava (Fernandina).

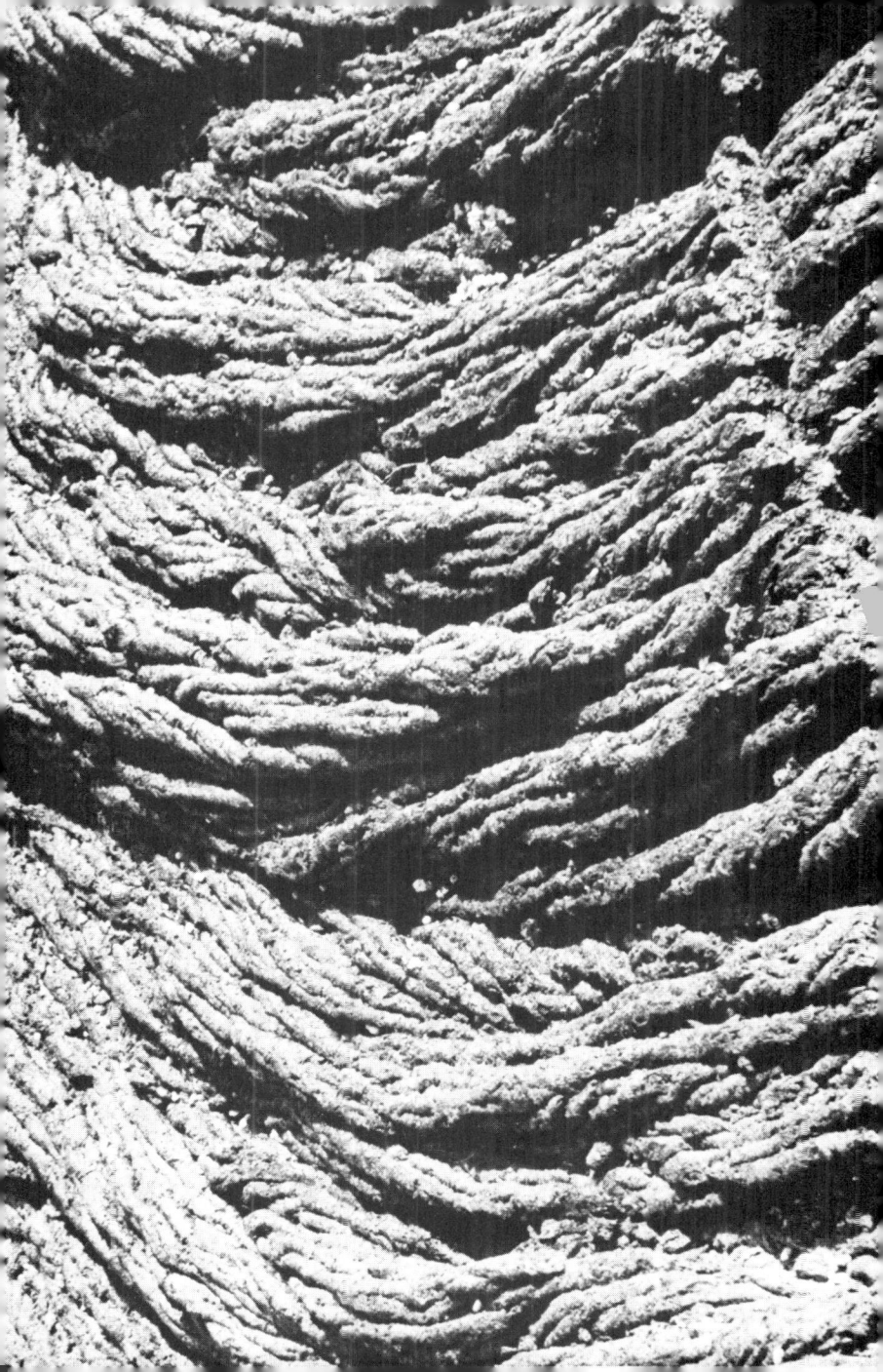

Er ist das genaue Gegenstück zum Golfstrom. Während dieser die Luft erwärmt, bringt der Humboldtstrom kalte Luft herbei. Diese strömt vom Meer aufs Land, wird dort erwärmt und nimmt Wasser auf, anstatt es abzugeben. Daher fällt kein Regen, das Land wird ausgedörrt wie die ebenfalls vom Humboldtstrom umspülten Küsten von Chile und Peru. In den Monaten Dezember bis März dagegen berührt ein warmer Meeresstrom, von Nordwesten kommend, die Galápagos-Inseln und trifft dort den Humboldtstrom. Er wird von den Spaniern El Niño genannt, das Kind, weil er etwa um Weihnachten herum das Inselgebiet erreicht. Er bringt den Regen, und für kurze Zeit ist dann die Küstenregion mit frischem Grün bedeckt. Es gibt allerdings Jahre, in denen der warme Meeresstrom nicht vom Humboldtstrom verdrängt wird. Solche El-Niño-Jahre wirken sich für die Pelzrobben, Meerechsen, Pinguine und flugunfähigen Kormorane katastrophal aus (Gary Robinson und Eugenia M. del Pino, 1985). Im El-Niño-Jahr 1982/83 starben fast alle Pelzrobbensäuglinge und ein Drittel der erwachsenen Robben. Viele Meerechsen verhungerten (auf Fernandina etwa 50% der Population), da andere Algen ihre Hauptnahrung verdrängten. Die Seevögel litten ebenfalls an Nahrungsmangel. Die Tierwelt erholte sich jedoch von den Auswirkungen des El-Niño-Jahres verhältnismäßig rasch. Nur die Pelzrobben brauchten dazu etwas länger.

Normalerweise ist jedoch die Trockenzeit lang, und die meisten Besucher fanden die Inseln daher öd und trocken vor. Der amerikanische Schriftsteller Herman Melville, Verfasser des »Moby Dick«, der auf einem Walfänger die Inseln besuchte, schreibt über sie:

»Wer sich von den Encantadas, den Verzauberten Inseln, eine Vorstellung machen will, der denke sich irgendwo außerhalb der Stadt einen freien Platz mit fünfundzwanzig hier und da verstreuten, hoch aufgetürmten Schlackenhaufen, und den Raum dazwischen als Meer. Dieses Bild entspricht genau der Wirklichkeit: eine Gruppe von erloschenen Vulkanen eher als von Inseln, bieten sie etwa den gleichen Anblick dar, wie ihn die Welt nach einem göttlichen Strafgericht in Gestalt eines Feuerregens vermutlich im Großen darbieten würde.

11 Die Steilküste (Barranca) der Akademie-Bucht von Santa Cruz mit Kandelaberkakteen und Baumopuntien.

12 Blick von der Insel Bartholomew nach James (Santiago; im Hintergrund). Im Vordergrund rechts eine der typischen baumartigen Opuntien.

Es ist kaum anzunehmen, daß es irgendwo auf der Erde einen Fleck gibt, der sich an Trostlosigkeit mit dieser Inselgruppe vergleichen ließe. Friedhöfe, um die sich längst kein Mensch mehr kümmert, Städte, die man Haus für Haus verfallen sieht, sind gewiß voll tiefer Melancholie. Aber wie alles, das einmal zu der Welt der Lebenden Beziehung gehabt hat, rufen sie in uns zwar traurige Gedanken wach, erwecken aber auch unsere Teilnahme... Die großen Wälder des Nordens, die weiten Meeresflächen, in die nie ein Schiff gelangt, die Eisfelder Grönlands erscheinen dem menschlichen Betrachter als die furchtbarsten der Einsamkeiten. Und doch: Der Zauber der wechselnden Gezeiten, die steten Folgen von Sommer und Winter mildern ihren Schrecken. Denn wenn auch keines Menschen Fuß diese Wälder betritt, so besucht sie doch der Mai...

Der besondere Fluch aber – so darf man wohl sagen –, der auf den Encantadas lastet, der sie an Trostlosigkeit über das Tote Meer und den Pol hinaushebt, ist die Tatsache, daß sie keinen Wechsel kennen... Vom Äquator durchschnitten, wissen sie von keinem Herbst und von keinem Frühling. Und da sie bereits zu Schlacken ausgebrannt sind, kann keine Macht der Vernichtung ihnen eigentlich noch etwas anhaben. Wie aufgeplatzte syrische Flaschenkürbisse, die in der Sonne verdorren, hat immerwährende Trockenheit unter einem glühenden Himmel sie zerspalten und zerklüftet. ›Erbarme dich mein‹, scheint der Geist der Encantadas klagend zu rufen, ›und sende Lazarus, daß er das Äußere seines Fingers ins Wasser tauche und kühle meine Zunge, denn ich leide Pein in dieser Flamme.‹«

---

13 Große baumartige Opuntie von Santa Cruz. Der Hochwuchs wurde wahrscheinlich durch die kakteenfressenden Reptilien (Schildkröten und Landleguane) herangezüchtet. Als weiterer Faktor mag die Konkurrenz mit anderen hochwachsenden Pflanzen (Büschen) dazukommen. Wo jedoch Schildkröten und Landleguane fehlen (Tower, Marchena, Wenman und Culpepper), wachsen die Kakteen niedrig und sind nur mit weichen Stacheln bewehrt.

So beschreibt der Dichter die Inseln, und wenn er auch übertreibt, zur Trockenzeit erscheinen die niedrigen Lagen wirklich wüst. Die höheren Lagen der Inseln sind dagegen viele Monate des Jahres in Nebelwolken gehüllt, und wandert man von der trockenen Küstenregion in die Berge, dann kommt man allmählich in einen grünen Vegetationsgürtel zu immergrünen Regenwäldern und weiter aufsteigend zuletzt in baumloses Hochland mit Farnen, Orchideen und Wiesen. Auf den Inseln San Cristóbal und Santa Cruz weiden dort Herden verwilderter Rinder.

Die Vegetationszonen sind auf Santa Cruz besonders deutlich ausgeprägt. Die trockene Küstenzone, in der Baumkakteen das Landschaftsbild beherrschen, reicht vom Meeresspiegel bis 100 Meter Höhe [1]. Sie bedeckt 30 Prozent der Insel. Eine Übergangszone, in der die Trockensträucher und Kakteen mit der Höhe allmählich abnehmen, folgt. Sie bedeckt 25 Prozent der Insel und geht in 200 Meter Höhe in die Zone des *Scalesia*-Waldes über. Auf diese 15 Prozent der Inselfläche bedeckende Regenwaldzone folgt dann in 300 Meter Höhe die sogenannte »Braune Zone«, in der die Pflanzen *Psidium galapageium* und *Zanthoxylum fagara* als Bäume vorherrschen (12 Prozent der Inselfläche). Sie sind von zahlreichen braunen Epiphyten bewachsen.

Es folgt der *Miconia*-Gürtel (400–550 Meter, 10 Prozent der Inselfläche). Hier herrschen der *Miconia*-Busch und Farne vor. Auf dem darüber folgenden Hochland, das nur 8 Prozent der Inselfläche ausmacht, wachsen niedrige Kräuter, Gräser und Farne, aber keine Bäume. Ähnliche Zonierungen kann man auch auf den anderen großen Inseln feststellen, doch wechselt

---

1 Im Schrifttum wechseln die Höhenangaben für die verschiedenen Zonen. Nach Bowman (1966) endet die trockene Küstenzone von Santa Cruz etwa 40 Meter über dem Meeresspiegel. Schofield (ohne Jahreszahl) gibt dafür 100 Meter an. Die Zahlen können demnach nur der ungefähren Orientierung dienen. Wir legen hier Angaben beider Autoren und eigene Erfahrungen zugrunde. Die Verhältnisse ändern sich von Insel zu Insel.

14 Die Nordküste von Santa Cruz. Im Hintergrund die ankernde »Xarifa«.

15 Vulkanische Landschaft des Ostteils der Insel San Cristóbal.

16 Eine eingeführte Winde hat hier große Teile der einheimischen Vegetation überwuchert (Santa Cruz, 1957).

17 Selbst auf den kleinsten Inselklippen entfaltet sich Leben. Hier ein über und über mit Palo Santo bewachsenes Inselchen in der Elisabeth-Bucht von Isabela.

18 Im Scalesia-Forst von Santa Cruz.

die Höhe der Zonen von Insel zu Insel. Auch reicht die Trokkenzone auf Nordhängen höher hinauf als auf Südhängen. Das Klima ist angenehm. In der Küstenregion beträgt die durchschnittliche Jahrestemperatur 24 Grad Celsius. Nachts sinkt die Küstentemperatur bis auf 17 Grad ab. Die über 8 Jahre (1950–1958) in der Küstenzone von San Cristóbal ermittelte jährliche Niederschlagsmenge betrug 495 Millimeter.

Die Galápagos-Inseln tragen englische und spanische Namen. Die englischen Namen stammen aus der Zeit der Seeräuber. Sie haben sich in der Literatur eingebürgert, werden aber durch die offiziellen spanischen Namen allmählich verdrängt. Allerdings nicht vollständig. So haben sich die Namen Santiago für James, Española für Hood, Genovesa für Tower, Santa Fé für Barrington, Rábida für Jervis, Pinzón für Duncan, Wolf für Wenman und Darwin für Culpepper bei den Siedlern nicht durchgesetzt. Man verwendet für diese Inseln die alten Namen. Auch ist es nach wie vor selbst im offiziellen Verkehr üblich, von Galápagos-Inseln zu sprechen. Der amtliche Name »Archipiélago de Colón« ist ganz ungebräuchlich.

In der folgenden Übersicht (S. 35) sind amtliche Namen und historische Namen einander gegenübergestellt. In der Übersichtskarte auf S. 448/449 sind die gebräuchlichen Inselnamen hervorgehoben. Wir folgen darin dem Vorbild, das in Nr. 23 der »Noticias de Galápagos« gegeben wurde[1]. Im Text werden wir die Inseln mit beiden Namen anführen. Der weniger gebräuchliche spanische Name wird in Klammern beigefügt. Für die übrigen Inseln verwenden wir nur die offiziellen und mittlerweile gebräuchlichen spanischen Bezeichnungen.

Im äußersten Norden der Inselgruppe liegen die winzige Insel Culpepper oder Darwin (1°40' N und 92° W) und die kleine Gruppe der Wenman- oder Wolf-Inseln (1°20' N und 91°50' W). Sie liegen außerhalb des Bereiches, den unsere Übersichtskarte erfaßt. Wegen ihrer isolierten Lage sind sie je-

---

1 »Noticias de Galápagos« = Zeitschrift der *Charles Darwin Foundation for the Galápagos Islands* (vgl. S. 423).

19 Miconia – eine Charakterpflanze des Hochlandes (Santa Cruz).

doch für den Zoologen besonders interessant, denn diese kleinen öden Felsklippen beherbergen eine Reihe bemerkenswerter Endemismen, zum Beispiel eine besondere Taubenrasse, Finken und Meerechsen.

20 Farne des Hochlandes von Santa Cruz.

Offizieller ekuadorianischer Name	Historischer Inselname
Archipiélago de Colón	Galápagos-Inseln
San Cristóbal	Chatham
Española	Hood
Floreana oder *Santa María*	Charles
Isabela	Albemarle
Fernandina	Narborough
Santa Cruz	Indefatigable
Santa Fé	Barrington
Baltra	Süd-Seymour
Santiago oder *San Salvador*	James
Rábida	Jervis
Pinzón	Duncan
Marchena	Bindloe
Genovesa	Tower
Pinta	Abingdon
Wolf	Wenman
Darwin	Culpepper

Freundschaft mit Seelöwen

»Ich befand mich gerade am Ufer, als das Tier mit offenem
Rachen aus dem Wasser sprang, so heftig und wild als der
grimmigste Hund, der seine Kette zerrissen hat. Es griff
mich dreimal an! Ich stieß ihm meine Pike in die Brust und
brachte ihm jedesmal eine Verwundung bei, daß es sich mit
schrecklichem Geschreie ins Wasser zurückziehen mußte,
wo es seine großen Zähne fletschte. Das amphibische Tier
war so groß wie ein ausgewachsener Bär. Hätte ich nicht die
Pike bei der Hand gehabt, es hätte mich sicherlich getötet.
Nur vierundzwanzig Stunden zuvor wäre einer von meinen
Leuten beinahe von einem solchen Tier gefressen worden.«

WOODES ROGERS, 1709

Der mächtige Schädel eines Seelöwenbullen tauchte gerade neben unserem Boot auf. Das Wasser perlte in großen Tropfen
von seinem glänzenden dunklen Fell, und Schaumflocken hingen in den borstigen Schnurrhaaren. Große dunkle Augen, von
einem hohen Stirnhöcker drohend überschattet, blickten uns
wachsam an. Der Bulle war so nah, daß wir in sein Maul blicken
konnten, als er sein rauhes Gebrüll anstimmte.

Der 6. Januar 1954 bleibt für mich ein denkwürdiger Tag,
denn damals schickte ich mich zum erstenmal an, unberührten
Boden auf Galápagos zu betreten. Die Sonne sandte ihre sen-
genden Strahlen aus einem tiefblauen Himmel, und nur fern
am Horizont kündeten dunkle Wolken die ersten Gewitter der
Regenzeit an.

Unsere Jacht »Xarifa« war eben erst in die Gardner-Bucht
der Insel Hood (Española) eingefahren, da hatten wir durch
das Tosen der Brandung von der kleinen Insel Osborn her das
Brüllen von Seelöwen vernommen. Ich bat Hans Hass daraufhin, mich bei diesen Tieren abzusetzen, weil ich als Verhaltensforscher gern mehr über ihr Leben erfahren wollte. Trotzdem
war mir nicht ganz wohl zumute, als mir unser Schiffsoffizier
Heinrich Becker, der gerade das Boot verankerte, ein Seil in
die Hand drückte und sagte:

»Damit schwimmen Sie jetzt an Land und ziehen das Boot

21 Der Seelöwenbulle von Osborn beim Patrouillieren. Unsere Ankunft störte ihn sehr.

vorsichtig heran. Aber aufpassen, daß es nicht gegen den Felsen schlägt. Ich lasse vorsichtig die Ankerkette nach.«

»Und wenn so ein Kerl an mir nascht?« fragte ich.

»Ach was, die fressen doch nur Fische, und außerdem passen wir ja auf.«

Ganz beruhigt war ich noch nicht, als ich in das kühle, grünlich trübe Wasser glitt, und ich atmete wirklich auf, als mich die Brandungswellen unversehrt gegen die schwarzen Felsen spülten. Rasch krallte ich mich an den schlüpfrigen Blöcken fest. Der Sog des zurückflutenden Wassers raubte mir fast den Halt.

Doch bevor die nächste Woge herandonnerte, hatte ich mich schon hochgezogen. Erst viel später, als ich auf der Insel Santa Cruz das wadenlose Bein eines Fischers sah, wurde mir klar, was wir riskiert hatten. Ich habe allerdings bei vielen späteren Begegnungen dieser Art erfahren, daß die meisten Bullen nur bluffen. Stellt man sich und bewirft man sie mit Sand, dann weichen sie in der Regel zurück, aber manche lassen sich nicht so leicht verscheuchen, und denen geht man doch besser aus dem Wege.

Vorsichtig holte ich das Boot heran. Es rüttelte und zerrte ungestüm an der Ankerkette, und es dauerte eine Weile, bis wir die Fotoausrüstung trocken an Land gesetzt hatten.

Die Landzunge der nur 110 Meter langen Insel Osborn, vor der wir uns befanden, ragte wie ein schwarzer Finger in die bewegte See. Sie zeigte genau nach Süden auf die Insel Hood (Española), eine sonnenverbrannte Landmasse, offenbar nur mit dürrem Gestrüpp bedeckt. Von rechts nach links rollten lange Wellenfronten gegen die Landzunge. Sie brachen sich tosend im Gestein. Dort, wo das Land endete, prallten die entgegengerichteten Wellenzüge mit Wucht aufeinander, so daß hohe Schaumsäulen himmelwärts schossen, ein Schauspiel, das mich das Brennen des Salzwassers in den zahlreichen kleinen Hautabschürfungen bald ganz vergessen ließ.

Ich wollte mich eben auf den Weg landeinwärts machen, als sich einige Meter vor mir ein brauner Klumpen bewegte, den ich für einen großen Lavabrocken gehalten hatte. Ein junger Seelöwe drehte sich um. Und jetzt erst sah ich, daß über die ganze Landzunge verstreut Seelöwen zwischen den Lavablöcken lagen, Weibchen und Junge, im ganzen 24 Erwachsene und nahezu ebenso viele Babys. Fast alle schliefen. Die einen auf dem Rücken, andere auf der Seite, ausgestreckt und zusammengerollt, ja sogar im Sitzen. Ein zufriedenes Schnaufen lag über der ganzen Kolonie. Manchmal prustete ein Weibchen laut und schüttelte unwillig den Kopf, dann war ihm eine Fliege ins Nasenloch gekrabbelt. Nur der Bulle, der uns empfangen hatte, war wachsam. Aufgeregt schwamm er dem Boot nach, das sich mittlerweile entfernte.

Behutsam sprang ich von Felsblock zu Felsblock. Sie waren

ganz glatt poliert von vielen Generationen von Seelöwen, die auf ihrem Weg zum Meer darüber hinweggerutscht waren. Auf einigen der salzwasserbesprühten Felsen saßen Käferschnecken und große Napfschnecken. Neugierig versuchte ich eine Napfschnecke loszulösen, aber im Augenblick der Berührung saugte sie sich mit ihrem Fuß so fest an den Untergrund, daß ich sie nicht losbekam.

Beim Weiterwandern jagte ich ganze Scharen von prachtvoll rot gefärbten Krabben mit hellblauen Stielaugen vor mir her. Während sie nach der Seite davonliefen, drohten sie, indem sie ihre roten Scheren mit den Spitzen nach unten wie einen Schild vor sich hielten und ostentativ hoben und senkten.

Nach wenigen Schritten stand ich vor einer dicken Seelöwenmama, die auf einem großen vierkantigen Lavablock ruhte, wie eine Statue auf einem Postament. Sie schlief, die breiten Vorderflossen gemütlich über die Brust geklatscht. Ihr hellbraunes Fell stach von der schwarzen Unterlage ab. Vor ihr auf dem Boden saß ein Baby. Mit hocherhobenem Kopf erreichte es gerade noch das Gesäuge, an dem es eifrig nuckelte und schmatzte.

Eine unvorsichtige Bewegung von mir weckte die Alte, und auch das Kleine erschrak sehr. Vier kugelrunde Augen starrten mich mit einem Ausdruck grenzenlosen Erstaunens an. Man sah förmlich, wie die kleinen Hirne eine Erklärung suchten. Aber während sich das Weibchen mit einer Flosse die Nase rieb, hatte das Junge bereits das Problem gelöst. Eilig robbte es auf die mir abgekehrte Seite des Felsblockes und biß die Mutter so lange in den Rücken, bis auch sie sich umdrehte. Damit war der Friede wiederhergestellt. Die Alte sah mich nicht mehr, nickte beruhigt ein, und das zufriedene Schmatzen des Kleinen zeigte an, daß es seine Mahlzeit fortsetzte. Eine solche Vogel-Strauß-Politik kann sich wirklich nur auf diesen einsamen Klippen bewähren!

Ein klein wenig vorsichtiger erwies sich das Nachbarweibchen. Lange sah es mich fragend an, und dabei mußte ihm wohl eine Ahnung der Gefahr aufgedämmert sein, denn schließlich erhob es sich, gähnte herzhaft und lockte mit lautem Blöken das Junge von mir weg. Das Kleine war noch ein rechter Zwerg.

22 Seelöwenbulle greift eine landende Mannschaft an.

23 Seelöwenbulle beim Angriff auf mich.

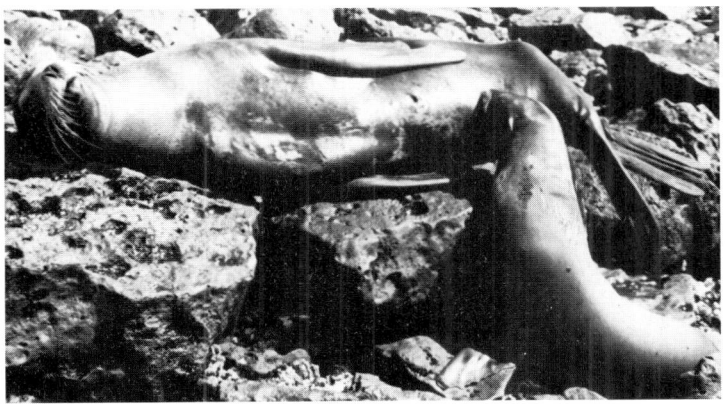

24 Noch überraschend große Jungtiere werden gesäugt. Beide erschraken, als ich sie aufnehmen wollte, legten sich aber bald wieder beruhigt hin (Osborn).

Winzig und unbeholfen, konnte es kaum seinen schweren Kopf halten. Tolpatschig folgte es der Mutter. Nach drei Metern hatte diese ihr seelisches Gleichgewicht wiedererlangt, gähnte noch einmal herzhaft und legte sich dann zur Ruhe. Das Kleine war bereits einige Schritte hinter ihr ermattet zusammengesunken.

Der Galápagos-Seelöwe ist durch die Berichte der Reisenden schon seit geraumer Zeit bekannt. Daß es jedoch eine besondere Art gibt, die nur auf diesen Inseln vorkommt, das weiß man erst seit dem Jahre 1953. Bis dahin nahm man auf Grund einer alten Fehlbestimmung an, es würde sich um den südlichen Seelöwen (*Otaria jubata*) handeln. Dabei sieht diese Art dem Galápagos-Seelöwen gar nicht so sehr ähnlich. Erst der Norweger E. Sivertsen deckte den Irrtum auf, als er das Schädelmaterial der Osloer Sammlung studierte. Er beschrieb die Art als *Zalophus wollebaeki* zu Ehren des norwegischen Zoologen Wollbaek. Die Spezies ähnelt dem kalifornischen Seelöwen. Der Galápagos-Seelöwe ist keineswegs selten. Man schätzt seine Zahl auf 20 000 bis 50 000.

Seelöwen und Pelzrobben gehören zu den Ohrenrobben, so genannt nach den kleinen Ohrmuschelresten, die ein Über-

41

bleibsel aus einer Zeit sind, in der die Stammform der Robben auf dem Lande lebte. Das muß bereits im frühen Tertiär gewesen sein, denn schon im Miozän findet man Ohrenrobben und Seehunde. Da über das Verhalten der Galápagos-Seelöwen sehr wenig bekannt ist, beschloß ich, die günstige Beobachtungsgelegenheit zu nützen. Zunächst wollte ich mir allerdings das Inselchen Osborn näher besehen.

Bald hatte ich die Mitte der Landzunge erreicht. Üppig grüne *Cryptocarpus*-Sträucher wurzelten hier über der Gezeitenzone. Im dämmrigen Schatten der Lauben ruhten winzige Seelöwenbabys, niedliche pelzige Dinger. Ich bekam Lust, sie zu tätscheln. Leider stanken sie ganz erbärmlich nach altem Fisch, ein Geruch, der mir dann den ganzen Tag anhaftete.

Ich überblickte jetzt die Landzunge und sah, daß auf der gegenüberliegenden Seite ebenfalls eine Seelöwenherde ruhte. Weiter draußen, dort wo die Wellenzüge aufeinandertrafen, vergnügten sich einige Seelöwenweibchen mit Wellenreiten. Immer wieder nahmen sie Anlauf, schlitterten dann von hinten auf einen hohen Wellenkamm, auf dem sie sich flott dahintragen ließen. Bevor sich die Wellen brachen, tauchten sie geschickt unter die Welle zurück und wiederholten das Spiel von neuem.

Zur Spitze der Insel waren es keine fünf Minuten. Es ging über Lavageröll, zerbrochen und verwittert. Kielschwanzleguane sonnten sich auf den Steinen. Auf zwischen den Felsen eingestreuten Flecken roter Asche standen niedrige Croton-Büsche, und hin und wieder streckte ein Palo-Santo-Baum (*Bursera graveolens*) seine geisterhaft kahlen Äste gegen den Himmel. Ganz tot sahen diese niedrigen Bäumchen aus. Brach man aber ein Ästchen ab, dann quoll ein frischer Saft hervor, der ungemein aromatisch duftete. Unter der weißen glänzenden Rinde wartete frisches Leben auf die Regenzeit, die in den Monaten Februar, März und April die wüstenartigen niederen Lagen der Inseln in grüne Gärten verwandelt.

---

25 An bestimmten Stellen seines Reviers steigt der Seelöwenbulle ans Ufer und brüllt demonstrativ. Hier bin ich Adressat seines Imponierens (Osborn).

Zwischen den Palo-Santo-Bäumen wuchsen Baumkakteen, Opuntien, die auf übermannshohem geradem Stamm eine Krone fleischiger Blätter in den blauen Himmel entfalteten. Kleine schwarze Finken tummelten sich zwischen den Ästen. Ich löste ein Stück der rotbraunen Rinde vom Kakteenstamm und fuhr sofort mit meiner Hand zurück. Ein rotbrauner, gut 15 Zentimeter langer Hundertfuß (im Volksmund oft Tausendfüßler genannt)[1] schoß aus seinem Versteck! Vom Licht geblendet, raste der Kerl wild auf dem Stamm hin und her. Eine aufregende Jagd begann. Mit zwei in der Eile abgebrochenen Stöckchen versuchte ich ihn einzuklemmen und in mein Glas zu bugsieren. Endlich hielt ich ihn zwischen den beiden Hölzchen.

Aber ich hatte keine Vorstellung von der Kraft des Tieres. Zuerst biß es mit seinen Zangen in das Holz, daß es nur so knackte, dann richtete es das freie Vorderende auf, krallte sich mit einem halben Dutzend Beinen am Stöckchen fest, ein Ruck – und es lief das Stöckchen entlang auf meine Hand! Ich habe mich selten vor etwas so gegraust wie vor dieser Berührung mit den vielen bekrallten Beinen. Eine schnelle Schüttelbewegung befreite mich von dem Hundertfuß. Zuletzt habe ich ihn doch überlistet und meiner Sammlung einverleibt.

Schweißgebadet stieg ich die letzten Meter zur Anhöhe der Insel. Die schräge Böschung endete unvermittelt in einer senkrecht abfallenden Wand aus Lava und Asche. Es sah aus, als hätte jemand die Insel in der Mitte auseinandergeschnitten. Sie war wohl einmal bei einem Erdbeben auseinandergerissen worden. Rötlichbraune Aschenlagen wechselten mit schwarzen Lavalagen. Auf einigen nisteten blaufüßige Tölpel und Gabelschwanzmöwen. Diese Bänder waren ganz weiß vom Guano der Vögel. In den Aschenlagen steckten im Fluge erstarrte Lavageschosse. Manche sahen aus wie versteinerte Tränen, andere wieder waren schraubenförmig gewunden und gekrümmt wie knorrige Wurzeln. Unten, in 25 Meter Tiefe, berannte die See unaufhörlich den Fels, der an frisch aus dem Ofen entnom-

---

1 Das Tier hat jedoch weder 100 noch 1000 Beine, sondern nur 20 Laufbeinpaare.

mene Schlacke erinnerte. Bizarre Klippen standen wie dunkle Schildwachen davor im Meer. Auf einer von ihnen, weiter draußen, trocknete gerade ein Pelikan sein vom Fischfang durchnäßtes Gefieder. Er hielt seine weit ausgebreiteten Schwingen der heißen Sonne entgegen. Aus dem tiefblauen Wasser blinkten die Rücken großer Fische heraus.

Mit dem Glas suchte ich die Felsen in der Tiefe ab. Überall saßen die bunten Krabben, mit den Scheren eifrig die Unterlage abweidend. Auf einem der Felsen stand völlig regungslos ein kleiner Nachtreiher und spähte in eine Spalte hinab. Mit scharfem Auge visierte er irgend etwas an, das dort verborgen sein mußte. Plötzlich stieß er zu! Im nächsten Augenblick aber hielt er das Bein einer Krabbe im Schnabel, und sofort stoben die anderen in der Umgebung blitzschnell davon. Deshalb also waren sie so scheu. Nicht ganz verständlich war mir, weshalb die Krabben nicht besser getarnt waren.

Die ersten Stunden auf noch unbekanntem Boden sind für einen Zoologen immer sehr aufregend, ist doch dort alles neu, jedes Insekt, jeder Vogel, jede Pflanze. Auf den Galápagos-Inseln trifft das in besonderem Maße zu, weil man lauter Endemismen zu sehen bekommt. Eben hatte ich mit meinem Glas ein wahres Fabelwesen ausgemacht. Es war eine nicht ganz einen Meter lange Echse. Ihr Rückenkamm, die Rückenmitte, Kopfoberseite und die Außenseiten der Ellbogen leuchteten malachitgrün. Rückenseiten und Flanken waren kräftig blutrot mit schwarzen Sprenkeln und Flecken. Der übrige Körper glänzte schwarz. Es war unzweifelhaft eine Meerechse, das sah man schon an der vorne abgestutzten Schnauze, an der Bewehrung des Kopfes mit hornartigen Schilden, an den kräftigen krallenbewehrten Beinen und am Ruderschwanz. Aber bisher hatte ich nur von schwarzen, düster gefärbten Meerechsen gelesen. Erst viel später erkannte ich, daß ich hier im südlichen Teil des Archipels eine neue Rasse entdeckt hatte. An keiner anderen Stelle der Inselgruppe fand ich ähnlich bunte Tiere. Die Meerechse lag regungslos in der Sonne. Ein Grundfink (*Geospiza fuliginosa*) hüpfte ihr auf den Rücken und pickte da und dort etwas von der Haut auf, was der Echse sichtlich behagte. Der Vogel befreite sie von lästigen Zecken.

Plötzlich rauschte es über mir. Ich schaute überrascht auf und sah zu meinem Erstaunen einen großen Bussard, der sich langsam rüttelnd niederließ. Er setzte sich in Reichweite neben mich auf einen großen Stein und betrachtete mich neugierig. Er hatte wohl noch nie einen Menschen gesehen, wahrscheinlich hielt er mich für einen etwas blasser geratenen Seelöwen mit einer Vorliebe für ausgedehnte Landausflüge. Etwas anderes kannte er ja nicht. Nie war er einem Feind begegnet, daher seine Furchtlosigkeit. Erst als ich ihn mit einem Stöckchen berührte, wurde er ein wenig ungehalten. Er hackte danach und hielt es schließlich fest. Wir spielten eine Weile Tauziehen, dann mahnte mich das ferne Tuckern unseres Außenbordmotors zum Aufbruch. Mein Bussard durfte sein Stöckchen behalten; vielleicht konnte er es zum Nestbau verwenden.

Abends saß ich noch lange in unserem biologischen Arbeitsraum und entwarf das Programm für die kommenden Tage. Ich wollte etwas mehr vom Leben der Seelöwen erfahren, besonders ihr Gesellschaftsleben interessierte mich. War es geregelt, oder bestand eine solche Herde nur aus einer mehr oder weniger zufälligen Ansammlung von Robben, beherrscht von einem Pascha? Inwieweit kannten sich die Mitglieder einer Herde? Kümmerten sich die Weibchen nur um die eigenen Jungen, oder säugten sie wahllos jedes? Waren die Männchen nur eifersüchtige Besitzer, oder oblagen ihnen auch andere Pflichten? Die Spannung vor den kommenden Tagen ließ mich lange nicht zur Ruhe kommen.

Zeitig am nächsten Morgen übersiedelte ich auf die Insel und richtete mich auf einem höheren Lavablock gemütlich ein. Ich breitete meine Luftmatratze aus, verstaute am Kopfende Thermosflasche, Tauchausrüstung, Proviant, Kamera und Schreibzeug und streckte mich behaglich aus. Zu meinen Füßen brachen sich die Wellen mit Zungen an den schwarzen Felsen. Rote Krabben liefen geschäftig umher, und in den seichten Fluttümpeln flitzten bunte Fischchen Deckung suchend hin und her. Ich konnte von meiner bequemen Lagerstatt aus die ganze Landzunge übersehen. Der Seelöwenbulle, der uns schon am Vortage empfangen hatte, war draußen mit dem Boot

26 Seelöwenbulle inmitten seiner Weibchen. Im Hintergrund ein weiterer Bulle (Gardner bei Hood).

beschäftigt. Er folgte ihm und hatte dabei gar nicht gemerkt, wie ich an Land stieg. Er sah in seinem Eifer auch nicht, wie sein Nachbar die Gelegenheit wahrnahm, ihm ein Weibchen abspenstig zu machen. Flink kam er über die Landzunge herangerobbt, er grüßte freundlich, rieb seinen Hals an ihr und versuchte, das Weibchen so in sein Gebiet zu drängen. Im allerletzten Augenblick bemerkte der Bulle seinen Rivalen, kam eilig herbei und stürzte sich auf den Nachbarn, der sofort umkehrte und Fersengeld gab, daß die Kiesel nur so spritzten! Triumphierend brüllte der Sieger hinter ihm her.

Dann kehrte er wieder ins Wasser zurück und patrouillierte weiter vor seinem Küstenstreifen auf und ab. Sein heiseres »Ou ou ou« hallte weithin durch die Brandung, alles Getöse übertönend. An manchen Stellen stieg der Bulle ins seichte Wasser, richtete sich dort auf und brüllte, aufmerksam nach allen Seiten schauend. Am Ende der Landzunge pflegten sich die Nachbarn regelmäßig zu begegnen. Aber das Seltsame war: So wütend sich der eine auf den anderen gestürzt hatte, als er ins Revier eingedrungen war, so förmlich und steif begegneten sie sich an den Gebietsgrenzen. Sie richteten sich voreinander hoch auf und brüllten, standen dann noch eine Weile aufmerksam in Drohstellung einander gegenüber, aber sie begannen keinen Streit. Jeder respektierte das Gebiet des Nachbarn, zumindest solange der andere anwesend war. Hatten sich beide genügend lange angeprahlt und ihrem Besitzrecht den gehörigen Nachdruck verliehen, so kehrten sie befriedigt um und patrouillierten weiter auf und ab.

Das ist bei anderen herdenbildenden Robbenarten ganz ähnlich. Auch dort wird der Kampf mit dem Nachbarn tunlichst vermieden. Man steckt die Grenzen durch ein bestimmtes Zeremoniell ab. Bei der Alaska-Pelzrobbe (*Callorhinus ursinus*) zum Beispiel eilen die Männchen an den Gebietsgrenzen aufeinander zu, als wollten sie ernsthaft angreifen. Aber bevor sie einander erreichen, werfen sie sich auf den Bauch und schlittern die letzten Meter einander entgegen, bis die Schnauzen genau an der Reviergrenze zusammenstoßen. Jeder weiß dann, daß er nicht weiter darf. Nur dann, wenn ein Küstenstreifen bereits voll besetzt ist, so daß ein Neuankömmling keinen freien Platz mehr findet, gibt es Kämpfe.

Die Kämpfe der Seelöwen führen selten zu schwereren Verletzungen. Meist bleibt es bei oberflächlichen Schmissen, die zwar bluten, aber nie lebensgefährlich sind. Davor bewahrt sie eine dicke Unterhautfettschicht. Außerdem eskalieren die Kämpfe oft erst nach längerer Auseinandersetzung zu Beißkämpfen. Die Kämpfe beginnen in der Regel damit, daß sich die Widersacher voreinander aufrichten. Sie zeigen dabei ihre Zähne, aber die Kampftechnik besteht zunächst im wesentlichen darin, daß die Gegner einander mit wuchtigen seitlich geführten Schlägen ihrer Hälse bearbeiten und sich, Brust gegen Brust schiebend, wegzudrängen und niederzudrücken su-

27 Seelöwen sind ziemlich zutraulich. Hier spielt der bekannte »Life«-Reporter Alfred Eisenstaedt mit einigen Seelöwenweibchen (Duncan).

28 Ein neugieriges Weibchen beschnuppert eine abgestellte Tasche (Duncan).

29 Rufmarkierender Seelöwenbulle (Osborn).

chen Der Schwächere wendet sich dann meist schnell ab und flüchtet.

Abgeschlagene Bullen und jüngere Männchen ohne Harem bilden Junggesellengruppen. Friedlich liegen dann die Bullen nebeneinander. Bei Abwesenheit der Weibchen fehlt anscheinend die Motivation zu kämpfen. Auf der kleinen, der Post-Office-Bucht von Floreana vorgelagerten Insel Lobería zählte ich 5 Herden mit insgesamt etwas über 250 Männchen. Nur eine Stelle hatte ein territorialer Bulle mit 5 Weibchen besetzt. Die übrige Insel war den Bullengruppen vorbehalten. Manche Uferstellen scheinen traditionelle Bullenstrände zu sein. So fand ich bei jedem meiner Besuche auf Barrington (Santa Fé) auf einem kleinen Stück Sandstrand eine Bullenherde. 1974 zählte ich dort 25 Männchen.

Da die territorialen Männchen kaum Nahrung zu sich nehmen, sind sie nach etwa 14 Tagen erschöpft. Sie werden dann von anderen Männchen verdrängt. Haben sich die Abgeschlagenen erholt, versuchen sie meist wieder, ihre alten Territorien zurückzuerobern. Die Wasserterritorialität ist eine Besonderheit der Galápagos-Seelöwen und vermutlich eine Anpassung an die Tropen. Im kühleren Norden Kaliforniens bleiben die Seelöwen an Land, im Süden Kaliforniens und in Mexiko patrouilieren sie bereits im Wasser. Die Wasserterritorialität hat den Vorteil, daß die Männchen einen größeren Uferstreif kontrollieren und Haifische verscheuchen können.

Territorialität ist bei Wirbeltieren weit verbreitet. Wir finden Revierabgrenzung praktisch bei allen Vögeln und Säugern. Aber auch bei den Fischen. Bevor ein Buntbarschpärchen der Art *Hemichromis bimaculatus* seine Eier ablegt, baut das Männchen eine Laichgrube und vertreibt alle anderen Buntbarsche und Fische, die in seine Nähe kommen. Später, wenn sie abgelaicht haben, bewachen und verteidigen beide Eltern das gemeinsame Revier, bis die Jungen sich selbständig machen Der Sinn solchen Verhaltens ist klar. In dem feindfrei gehaltenen Revier können die Jungen gedeihen. Ohne den Schutz der Eltern hingegen würden sie gefressen werden. Wenn ein Rotkehlchen brütet, dann wird ebenfalls kein anderes Mitglied der Art in der Umgebung des Nestes geduldet.

Hier ist das Revier sogar größer, auch die weitere Umgebung des Nestes wird von Rotkehlchen freigehalten. Hier wird der Nahrungskonkurrent ausgeschaltet und damit die Aufzucht der Nestlinge gesichert. Ohne den Drang der Revierbehauptung wäre ein Lebensraum recht bald von einer Art überfüllt, so aber zwingt der von den Artgenossen ausgeübte Druck die Überzähligen zum Abwandern, zur Suche nach neuen Lebensräumen. Das ist bei Säugern genauso.

Die Mittel und Wege, ein Gebiet abzugrenzen, sind überaus vielfältig. Der Gesang der Singvogelmännchen ist nichts anderes als der unentwegt wiederholte Ruf: »Hier bin ich, dieses Gebiet ist besetzt, hier hat kein anderer etwas zu suchen.« Auch optische Zurschaustellung gibt es. Viele Fischmännchen erstrahlen im Zentrum ihres Reviers in den leuchtendsten Farben und geben durch ihr Prachtkleid dem Artgenossen Bescheid, daß das Gebiet besetzt ist. Ähnlich sollen die Giraffenbullen durch ihre auffällige Musterung über weite Entfernung hinweg den Revierbesitz anzeigen. Auf diese Weise können die Beziehungen zum Artgenossen oft kampflos geregelt werden: Der andere sieht das besetzte Revier und weicht aus.

Als Nasentiere markieren aber die Mehrzahl der Säuger ihre Reviere geruchlich. Marder und Dachse setzen z. B. an auffälligen Punkten ihres Reviers das stark riechende Sekret ihrer Analdrüsen ab. Diese Duftmarken werden immer wieder aufgefrischt: Als ich vor Jahren auf der Biologischen Station Wilhelminenberg bei Wien arbeitete, hatte ich einen zahmen Dachs, der unter meiner Wohnbaracke lebte. Abends kam er regelmäßig in mein Zimmer, und jedesmal, bevor er die Türschwelle überschritt, setzte er eine Duftmarke ab; dann kam er zu mir, schnupperte an den Schuhspitzen, drehte sich um und stempelte diese, und zuletzt auch noch seinen Ball und anderes Spielzeug. Fremde Hunde rochen mir in dieser Zeit schon von weitem an, daß ich einem Dachs gehörte! Viele Säuger verwenden an Stelle besonderer Duftsekrete ihren Harn und Kot. Jeder kennt das Markierungsverhalten der Hunde. An manchen Ecksteinen werden richtige Duftduelle ausgetragen, wobei jeder versucht, seine Marke über der des Vorgängers anzubringen. Und dort, wo ein besonders großer seine Duftmarke absetzte, da klemmt ein kleiner meist seinen Schweif zwischen die Beine und zieht ab.

Oft ist das Markierungsverhalten sehr eigenartig. Flußpferdbullen zielen einen Harnstrahl nach rückwärts gegen den kurzen Schwanz, der sehr schnell nach links und rechts bewegt wird. Gleichzeitig kotet das Tier. Das Harn- und Kotgemisch wird durch die schwirrende Bewegung des Schwanzes weithin auf die Sträucher und Bäume der Umgebung verteilt. Das Tier schafft sich so seine eigene »Heimatmosphäre«. – Eine Reihe von Halbaffen, z. B. die Loris und Galagos, harnen in die Handflächen und verreiben den Harn dann auf die Fußsohlen. Wenn sie anschließend im Gezweig klettern, markieren sie mit jedem Tritt ihr Gebiet. Immer liegt das Bestreben zugrunde, den eigenen Lebensbereich für sich und den Artgenossen zu kennzeichnen. »Hier bin ich der Herr, hier hat kein anderer etwas zu suchen.«

30 Seelöwenbulle schneidet seinen Jungen den Weg ins Tiefe ab. Er scheucht sie ins Seichte zurück und schützt sie so vor Haien.

Beim Seelöwen kann dieses Revierverhalten nicht allein in Nahrungs- oder Raummangel begründet sein. An beidem mangelt es kaum. Das sieht man schon daran, daß die Männchen nur ihresgleichen abweisen, jedes zusätzliche Weibchen dagegen als hochwillkommen begrüßen. Was aber ist dann der Sinn dieses eifersüchtigen Revierverhaltens der Bullen?

Während ich darüber nachdachte, folgten meine Augen dem munteren Spiel einiger junger Seelöwen. Eine kleine Gruppe planschte übermütig im Seichten. Die Tiere schnappten nacheinander und balgten sich wie junge Katzen. Das sah recht gefährlich aus. Mit aufgerissenem Rachen fuhren sie aufeinander los, zeigten sich die spitzen Zähne. Aber es waren nur Scheingefechte. Eine ausgesprochene Hemmung, den anderen zu beißen, fiel auf. Allerdings würde ich trotz dieser Beißhemmung nicht unbedingt mitspielen wollen, denn diese Hemmung paßt nur auf Seelöwenhaut. Würde ich teilnehmen, so würde ich mich in eine ähnliche Situation begeben wie einer, der ungepanzert an einem mittelalterlichen Turnier teilnehmen wollte, bei dem die Ritter in aller Freundschaft mit den Lanzen aufeinander losstechen. Allzu deutlich erinnere ich mich an die zahllosen blauen Flecken, die mir die Balgereien mit meinem völlig zahmen Dachs eintrugen. Auch der zeigte eine deutliche Beißhemmung, aber diese war auf Dachsschwarten abgestimmt!

Aus der Balgerei der jungen Seelöwen wurde allmählich ein ausgelassenes Verfolgespiel. Jeder haschte jeden, und im Eifer des Gefechtes schwammen zwei der Kleinen ins Tiefere hinaus. Sie blieben aber nur Sekunden dort, denn kaum sah der alte Bulle das, da schoß er auch schon herbei. Brüllend schnitt er den Jungen den Weg zum Tiefen ab und drängte sie ungestüm ins Seichte zurück. Er erinnerte in seinem Verhalten an einen Schäferhund, der seine Herde zusammentreibt. Und der Grund für seine Besorgnis? Ich schaute aufs Meer hinaus. Nicht weit von der Küste furchten die spitzen Rückenflossen zweier Haie die Wasseroberfläche. Jetzt wurde mir auch klar, weshalb die Seelöwen ihre Herde auf so engem Raume sammeln, nur so können sie alle Jungen bewachen. Wäre die Herde weit verteilt, dann könnte auch der aufmerksamste Bulle nicht verhindern, daß ein oder das andere Junge entwischt und den

31 Jungtier mit Haibiß. Es starb am Ufer (Islas Plazas).

Haien zum Opfer fällt. Zugleich erfaßte ich die Bedeutung des Rivalisierens. Durch dieses Sich-Messen wird der Stärkste für den Schutz der Herde ausgelesen.

Daß Seelöwen in dieser Weise an der Brutpflege teilnehmen, war bisher unbekannt. Im Gegenteil, da sich die Bullen an Land den Jungen gegenüber völlig gleichgültig zeigen, schloß man daraus, sie wären an der Aufzucht völlig unbeteiligt. Für den Galápagos-Seelöwen gilt das aber bestimmt nicht.

Bei meinen Tauchabstiegen habe ich später auch unter Wasser gesehen, wie Seelöwen Jungtiere ins Seichte zurückdrängten. Sie schoben sich zwischen mich und die Jungen, schnitten ihnen den Weg ab und drückten sie gegen das Ufer. Hier reagierten die Bullen auf mich wie auf einen potentiellen Raubfeind der Jungen. Manchmal griffen sie mich auch an, aber ich konnte sie mir mit meinem Stock gut vom Leibe halten. Sie merkten dann wohl, daß sie mich nicht verscheuchen konnten,

55

und beschränkten sich darauf, neugierige Junge von mir abzu-
drängen und dann zwischen mir und den Jungen auf und ab zu
schwimmen.

1967 beobachtete G. W. Barlow von einem erhöhten Punkt
der Champion-Insel, wie Seelöwenbullen Haie angriffen und
vom Riff abdrängten, nachdem diese sich 5–10 Meter der Riff-
kante genähert hatten. Die Haie wurden direkt von mehreren
Bullen angeschwommen, und auf einer Aufnahme sieht man
auch, wie ein Bulle das Maul öffnet, um den Hai in den
Schwanz zu beißen. Die bis zu 3 Meter langen Haie (*Carcharhi-
nus galapagensis*) drehten bei Annäherung der Seelöwen ab
und schwammen davon, vom nächsten Bullen oft noch eine
Strecke verfolgt. Bemerkenswert ist, daß sich zur Verteidigung
der Kolonie gegen Freßfeinde mehrere Bullen zusammen-
schlossen. Barlow erwähnt, daß einmal vier Bullen gemeinsam
auf einen Hai losschwammen. Die Taktik war immer etwa die
gleiche: Die Bullen schnitten dem Hai den Weg zur Küste ab,
worauf dieser meist abdrehte. Zeigte er sich hartnäckig, dann
nahmen die Seelöwen einen Kurs parallel zum Hai und drängten ihn so von der Küste weg.

Kaum hatte der Bulle die beiden Jungen ans Ufer gebracht,
da mußte er schon wieder an einer anderen Stelle nach dem
Rechten sehen. Diesmal waren sich zwei Weibchen in die
Haare geraten. Wütend schnappten sie einander, und heiser
ertönte ihr Gebrüll. Aber da war auch schon der Bulle da. Mit
vorgestrecktem Hals nach beiden Seiten grüßend, drängte er
sich zwischen die Streitenden. Ganz aufgeregt pendelte sein
Kopf nach links und rechts, und versöhnend erklang sein tiefes
Böö-öö-öö-öö. Dieses Kopfpendeln ging in ein Schnauzenreiben über. Wie ich später feststellte, gehört dies zum festen
Grußritual der Seelöwen.

Die beiden Weibchen, zwischen die sich der Bulle gedrängt
hatte, antworteten mit ebenfalls tiefen Blöklauten, und der
Streit war vergessen. Aber nur für einen Augenblick. Kaum
ließ sich der Bulle ins Wasser gleiten, da ertönte das Gezeter
von neuem. Wieder beschwichtigte er die beiden, diesmal mit
mehr Erfolg. Dafür war an einer anderen Stelle der Teufel los.
Unentwegt mußte der Bulle Ordnung schaffen. Würde er es

nicht verstehen, seine Weibchen zu beruhigen, dann würden diese sich ihrer Unverträglichkeit wegen über ein größeres Gebiet verstreuen, und dann könnte er nicht mehr auf die Jungen achten. Aber weshalb sind denn die Weibchen überhaupt unverträglich? Weshalb hat die Auslese nicht längst einen verträglichen Typus geschaffen?

Nun, daß die Weibchen über ihre Aggressionen eine gewisse

32 Frisch aus dem Wasser. An jedem Schnurrhaar hängt noch ein Wassertropfen (Osborn).

Individualdistanz einhalten, ist sicher zweckmäßig. Im Gedränge kämen die kleinen Säuglinge unter Umständen zu Schaden. Im übrigen ist es vielleicht in der Evolution nicht möglich gewesen, vollkommen verträgliche Weibchen und gleichzeitig äußerst aggressive Männchen heranzuzüchten. Und aggressive Männchen sind notwendig für den Schutz der Nachkommen.

Manchmal tat mir der Bulle schon leid, wenn er seine schwere Masse über die Felsbrocken wälzte. So elegant und mühelos er durchs Wasser glitt, so schwerfällig erschien er an Land. Trotzdem war er überraschend schnell. Er konnte sogar in eine Art Galopp verfallen. Darin waren diese Seelöwen ihren Vettern, den Seehunden, deutlich überlegen, denn diese können nicht mehr wie jene ihre Hinterflossen nach vorne unter den Körper klappen und deshalb nicht mehr auf allen vieren laufen.

Von Neugier und Fotografierlust getrieben, verließ ich bald meinen Lagerplatz. Die verschlafenen Weibchen nahmen kaum Notiz von mir. Das Männchen allerdings war recht ungehalten. Brüllend schwamm es am Ufer auf und ab und fixierte mich dabei. Wenn ich ihn herauslocken könnte, dann gäbe das sicher eine schöne Aufnahme, dachte ich und begann wie er zu rufen. Wie ihn das aufregte! Fast doppelt so schnell sauste er hin und her, und auf einmal war er weg. Hatte er Angst bekommen? Ich stieg zum Ufer hinunter. Die anrollenden Brecher hatten hier nicht immer die gleiche Stärke. Manche umspülten nur sanft das Gestein. In anderen wieder hatte das Meer seine ganze Kraft gesammelt und holte zu donnernden Schlägen aus, unter denen der Fels erzitterte. Diese Launenhaftigkeit der Brandung war mir noch nicht bekannt, als ich ganz nahe ans Ufer trat. Da raste auch schon eine grüne Wasserwand heran. Brausen erfüllte meine Ohren, und salziger Sprühregen nahm mir die Sicht. Unwillkürlich riß ich die Kamera hoch. Bis zu den Hüften im Wasser stehend, kämpfte ich in der starken Strömung um das Gleichgewicht. Dann wurde es ruhig, das Meer zog sich gurgelnd zurück, und aus dem abrinnenden Wasser, gespenstisch drohend, bäumte sich der Seelöwenbulle vor mir auf, so nah, daß ich seinen warmen, nach Fischen stinkenden Atem im Gesicht verspürte. Ich war zu Tode erschrocken, aber irgendwie gelang mir ein Satz rückwärts und dabei sogar noch

33 Ein revierbesitzender Bulle gönnt sich nur kurze Ruhepausen. Hier schläft er, auf dem Wasser treibend. Die unter Wasser befindlichen Flossen werden wie ein Kiel abwärts gehalten und stabilisieren so die Lage des Rastenden (Osborn).

ein Bild von dem Kerl. Erst in der Höhe der grünen Büsche sammelte ich mich wieder. Der Bulle war mir fast bis hierher gefolgt. Jetzt saß er abwartend auf dem Land, und ich bekam wieder etwas Mut. Zuerst ein wenig Armeschwenken, und wirklich, der Bulle zögerte. Er schwankte zwischen Angriff und Rückzug: Einige Male setzte er zum Vorstoß an. Wohl drei Minuten dauerte dieses psychologische Duell, dann, als ich langsam mit hocherhobenen Armen auf ihn zuging – sehr langsam, muß ich gestehen –, drehte er endlich den Kopf zur Seite, fast im Zeitlupentempo. Immer mehr schrumpfte er in sich zusammen, und zum Schluß lag er klein und hingeduckt vor mir. Nur einige Sekunden, dann wandte er sich zur Flucht. Die Hinterflossen und der lächerliche Schwanzstummel waren das letzte, was ich in der Gischt verschwinden sah. Ich konnte mir meinen Sieg nur so erklären, daß ihn meine Größe beeindruckt hatte. Aufrecht stehend überragte ich ihn. Die Drohstellung der Seelöwen besteht ja darin, daß sie sich voreinander aufrichten. Ich habe später gesehen, daß alte Bullen ihren Streit oft ähnlich

34 Unter Wasser bewegen sich die an Land recht schwerfälligen Seelöwen mit einer unübertroffenen Grazie. Der Galápagos-Seelöwe fischt untertags und taucht dabei bis über 100 Meter tief (Duncan).

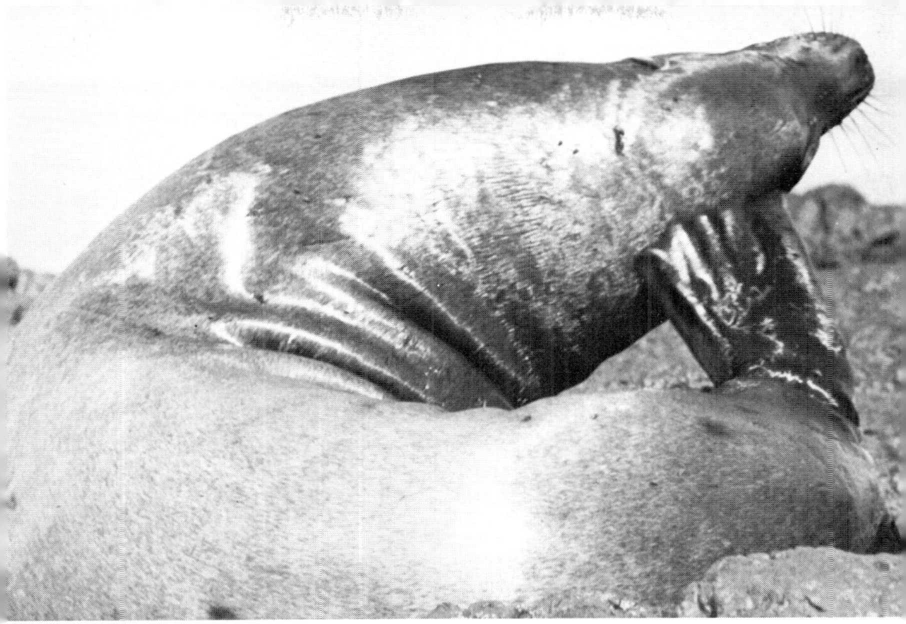

35 Man kratzt sich nach Hundeart mit dem Hinterbein (Osborn).

36 Zum Vergleich: Pelzrobbe kratzt sich an der Schnauzenspitze.

austrugen, indem sie sich in Drohstellung abschätzten. Wer sich schwächer fühlte, räumte nach einiger Zeit kampflos das Feld.

Was aber jetzt folgte, hatte ich nicht erwartet, nämlich, Besitzer eines duftenden Seelöwenharems zu werden. Denn erst weit draußen tauchte der Kopf des Besiegten wieder auf. Furchtsam äugte er zu mir herüber. Sein Rufen war verstummt. Jetzt war ich der Pascha. Aber da ich nicht ausgezogen war, um auf Galápagos ungestillte Herrschergelüste abzureagieren, machte ich mich schnell wieder klein, um ihn nicht weiter zu vergrämen. Aber erst nach einer Stunde faßte er neuerlich Mut. Er brüllte, zaghaft zuerst, und als seine Herausforderung unbeantwortet blieb, kam er näher. Schließlich patrouillierte er wieder wie zuvor. Gottlob! Ich hätte doch nicht gern die Verantwortung für die ganzen Seelöwenbabys übernommen!

Von nun an kroch ich nur noch auf allen vieren durch die Kolonie, und obgleich das ziemlich schweißtreibend war, machte es Spaß, denn so kam ich viel näher an Weibchen und Junge heran. Sie betrachteten mich offensichtlich als einen der Ihren. Den Geruch hatte ich ja mittlerweile auch angenommen. Vor meiner Nase krabbelte ein Junges aus dem Wasser. Sein nasses Fell spiegelte, und an jedem Schnurrhaar hing ein dicker Wassertropfen. Es sah mich mit blanken, kugelrunden Augen an, schüttelte sich, daß die Spritzer mir nur so ums Gesicht flogen, und legte sich dann zufrieden hin. Aber es kam nicht zu dem ersehnten Schläfchen, denn ein anderes Junges zwickte den Müden ein paarmal kräftig in die Hinterflossen, und das war auf die Dauer nicht zu ignorieren. Der Gestörte reagierte zunächst ärgerlich. Er fuhr mit einer Wendung auf den anderen los, aber der planschte bereits im Seichten und lud zu einem Verfolgespielchen ein. Die beiden haschten einander, dann balgten sie sich eine Weile, und schließlich tauchten sie nach Steinen. Hatte einer einen handlichen Brocken ertaucht, dann warf er ihn hoch in die Luft und fing ihn mit dem Maul wieder auf. Unermüdlich waren sie darin. Ich warf den beiden ein Stück Treibholz zu, auch das fingen sie sofort. Am liebsten wären sie wohl weiter draußen auf den Wellen geritten wie die erwachsenen Weibchen, aber das erlaubte der Bulle nicht. Ich

37 Weibchen reibt sein Junges mit dem Kopf ab (Osborn).

begriff auf einmal, weshalb man Seelöwen so oft im Zirkus sieht. Sie spielen eben von Natur aus leidenschaftlich gern.

Nach einer Weile gesellte sich ein drittes Junges zu der spielenden Gruppe. Es hielt einen hellblauen, weichen Gegenstand im Maul. Wohl ein großer Papageienfisch, dachte ich zuerst. Aber dazu paßte der dreieckige Schnitt nicht, und dann erkannte ich das Spielzeug: Es war eine meiner Schwimmflossen! Die Jungen hatten mein Lager geplündert. Mit einem Sprung war ich bei dem Kleinen. Es dachte nicht daran loszulassen, und so spielten wir eine Weile Tauziehen. Wie ein junger Dakkel hielt das Junge an einem Ende die Flosse fest. Schließlich half ich mit einem Klaps auf die Schnauze nach. Mit meinem zurückeroberten Eigentum eilte ich zu meiner Lagerstatt, gerade noch rechtzeitig, um meine zweite Flosse zu retten. An Einfällen mangelte es diesen kleinen Kerlen wirklich nicht, und in ihrer verspielten Art offenbarte sich ihre hohe Entwicklungsstufe. Im zweckfreien Spiel entfalteten diese Robben alle ihre Fähigkeiten, sie experimentierten, erprobten und sammelten Erfahrungen, die ihnen im späteren Leben zugute kommen. Im Spiel entdeckten sie gewissermaßen ihre eigenen Möglichkeiten. Schon in den zoologischen Gärten war mir die Spiellust dieser Robben aufgefallen. Immer, wenn die Becken ausgespritzt wurden, mußte der Wärter um seinen Schlauch kämpfen, denn der war ein zu schönes Spielzeug. Und lag der schlüpfrige Gehegeboden frei, dann schlitterten sie schon in Bauchlage über den nassen Boden. Ich dachte damals, Langeweile triebe die Tiere dazu, erst viel später lernte ich, daß die meisten höheren Säugetiere, vor allem die Raubtiere, so verspielt sind. Ein von mir aufgezogener zahmer Dachs rollte sich in ganzen Purzelbaumserien die Abhänge hinunter, und als ich das einem anderen Zoologen erzählte, sagte der, das wäre noch gar nichts, er hätte gesehen, daß Jungdachse im Freien den steilen Hang über ihrem Bau herunterrollen. Die Mutter wartete unten und trug die unten Angekommenen am Nacken wieder hinauf!

Die Mittagsonne brannte steil herab. Flimmernd stand die Luft über den sonnendurchglühten Felsen. Die Seelöwen hatten sich in den Schatten einiger Sträucher verkrochen, andere lagen im flachen Wasser und ließen sich von der Dünung wiegen. Auch der Bulle schlief. Er trieb regungslos vor der Küste. Spülten ihn die Wellen gegen das Ufer, dann wendete er im Schlaf. Ohne die Augen zu öffnen, schwamm er mit einigen lässigen Flossenschlägen wieder ein Stück hinaus. Den Kopf hielt er unter Wasser, nur alle dreißig Sekunden etwa steckte er die Spitze der Schnauze zum Atmen über die Oberfläche!
Auch mich zog es ins Wasser. Mit Tauchflossen und Tauchbrille ließ ich mich vorsichtig in die kühlen Fluten gleiten. Es war ein Labsal. Vorsichtig, um den Bullen ja nicht zu wecken,

schwamm ich eine Strecke hinaus. Zunächst war nichts zu sehen. Zu viele Luftbläschen wirbelten in dem aufgewühlten Wasser. Auch weiter draußen war es nicht klar, aber ich konnte in dem grünlichen Wasser immerhin etwa zehn Meter weit sehen. Alles erschien in gedämpftem Licht. Der Meeresboden war mit Geröll und einigen niedrigen Korallen bedeckt. Flinke Lippfische huschten über den Boden, und eine Muräne riß erschrecken das Maul auf und zog sich in ihr Loch unter einem Fels zurück. Sonnenkringel huschten gleich scheuen Tieren über den Boden. Sie vermochten die düstere Stimmung kaum zu mildern.

Plötzlich schoß aus dem dämmrigen Grün ein länglicher dunkler Schatten auf mich zu. Ich erschrak einen Augenblick, sah aber dann, daß es nur ein neugieriges Seelöwenweibchen war. Es hielt vor mir, sah mich mit runden Augen an und stieß dann wie zur Begrüßung einige Luftblasen durch die Nasenlöcher aus. Auch ich blies durch die Nase, und so vergnügten wir uns ein Weilchen. Dann ging mir die Luft aus, ich steckte meinen Kopf wieder über Wasser, vergaß aber beinahe das Luftschnappen, als ich etwa zwei Meter neben mir den Bullen treiben sah. Auch er glotzte verdutzt, und ich nützte sein Erstaunen, um schnell an Land zu schwimmen, aber da kam er auch schon mit einer mächtigen Bugwelle herangerauscht. Mit einer Handbewegung konnte ich ihn einen Augenblick zurückscheuchen, und das genügte, um mich schnell auf den Felsen zu schwingen, bevor er zum neuen Angriff ansetzte.

Vom Baden hatte ich zunächst einmal genug. Ich zog mich auf mein Ruheplätzchen zurück, und da alles so gemütlich schnarchte, schnaufte und gähnte, war ich auch bald eingeschlafen. Ich erwachte erst gegen vier Uhr nachmittags wieder. Die Seelöwenweibchen waren auch schon wach und eifrig bei der Körperpflege. Das war ein Niesen, Schnauben und Gerekel! Sie rieben sich in Rückenlage mit beiden Vorderpfoten die Schnauze, genau wie Katzen bei der Katzenwäsche. Ein anderer wieder kratzte sich nach Hundeart bedächtig mit einer Hinterflosse am Kinn. Bei diesen Tieren wirkte dieses uns sonst nur von Landsäugern vertraute Verhalten befremdend und komisch. Aber diese Putzbewegungen sind eben uraltes Säugetiererbe, das sich auch bei diesen aufs Wasserleben spezialisierten Geschöpfen erhalten hat. Auch die Jungen wurden eifrig geputzt und lagen ganz geduldig da, wenn sie von den Alten mit dem Kinn abgerieben und durchgewalkt wurden. Nur einmal sah ich, wie eines entwischen wollte, aber die Alte schnappte es noch an einer Hinterflosse und zog es zu sich zurück.

Nach der allgemeinen Säuberung gingen die Weibchen fischen, und die Kleinen durften im Seichten spielen. Der Bulle sah wie am Vormittag nach dem Rechten. Reizend war, daß er jedes Weibchen begrüßte, wenn es ins Wasser stieg. Er versäumte es bei keinem und war zu allen gleich höflich! Die Bullen begrüßen die Weibchen und Jungtiere ihrer Gruppe immer auf diese Weise. Sie scheinen bald die Mitglieder ihrer Herde zu kennen.

Die Beziehungen zwischen Bullen und Weibchen sind ausgesprochen freundlich. Weibchen halten etwas Distanz untereinander. Sie liegen wohl nebeneinander, reagieren aber auf Berührungen mit Schnappen, oder sie drohen mit offenem Maul. Jungtiere begrüßen Erwachsene mit Kopfpendeln, Blöken und bei Kontakt auch mit Nasenreiben. Sie werden jedoch von fremden Weibchen meist bedroht, wenn sie zu nahe kommen.

Funktionell ist die Fähigkeit individuellen Erkennens für mich zunächst nur in der Mutter-Kind-Beziehung verständlich. Mütter müssen ihre Kinder erkennen und diese vice versa ihre Mütter. Im übrigen sind die Harems für die Aufnahme weiterer Weibchen offen, und die Bullen sind austauschbar, so daß es eines individuellen Sich-Kennens nicht bedürfte.

Mich hatte der Tag recht hungrig gemacht, und so genoß ich faul ausgestreckt den Tee und auch den Schiffszwieback und die Dauerwurst. Mit den Seelöwen so rundherum und den roten Krabben auf den wellenumspülten Steinen war es wirklich ein idyllischer Campingplatz.

Die Sonne neigte sich allmählich, der Himmel erstrahlte tiefrot, und die kahlen Büsche zauberten lange Schatten auf den Boden. Bei den Seelöwen begann jetzt eine allgemeine Wanderung landeinwärts. Alt und jung watschelte über die Lavablöcke zu den Schlafplätzen unter den grünen *Cryptocarpus*-Büschen. Besonders die Kleinen hatten es eilig. Sie überpurzel-

38 Begrüßung eines Weibchens durch einen Bullen. Die Tiere nehmen dabei Schnauzenkontakt auf (Fernandina).

39 Auch bei Begegnungen im Seichten beschnuppert der Bulle seine Weibchen (Osborn).

40/41 Seelöwenmütter, die ihre zum Gesäuge drängenden Jungen geruchlich prüfen. Die Jungen werden in der Regel ein Jahr lang gesäugt. Seelöwen ge-

ten sich beinahe auf der Suche nach ihren Müttern. Da und dort schnupperten sie an einem Weibchen, und war es die eigene Mutter, dann grüßten beide, indem sie die Schnauzen aneinanderrieben und wie Schafe blökten. War aber ein Junges an ein fremdes Weibchen gekommen, dann schaute es, daß es rasch weiterkam. Nur eines versuchte einmal an einer fremden Mutter zu saugen, vielleicht weil sie gerade so verführerisch das Gesäuge darbot. Kaum aber hatte das Weibchen den fremden Säugling entdeckt, da stürzte es sich erbost auf den Kleinen, brüllte ihn an und zauste ihm ganz gehörig das Fell. Eine Seelöwenmutter duldet nur ihr eigenes Junges bei sich, und es ist

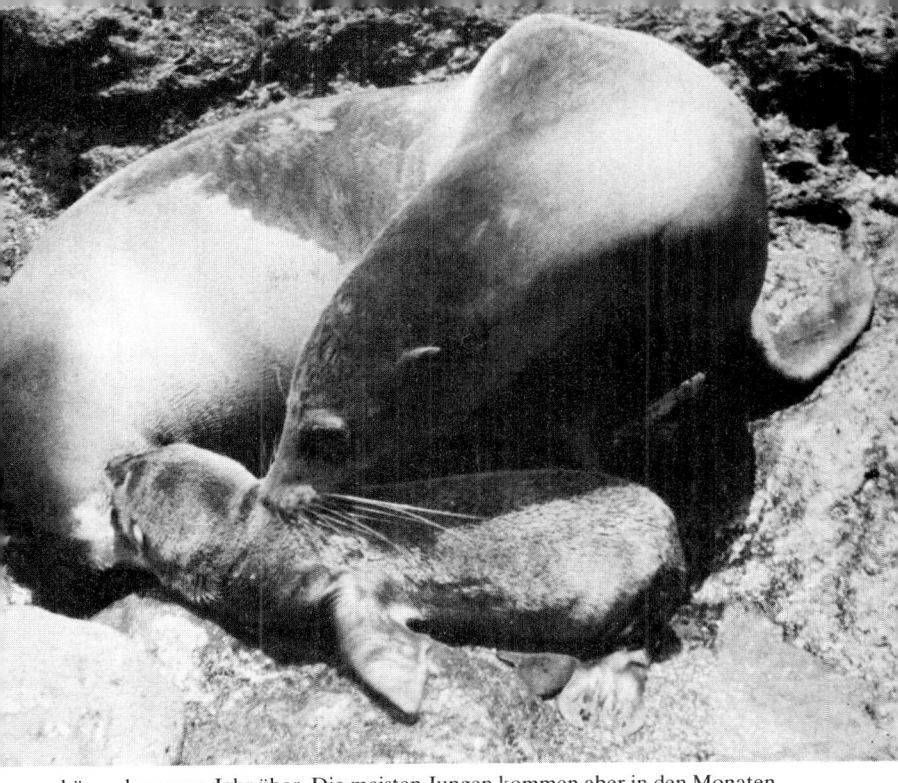

bären das ganze Jahr über. Die meisten Jungen kommen aber in den Monaten August bis Oktober zur Welt und nur wenige in den Monaten April und Mai.

überraschend, wie genau sie das ihre kennt. Jedes fremde Junge wird angegriffen, und auch das rechtmäßige Junge weiß seinen Säugeplatz richtig zu verteidigen. Es sieht zu drollig aus, wenn so ein kleiner Säugling schimpft.

Es war schon dämmrig, als mir ein ganz winziger Seelöwensäugling auffiel. Er hatte offenbar Pech. Tolpatschig stolperte er von einem Weibchen zum anderen, und überall wurde er angefaucht. Zuletzt saß das kleine Kerlchen ganz oben in den Felsen am Ende der Kolonie und blökte seine Verzweiflung in die Dämmerung hinaus. Hell blökte es, wie ein kleines Lamm, und da auf einmal, von weit draußen vor der Brandung, kam als

69

Antwort ein tiefes, beruhigendes Böö Böö. Wie elektrisiert wandte sich das Baby in die Richtung des Rufers, es antwortete hastig und stürzte, sich förmlich überkugelnd, zum Strand. Die Begrüßung war stürmisch. Mutter und Kind blökten aufgeregt, und das Schnauzenreiben war wirklich innig. Dann erst ging das Kleine zur nahrhafteren Beschäftigung über. Durch Stupsen mit der Schnauze forderte es die Mutter auf, das Gesäuge zu bieten.

Ich durfte das Schauspiel solchen Wiederfindens noch einige Male erleben und war immer wieder überrascht, wie gut sich die Tiere an der Stimme erkannten. Durch diese Wechselrufe wurden Mutter und Kind stets schnell zusammengeführt, auch in unübersichtlichem Gelände. Es passierte eigentlich selten, daß sich die Tiere in der Stimme irrten. Nur einmal sah ich zwei Junge auf den Ruf einer Mutter antworten, aber der Irrtum war schnell aufgeklärt. Die Kleinen mußten für dieses Versehen einige derbe Püffe in Kauf nehmen.

Eine ähnliche Fähigkeit, den Artgenossen an der Stimme zu erkennen, ist uns sonst nur noch von ganz wenigen Säugetieren bekannt. Schafe erkennen ihre Jungen an der Stimme und umgekehrt. Mutter und Kind begrüßen sich eingehend durch Rufe unmittelbar nach der Geburt, und dabei dürfte eine feste Bindung zustande kommen. Es fiel mir auf, daß sich auch bei den Seelöwen Mutter und Junges in den ersten Lebenstagen besonders häufig durch Rufe begrüßen, auch zwischendurch beim Säugen, folglich dürfte es hier ähnlich sein.

Die meisten Tiere, bei denen die Ablehnung von fremden Jungen so ausgeprägt ist, sind Nestflüchter. Nesthocker, deren Junge im Nest aufwachsen, adoptieren meist ohne weiteres fremde Junge. Hausmäusen und Wanderratten kann man viele Junge unterschieben, mehr als sie je ernähren können. Da dies normalerweise nicht vorkommt, brauchte die Art dagegen keine Sicherungen zu entwickeln. Bei den mobilen Nestflüchtern ist das anders. Hier käme es leicht zu Verwechslungen und zum Jungenaustausch, läge nicht ein persönliches Erkennen vor. Daß Mütter ihre Jungen erkennen und fremde ablehnen, sichert die Investitionen in das eigene Erbe. Würden Weibchen unterschiedslos Junge adoptieren, dann könn-

42 Nur zu ihren eigenen Jungen sind die Weibchen nett, fremde werden – wie hier – bedroht, wenn sie zu nahe kommen. Ein größeres Jungtier flüchtet über das drohende Weibchen hinweg ins Wasser (Osborn).

ten sie ferner zu viele Junge zu versorgen haben, und keines würde genügend Milch bekommen. Kleinere würden in der Konkurrenz unterliegen. Wäre keine Sicherung in Form der Fremdenablehnung eingebaut, dann würden sich Weibchen wohl auch gegenseitig Junge abwerben, was zu Konflikten führen würde.

Unmittelbar nach der Geburt kommt es zu einem intensiven Kontakt zwischen Mutter und Jungem. Die Mutter berührt ihr Neugeborenes mit der Schnauze. Unter anderem sucht sie Schnauzenkontakt mit der Schnauze des Neugeborenen. Dabei blökt sie laut unter Kopfpendeln. Das Junge antwortet ebenfalls mit Blöken, und ich nehme an, daß Mutter und Kind in dieser Zeit einander an der Stimme und am Geruch zu erkennen lernen und sich individuell aneinander binden. Zur Physiologie der

Bindebereitschaft wissen wir durch Untersuchungen an Schafen Näheres. Wenn dort ein Junges den Geburtskanal passiert, wird durch die mechanische Reizung ein Hormonreflex ausgelöst, der die Bereitschaft, ein Junges anzunehmen, induziert. Es handelt sich um Oxytocin, das nach der Geburt innerhalb von fünf Minuten wieder abgebaut wird. Mit dem Abbau schwindet die Adoptionsbereitschaft. Läßt man das neugeborene Lämmchen fünf Minuten bei der Mutter und trennt man es danach für eine Stunde von ihr, dann nimmt die Mutter ihr Lämmchen sofort wieder an. Sie erkennt es als das ihre und vertreibt fremde Lämmchen im Wahlversuch. Trennt man das Neugeborene dagegen unmittelbar nach der Geburt von der Mutter, dann weist diese danach ihr Junges ab, als wäre es ein fremdes.

Die Bereitschaft, ein Junglamm anzunehmen, kann man auch bei nichtschwangeren Lämmern, die noch nie geboren haben, induzieren, indem man den Hormonreflex durch mechanische Dehnung des Geburtskanals experimentell auslöst. Dann verhalten sich die Lämmer wie Muttertiere, die gerade geboren haben.

Seelöwenjunge werden etwa ein Jahr gestillt. Dann kommt das nächste Junge zur Welt. Die Weibchen werden nämlich unmittelbar nach der Geburt gedeckt, und die Tragzeit beträgt etwa ein Jahr. Das Seelöwenweibchen kann also jedes Jahr ein Junges aufziehen.

Es dunkelte rasch, und die Kolonie verstummte allmählich, und jetzt erst, als das letzte Weibchen und das letzte Junge an Land waren, kam auch der alte Bulle ans Ufer. Nun durfte auch er sich ausruhen. Man merkte an seinen Bewegungen, wie müde er war.

Der Wind wehte kühl. Ich hüllte mich fest in meine Decke und starrte in den funkelnden Sternenhimmel hinauf. Das Blöken der Seelöwen war verstummt, nur das Männchen erwachte in Abständen von zehn bis fünfzehn Minuten und brüllte hinaus in die dunkle Nacht, laut seine Herrschaft verkündend. Die Brandung rauschte gedämpft, und bei jedem Wellenschlag, der ans Ufer rollte, erglühte der Gischt in grünlichem Licht. Wenn sich die Wellen zurückzogen, glommen auf den nassen Felsen grüne Punkte. Es waren kleine Meeresorganismen, die im Sterben

43 Seelöwenbullen ohne Reviere sind verträglich und kontaktfreudig. Diese Idylle zeigt einen halberwachsenen Bullen und ein noch kleineres Männchen nebeneinander schlafend (Fernandina).

aufleuchteten. Bis auf das Rauschen der Brandung war es still. Einmal setzte eine Grille zaghaft zum Zirpen an, ein seltsam vertrauter Laut in dieser so fremden Umgebung. Sie verstummte aber bald wieder, als erschräke sie über den Klang ihrer Stimme in dieser Stille. Von weit draußen grüßten das Ankerlicht und einige erleuchtete Bullaugen der »Xarifa« herüber. – Zwischen den Opuntien begann ein Kaktusfink sein einfaches Lied. Im Osten rötete sich der Himmel, und die Seelöwenkolonie erwachte. Groß und klein putzte sich, dann gingen die Mütter fischen. Man sah hin und wieder, wie sie mit einem Tintenfisch hochkamen, den sie mit kräften Schüttelbewegungen hin und her schleuderten, daß die Fangarme des Beutetieres nur so aufs Wasser klatschten. Dann würgten sie den Bissen hinunter. So hielten sie es auch mit größeren Fischen. Der Bulle patrouillierte unterdessen. Beim Fressen hatte ich ihn noch nicht gesehen. Wahrscheinlich zehrte er von dem in Ruhepausen angelegten Fettvorrat, und hin und wieder wird er wohl auch einen kleinen Bissen erhaschen.

Als sich die ersten Sonnenstrahlen über die schwarzen Felsen tasteten, krochen auch die bunten Lava-Eidechsen aus ihren Schlupfwinkeln. Sie breiteten sich flach auf den Felsen aus, um die Sonnenwärme aufzufangen, und bald hatte sich eines der Männchen genügend erwärmt, um, eifrig mit dem Kopf nikkend, eine rotkehlige Schöne zu umwerben. Die jungen Seelöwen begannen gerade ihre Spielchen im seichten Wasser, da holte mich unser Boot ab.

Zwanzig Jahre nach dieser ersten intensiven Begegnung mit den Galápagos-Inseln kehrte ich wieder an den Ausgangspunkt jener großen Reise zurück, die meinen Lebensweg in so entscheidender Weise prägte. Am 18. 4. 1974 ließ ich mich vom Beiboot der »Beagle III« der Charles-Darwin-Station auf Osborn absetzen. Beim Anlanden kam uns ein Seelöwenbulle entgegen und umschwamm uns mit heiserem Gebrüll. Wir störten ihn offensichtlich; genau die gleiche Situation hatten wir vor zwanzig Jahren erlebt. Als ich auf die Uferfelsen sprang, griff er an, aber ich war schneller. Unter den grünen Cryptocarpus-Büschen am oberen Teil der Landzunge lagerten Seelöwenweibchen mit Jungen. Die Büsche waren grüner als damals. Es hatte noch vor kurzem geregnet. Höher den Hang zur Klippe hinauf stand ein Cordia-Busch in der Pracht seiner gelben Blüten. Eine große blaue Holzbiene umschwirrte sie. Der rötliche Aschenboden war schütter mit einem zierlichen kleinen Korbblütler bewachsen. Ein Wunder, daß ein so zartes Geschöpf in so unwirtlicher Umgebung gedeiht! Ich stieg weiter bis zur Spitze der mir wohlvertrauten Klippe. Rotbraune, gelbe und grünlichgraue Flechten bedeckten die Felsen. Sie sahen buntscheckig aus wie eine politische Landkarte, und der Vergleich ist nicht einmal so weit hergeholt, denn die verschiedenen Flechtenindividuen und -arten bekriegen sich. Würde man die Felsen im Zeitraffer aufnehmen, dann würde man sehen, wie die Flechten einander um- und überwachsen, wie eine die andere zu verdrängen trachtet. Sie bekämpfen sich dabei auch mit ihren Säuren – mit chemischer Kriegführung also. Ich konnte mich an die Flechtenpracht nicht mehr erinnern, obgleich ich sicher bin, daß sie auch vor zwanzig Jahren hier wuchsen. Ich habe damals in jugendlicher Neugier alle Winkel durchstöbert, Steine umgewendet und auf der Suche nach Kleingetier lose Rinde von den Bäumen geschält, aber die Flechten sind mir entgangen. Die Zeit öffnet die Augen für die kleinen verborgenen Wunder, für den Mikrokosmos, der im Grunde alle Lebensrätsel birgt. Im übrigen schien es mir, als wäre die Zeit hier stillgestanden.

Ins Reich der Elefantenschildkröten

Der Tag hatte noch nicht richtig begonnen. Es war um jene Viertelstunde zwischen Nacht und Morgen, in der noch kein Laut die Stille unterbricht, in der es noch kühl ist, die Sterne am Himmel flimmern und nur ein heller Streif im Osten den kommenden Tag verkündet. Auf den staubigen Pfaden der Siedlung in der Akademie-Bucht auf der Insel Santa Cruz lag klebrig ein dünnes Häutchen Feuchtigkeit. Nur die alleroberste Schicht des pulvrigen Staubes hatte der Tau benetzt, kaum genug, um die armseligen Kräuter zu laben.

Im dämmrigen Licht bepackten meine ekuadorianischen Führer ihren Esel. Wir füllten die Satteltaschen rechts und links mit unseren Lebensmitteln, dann banden wir das Zelt obenauf und zogen los. Wir folgten dem Pfad, der von der Akademie-Bucht nach Norden zu den Farmen der Siedler führt. Von dort hofften wir zu den grünen unberührten Hügeln vorzustoßen, auf denen sich noch Elefantenschildkröten befinden sollten.

Diese Elefantenschildkröten sind Überreste einer einst weit über die Erde verbreiteten Tiergruppe. Die Ordnung der Schildkröten hat sich seit dem Erdmittelalter nur wenig geändert. *Triassochelys dux* aus dem Keuper von Halberstadt hat bereits den typischen Knochenpanzer, der den Körper wie eine Kapsel umschließt. Gewaltige Landschildkröten waren vor 60 Millionen Jahren in Europa, Amerika und Indien beheimatet. Nach einigen Überresten zu schließen, wogen manche Exemplare über eine Tonne. Mit dem Auftreten der wendigen Säuger, die wohl vor allem den Jungen und Eiern nachstellten – wie das heute auf Galápagos die eingeschleppten Säuger tun –, verschwanden die Riesenschildkröten in den meisten Erdgebieten. Sie hielten sich nur auf einigen ursprünglich von Säugern freien Inseln, nämlich auf den Maskarenen im Indischen Ozean und auf den Galápagos-Inseln. Mensch und Haustiere haben diese Bestände dezimiert. Die Maskarenen-Schildkröte konnte sich nur auf Aldabra halten.

Und auf Galápagos? Wir wollten es herausfinden.

Links und rechts von unserem Weg dehnte sich ein dichter Kaktusforst. Kandelaberkakteen (*Cereus*) streckten ihre Kerzen viele Meter hoch in die Luft, und Baumopuntien mit schönen rostbraunen Stämmen und merkwürdig hängenden Zweigen boten im Morgengrauen ein wechselvolles Bild. Zwischen den Kakteen spannten Croton-Büsche und *Cryptocarpus*-Sträucher undurchdringliche Hecken.

Als der Sonnenball glutrot am Horizont auftauchte, hatten wir bereits die Felsstufe am Wege erreicht, von der wir auf die Akademie-Bucht zurückblicken konnten. Im freundlichen Morgenlicht schimmerten selbst die rostigen Wellblechdächer der ärmlichen Hütten anmutig. Hin und wieder trug uns die Brise das Krähen der eben erwachten Hähne zu. Übersichtlich lag der weite Forst zu unseren Füßen. Es herrschten braune und graue Farbtöne vor, da viele der Büsche jetzt, Mitte Juli, bereits blattlos waren. Auch das Grün der Kakteen und Croton-Büsche sah in der fortgeschrittenen Trockenzeit verstaubt aus. Nur die Cordia-Büsche prangten im frischen Grün. Einige Cordia-Büsche trugen gelben Blütenschmuck, und hier und dort belebten *Erythrina*-Bäume voll roter Blüten die Landschaft. Nach und nach wurde es im Forst lebendig. Das melancholische »Tüt« der Spottdrosseln erklang. Zwei Täubchen trippelten Seite an Seite zwischen den Felsen umher, ganz allerliebste und unzertrennliche Fußgänger, und da und dort krochen die ersten verschlafenen Eidechsen unter den Steinen hervor.

Die Sonne kam schnell hoch – viel zu schnell. Bald war es heiß auf unserem schmalen Pfad. Vorbei war die morgendliche Frische, der Marsch wurde anstrengend. Wir kamen aber dennoch rasch voran. Bereits nach einer Stunde zeigte die veränderte Vegetation an, daß wir höher aufgestiegen waren. Das Buschwerk wurde immer belaubter, und die Kakteen, eingesponnen von Schlingpflanzen, verkümmerten sichtlich. Blumen blühten am Wege, und weiß blühende Trichterwinden rankten sich an den Sträuchern empor. Von den Stämmen und Ästen der Bäume hingen in langen gelbgrünen Bärten Moose und Flechten. Der Boden wurde immer feuchter. Zuletzt mußten wir aufpassen, daß wir nicht auf dem schlüpfrigen Lehmpfad ausglitten. Wälder dehnten sich jetzt zu beiden Seiten des Weges. Der vorherrschende Baum war der für Galápagos endemische *Scalesia*-Baum, ein Korbblütler. Seine schlanken, geraden Stämme verzweigten sich erst 10 bis 15 Meter über dem Boden zu einer Krone. Auffällig war, daß bei diesem Baum die alten abgestorbenen Blätter noch lange an den Ästen hingen. Farne und Moose wuchsen üppig. Der rasche Wechsel von der Kakteenwüste zum tropischen immergrünen Wald war erstaunlich. Dabei waren wir erst 200 Meter über dem Meeresspiegel. Aber hier in den höheren Lagen fällt das ganze Jahr über ein leichter Nebelregen, der das Land befruchtet.

Unter den Steinen und vermoderten Stämmen fing ich jetzt Käfer, Spinnen, Skorpione und Schaben. Am meisten aber überraschte mich die Entdeckung von Regenwürmern. Zwei Arten fand ich. Wie mochten die wohl hierhergekommen sein? Auch Landschnecken gab es in großer Zahl. So arbeiteten wir uns eifrig sammelnd zur Farmregion empor. Bald folgte Rodung auf Rodung. Freie, kürzlich abgeholzte Flächen wechselten mit Bananen- und Kaffeeplantagen. Die Wege waren von rot blühenden Hibiscus-Büschen gesäumt. Zu jeder Pflanzung gehörte eine einfache, auf Pfählen stehende Hütte, um die zahlreiche kleine Kinder splitternackt spielten und schwarze Ferkel vergnügt grunzten. Die Schweinchen hatte auch allen Grund, zufrieden zu sein, denn ihre Nahrung bestand unter anderem aus den herrlichen Avocado-Früchten, die hier im Überfluß gedeihen. Hier siedeln Ekuadorianer, in deren Adern zu etwa gleichen Teilen spanisches und indianisches Blut fließt. Auch einige europäische Siedler haben sich niedergelassen, denn das Land ist zweifellos fruchtbar, aber das Klima sehr ungesund, wie wir bald erfahren mußten. Als wir bei einer der Farmerhütten rasteten, fiel uns auf, daß hier, im Gegensatz zu den anderen Farmen, kein einziges Kind spielte. Eine bedrückkende Stille lastete auf dem Haus, und die Frau, die uns

Früchte brachte, sah ganz abgehärmt aus. Unser Führer erzählte uns später, daß sie innerhalb weniger Wochen alle ihre Kinder verloren hätte. Nur sie und ihr Mann hatten die Amöbenruhr überstanden.

So fruchtbar der ewig nasse Boden dieser Region für die Pflanzen ist, so fruchtbar ist er auch für alle Krankheitskeime. Die Auswirkungen des feuchtwarmen Klimas, die Amöbenruhr und Hakenwürmer erschweren den wenigen Siedlern das Dasein. Aber die Kinder lachen. Sie zausen den geduldigen mageren Hofhund und spielen sorglos im Schlamm, der ihr Verhängnis sein kann.

Nachdem wir uns gestärkt hatten, bogen wir nach Westen ab. Wir stiegen langsam wieder abwärts und verließen die Farmregion. Ein üppig sprießendes Bohnengewächs behinderte zunächst unser Vorwärtskommen. Es rankte sich von Strauch zu Strauch und überzog, alles erstickend, den ganzen Boden. Der Siedler Miguel Castro erzählte mir, daß es eine eingeführte Pflanze wäre, die sich der Kontrolle entzogen hätte. Ob sie sich zum Würger der Galápagos-Flora entwickelt? Schon oft hat die leichtsinnige Einfuhr ortsfremder Pflanzen zum Untergang der ursprünglichen Lebensgemeinschaft geführt.

Zuletzt verschluckte uns ein dichter, unberührter Galápagos-Urwald. Wieder erfreuten wir uns an den schlanken *Scalesia*-Bäumen und an den mächtigen rostbraunen *Pisonia*-Stämmen, die mit Farnen und Moosen bewachsen waren. Verwilderte Guaven waren zahlreich vertreten, und wo ihre sauren Früchte den Boden bedeckten, waren überall die Wühlspuren der Wildschweine zu sehen. Von allen Ästen schwankten dunkelgrüne Moosbärte und mit Bromeliaceen besetzte Lianen. Der größte Teil des Tageslichts wurde von dem grünen Blätterdach abgefangen. Es war dämmrig in diesem Wald und naß dazu, denn unentwegt tropfte es von den Blättern und Zweigen. Nasse Farnwedel klatschten uns gegen Beine und Hüften. So rutschten und stolperten wir bald völlig durchgeweicht voran. Im Gegensatz zu dem reichen Pflanzenleben war die Tierwelt ausgesprochen arm. Nie knackte oder raschelte es im Unterholz, keine bunten Falter gaukelten vor uns herum, und kein einziger Vogel erhob seine melodische Stimme. Nur die allgegenwärti-

44 Elefanten-Schildkröte von Santa Cruz.

45 Santa-Cruz-Schildkröte in der Suhle, neben ihr die Panzer geschlachteter Schildkröten.

gen Spottdrosseln begleiteten uns mit ihrem melancholischen
»Tüt«, und einmal ließ sich ein blutroter Rubintyrann neben
uns nieder. Die Spottdrosseln stellen in der feuchten Region
den Landschnecken nach. Sie packen die Schnecken mit dem
Schnabel und schlagen sie so lange gegen einen Stein, bis das
Schneckengehäuse zertrümmert ist. Man findet des öfteren
Steine, die von vielen zerbrochenen Schneckengehäusen umgeben sind, ein Hinweis, daß die Drosseln ganz bestimmte
Freßplätze aufsuchen. Endlich gegen Abend lichtete sich der
Wald. Er löste sich in einzelne Baum- und Buschgruppen auf,
zwischen denen sich saftig grüne Wiesen ausbreiteten. Als trauriger Grenzstein markierte der sonnengebleichte Panzer einer
getöteten Elefantenschildkröte den Beginn des Schildkröten-
gebietes.

Wir drangen noch eine Stunde weit in das Gebiet vor, und
was wir fanden, war ein einziges Leichenfeld. Über das ganze
Gelände lagen die Panzerreste geschlachteter Schildkröten
verstreut, die meisten schon alt und verrottet, aber es waren
auch frische darunter. Hier räuberten die Siedler, allen Schutz-
gesetzen zum Trotz, also heute noch!

Es dunkelte bereits, als wir unser Zelt aufschlugen und das
Feuer anfachten. Wir entledigten uns unserer nassen Beklei-
dung. Unser braver Esel wurde angepflockt und durfte gra-
sen.

Er genoß die Rast wie wir, die wir uns faul neben dem Feuer
ausstreckten. Wir warteten, daß das Teewasser im Kessel zu
summen begann, sahen den zuckenden Flämmchen zu und
schoben die abbrennenden Hölzer nach. Um unsere Petro-
leumlampe sammelten sich im Laufe des Abends allerlei Insekten, Schmetterlinge, Käfer, Wanzen, Ameisen und anderes
mehr, und da in einem so unerforschten Gebiet wie diesem jedes Tier interessant ist, begannen wir eifrig zu sammeln. Überraschend viele Wasserkäfer flogen an. Als sich nur wenig Neues
bei unserer Lampe einfand, ging ich im einmal angefachten
Sammeleifer dazu über, Steine umzudrehen. Es gab da un-
glaublich viel zu entdecken. Kleine Skorpione, Tausendfüßler,
Schnurasseln, Weberknechte, Spinnen und eine Menge
Schnecken. Unter einem Holzstrunk fand ich fette Schaben

einer Art, die ausschließlich von Holz lebt. Sie kann die Substanz mit Hilfe symbiotischer Bakterien aufschließen. Besondere Freude bereiteten mir aber zwei kleine Geckos, Nachteidechsen mit kugelrunden großen Augen und blattförmig verbreiterten Zehenenden. Später schlief ich wie ein Toter, nur einmal weckte mich das jammervolle Geschrei eines verwilderten Esels.

Mit einem gewaltigen Muskelkater begann für mich der Morgen. Es dauerte eine ganze Weile, ehe ich mich wieder richtig bewegen konnte. Glücklicherweie blieben mir lange Märsche an diesem Tag erspart. Bereits zweihundert Meter hinter unserem Lagerplatz stieß ich inmitten einer grünen Wiese auf einen Tümpel, der einen Durchmesser von etwa fünf Metern hatte. Rötlicher Wasserfarn (*Salvinia*) trieb wie Wasserlinsen auf der Oberfläche. Binsen wuchsen ums Ufer, und einige Panzerfragmente lagen da. Im Tümpel selbst aber ruhte eine ausgewachsene Elefantenschildkröte, ein wahres Prachtexemplar! Die mit derben Schuppen bedeckten Vorderbeine allein erreichten den Umfang meiner Oberschenkel, und der Panzer maß über die Wölbung wohl gut einen Meter, soweit ich das abschätzen konnte, denn nur ein Drittel des Körpers ragte aus dem Wasser. Der Kopf ruhte auf einem S-förmig getragenen langen Hals, der sehr faltig war und so ein hohes Alter vortäuschte. Panzer, Schilde und Schuppen glänzten tiefschwarz, und die funkelnden kleinen Augen betrachteten mich aufmerksam. Im Anblick dieses urtümlichen Galápagos-Geschöpfes versunken, stand ich eine ganze Weile da. Mich begeisterte der leichte Schwung des Panzers, der sich vorne ein wenig aufwölbte, und die Musterung der einzelnen Platten, deren jede sternförmig gerippt war. Ausgesprochen edel war die Haltung des Kopfes und der Schwung des schnabelförmig abwärts gekrümmten Oberkiefers.

Mir kam eine Stelle von Herman Melville in Erinnerung, der schrieb, daß er auf seltsame Weise ergriffen gewesen wäre, als er diese Schildkröten zum ersten Male sah. »Es war, als wären sie vor kurzem erst unter den Fundamenten der Welt hervorgekrochen, ja, als wären sie eben jene Schildkröten, auf denen nach dem Glauben der Hindus das ganze Weltall ruht... Man hatte bei ihnen das Gefühl einer unbegrenzten, zeitlosen Dauer.«

Als ich ein wenig näher an die Schildkröte herantrat, zog sie sich zischend in den Panzer zurück. Gleichzeitig richtete sie sich aber auf ihren Vorderbeinen hoch, offenbar die Drohstellung dieser Art. In dieser Stellung verblieb sie, und da sie auch nach einer dreiviertel Stunde nur etwas in den Armbeugen zusammensackte, sonst aber keine Anstalten machte, wieder hervorzukommen, begab ich mich auf die Suche nach weiteren Exemplaren. Später, wenn das Tier in etwas freundlicherer Stimmung war, wollte ich es abmessen.

Nach kurzem Herumstöbern entdeckte ich die Wegspur einer Schildkröte. Der Panzer hatte in das weiche Gras eine Schleifspur eingedrückt, als wäre jemand mit einer Walze entlanggefahren. Die Spur endete unter einem Busch bei einem zweiten großen Tier. Es schlief; aber nicht lange, denn ich holte mir einen faustgroßen Stein und klopfte hinten gegen das Gehäuse. Zuerst fauchte die Schildkröte wie ein kleiner Drache, und da das so gar nicht half, entschloß sie sich zur Flucht. Hochbeinig stelzte sie davon, und nichts hielt sie auf. Krachend schob sie sich durch Buschwerk und über die im Wege liegenden Felsbrocken, wie ein Panzer! Dabei zischte sie weiter, und wenn sie unterwegs von neuem erschrak, zog sie sich schnell zurück, daß der Bauchschild hart auf den Boden knallte. Ein sachtes Klopfen mit meinem Stein brachte sie dann wieder auf die Beine, die übrigens in ihrer Plumpheit ganz an Elefantenbeine erinnerten. Schließlich tat mir der geängstigte Riese in seiner Hilflosigkeit doch leid. Ich ließ ihm seinen Frieden und wandte meine Aufmerksamkeit einer anderen Schildkröte zu, die auf der Wiese graste. Ich verbrachte bei diesem Tier fast den ganzen Tag, und wir gewöhnten uns gut aneinander. Schließlich durfte ich rund um sie herumkriechen und sie von allen Seiten aufnehmen. Gegen Mittag verkroch sich die Schildkröte in den Halbschatten einiger Sträucher. Gemütlich lag sie da, den Kopf wie ein schlafender Hund auf den Boden gelegt. Sie hatte aber die Augen offen. Nachts pflegten die Schildkröten sich immer mit ihrem Vorderkörper in einen dich-

46 Bild einer sich suhlenden Schildkröte (Santa Cruz).

ten Busch zu rammen. Das ist sicher ein guter Schutz vor Schweinen und Hunden. Ob es sich um eine Neuanpassung handelt, sei dahingestellt. Tagsüber schlafen die Schildkröten auch ohne solchen Schutz völlig ungedeckt und ohne den Kopf einzuziehen, der dann frei auf dem Boden liegt.

Ich wollte schon weitergehen, da sah ich etwas sehr Merkwürdiges. Ein Kleiner Grundfink ließ sich auf dem Kopf der Schildkröte nieder und begann an den Nasenlöchern und Mundwinkeln zu picken. Sie ließ das gern geschehen. Anscheinend war sie es gewöhnt, von Finken gereinigt zu werden. Was der Vogel da aufpickte, sah ich nicht. Vielleicht Samen oder

Zecken. Das Ganze erinnerte auf jeden Fall an die bekannte Vergesellschaftung zwischen Madenhackern und Großwild.

C. G. MacFarland und W. G. Reeder haben die Vergesellschaftung genauer untersucht und nachgewiesen, daß es sich in der Tat um eine Putzsymbiose handelt. Der Mittlere und der Kleine Grundfink sind daran beteiligt. Beide Finken suchen die weichhäutigen Körperstellen der Schildkröten, zum Beispiel Halsfalten, nach Zecken ab. Die Schildkröten nehmen eigene Putzstellungen ein, die es den Finken erleichtern, sie abzusuchen. Sie richten sich auf den Beinen hoch und strecken den Hals weit nach oben, so daß die weichhäutigen Körperstellen freigelegt werden.

Die Kleinen Grundfinken fordern die Schildkröten durch ein besonderes »initiation display« auf, sich putzen zu lassen. Sie hüpfen dazu in auffälliger Weise vor der Schildkröte auf und ab, manchmal sogar fast auf der Stelle. Nehmen die Schildkröten das wahr, dann gehen sie in Putzstellung. Der Mittlere Grundfink zeigt dieses Display nicht, er putzt auch weniger häufig. Die Kleinen Grundfinken machen sich vor allem an aktive Schildkröten heran. Schlafende lassen sie meist in Ruhe. Die Finken putzen hauptsächlich in den trockenen Monaten. Über ein vergleichbares Verhalten zwischen Finken und Landleguanen konnte ich 1974 einen kurzen Film drehen (S. 190).

Diese Bereitschaft, sich säubern zu lassen, kann man übrigens nützen, um sich mit Elefantenschildkröten anzufreunden. Krault man sie zart am Hals, dann gestatten sie bald den Kontakt, ja, sie erheben sich auf ihre Beine und strecken den Hals hervor, ganz so wie sie es tun, wenn Finken am Werke sind. Krault man sie, dann geben sie sich mit Hingabe dem Hautreiz hin. In ähnlicher Weise kann man sich den putzergewohnten Riff-Fischen nähern. (Mehr dazu in meinem Maledivenbuch.)

Als ich zum Tümpel zurückkehrte, war meine erste Schildkröte endlich herausgekrochen. Sie war die größte von allen. Um die Körpermitte maß sie 224 Zentimeter, und über den Rücken gemessen war die Schale 131 Zentimeter lang. Wir versuchten zu viert das Tier hochzuheben, aber wir schafften es nicht einmal um einen Zentimeter. Es wog wohl an die 300 Kilogramm. Mit einem Knüppel wälzten wir es dann in Rücken-

47a/b Die Elefanten-Schildkröten werden vom Mittleren und vom Kleinen Grundfinken von Zecken befreit; es besteht eine richtige Putzsymbiose. Sobald die Schildkröte von Finken angeflogen wird, erhebt sie sich hoch auf ihre Beine und streckt den Hals vor, so daß die Finken den Körper gut absuchen können.

lage. Der Bauchschild war schüsselförmig ausgehöhlt. Daran sahen wir, daß es sich um ein Männchen handelte. Die Weibchen besitzen einen flachen Bauchschild.

Wir blieben zweieinhalb Tage in der Heimat der Elefantenschildkröten. Morgens pflegte es bis etwa 10 Uhr zu regnen. Dann lagen wir auf unseren Luftmatratzen im Zelt, sahen auf die grünen Büsche, von denen es heruntertropfte, und tranken Tee. Um zehn Uhr brach die Sonne durch, die Wiesen dampften, und wir zogen los.

In diesen Tagen fanden wir nur eine einzige halbwüchsige Schildkröte, alle anderen waren ausgewachsen. Wahrscheinlich wurde der Nachwuchs von den hier überaus zahlreichen verwilderten Schweinen gefressen, sobald er ausgeschlüpft war. Aufgebrochene Panzer lagen über das ganze Gebiet verstreut.

So sah es also in einem der letzten Refugien der Elefantenschildkröten aus. Dabei hatte man dieses Vorkommen erst fünfzehn Jahre zuvor im Kriege entdeckt, als man mit Flugzeugen nach Wasser suchte. Aber dies ist ja nur der Ausklang eines viel älteren Dramas!

Als die ersten Spanier auf die Galápagos-Inseln kamen, gab es Elefantenschildkröten auf San Cristóbal, Floreana, Hood (Española), Barrington (Santa Fé), Santa Cruz, Duncan (Pinzón), Pinta, Jervis (Rábida), James (San Salvador), Isabela und Fernandina. Jede dieser Inseln beherbergte dabei ihre eigene Rasse, was zeigt, daß der Tierbestand der einzelnen Inseln voneinander schon sehr lange isoliert sein muß. Auf Isabela gibt es sogar fünf Unterarten. Die fünf großen Vulkane dieser Insel sind durch gewaltige, für Schildkröten kaum zu überquerende Lavabarrieren voneinander getrennt und verhalten sich daher wie Inseln. Neuerdings hat Karl Angermeyer im Norden der Insel Santa Cruz um einen küstennahen Berg in der Nähe der Conway-Bucht mehrere Exemplare einer Schildkröte mit sattelförmigem Panzer gesichtet. B. Snow veröffentlichte ein Bild dieser neu entdeckten Schildkröte. Interessanterweise hat bereits R. Beck, den wir schon mehrfach erwähnten, auf Santa Cruz ein Exemplar einer Schildkröte mit sattelförmigem Panzer gesammelt, doch

48a/b Putzende Darwin-Finken am Hals (a) und an einem Vorderbein einer Elefanten-Schildkröte. (Aufnahmen von C. G. MacFarland, Vulkan Alcedo.)

glaubte man ihm nicht recht, sondern nahm an, er habe sich einmal beim Beschriften einer Schildkröte geirrt. Bis jetzt wurden bei weiteren Kontrollen des Gebietes keine der von Angermeyer gesichteten Schildkröten gefunden, und es fehlen weitere Anhaltspunkte dafür, daß in diesem Gebiet der Insel Santa Cruz eine zweite Schildkrötenrasse lebt. Ein solches Vorkommen wäre von großem Interesse, es ist jedoch auch möglich, daß die von Angermeyer gesichteten Schildkröten kurz zuvor von Fischern ausgesetzt worden waren.

Auf die merkwürdige Tatsache der Existenz verschiedener Schildkrötenrassen hat Darwin als erster aufmerksam gemacht:

»Ich habe bisher noch nicht auf die bemerkenswerteste Eigentümlichkeit in der Naturgeschichte dieses Archipels hingewiesen, nämlich auf die Tatsache, daß die verschiedenen Inseln in beträchtlichem Ausmaß von verschiedenen Tierarten bevölkert werden. Ich wurde auf diese Tatsache zuerst vom Vice-Governor M. Lawson hingewiesen, der erklärte, daß die Schildkröten der Inseln voneinander verschieden seien und daß er mit Sicherheit sagen könne, von welcher Insel eine Schildkröte stamme. Ich achtete eine Zeitlang nicht genügend auf diese Feststellung, und ich hatte die Aufsammlung von zwei Inseln bereits teilweise durcheinandergebracht. Ich hatte mir ja nie träumen lassen, daß Inseln, die nur 50 bis 60 Meilen voneinander entfernt sind, meist in Sichtweite voneinander, aus demselben Gestein aufgebaut und dem gleichen Klima ausgesetzt, verschiedene Bewohner aufweisen würden. Aber wir werden bald sehen, daß das der Fall ist. Es ist das Schicksal der meisten Reisenden, daß sie das Interessanteste eines Gebietes erst dann entdecken, wenn sie schon weiter müssen. Aber ich soll dankbar sein, daß ich doch genügend Material zusammenbekam, um eine der bemerkenswertesten Tatsachen in der Verteilung der Organismen zu beweisen...

Die Einwohner können, wie ich schon sagte, die Schildkröten verschiedener Inseln unterscheiden. Die Unterschiede betreffen nicht allein die Größe, sondern auch andere Merkmale. Kapitän Porter schrieb, daß jene von Charles und Hood vorne sehr dicke und wie ein spanischer Sattel aufwärts gebogene

49 Heinz Sielmann und ein besonders großes Exemplar der Elefanten-Schild-kröte (Santa Cruz).

50 Auf den Rücken gedrehte männliche Elefanten-Schildkröte. Man erkennt das Geschlecht unter anderem am ausgehöhlten Bauchpanzer. Das Bild zeigt Miguel Castro, einen Siedler von Santa Cruz, der uns auf mehreren Expeditionen als Führer half.

Panzer hatten, während jene von James runder und dunkler sind und besser schmecken.«

T. van Denburgh zählt 15 Arten von Galápagos-Schildkröten auf. Sie sind nach C. MacFarland, T. Villa und B. Toro wohl als Unterarten der Art *Geochelone elephantopus* zu werten. Die Existenz einer eigenen Unterart auf Jervis (Rábida) wird von den Genannten angezweifelt. Die Art von Barrington (Santa Fé) ist nur aus Knochenresten bekannt. Die näher bekannten 13 Unterarten unterscheiden sich vor allem in ihrer Panzerform in sehr auffälliger Weise, des weiteren in ihrer Größe.

Wir können zwei Panzertypen feststellen. Bei der einen Gruppe ist der vordere Teil des Rückenschildes seitlich zusammengedrückt und wie ein Sattel aufwärts gebogen. Die andere Gruppe hat einen gleichmäßig gewölbten, bei den Weibchen nicht und bei den Männchen mäßig aufgebogenen Panzer. Schildkröten mit sattelförmigen Panzern bewohnen Pinta, James (San Salvador), Duncan (Pinzón), Hood (Española), Fernandina und Nord-Isabela. Alle diese Gebiete sind sehr trocken und zumeist grasarm. Die Schildkröten sind hier mehr auf die Kakteen und die Blätter der Sträucher angewiesen als auf anderen Inseln, und ich halte es durchaus für wahrscheinlich, daß ihre auffällige Panzerform eine spezielle Anpassung ist. Der vorne aufgebogene Panzer gewährt dem Hals eine größere Bewegungsfreiheit nach oben hin, was für das Abweiden von Sträuchern sicher vorteilhaft ist. Daß der Panzer der Männchen auch bei den gewölbten Arten vorne leicht aufgebogen ist, erklärt sich aus der Art ihrer Rivalenkämpfe, die eine größere Beweglichkeit des Halses nach oben hin erfordern.

Die Kakteen haben sich ihrerseits an die Schildkröten angepaßt. Auf den von Schildkröten bewohnten Inseln zeigen sie einen baumartigen Hochwuchs, und die jungen niedrigen Triebe sind mit besonders langen und dicht stehenden Stacheln bewehrt. Auf den primär von Schildkröten freien Inseln Wenman (Wolf), Culpepper (Darwin), Marchena und Tower (Genovesa) wächst nur die niedrige weichstachelige Kakteenart *Opuntia helleri*.

Die Schildkröten leben sowohl im trockenen Wüstengürtel wie auch in den höheren feuchten Lagen. Auf Santa Cruz un-

51 Trinkende Elefanten-Schildkröte von Santa Cruz: geruchliches Prüfen der Pfütze

ternehmen sie zur Trockenzeit größere Wanderungen von der Trockenzone in die feuchte Übergangszone, es gibt jedoch auch Tiere, die die Trockenzeit im Küstengebiet überdauern. Das gilt auf Santa Cruz auch für die Jungtiere, die in der trockenen Zone zur Welt kommen. Die zarten Geschöpfe verbringen die heißen Tagesstunden unter Steinen. Sie sind dämmerungs- und nachtaktiv und fressen dann auch das völlig dürre, aber vom Tau feuchte Gras. Bei ihren Wanderungen zu den Tränken benützen die Schildkröten gerne immer wieder die gleichen Pfade. An manchen Stellen scheinen die Felsen förmlich poliert. Die Spanier benützten diese Schildkrötenpfade, um von der Küste aus die höhergelegenen Wasserstellen aufzuspüren.

Wenn eine durstige Schildkröte am Wasserplatz ankommt, dann steckt sie gleich den ganzen Kopf unter Wasser, schluckt gierig und badet dann meist noch einige Stunden.

Stechmücken saugen das Blut der Schildkröten. Sie attackieren die dünnhäutigen Stellen der Wachstumszonen zwischen den Hornschilden des Panzers. Darum suhlen sich die Schildkröten gerne. Im Tümpel sind sie geschützt.

Auf der wasserarmen Insel Duncan (Pinzón) trinken die Schildkröten aus den kleinen Pfützen, die sich nachts oder bei Regen in Mulden der Felsblöcke bilden. Man findet diese Tränken in den höheren Insellagen und erkennt sie als solche leicht, weil sie von vielen Schildkröten glattpoliert wurden. Zum Trinken stecken sie ihren Vorderkopf ins Wasser und pumpen mit dem Schlund. Auf diese Weise können sie selbst kleinste Pfützen ausschlürfen. Vor dem Trinken prüfen sie das Wasser geruchlich. Von Wildschweinen verschmutzte Pfützen lehnen sie ab.

Oft müssen die Schildkröten jedoch viele Wochen ohne Wasser auskommen. Über diese Zeit helfen dann die saftigen Kakteen und wohl auch die großen Mengen Fett, die sie in ihrem Körper speichern. Denn 100 Gramm Fett liefern bei der Verbrennung im Körper 107 Gramm Wasser. Wüstenbewohnende Nagetiere können sogar, ohne je zu trinken, von trockenen Weizenkörnern leben. Auch sie gewinnen das zum Leben notwendige Wasser durch Verbrennung von Fett und Kohlehydraten, daher die auffälligen Fettdepots vieler Wüstensäuger, wie die Fetthöcker der Kamele.

Schildkröten sind wie alle Reptilien wechselwarm. Die innere Körpertemperatur schwankt bei den frei beweglichen Tieren im Tagesgang nur um wenige Grade. Die Schwankungen der Luft und die Bodentemperatur übertragen sich zwar auf den Panzer. Im darunterliegenden Körpergewebe und durch die Blutzirkulation werden diese Schwankungen jedoch abgepuffert. Das stellte S. Mackay (1964) mit einer originellen Technik fest. Er ließ Schildkröten kleine Sender verschlucken, deren Frequenz die Temperatur angab. Dazu legte er die Schildkröten auf den Rücken, kitzelte sie an den Beinen, bis sie fauchend das Maul öffneten, und ließ den Sender hineinfallen, der dann verschluckt wurde und viele Tage im Magen liegenblieb, ehe er am anderen Ausgang wieder zum Vorschein kam. Das dauerte einige Wochen. Mackay versteckte auch Sender in Bananen und ließ sie so verschlucken.

52 Aufsaugen einer Pfütze. Wasser kann auch durch die Nasenlöcher aufgenommen werden.

53 Auf Duncan hält sich nur auf den Felsblöcken vorübergehend Wasser. Sie
sind von vielen Generationen trinkender Schildkröten glattpoliert.

Die Galápagos-Schildkröten haben in ihrem Bestand sehr gelitten, denn fast alle Besucher wußten ihr Fleisch und ihr Fett zu schätzen. So schrieb der amerikanische Kapitän Porter 1813:

»Kein Tier kann eine gesündere, schmackhaftere und zartere Speise abgeben. Die schönste grüne Schildkröte nimmt sich gegen sie aus wie Rindfleisch gegenüber dem feinsten Kalbfleisch. Und wer erst einmal die Galápagos-Schildkröte gekostet hat, dem schmeckt jede andere tierische Nahrung lange nicht mehr so gut. Diese Tiere sind so fett, daß man weder Butter noch Speck braucht, um sie zu braten, und dieses Fett ist nicht so übersättigend wie das der meisten anderen Tiere. Wenn man es ausläßt, liefert es ein Öl, das an Geschmack dem Olivenöl überlegen ist. Das Fleisch der Tiere ist überaus leicht verdaulich. Man kann davon mehr als von jeder anderen Nahrung essen, ohne die geringste Unpäßlichkeit zu verspüren. Aber das Merkwürdigste an diesen Tieren ist, daß sie so lange ohne Nahrung leben können. Mir ist glaubwürdig versichert worden, daß man sie zwischen Fässern im Schiffsraum verstaut hat, wo sie anderthalb Jahre gelegen haben. Als man sie nach dieser Frist tötete, ergab sich, daß sie in keiner Weise an Fett oder Geschmack eingebüßt hatten.«

Porters Leute sammelten einmal in vier Tagen 14 Tonnen Schildkröten! »Mehr konnten wir nicht verstauen.«

Schon vorher hatten Seeräuber und später Walfänger ganze Schiffsladungen dieser Schildkröten weggeschleppt. Für die Seeräuber, die in der zweiten Hälfte des 17. Jahrhunderts die südamerikanische Westküste heimsuchten, waren die Galápagos-Inseln der Hauptstützpunkt. Sie hatten sich dort ganz häuslich eingerichtet. Noch heute kann man auf Floreana ihre Steinbänke und die sorgfältig ausgestatteten Wohnhöhlen sehen. Die Kerle hatten es recht gemütlich. Auf James (Santiago) liegen Hunderte von zerbrochenen Tonkrügen, Zeugen munterer Gelage.

Den Seeräubern folgten die Walfänger. Der amerikanische Zoologe C. H. Townsend (1925) inspizierte die Logbücher von Walfängern und fand, daß diese zwischen 1811 und 1844 rund 15 000 Schildkröten verfrachtet hatten. Wahrscheinlich wurden

54 Die Schildkrötengegend an der Küste von Santa Cruz. Kakteen und Panzerreste (Punta Tamayo).

insgesamt über 100 000 Schildkröten von Walfängern als Proviant genommen.

Als im Jahre 1903 die Forscher der Kalifornischen Akademie der Wissenschaften die Inseln besuchten, da fanden sie nur noch auf Santa Cruz, Fernandina und Duncan (Pinzón) Schildkröten in größerer Zahl. Auf San Cristóbal und Pinta waren sie nahezu ausgerottet, und auf Floreana und Barrington (Santa Fé) fehlten sie bereits ganz. Auf James (Santiago), Jervis (Rábida) und Hood (Española) waren sie selten. Auf Fernandina fand R. Beck, der aktivste Sammler dieser Expedition, eine einzige Elefantenschildkröte.

Die Prognosen, die R. Beck gab, waren nicht allzu optimistisch. Er beobachtete die Siedler der Isabela-Niederlassung und war über die »ruchlose und unbarmherzige« Art, mit der man den Schildkröten nachstellte, sehr betroffen. »Manchmal des Abends kamen zwei oder drei Leute aus verschiedenen Richtungen mit je einem kleinen Stück Schildkrötenfleisch in der Hand an sowie mit einem Pfund Fett, um es damit zu braten. Von jeder getöteten Schildkröte wurden nicht über fünf Pfund Fleisch mitgenommen, das übrige ließen sie den herumschweifenden Wildhunden.« Er fand einmal eine 1,06 Meter lange Schildkröte, von der man nicht mehr als drei Pfund Fleisch herausgeschnitten hatte, und etwas weiter ein totes Weibchen, dem nur eine Schnur Eier und sehr wenig Fleisch entnommen waren. Die Siedler waren zu dieser Zeit besonders auf das Schildkrötenöl erpicht. Sie lauerten den Schildkröten an den Tränken auf, töteten sie und kochten das Öl aus dem Speck. Jede Schildkröte ergab zwischen vier und elf Liter Öl. Faßweise wurde damals Schildkrötenöl nach dem Festland verschifft. Beck nahm ein Bild von einer Schildkrötentränke auf, um die nicht weniger als 150 Schildkrötenskelette lagen.

Ähnlich verhängnisvoll war die Raublust der verwilderten Haushunde. »Von dem Augenblick an, an dem das Ei abgelegt ist, bis zu dem Zeitpunkt, in dem die Schildkröte etwa einen Fuß lang ist, sind die Hunde eine ständige Bedrohung, und es ist fraglich, ob eine von zehntausend überlebt.« So schreibt Beck, und er meint weiter: »In wenigen Jahren werden wahrscheinlich zwei oder drei der jetzt noch lebenden Arten ausgerottet sein. Ein paar Tiere der anderen Arten mögen sich vielleicht länger halten, aber auch sie sind ständig den Angriffen ihrer Feinde ausgesetzt.«

Auch wir stellten nach der Bestandsaufnahme im Jahre 1957 fest, daß viele der Schildkrötenpopulationen ernsthaft gefährdet waren, zugleich auch, daß es für die Ergreifung von Schutzmaßnahmen noch nicht zu spät sei. Es gab auf Santa Cruz und Isabela noch gute Vorkommen, und die Tiere pflanzten sich auch noch fort. Der Nachwuchs allerdings war durch Haustiere gefährdet.

Es war im September 1957, als ich mit einem kleinen Fisch-

55 Auf Santa Cruz schreiten die Schildkröten noch zur Fortpflanzung. Ein bei Punta Tamayo gefundenes Jungtier wurde zum Größenvergleich auf den Panzer einer ebendort angetroffenen erwachsenen Schildkröte gesetzt.

kutter in einer Bucht bei Punta Tamayo, ein paar Meilen westlich der Akademie-Bucht, landete. Ich drang von hier aus etwa eine Stunde ins Landinnere vor. Die Vegetation war die für die Wüstenregion typische, nämlich niedrige Croton-Büsche mit bleichgrünen Blättern, Cordia-Büsche und baumhohe Opuntien. Flache Bodenwellen aus Lavafels zogen sich hier und dort über die Ebene und bildeten seichte Mulden, in denen sich rötliches Erdreich gesammelt hatte. Es war mit dürrem Gras bewachsen. In der Regenzeit mußte die Vegetation hier recht üppig sein. Bereits nach einer halben Stunde stieß ich auf ausgeschlachtete Panzer. Zwei waren noch ganz frisch. Die Fleischreste waren am Panzer festgetrocknet. Wildschweine hatten die Knochen überallhin verstreut und angefressen. Nach einstündiger Suche stieß ich auf eine lebende Schildkröte. Sie fraß munter an einem abgefallenen Kaktusblatt. Unbekümmert um die Stacheln biß sie in das saftige Blatt. Mich freute, daß dieses Tier noch relativ klein war. Mit 30 Zentimeter Panzerlänge, über den Rücken gemessen, war es etwa sechs Jahre alt. Wenig später fand ich ein altes Männchen unter einem großen Busch. Es schaute mir bei der Suche zu. Auf dem ausgetrockneten rötlichen Boden zeichneten sich einige lange, schmale Schleifspuren ab. Sie führten zu Steinblöcken, unter denen etwas Erde hervorgescharrt war. Ich griff unter die Steine und hielt meine erste kleine Elefantenschildkröte in der Hand. Sie war nicht größer als mein Handteller und stammte

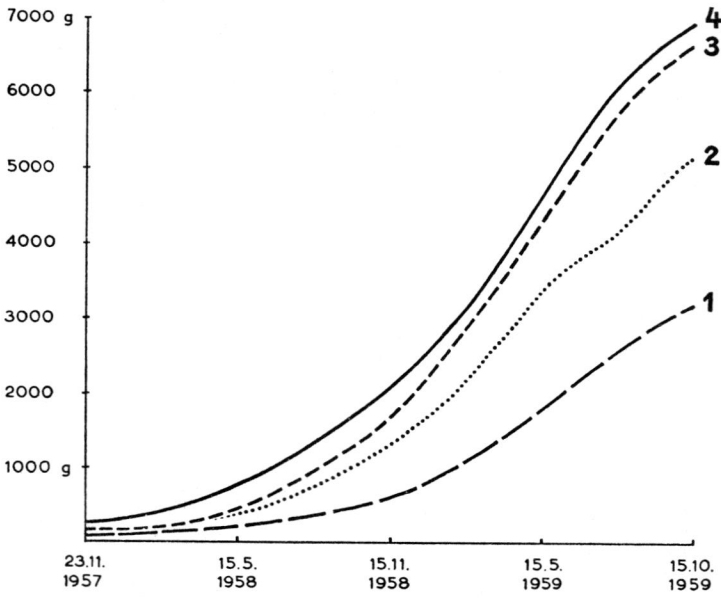

56 Wachstumskurven der vier kleinen Schildkröten von Santa Cruz.

Vier Jungtiere *Geochelone porteri* (Elefanten-Schildkröten) von Santa Cruz, gefangen im Oktober 1957 an der Küste

Tier	Datum	Länge über Rückenpanzer cm	Umfang cm	Gewicht g
I	23. 11. 57	13,5	24	270
	15. 5. 58	17,1	34	750
	15. 11. 58	28	47	2050
	15. 5. 59	36	60,5	4600
	15. 10. 59	44	75	6980
II	23. 11. 57	13,5	25	240
	15. 5. 58	18	31	450
	15. 11. 58	27	44,5	1700
	15. 5. 59	35	60	4400
	15. 10. 59	43	71,5	6700
III	23. 11. 57	13	23	340
	15. 5. 58	18	30,5	540
	15. 11. 58	25	41	1350
	15. 5. 59	33,5	55,5	3500
	15. 10. 59	40	66	5170
IV	23. 11. 57	11	20,5	140
	15. 5. 58	13	25	300
	15. 11. 58	19,5	33	600
	15. 5. 59	26	45	1800
	15. 10. 59	33,5	58	3260

daher wahrscheinlich von diesem Frühjahr oder höchstens von der vorhergegangenen Saison. Den Fährten folgend, spürte ich noch vier weitere Schildkröten auf, alle von der gleichen Größe und alle in einem Umkreis von etwa 40 Metern.

Ich nahm eine der kleinen Schildkröten und setzte sie auf das alte Männchen. Wie winzig der kleine Reiter sich dort ausnahm! Es war kaum glaublich, daß beide Tiere der gleichen Art angehörten. Die kleine Schildkröte wog 140 Gramm und mochte beim Schlüpfen vielleicht 80 Gramm schwer gewesen sein. Um ihr Endgewicht von vielleicht 300 Kilo zu erreichen, muß diese kleine Schildkröte ihr Anfangsgewicht 3750mal vermehren. Man möchte meinen, daß dazu wohl viele Jahrzehnte vergehen müssen. Aber die Tiere wachsen überraschend schnell. Ich nahm vier Junge nach Europa mit, um diese Frage zu klären. In den voranstehenden Übersichten ist das Wachstum für die ersten Jahre dargestellt. Diejenige, die am schnellsten wuchs, hat ihr Gewicht fast 26mal und ihre Länge mehr als dreimal vergrößert.

Ich wunderte mich anfangs, daß die Jungen gerade in dieser ausgedörrten Trockenzone lebten. Später fand ich jedoch heraus, daß die dürren Halme sich nachts mit Tau vollsogen und weich wurden. Das fraßen die Schildkröten nachts und am frühen Morgen. Tagsüber versteckten sich die Kleinen vor der brennenden Sonne und den Bussarden.

Das Auffinden von Jungtieren bedeutete mir viel, weil damit der Nachweis erbracht war, daß die Tiere noch nicht ihr biologisches Minimum erreicht hatten, bei dem sie nicht mehr erfolgreich zur Fortpflanzung schreiten. Sie pflanzen sich, allen Nachstellungen zum Trotz, auf Santa Cruz auch heute noch fort. In den Monaten März/April versammeln sie sich zur Paarung in dem Gebiet, das ich besucht hatte. Mein Führer erzählte mir, sie würden dazu auch von den Bergen herabwandern. Die Männchen sind um diese Zeit unverträglich. Mit weit aufgerissenem Maul bedrohen sie den Rivalen. Sie richten sich dabei möglichst hoch auf ihren Vorderbeinen auf, strecken den Hals weit nach oben und öffnen ihre Kiefer, als wollten sie sich beißen. Nach T. DeRoy kommt es aber nicht zu einem Bißwechsel. Die Tiere stoßen höchstens mit der Nase gegeneinander, und einer dreht sich dann weg und läuft ein paar Schritte davon.

Solche ritualisierten Auseinandersetzungen, bei denen es offenbar nur darauf ankommt, den anderen durch Größe und Drohen zu beeindrucken, sieht man auch außerhalb der Paarungszeit. Begegnen Schildkröten – gleich welchen Geschlechts – einander beim Weiden, dann bedrohen sie sich, und eine weicht aus. Man hat jedoch nicht festgestellt, daß die Schildkröten Reviere hätten.

Über das Paarungsverhalten der Elefantenschildkröten ist wenig bekannt. Die Männchen rufen, während sie die Weibchen von hinten besteigen. Man soll das heisere Blöken gut zweihundert Meter weit hören.

Die Eiablage fällt in die Monate Juni bis Dezember. Die Eier sind rund und weiß. Sie sind von einer harten Schale umgeben und erinnern in Aussehen und Größe an eine Billardkugel. Ihr Durchmesser beträgt etwa fünf Zentimeter. Das Weibchen legt die Eier nicht alle auf einmal, sondern in zwei bis drei selbstgegrabenen, bis 40 Zentimeter tiefen Gruben ab. Jede Grube enthält 10 bis 15 Eier.

Die Tiefe der Gruben hängt von der Länge der Hinterbeine ab. Craig MacFarland gibt 25–35 Zentimeter als üblich an. Die Tiere heben das Erdreich auf mühselige Art mit den Hinterbeinen aus, genau wie das unsere griechischen Landschildkröten tun, ohne jede optische Kontrolle. Bis zu 12 Stunden brauchen sie dazu. Sie beginnen mit ihrer Grabetätigkeit meist am späten Nachmittag. Nach der Ablage verteilen die Weibchen die auf einem Haufen liegenden Eier, indem sie ganz sacht mit den Krallen ihrer Hinterbeine darüber streichen. Dann bedecken sie die Eier mit Erde und glätten die Oberfläche, indem sie sich mehrere Male über der Eigrube drehen und dabei mit ihrem Panzer die Erde festdrücken. Nur wenn gar keine Möglichkeit besteht, die Eier zu vergraben, läßt sie das Weibchen in eine Felsspalte fallen.

Nach C. MacFarland und Mitarbeitern enthielten die Eigruben der Elefantenschildkröten von Santa Cruz im Durchschnitt ein paar Eier mehr als jene von Duncan (Pinzón). Die folgende Tabelle gibt darüber Aufschluß:

Rasse und Brutsaison	Nestzahl	Zahl der Eier	Gelegegröße	
			Durchschnitt	Umfang
G. porteri				
1969/70	10	91	9,1	6–11
1970/71	45	429	9,5	3–16
1971/72	113	1047	9,3	3–16
G. ephippium				
1969/70	13	65	5,0	2–7
1970/71	13	68	5,2	4–8

Der Schlüpferfolg dieser im Freiland belassenen Gelege war groß. Von den insgesamt 1567 *porteri*-Eiern schlüpften 1183 (= 75,4 Prozent). Von den insgesamt 133 *ephippium*-Eiern schlüpften 103 (= 77,4 Prozent). In anderen Fällen betrug die Schlüpfrate bis 89,9 Prozent. Verluste entstehen durch Absterben des Embryos, Zerbrechen der Eier bei der Ablage oder beim Zugraben, und eine bestimmte Anzahl von Eiern bleibt wahrscheinlich unbefruchtet. Schließlich gelingt es den Jungen manchmal nicht, sich aus der Eigrube zu befreien, zum Beispiel, wenn die darüberliegende Erdschicht zu stark erhärtet ist.

Die Brutzeiten wechselten. Je früher in der kalten Garua-Zeit[1] (Juni bis Dezember) die Eier gelegt wurden, desto länger waren sie. Für *porteri* gibt MacFarland Zeiten von 250 bis 110 Tagen an, für *ephippium* 120 bis 85 Tage. Über den Temperaturgang in der Eigrube informiert die beigefügte Abbildung 57 aus MacFarland. Die Schlüpfzeit fällt in die Monate Dezember bis April.

Auf Santa Cruz schreiten nur Weibchen zur Fortpflanzung, die, über die Rückenwölbung gemessen, eine Länge von 90 Zentimeter erreicht haben. Davon dürfte es bei einer Gesamtpopulation von 2000 bis 3000 Tieren nur 300 bis 450 geben. Danach errechnet sich nach MacFarland der jährliche Nachwuchs an Jungtieren mit maximal 5613 Jungtieren und minimal mit 1871 Tieren[2]. Für *ephippium* ergibt die gleiche Rechnung 1950 (Maximum) beziehungsweise 731 Jungtiere (Minimum).

Die Jungen haben als natürlichen Feind den Bussard und neuerdings die eingeschleppten Haustiere zu fürchten. Sie wachsen, wie gezeigt, anfangs sehr schnell und werden mit 25 bis 30 Jahren geschlechtsreif sein. Über das Höchstalter der Galápagos-Schildkröten ist wenig bekannt. Auf den Tonga-

---

1 Garua = spanisch Nebelregen.
2 Nach der Formel: Zahl der Weibchen in der Population × durchschnittliche Gelegezahl pro Jahr × durchschnittliche Gelegegröße × Zahl der erfolgreich schlüpfenden Eier = Zahl der Eier.

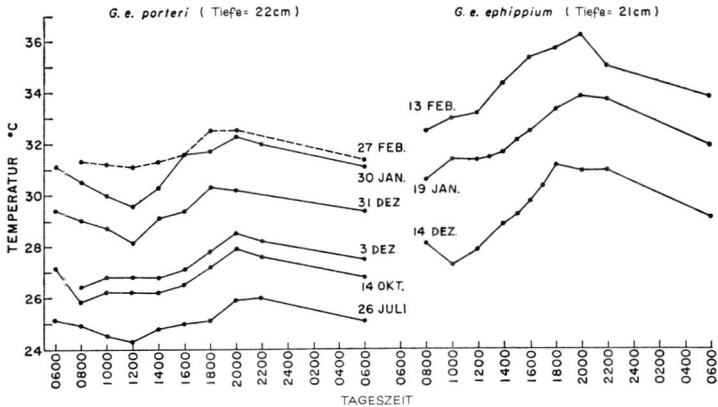

57 Der Temperaturgang im Zentrum von Schildkrötengelegen (aus: C. G. MacFarland und Mitarbeiter 1974).

Insela lebte noch 1927 eine Galápagos-Schildkröte, die Kapitän James Cook auf einem seiner Besuche (1774 und 1777) als Gastgeschenk dem Herrscher von Tonga gebracht hatte. Diese Schildkröte war damals bereits groß und demnach 1927 möglicherweise zweihundert, aber sicherlich mehr als hundertundsechzig Jahre alt!

Wir konnten auf unserer Erkundungsreise nur ein ungefähres Bild vom Erhaltungszustand der Schildkröten der Galápagos-Inseln gewinnen. Mittlerweile haben die sehr genauen Erhebungen von MacFarland unser Wissen entscheidend bereichert. Von den 15 Arten, die van Denburgh beschrieb, gilt die von Jervis (Rábida), wie gesagt, als zweifelhaft. Die Unterarten von Floreana und Barrington (Santa Fé) sind ausgestorben. Von der auf Pinta lebenden Unterart fand man nur ein Männchen. Es dürften also nur wenige Exemplare überlebt haben. Auf Hood (Española) gibt es noch eine kleine Population von 20–30 erwachsenen Schildkröten. Die Tiere sind jedoch so selten, daß die Weibchen kaum einem Männchen begegnen. Ihre Panzer sind von Flechten bedeckt, ein trauriger Hinweis

105

dafür, daß sie sich offenbar nicht mehr paaren. Man hat daher 1971–1974 12 Weibchen und 2 Männchen dieser Inselrasse zu Zuchtzwecken in Gehege der Charles-Darwin-Station übersiedelt. Das mutige Experiment, auf das wir noch eingehen werden, führte zum vollen Erfolg. Von den Unterarten *ephippium* (Duncan), *chathamensis* (San Cristóbal), *darwini* (James), *vicina* (Isabela, Sierra Negra) und *güntheri* (Isabela, Cerro Azul) bestehen die Populationen praktisch nur aus erwachsenen Tieren. Die Schätzungen belaufen sich für *ephippium* auf 150 bis 200, für die übrigen Unterarten jeweils zwischen 300 bis 700 (siehe Liste am Ende des Kapitels, S. 114).

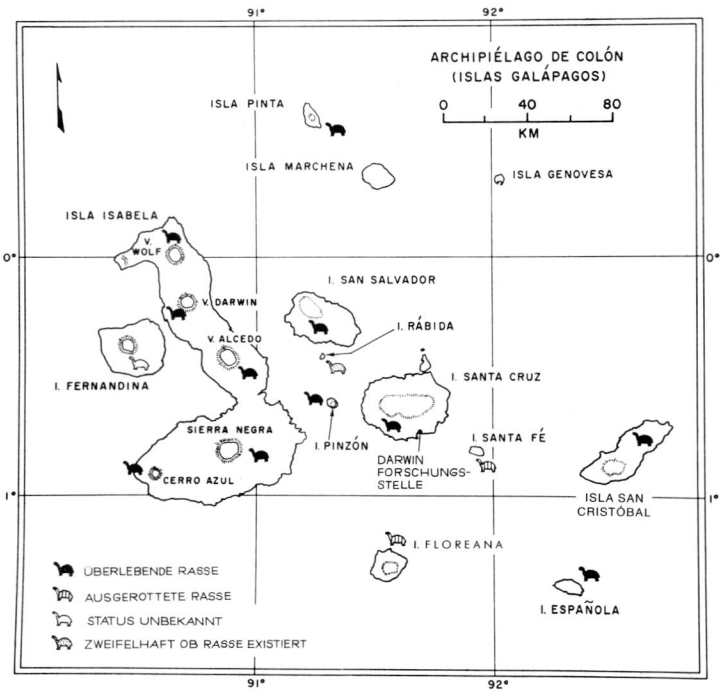

58 Die Verbreitung der ursprünglich anerkannten 15 Rassen der Elefanten-Schildkröten im Inselgebiet (aus: C. G. MacFarland und Mitarbeiter 1974).

Die Jungtiere werden von verwilderten Hunden, Schweinen und Ratten dezimiert. So hat die Population auf Duncan (Pinzón) in den letzten zehn Jahren schätzungsweise 7000 bis 19 000 Jungtiere hervorgebracht. Doch fand man trotz intensiver Nachsuche in der Region, in der die Eier abgelegt werden, kein einziges lebendes Jungtier. Das Gebiet war mit den Überresten frisch geschlüpfter Schildkröten bedeckt, die von eingeschleppten Hausratten aufgefressen worden waren. Nur die östliche Population von *güntheri* (Isabela, Cerro Azul) scheint sich noch selbst zu erhalten. Man findet viele kleine und mittelgroße Tiere, aber wenig erwachsene, da diese von den Siedlern geschlachtet werden. Die 2000 bis 3000 Individuen zählende Population von *porteri* (Santa Cruz) setzt sich aus großen, halbwüchsigen und kleinen Schildkröten zusammen. Wegen des starken Raubfeindedrucks (vor allem durch verwilderte Hausschweine und Hunde) dürfte der Nachwuchs auf die Dauer nicht ausreichen, um den Bestand der Unterart zu sichern.

Tausende zählen die Populationen der Unterarten *vandenburgni* (Vulkan Alcedo, Isabela), *microphyses* (Vulkan Darwin, Isabela) und *becki* (Vulkan Wolf, Isabela). Der Nachwuchs mag ausreichen, um die Populationen zu erhalten, obgleich verwilderte Katzen und Ratten den Jungen nachstellen. Die große Population auf dem Vulkan Alcedo wurde erst in den frühen siebziger Jahren durch C. MacFarland und T. DeRoy entdeckt. Es ist fast ein Wunder, daß diese Vorkommen bis heute ungestört blieben, denn der Aufstieg auf den Vulkan ist keineswegs beschwerlich. Über die Bimssteinhalden steigt man schnell bergan und erreicht in 4 Stunden den Kraterrand. Die Schildkröten bevölkern sowohl die Außenhänge als auch das Innere des Kraters, der einen Durchmesser von etwa 7 Kilometern hat. Sie kommen zu einem kleinen Geysir im Süden des inneren Kraterrandes zum Trinken.

Die Unterart *phantastica* der Insel Fernandina ist bisher nur durch das Exemplar bekannt, das R. Beck 1902 fand und sammelte. Haustiere und Menschen sind jedoch sicher nicht daran schuld. Die Insel ist vielmehr durch die rege vulkanische Tätigkeit stellenweise stark verwüstet. 1964 fand J. R. Hendrickson

Losung und Fraßspuren dieser seltenen Schildkröte. Es gibt sie also sicherlich in kleinen Beständen, doch hat man das Verbreitungsgebiet nicht ausgemacht. Insgesamt dürfte die Population freilebender erwachsener Galápagos-Schildkröten 8000 bis 15000 Tiere zählen.

Da sich viele der Unterarten im Freien nicht mehr erfolgreich fortpflanzen, begann man mit Experimenten künstlicher Aufzucht. 1968 fand Miguel Castro eine Gruppe der Duncan-Schildkröten auf den südlichen Außenhängen dieser Insel. Sie legten dort Eier; die schlüpfenden Jungen allerdings wurden sofort von Ratten gefressen. Er brachte eine größere Anzahl von Eiern in die Darwin-Station, und man versuchte, diese künstlich zu erbrüten. Das klappte ausgezeichnet. 1971 setzte man 51 der mittlerweile vier Jahre alten Schildkröten wieder auf Duncan (Pinzón) aus. Als MacFarland das Aussetzungsgebiet 8 Monate danach wieder besuchte, hatten sie sich über ein Gebiet von 5 Hektar ausgebreitet. Sie hatten ihr Gewicht in dieser Zeit im Durchschnitt verdoppelt und zeigten keinerlei Beschädigungen. Bis 1972 hat man insgesamt 82 Duncan-Schildkröten repatriiert und alle wiedergefunden. Dieser Erfolg ermunterte zur Erweiterung des Schildkröten-Aufzuchtprogramms. Man wollte nun versuchen, die Tiere auf der Station zur Paarung und Eiablage zu bringen. Die Unterart *hoodensis* bot sich für diese Versuche an, denn sie war, wie gesagt, so selten geworden, daß sich die Tiere im Freien nicht mehr fanden. Bis 1974 brachte man 2 Männchen und 12 Weibchen auf die Station. Die Verpaarung glückte, und von 1970 bis 1973 schlüpften 42 Schildkröten. Die Zahl stieg bis 1975 auf 80 Junge, und im gleichen Jahr setzte man die ersten 19 herangezogenen *hoodensis*-Schildkröten wieder auf Hood (Española) aus. Sie hatten keinerlei Schwierigkeiten, sich anzupassen.

Ich muß gestehen, daß ich einen solchen Erfolg nicht erwartet hätte. Mir hätte der Mut gefehlt, von den letzten Schildkröten der Insel Hood (Española) Exemplare zu fangen, um sie zu Zuchtversuchen auf einer anderen Insel zu verwenden. Aber der Mut der Initiatoren dieses Projektes hat sich gelohnt. Zur Zeit bemüht man sich darum, zu dem einzigen bis-

59-62 In den Panzerformen spiegelt sich die Anpassung an die verschiedene Umwelt wider. Die Schildkröten feuchterer Inseln, die Kräuter und Gräser weiden können, haben stark gewölbte Panzer. Jene dagegen, die auf trockenen Inseln leben und viel von Büschen und Kakteen fressen, haben vorn sattelförmig aufgewölbte Panzer, die dem Hals eine größere Bewegungsfreiheit nach oben gewähren. Man vergleiche die Schildkröten von Santa Cruz (Abb. 59, 62) mit jenen der trockenen Insel Hood (60, 61).

61/62 Es bestehen in der Panzerform überdies Geschlechtsunterschiede. Die Panzer der Männchen sind auch bei jenen Inselrassen mit stark gewölbten Pan-

her auf der Insel Pinta gefundenen Männchen ein Weibchen zu finden.

Das Programm zur künstlichen Aufzucht von Schildkröten gefährdeter Populationen begann 1965. Da auf Pinzón (Duncan) die Ratten Eier und Jungtiere vernichteten, brachte man Schildkröteneier von dort zum Erbrüten auf die Charles-Dar-

zern vorne aufgebogen, vielleicht in Anpassung an die Rivalenkämpfe (vgl. auch Abb. 63, S. 113).

win-Station. In den darauffolgenden Jahren holte man auch Eier von anderen gefährdeten Rassen.

Die ersten in der Station 1965/66 erbrüteten Pinzón-Schildkröten – 29 Tiere – brachte man 1971 auf ihre Heimatinsel zurück. Bei einer Begehung der Insel im Juli 1982 fand man von diesen 19 Schildkröten wieder. Die zum Zeitpunkt der Aussetzung über die Rückenwölbung 25 bis 37 cm messenden Schildkröten waren auf 64,5 bis 77,5 cm herangewachsen, und die sekundären Geschlechtsmerkmale waren bereits erkennbar[1]. Sie dürften in wenigen Jahren geschlechtsreif sein.

Die auf die Station gebrachten Hood-Schildkröten (s. S. 108) züchteten. Die Weibchen legten 1971–1986 1717 Eier, aus denen im Brutschrank 384 Schildkröten schlüpften.

Insgesamt hat man bis 1986 893 in der Station erbrütete Jungschildkröten von acht verschiedenen Inselrassen wieder in ihrer ursprünglichen Heimat ausgesetzt.

Parallel mit diesem Aufzuchtprogramm laufen Bemühungen, die verwilderten Haustiere zu bekämpfen. Man schießt die Ziegen ab, die als Nahrungskonkurrenten auftreten. Auf Hood gelang es mittlerweile, alle Ziegen auszurotten. Ferner stellt man den Raubfeinden (Schweinen, Hunden, Katzen) nach, doch wird man diese auf den größeren Inseln kaum je ganz beseitigen können. Auf Duncan (Pinzón) bemüht man sich um die Vernichtung der Ratten.

Die Gefahren für die Galápagos-Schildkröten sind sicherlich noch keineswegs gebannt, doch haben wir nunmehr begründete Hoffnung, die Art in einigen typischen Inselrassen zu erhalten. Gerade die Schildkrötenrassen waren es, die Darwin von der Wandelbarkeit der Arten überzeugten und damit jene Gedankengänge anregten, die schließlich in seiner Abstammungslehre ihren Niederschlag fanden.

63 Paarung der Elefanten-Schildkröte (Foto: C. G. MacFarland, Vulkan Alcedo, Isabela).

---

1 39 % der Schildkröten, deren Geschlecht man bisher bestimmen konnte, waren Männchen. Da die Geschlechtsbestimmung durch die Bruttemperatur erfolgt, hatte man befürchtet, die bei relativ konstanter Temperatur erbrüteten Schildkröten könnten eines Geschlechtes sein. Diese Befürchtung war zum Glück unbegründet.

Gemeinsames Vorkommen von Schildkröten und eingeführten Haustieren

Unterart	Vorkommen	geschätzte Populationsgröße	Schweine	Hunde	Katzen	Ratten	Ziegen	Esel	Rinder
hoodensis	Hood (Española)	20–30							
abingdoni	Pinta	sehr klein					×		
ephippium	Duncan (Pinzón)	150–200				×			
chathamensis	San Cristóbal (nordöstl. Teil)	500–700			×		×	×	
darwini	James (Santiago)	500–700	×		×		×	×	
vicina	Cerro Azul	400–600	×	×	×	×			×
güntheri	Sierra Negra								
	Ost	200–300			×	×	×		
	Süd und West	100–200	×	×	×	×	×	×	×
vandenburghi	Vulkan Alcedo	3000–5000			×	×		×	
microphyses	Vulkan Darwin	500–1000			×	×			
becki	Vulkan Wolf	1000–2000			×	×			
porteri	Santa Cruz								
	Südosten	2000–3000	×	×	×	×	×	×	
	Osten	50–100	×		×	×	×	×	×

64 Elefanten-Schildkröte am Kraterrand des Vulkans Alcedo (Isabela).

65 Auch die Schildkröte der Insel Duncan hat einen sattelförmig aufgebogenen Panzer.

66 Elefanten-Schildkröte vom Vulkan Alcedo, Vorderansicht.

Das Turnier der Drachen

Gemütlich tuckerte der Außenbordmotor, die Seele unseres kleinen Beibootes. Mit diesem Geräusch verbinde ich die Erinnerung an die schönsten Stunden der »Xarifa«-Expedition. Kein Wunder, daß ich den Klang noch heute im Ohr habe und daß er wie ein Leitmotiv alle meine Erinnerungsbilder begleitet.

Wir hielten genau auf Fernandina zu. Unwirtlich ragte der Vulkankoloß vor uns aus der See, ein massiger, von schwarzen Lavaflüssen gezeichneter, 1600 Meter hoher Kegel. Je näher wir kamen, desto wüster, aber auch faszinierender schien diese Insel. Wir fuhren auf der Suche nach einem geeigneten Landeplatz die Küste entlang. Über viele Hunderte von Metern hatte sich frische Lava ins Meer ergossen. Zackig und rauh bildete sie Bänke und Klippen, die unter dem dröhnenden Schlag immer neuer Wellenfronten erzitterten. Wer in diesen Sog geriet, war verloren, so wie jenes Thunfischerboot, das unweit von hier an der Küste lag.

Hinter der Küste dehnte sich, soweit wir sahen, eine Lavawüste, aus der nur selten ein Kaktus emporwuchs. Es sah aus, als hätte es Scherben geregnet!

Bei Punta Espinosa fanden wir endlich eine Landestelle. Um ein paar nadelspitze Klippen herum ging es in eine ausgedehnte Bucht mit ruhigerem Wasser. Mangroven wuchsen hier in kleinen Gruppen, und an einer Stelle sah ich sogar eine Strecke sandigen Strandes, auf dem sich faul ein Seelöwe wälzte.

Wir hielten vor einer großen Lavaplatte, deren Oberfläche gerunzelt war wie die Haut eines Elefanten. Die Lava war im zähen Fluß erstarrt.

Ein Sprung, und ich glaubte mich um Jahrtausende versetzt,

zurück in jenes Zeitalter, in dem auf unserer Erde noch die Drachen herrschten. Vor mir und weiter rechts auf einem Felsriegel, der ins Meer hinausragte, lagen buchstäblich Hunderte etwa einen Meter langer Echsen auf dem schwarzen Fels. Neben- und übereinander ruhten sie regungslos in der Sonnenglut, nur den kurzschnauzigen, mit Hornschilden gepanzerten Kopf wachsam erhoben. Langsam, unwillkürlich den Atem anhaltend, pirschte ich mich näher. Aber diese Vorsicht war gar nicht notwendig. Ich konnte ohne weiteres näher gehen. Nur diejenigen, die gerade auf meinem Weg lagen, krochen unmutig mit dem Kopf nickend zur Seite. Schließlich hatte ich einen günstigen Platz mitten unter den Meerechsen gefunden, einen Sitz aus schwarzer Lava. Er war so heiß, daß ich ihn kaum anfassen konnte, aber mit meiner Provianttasche als Unterlage war es dann auszuhalten. Die Meerechsen schienen durch meine Anwesenheit kaum gestört. Sie hielten mich wohl für einen Verwandten der Seelöwen, und so durfte ich ihr Treiben aus nächster Nähe belauschen.

Das Wasser fiel gerade, und als die ersten mit Tang bewachsenen Felsen freilagen, verließen die Echsen eine nach der anderen den Sonnplatz. Ohne Hast ließen sie sich ins Wasser gleiten und schwammen mit langsamen Ruderschlägen zu den grünbewachsenen Felsen hinaus. Mit dem Glas konnte ich sehen, wie sie die Algen abweideten. Sie bissen abwechselnd mit der rechten und linken Kieferseite, genau wie ein Hund, der einen Knochen abnagt. Die so auffällig steil abgestutzte Schnauze eignete sich vorzüglich zum Abweiden des kurzen Bewuchses. Es war lange Zeit ungeklärt, wie die Meerechsen und andere meeresbewohnende Tiere das mit dem Meerwasser aufgenommene Salz wieder ausscheiden. Bekanntlich geht der Schiffbrüchige zugrunde, wenn er Meerwasser trinkt, denn die Niere des Menschen ist nicht imstande, die im Seewasser enthaltenen Salze auszuscheiden. Die Meerechsen aber nehmen mit ihrer Nahrung große Mengen an Seewasser auf, ohne daß es ihnen schadet. Erst kürzlich hat man herausgefunden, daß die Echsen jederseits vor dem Auge eine große Salzdrüse besitzen, deren Ausführungsgang sich in die Nasenhöhle öffnet. Diese Salzdrüse scheidet eine Flüssigkeit ab, deren Salzkon-

67 Die Meerechse – ein Charaktertier der Galápagos-Küsten.
Hier Tiere von Fernandina.

zentration höher ist als die des Meerwassers. Die Salzlösung wird in Form feiner Tropfen aus den Nasenlöchern ausgestoßen.

Ähnliche Salzdrüsen besitzen die Seeschildkröten. Bei der unechten Karettschildkröte sitzt die Drüse in den Augenhöhlen und öffnet sich im hinteren Augenwinkel. Die auffällig starke Tränensekretion der Seeschildkröten fiel bereits verschiedenen Beobachtern auf. Sie ist damit erklärt. Bei den Meeresvögeln sind die paarigen Salzdrüsen als »Nasendrüsen« schon lange bekannt. Sie liegen beim Kormoran und Tölpel zwischen dem Auge und der Nasenhöhle. Ihr Sekret ergießt sich in die Nasenhöhle, fließt durch die Nasenöffnungen und tropft schließlich von der Schnabelspitze ab. Bei Möwen liegt die Drüse über dem Auge, und das Sekret ist hier mit 5 Prozent Salzgehalt doppelt so salzig wie das Meerwasser und fünfmal so salzig wie das Blut. Die Salzdrüsen der Möwen arbeiten sehr schnell. In einer Minute scheiden sie bis zur Hälfte ihres Eigengewichtes an Salz aus. Eine Möwe, der man 134 Kubikzentimeter Meerwasser eingeflößt hatte, schied das gesamte Salz innerhalb von 3 Stunden aus, ohne irgendeinen Schaden zu nehmen.

Die Meerechsen hier waren besonders kräftig und wesentlich dunkler als jene, die ich auf Osborn und Hood (Española) kennengelernt hatte. Keine einzige war bunt. Später stellte ich dann fest, daß es sich bei diesen Verschiedenheiten um echte rassische Unterschiede handelte, eine Tatsache, die deshalb interessant ist, weil man bisher meinte, die Meerechsen würden leicht von Insel zu Insel schwimmen und sich daher ständig mischen. Das ist nun aber offenbar nicht der Fall. Beobachtet man sie länger, dann sieht man, daß sie es vermeiden, weit ins Meer hinauszuschwimmen. Bereits Darwin stellte fest, daß eine Meerechse, die man ins Wasser wirft, an der nächstbesten Stelle gleich wieder an Land steigt. Diese starke Landbindung ist wohl auf die Furcht vor den Haien zurückzuführen. Man hat in Haimägen wiederholt Meerechsenreste gefunden.

68 Meerechsen weiden auf bei Ebbe freiliegenden Algenfeldern (Fernandina).

Allmählich wurde es leer um mich herum. Fast alle Echsen waren unterwegs. Es war sehr heiß, und es gelüstete mich nach einem Bad. Vorsichtig, so wie ich es von den Meerechsen gelernt hatte, schwamm ich zu den Felsen hinaus, das tiefe Wasser meidend. Die Meerechsen, denen ich im Wasser begegnete, tauchten scheu vor mir weg und krallten sich, wie ich durch die Taucherbrille sehen konnte, am Grunde fest. Sie waren hier im Wasser deutlich scheuer als an Land, was begreiflich ist, denn hier drohte ihnen ja besondere Gefahr. Bei den Felsen angelangt, sah ich mehrere Meerechsen unter Wasser zwischen den Felsen und niedrigen Korallenstöcken sitzen. Sie nahmen sich

dort zwischen Füsilieren, Engelfischen und gelbschwänzigen Seebadern sehr seltsam aus. Ich dachte zunächst, sie hätten sich vor mir dorthin geflüchtet, aber dann sah ich, wie eine Echse unter Wasser Algen fraß, was mich sehr überraschte.

Ich habe dieses Verhalten später noch oft beobachtet und auch gefilmt. Bis zu einer halben Stunde sah ich die Echsen unter Wasser weiden. Sie bewegten sich dabei mühelos über den Meeresboden, ohne gegen Auftrieb ankämpfen zu müssen. An gefangengehaltenen Tieren sah ich später, daß sie regelmäßig kleine Steinchen verschluckten. Das mag den Tieren als Ballast dienen. Bei Fernandina fraßen die Meerechsen selbst bei 19 Grad Celsius unter Wasser. Kleine Jungtiere sah ich dagegen immer nur über Wasser fressen.

Untersuchungen von G. A. Bartholomew haben ergeben, daß Meerechsen eine Körpertemperatur bevorzugen, die zwischen 35 und 37 Grad Celsius liegt. Sie zeigen aber noch bei 40 und 25 Grad Körpertemperatur ein normales Verhalten. Beim Tauchen kühlen die Tiere je nach Körpergröße verschieden schnell aus. Bei einer Differenz von 10 Grad Celsius zwischen Körpertemperatur und Wasser betrug die Abkühlungsrate nach Bartholomew für verschieden schwere Echsen folgende Werte:

Gewicht/Gramm	Abkühlungsrate Grad/Minute
165	2,53
794	1,14
1361	0,63
1490	0,64
3118	0,39

Die unterkühlten Tiere erwärmen sich sehr schnell an der Sonne auf die bevorzugte Temperatur. Überhitzung vermeiden sie, indem sie ihre Körperhaltung so ändern, daß nur eine verhältnismäßig kleine Fläche der Sonne ausgesetzt wird und der Wind den Körper kühlt. Verhindert man diese Anpassung,

69 Meerechse von Fernandina weidet unter Wasser Meeresalgen.

dann sterben die Tiere, wenn ihre Körpertemperatur 46 Grad Celsius erreicht, wie das Bartholomew in einem Fall feststellte.

E. S. Hobson fand Meerechsen noch in 12 Meter Tiefe weidend. Auch bei einem erzwungenen Aufenthalt von 50 Minuten unter Wasser bleiben die Meerechsen ruhig. Die Pulsschlagfrequenz sinkt bei den tauchenden Echsen von 40 auf 10 Schläge pro Minute, erhöht sich jedoch sogleich nach dem Auftauchen.

Die Meerechsen leben im Freien in erster Linie von Meeresalgen; Ch. C. Carpenter ließ den Mageninhalt mehrerer Echsen bestimmen. Man fand folgende Arten: *Bostrychia sp., Tylotes ecuadorianus, Bryopsis indica triseriata, Plocamium pacificum, Prionitis abbreviata, Glossophora galapagensis, Lophosiphonia villum, Pterosiphonia paucicorticata, Blossevillea galapagensis* und *Gelidium hancocki.* Daneben fand man auch Reste von Krabben, und ich sah Meerechsen an der Nachgeburt von Seelöwen fressen. Auf Santa Cruz fressen die vor der Veranda des Siedlers Karl Angermeyer lebenden Meerechsen auch Fleisch, Reis, Brot und andere Nahrung, die ihnen Angermeyer anbietet.

Der Tiefpunkt der Ebbe war mittlerweile überschritten. Das Wasser stieg rasch, und da mit auflaufendem Wasser auch Haie ins Seichte zu schwimmen pflegen, zog ich mich wieder auf meinen Platz am Ufer zurück.

Auch die Meerechsen kamen nach und nach zurück. Sie wanderten dabei zielstrebig, als wüßten sie genau, wohin sie gehörten. Beim Wandern betasteten sie mit der Zunge nach jedem Schritt den Fels, offenbar orientierten sie sich geruchlich. Sie bringen dabei die mit der Zunge aufgenommenen Duftträger in eine Riechgrube im Mundhöhlendach. Ich stellte später durch Verfrachtung einzelner Echsen fest, daß sie tatsächlich ortstreu sind und über 300 Meter ausgezeichnet heimfinden.

Die Heimgekehrten legten sich zunächst einmal flach auf den Bauch und erwärmten sich an der Sonne. Große rote Krabben liefen geschäftig zwischen ihnen hin und her. Sie krochen auch auf die Echsen. Ich sah, daß sie sie säuberten. Sie zupften den Echsen die Zecken ab. Später las ich dann in William Beebes lebensvollen Schilderungen, daß er bereits das gleiche beobachtet hatte. Auch Grundfinken betätigten sich als »Putzer«. Anders als die Landleguane, wie ich später sah, reagierten die Meerechsen nicht auf die sie säubernden Finken.

Nach und nach kehrten alle von den Weideplätzen zurück, und ein unübersichtliches Gewimmel bedeckte den Felsen. Aber so verwirrend das zuerst aussehen mochte, längere Beobachtung zeigte, daß auch hier eine strenge Ordnung herrschte. Immer ein erwachsenes Männchen bewohnte einen bestimm-

70 Meerechse, den Meeresboden abweidend. Die Echse hat wenig Auftrieb.

ten Felsblock, den es mit einigen der etwas kleineren Weibchen teilte. Dieser Felsblock war sein Revier, das es eifrig bewachte. Kam ein Nachbar zu nahe, dann drohten sie beide. Sie öffneten das Maul, daß das rote Innere aus dem schwarzen Gesicht leuchtete, nickten dabei mit dem Kopf und stelzten steifbeinig vor dem Gegner auf und ab, den Nacken und Rückenkamm hoch aufgerichtet. Hin und wieder spritzten sie aus den Nasenlöchern einen feinen Wasserstrahl, der an der Luft wie ein feines Wölkchen zerstäubte. Ein drachenartiges Gebaren, das mich so recht an die dampfschnaubenden Drachen unserer Sagen und Märchen erinnerte. Dieses Zeremoniell genügte in der Regel, um die Streitlust des anderen zu dämpfen.

Manchmal aber kam es auch zum Kampf.

Die erste derartige Auseinandersetzung spielte sich günstigerweise direkt vor meinen Füßen ab. Die Rivalen umstelzten einander auf steifen Beinen. Jeder machte sich dabei möglichst groß und versuchte, dem anderen die Breitseite zur Schau zu bieten. Mit anderen Worten, beide machten mehr aus sich, als wirklich dahintersteckte. Ein sehr weit verbreitetes Prinzip des »Imponiergehabens«, wie es die Verhaltensforscher nennen. Diesmal schien es jedoch den Eindringling wenig zu beeindrukken. Er prahlte genauso zurück. Einige Minuten umkreisten sich die beiden, schließlich standen sie sich mit aufgerissenen Mäulern gegenüber.

Ich erwartete jeden Augenblick, daß sie aufeinander losstürzen und sich zu einem Knäuel verbeißen würden. Und wirklich, sie stürzten aufeinander los, aber zu meiner größten Überraschung hielten beide die Köpfe gesenkt. Hart prallten die Schädeldächer aufeinander, und nun versuchte jeder den anderen vom Platz zu schieben. Beide hatten sich in die Lava verkrallt, und ihre Rücken bäumten sich vor Anstrengung hoch auf. Minutenlang währte dieses seltsame Duell. Dann lösten sich die Partner voneinander. Die erste Runde endete unentschieden. Nach kurzem Drohen nahmen die Streitenden einen neuen Anlauf. Diesmal traf der Revierinhaber den Eindringling in die Flanke, und nun konnte dieser nicht mehr standhalten. Langsam, unheimlich langsam wurde er zur Seite gedrückt. Das linke Vorderbein streckte sich mehr und mehr, schließlich löste

71/72 Meerechsen schließen sich leicht dem Menschen an. Sie lernten schnell, bei Karl Angermeyer vom Tisch fallende Brocken aufzunehmen. Das veranlaßte Angermeyer schließlich, sie regelmäßig zu füttern.

sich ein Finger nach dem anderen von der Unterlage, und obgleich der Revierfremde zitternd vor Anstrengung alle Kraft zum Widerstand sammelte, wurde auch die letzte Kralle bald aus dem Halt gehoben, und er verlor das Gleichgewicht. Einige Sekunden zappelte er wie ein großer Käfer mit den Beinen in der Luft, dann hatte er seine Normallage wieder, gerade rechtzeitig, um sich eiligst in eine Spalte zurückzuziehen. Kopfnikkend stolzierte der Sieger vor ihm auf und ab.

Wohl fünf Minuten blieb der Geschlagene in seiner Spalte sitzen, dann hatte er sich so weit erholt, daß er einen neuen Angriff wagte. Beim erstenmal kam er aber gar nicht aus seiner Spalte heraus, denn sein Gegner drückte ihn einfach von oben wieder hinein. Der zweite Versuch glückte jedoch, und noch einmal entbrannte der Kampf ums Revier und die darin befindlichen Weibchen mit aller Heftigkeit. Wer siegen würde, blieb lange ungewiß, dann aber gewann der Revierinhaber wieder die Oberhand. Schon war sein Gegner bis nahe an die Spalte zurückgeschoben, seine Hinterbeine hingen bereits frei über dem Abgrund, da löste sich der Unterliegende unvermutet vom Gegner und warf sich mit einem Ruck flach vor den Überlegenen hin. Er sackte dabei in sich zusammen wie ein Gummitier, dem die Luft entweicht. Klein, niedergeduckt, mit angelegtem Rückenkamm und seitlich weggestreckten Beinen lag er auf dem Bauch, das armselige Gegenstück der prahlerischen Drohstellung! Und der Sieger? Ich dachte, er würde sich nun erst recht auf den Kapitulierenden stürzen; aber nein, nichts dergleichen geschah. Er respektierte die Demutsgebärde des sich Unterwerfenden! In steifer Drohstellung wartete er, bis sich sein Gegner entfernte! Eine bei den Echsen wirklich einzigartige Kampfweise. Der Kampf war durch und durch ein Turnier, bei dem der Stärkere siegte, ohne den Schwächeren zu verletzen.

Ich durfte an diesem Tage noch einige weitere Turniere dieser ritterlichen Echsen beobachten, und stets wiederholte sich

73 Territoriales Meerechsenmännchen inmitten seiner Weibchen (Fernandina).

das gleiche. Auf einleitendes Drohen folgte der Kampf, in dessen Verlauf beide einander durch Kopfstoßen abschätzten. Merkte einer, daß er eindeutig unterlegen war, dann gab er auf, indem er die Demutsstellung einnahm. Damit war der Kampf entschieden. Die Regeln dieses »Kommentkampfes« waren streng festgelegt. Das zeigte mir noch eine andere Beobachtung. Nachdem ich einige Kämpfe gesehen hatte, wollte ich weitere künstlich auslösen. Ich fing ein stattliches Männchen und setzte es in das Revier eines anderen, und da geschah nun wieder etwas Unerwartetes. Der Revierinhaber stürzte wütend auf den Eingedrungenen, biß ihn kräftig in den Nacken und schüttelte ihn eine Weile, bis es dem verzweifelt Strampelnden gelang, sich zu befreien und zu flüchten. Und das wiederholte sich, sooft ich diesen Versuch machte. Ich sah dann auch, daß

jene Männchen, die auf der Flucht eilig ein anderes Revier durchquerten, ebenfalls vom Revierinhaber heftig angegriffen und gebissen wurden. Offenbar löst formloses Eindringen eines Männchens sofort einen Beschädigungskampf aus. Es gehört eben zu den Kampfregeln, daß man das genaue Einleitungszeremoniell – Kopfnicken und Imponiergehaben – befolgen muß. Nur dann kommt es zum Turnier.

Durch die Ausbildung des Turnierkampfes vermindern die rivalisierenden Meerechsen das Risiko. Bei Beschädigungskämpfen wäre das Risiko, beschädigt, ja getötet zu werden, groß. Ein Beschädigungskämpfer hätte nur dann einen Vorteil, wenn er stets auf einen Turnierkämpfer träfe, der sich nicht beschädigend zur Wehr setzte. Das ist aber nicht der Fall. Turnierkämpfer schalten auf Beschädigungskampf, wenn sie beschädigend angegriffen werden. Eine Verhaltensmutante, die beschädigend kämpft, trifft daher stets auf Kämpfer, die mit gleicher Münze zurückzahlen, wenn sie sich stellen. Daher können sich Beschädigungskämpfer, die als Mutanten auftauchen, nicht durchsetzen. Aber selbst wenn es die Strategie der Vergeltung nicht gäbe, könnten sie es nur bis zu einem gewissen Prozentsatz, bis eben die Wahrscheinlichkeit, ihresgleichen zu treffen, so zunimmt, daß Gegenselektion einsetzt.

Man kennt ähnliche Kommentkämpfe von vielen anderen Wirbeltieren. Wenn der Buntbarsch (*Hemichromis bimaculatus*) einen Rivalen bekämpft, bedroht er seinen Gegner zunächst von vorn. In den buntesten Farben erstrahlend, stehen sich die Partner gegenüber, Flossen und Kiemendeckel halten sie gespreizt. Haben sie genügend geprahlt, dann tauschen sie Schwanzschläge aus. Dabei wird der Gegner gar nicht wirklich mit der Schwanzflosse berührt, sondern ein Wasserstrom trifft die empfindlichen Strömungssinnesorgane an den Seiten des Partners, und daraus erkennen die Gegner die Kraft des anderen. Meist stehen die Fische beim Austausch der Schwanzschläge parallel zueinander, den Kopf am Schwanz des Gegners. Gibt keiner auf, dann folgt das Maulzerren: Die Rivalen

74 Drohimponierende Meerechse (Fernandina).

75 Kämpfende Meerechsen (Fernandina, ebenso Abb. 76–80).

packen sich an den Lippen und zerren einander hin und her, zuletzt – wenn noch immer keine Entscheidung gefallen ist – beginnt ein Beschädigungskampf, bei dem die Partner einander mit den Schnauzen in die Seiten rammen, bis die Schuppen fliegen und die weichen Flossenenden zerfetzt sind. Meist jedoch fällt die Entscheidung bereits vorher im Turnier. Der Unterlegene faltet die Flossen zusammen, verblaßt und entfernt sich durch einige Schwimmstöße aus dem Revier des anderen. In der freien Natur kommt es so gut wie nie vor, daß einer den anderen tötet. Wohl aber passiert es hin und wieder im Aquarium, wenn ein unachtsamer Fischliebhaber die Kämpfenden nicht rechtzeitig trennt. Solange nämlich der Verlierer im Revier des anderen weilt, so lange wird er auch bekämpft.

Auch Kreuzottern, die miteinander um den Besitz eines Weibchens kämpfen, beißen einander nicht, sie ringen vielmehr nach genauen Regeln. Die Männchen der Klapperschlan-

76/77 Der Verlierer hat sich in eine Spalte zurückgezogen und wird vom Sieger bedroht. Als er heraus will, stößt ihn sein Bewacher in die Spalte zurück.

gen legen sich zum Kampf parallel nebeneinander, die Schwänze sind ineinander verschlungen, das vordere Körperdrittel ist aufgerichtet. Aus dieser Stellung versuchen die Partner einander mit dem Kopf zur Seite zu stoßen. Fällt einer, so drückt ihn der andere mit einer Körperschlinge gegen den Boden. Damit ist der Kampf auf völlig unblutige Weise entschieden. Ebenso ist es bei einer ganzen Reihe anderer Giftschlangen. Was einleuchtet, denn würden sich die Schlangen beißen, dann würde der Kampf sicherlich für einen und oft wohl für beide Partner einen tödlichen Ausgang nehmen.

Reizend sind die Turniere der Zauneidechsen. Nach kurzer Droheinleitung beißt eine Echse die andere in den Nacken und drückt fest zu. Der Rivale wartet geduldig, bis der andere den Zubiß lockert, um dann seinerseits zuzupacken. Das tun beide abwechselnd, bis einer ermüdet und aufgibt. Jüngere Männchen beenden oft den Kampf, nachdem sie den Stärkeren das erste Mal im Nacken faßten, als würden sie dessen Kraft am starken Nacken abschätzen. Die unterlegene Zauneidechse wirft sich ähnlich wie unsere Meerechsen auf den Bauch und tretelt sehr schnell mit allen vieren an Ort und Stelle, was als symbolisches Weglaufen gedeutet werden kann. Danach läuft sie schnell davon.

Ähnlich ist es bei vielen anderen Wirbeltieren. Man kann die Regel[1] aufstellen, daß überall dort, wo ein Artgenosse den anderen durch die Ausbildung von Waffen leicht töten könnte, Verhaltensweisen ausgebildet sind, die das Risiko gegenseitiger Beschädigung herabsetzen. Der Kampf wird zum Turnier umgestaltet, und bei jenen Arten, bei denen sich der Gegner

78 Meerechsenmännchen droht mit offenem Maul.

---

1 Es gibt Ausnahmen. Löwen sind nur Gruppenmitgliedern gegenüber aggressionsgehemmt, Gruppenfremde töten sie. Ähnliches gilt für Ratten. Solches Töten von Artgenossen gehört jedoch im Tierreich zu den Ausnahmen. Ich habe das in meinem Buch »Krieg und Frieden aus der Sicht der Verhaltensforschung«, München (Piper) 1975, ausführlich diskutiert.

nach der Niederlage nicht schnell genug zurückziehen kann, sind oft besondere Demutsgebärden entwickelt, die den weiteren Angriff des Siegers hemmen: Die junge Wasserralle setzt sich einem feindlichen Altvogel gar nicht erst zur Wehr, sie dreht ihm ganz einfach das Hinterhaupt zu. Ein einziger Schnabelhieb auf diese empfindlichste Stelle seines Körpers würde das Jungtier töten, aber gerade die schutzlose Preisgabe hemmt jeden weiteren Angriff. Kämpfen Wölfe oder Hunde miteinander, dann sieht das zunächst sehr wild aus. Zum Knäuel verbissen, wirbeln die Gegner herum, und trotzdem wird man selten erleben, daß die Tiere einander wirklich umbringen. Fühlt nämlich einer seine Unterlegenheit, dann stellt er den Kampf ein. Meist wirft er sich auf den Rücken, als wäre er ein Welpe. Jungtiere bieten sich so ihrer Mutter zur Säuberung dar. Dieses kindliche Verhalten blockiert weitere Aggressionen. Der Angreifer geht sogar häufig dazu über, seinen Gegner zu belecken, was dieser auch herausfordert, indem er harnt. So kann, was als aggressive Auseinandersetzung begann, in freundliche Kontaktaufnahme übergeführt werden und schließlich sogar im freundlichen Miteinanderspielen enden. Die Demutsstellung kann übrigens jeder Hundehalter auslösen, wenn er mit seinem Hund ernsthaft schimpft. Im allgemeinen finden wir nur bei jenen Tieren, die sich normalerweise nichts zuleide tun können, keine derartigen Hemmungen. Wozu sollte auch ein Täubchen mit seinem zierlichen Schnabel eine solche Hemmung benötigen? Es kann dem Gegner mit den Flügeln einige Schläge versetzen, und es kann ihm vielleicht auch eine Feder ausrupfen, aber ernsthaft beschädigen kann es ihn nicht. Aber gerade bei diesen Tieren, die als Sinnbild der Sanftmut gelten, kommt es in Gefangenschaft zu den grauenhaftesten Unfällen. Was Wölfe kaum fertigbringen, gelingt dem Lachtauber im engen Käfig leicht. Er drängt seinen Gegner in eine Ecke und bearbeitet ihn mit seinem zierlichen Schnäbelchen auf die grausamste Weise, bis dessen Rücken nur mehr eine einzige offene Wunde ist. Im Freien wäre der Schwächere schon längst davongeflogen.

Unwillkürlich fragen wir uns, ob denn auch der Mensch eine angeborene Hemmung zu töten hat? Fast wäre man geneigt,

79 Kämpfende Meerechsen.

80 Demutsstellung des Unterlegenen (im Bilde links).

ihn unter die Hemmungslosen einzureihen, aber das ist, wenn wir genau hinsehen, gottlob doch nicht der Fall. Auch der Mensch reagiert sehr deutlich auf bestimmte Demutsgebärden seines Mitmenschen.

Meine in den letzten 15 Jahren durchgeführten kulturenvergleichenden Untersuchungen haben gezeigt, daß die mitleidauslösenden Appelle in allen Kulturen dieselben sind und daß der Mensch überall die Hemmungen besitzt, einen Mitmenschen zu töten. Allerdings versteht er es, sich über diese Hemmungen hinwegzusetzen. Dabei spielen mehrere Fähigkeiten des Menschen eine entscheidende Rolle. Zunächst neigt der Mensch dazu, sich in Kleingruppen von anderen Menschengruppen abzusetzen. Über eigene Bräuche und die Sprache setzt er sich in Kontrastbetonung von den anderen, den Fremden ab. Das hat die kulturelle Evolution beschleunigt und dazu geführt, daß der Mensch in einer Vielfalt von Kulturen mit verschiedenen Überlebensstrategien die Erde füllte. Es führte aber auch zum Krieg. Die Menschen einer Gruppe pflegen sich nämlich einzureden, nur sie seien die wirklichen Menschen, die anderen dagegen wären Menschen minderer Qualität oder gar Nicht-Menschen. Mit der Fähigkeit, sich so selbst zu indoktrinieren und dem anderen das Menschsein abzusprechen, verschließt sich der Mensch gegen die Wirkung mitleiderweckender Appelle seitens der Feinde. Dazu kommt, daß er mit der Entwicklung der Waffen eine Möglichkeit hat, seinen Gegner außer Gefecht zu setzen, bevor dieser an die Gefühle seines Partners appellieren kann. Bereits ein Schlag mit dem Faustkeil tötet und nimmt dem Gegner die Möglichkeit, sich zu unterwerfen.

Unsere Hemmungen sind darauf abgestimmt, daß wir dem Partner mit bloßen Händen gegenübertreten. Die Waffe ist in unserer biologischen Konstruktion offenbar nicht vorgesehen, unsere angeborenen, gefühlsmäßigen Reaktionen sind nicht an sie angepaßt. Die Technik des Tötens hat sich in der menschlichen Geschichte immer weiter vervollkommnet. Gehörte zum Stoß mit der Lanze noch größte Erregung, so zielt der Soldat heute oft durchaus kaltblütig nach einem dunklen Fleck im schneebedeckten Gelände. Unser Gefühl kann ganz einfach nicht begreifen, daß eine so geringfügige Bewegung wie der Druck auf den Abzug eine so ungeheuerliche Folge haben soll. Wie viele Millionen moralisch durchaus gesunder Männer mußten das erfahren. Menschen, die zu Hause sicherlich keiner Fliege etwas zuleide taten, lösten ohne weiteres eine Bombe aus.

Ganz allerdings, und darin besteht unsere Hoffnung, läßt sich unser biologischer Normenfilter nicht ausschalten. Auch der Feind wird als Mensch wahrgenommen, wenn wir ihm begegnen. Das hat man bei Stellungskriegen erfahren, wenn Truppen einander in Schützengräben gegenüberlagen. Da kam es dann vor, daß die Gegner einander kennenlernten, Zigaretten austauschten und nicht schossen. Man sprach in solchen Fällen von »Demoralisation« der Truppe. Das freundlich Bindende ist eben stark im Menschen. Im Krieg versucht man es durch »Nonfraternisation Laws« und andere Kommunikationsbarrieren sowie durch eine Propaganda, die den Gegner verteufelt, zu unterdrücken. Aber unser angeborenes Gewissen regt sich angesichts der Kriegsgreuel. Es ist seit Jahrtausenden die Grundlage der Friedenssehnsucht des Menschen [1].

Daß sich die destruktive Aggression auf Gruppenebene – der Beschädigungskampf Krieg – so lange in der Menschengeschichte halten konnte, hängt sicher mit der raschen Entwicklung der Waffentechnik zusammen, mit der sich Angreifer einen Vorsprung sicherten. Bei waffentechnischem Patt wird es für alle vorteilhaft, das Risiko bewaffneten Krieges zu meiden.

Es berührt mich heute eigenartig, daß ich hier auf den Galápagos-Inseln im Spiegel tierischen Verhaltens Probleme sehen lernte, die meine weitere Forschung auf dem Gebiet menschlichen Verhaltens ganz entscheidend mitbestimmen sollten. Ich habe den Meerechsen auf meinen weiteren Reisen immer mein besonderes Augenmerk gewidmet. Im März 1966 hatte ich Gelegenheit, sie im Westen der Insel Hood (Española) an ihren Eiablageplätzen zu beobachten. Diese Meerechsen gehören einer von mir als *venustissimus* beschriebenen Unterart an, die

---

1 Ich diskutiere diesen Problemkreis in meinem Buch »Krieg und Frieden«.

81 Meerechsenweibchen an ihren Eiablageplätzen auf Hood. Im Vordergrund ein Weibchen, das Erde über seinen Gelegeplatz scharrt. Im Hintergrund hält ein Weibchen, das ebenfalls bereits Eier legte, auf einem Felsen Wache.

82a–d Ein Weibchen beriecht die Erde über der Eigrube und scharrt dann weitere Erde mit Vorder- und Hinterbeinen darüber. Auf Santa Cruz schlüpfen die Jungen 89 bis 120 Tage nach der Eiablage. Die Temperatur in den Eikammern betrug nach Messungen von N. Rauch (1982) 27,7 bis 29,8 Grad Celsius.

sich von allen anderen Unterarten vor allem durch ihre große Buntheit auszeichnet. Die Männchen haben zur Paarungszeit einen grünen Rücken, grüne Ellenbeugen und eine grüne Kopfoberseite. Die Flanken sind leuchtend rot mit schwarzen Sprenkeln. Als ich im März die Weibchen beobachtete, fiel mir zunächst auf, daß diese diesmal ebenso prachtfärbig waren wie sonst nur die Männchen. Viele Weibchen hatten bereits Eier gelegt, andere waren dabei, Löcher in die Eiablage zu graben. Dazu scharrten sie ein 30 bis 40 Zentimeter tiefes Loch schräg in den Boden, indem sie die Erde mit den Vorderbeinen vor der Schnauze wegschafften und mit den Hinterbeinen rückwärts-

140

schoben. Von Zeit zu Zeit hielten sie inne und blickten umher. Dabei drohten sie oft durch Kopfnicken, auch wenn man in ihrer Nähe keine anderen Echsen wahrnehmen konnte. Das Umherschauen ist Sichern gegen Artgenossen und wohl auch gegen den Bussard, der den Meerechsen nachstellt.

In die gegrabene Höhle legen die Meerechsen meist zwei etwa 10 Zentimeter lange und 5 Zentimeter dicke Eier mit weicher Schale. Danach vergraben sie das Gelege: Beim Verlassen der Höhle scharren sie mit den Vorder- und Hinterbeinen Erdreich nach rückwärts. Haben sie sich etwa einen Meter vom Höhleneingang entfernt, dann drehen sie sich um, laufen zurück, beschnuppern und betasten den Höhleneingang mit der Zunge, kehren wieder um und schaffen im Wegkriechen nochmals Erde nach. Das wiederholt sich mehrere Male.

Nun sind in diesem Gebiet von Hood gute Eiablageplätze rar. Die Insel ist überaus felsig. So kommt es, daß die Weibchen scharf um die Eiablageplätze konkurrieren. Hat ein Weibchen seine Eier vergraben, dann bewacht es den Eiablageplatz, indem es sich auf einen Stein daneben auffällig zur Schau legt. Dieses Bewachen verhindert, daß ein anderes Weibchen die Eihöhle aufscharrt und dabei das Gelege zerstört. Kommt ein anderes Weibchen in die Nähe, dann droht die Bewacherin, und weicht der Eindringling nicht, dann kommt es zum Kampf, der sich ebenfalls zunächst als Turnierkampf abwickelt. Nach einleitendem Drohnicken mit offenem Maul kommt es zum Kopfstoßen. Die Verliererin kann durch Demutstellung den Kampf abbrechen. Oft allerdings eskaliert der Kampf in einen Beschädigungskampf, in dessen Verlauf die Rivalinnen einander beißen und schütteln.

Die Weibchen wachten nur tagsüber. Nachts zogen sie sich in die Felsspalten der Uferfelsen zurück. Mit der Sonne bestiegen sie dann wieder ihre Ausgucke, die sie zwischendurch wiederholt verließen, um den Eiablageplatz mit der Zunge zu betasten und im Weggehen weitere Erde über den Platz zu scharren. Ich hielt dieses Wachen lange für eine Besonderheit der Hood-Weibchen. Andere Forscher haben es jedoch bei anderen Inselrassen nachgewiesen, so Krisztina Trillmich auf Santa Cruz. Als längste Bewachdauer registrierte sie zehn Tage.

So heftig die Meerechsenweibchen ihr Gelege gegen ihresgleichen verteidigten, so gleichgültig zeigten sie sich gegenüber der Spottdrossel, die hier als Eiräuber auftritt. Wird ein Weibchen unmittelbar nach der Eiablage von einem anderen gestört, dann schlüpfen die Spottdrosseln flink in die noch offene Eihöhle, zerren ein Ei heraus und fressen es aus. Auch wenn die Meerechsen das sehen, unternehmen sie nichts dagegen.

Ich vermute, daß die Spottdrosseln noch nicht sehr lange als Eiräuber auftreten, so daß sich die Echsen nicht an diesen Räuber anpassen konnten. Das stimmt mit der Beobachtung überein, daß die Spottdrosseln nur auf dieser Insel regelmäßig als Eiräuber auftreten.

M. P. Harris (1968) beschreibt, daß die Spottdrosseln von Tower (Genovesa) gelegentlich Eier öffnen. Ja, sie bemühten sich auch, die Eier der Fregattvögel aus ihren Nestern zu rollen und dann den Inhalt der zerbrochenen Gelege zu schlürfen.

Wie lange die Eier bis zum Schlüpfen brauchen, ist nicht bekannt. Carpenter schätzt die Zeit auf zwei bis drei Monate. Er beobachtete in der Tortuga-Bucht von Santa Cruz die Eiablage Ende Januar. Im April schlüpften in diesem Gebiet die ersten

83 So heftig Weibchen ihr Gelege gegen ihresgleichen verteidigen, so teilnahmslos reagieren sie auf die Spottdrossel, die vor ihren Augen die Eier rauben kann. Offenbar wurde die Anpassung an diesen Feind noch nicht vollzogen. Auch sind die Drosseln vermutlich noch nicht sehr lange als Eiräuber tätig. Dafür spricht, daß sie es nur auf der Insel Hood regelmäßig tun.

Jungen. Die Entwicklung verläuft relativ rasch. Ein höchstens einjähriges Weibchen, das ich am 20. März 1964 bekam, legte am 5. Dezember 1966 zwei unbefruchtete Eier. Das Tier war damals auf 66 Zentimeter Länge herangewachsen.

Feinde der Jungtiere sind in erster Linie die Bussarde. Auch die Lavamöwen fressen gelegentlich Jungtiere. Die Jungtiere weiden in der Gezeitenzone, tauchen aber nicht. In Gefangenschaft nehmen sie Heimchen, Wachsmottenraupen, Regenwürmer und andere Kleintiere, die sie geschickt verfolgen. Mit einer Mischkost aus den schon erwähnten Kleintieren, Mehlwürmern und einem Gemisch aus gehacktem Mäuse- und Rattenfleisch, gekochtem Reis, gehäckseltem Salat, geschabten Mohrrüben, Äpfeln, Tomaten, Bananen und Vitaminzusätzen gelang es mir, Jungtiere in Gefangenschaft hochzuziehen. Sie fraßen von der Pinzette. Dabei schnappten sie gierig zu. Sobald sie jedoch Metall spürten, wurde das Beißen zu einem zarten Knabbern. Lebende Insekten schüttelten sie nach dem Zubiß. Die im Mai 1962 eingefangenen Tiere hatten eine Länge von 26 bis 30 Zentimeter. Im Februar 1963 hatte das größte Jungtier eine Länge von 46 Zentimeter erreicht, die anderen maßen 31 bis 35 Zentimeter; am 11. August des gleichen Jahres war die größte Meerechse 65 Zentimeter lang. Im Oktober wurde das größte Tier unverträglich und jagte alle anderen, so daß wir es isolieren mußten. Kurze Zeit herrschte unter den etwas verschreckten restlichen Tieren Friede, dann begannen weitere Auseinandersetzungen. Im Dezember beobachtete ich die ersten Kopfstoßturniere. Von diesen Echsen lebte eine bis zum Herbst 1977 (Abb. 84).

84 Auch in Gefangenschaft halten sich die Meerechsen bei aufmerksamer Pflege gut. Diese als Jungtier gefangene Meerechse war 15 Jahre mein Hausgenosse. Morgens spazierte sie durch die Wohnung und bei Sonne auch auf die Terrasse. Sie fraß gerne aus der Hand, biß dabei aber ebensogern in die Finger, was meinen etwas strengen Gesichtsausdruck erklärt. Zupfte man ihr lose Hautfetzen ab, dann hielt sie still, ebenso, wenn man sie kratzte. Im Herbst wurde sie unverträglich und kopfboxte dann mit der entgegengehaltenen Faust, als wäre diese ein Rivale. – Sie starb ohne erkennbare Ursache im Herbst 1977.

Meerechsen sind gesellig, aber auf besondere Art. Wenn sie nicht gerade Paarungskämpfe zur Fortpflanzungszeit ausfechten oder um die Eiablageplätze streiten, dann sieht man sie oft eng gedrängt nebeneinander auf den Felsen liegen. Aber sie nehmen dabei kaum voneinander Notiz. Es berührt einen fast fremdartig, sie so beziehungslos, jede für sich, daliegen zu sehen. Sie dulden die Nachbarschaft anderer, vielleicht suchen sie sie sogar, aber sie können einander nichts Freundliches tun. Es fehlen ihnen als Voranpassung dafür die Verhaltensweisen der Brutpflege, die Vögel und Säugetiere in umgewandelter »ritualisierter« Form in den Dienst der Erwachsenenbindung stellen, indem sie einander etwa füttern und putzen. Und es fehlen dementsprechend auch die kindlichen Appelle, die freundliches Verhalten des Partners aktivieren. Ihr Repertoire sozialen Verhaltens beschränkt sich auf das Kämpfen und das Drohimponieren, das die Männchen auch beim Werben einsetzen. »Zärtlich« können sie nicht sein. Eine Voranpassung für Kontaktaufnahme bringen sie allerdings mit sich. Ähnlich wie die Elefantenschildkröten haben sie es gerne, wenn man sie zart kratzt und ihnen lose Hautstücke abpflückt. Das hängt mit ihrer Bereitschaft zusammen, sich von Finken und Krabben von Zecken säubern zu lassen.

Von allen Leguanen ist die Meerechse sicher der ungewöhnlichste Vertreter. Nur wenige andere Echsen haben sich an das Leben im Küstengebiet angepaßt. Auf den Philippinen gibt es einen Gecko *Lepidodactylus woodfordi*, der nahe der Flutgrenze lebt und Krabben jagt. Der Stachelschwanzleguan *Ctenosaura hemilopha* der kalifornischen Insel Cerralvo geht in der vegetationsarmen Zeit zum Krabbenfressen an die Küste. Ähnlich verhält sich *Anolis agassizi* auf Malpelo und gleichfalls die hier lebende Glattechse *Diploglossus hancocki*, die nur noch Krebse frißt. Die Meerechse ist jedoch von allen am weitesten ans Meer angepaßt, im Körperbau ebenso wie in der Nahrung. Daß in keinem anderen Gebiet unserer Erde eine Meerechse entstand, lehrt, daß schon extrem unwirtliche Bedingungen an Land herrschen müssen, damit eine landbewohnende vegetarische Echse zum halben Meeresbewohner wird.

Die Angaben von A. Laurie erlauben es, die Gesamtzahl der

Meerechsen im Archipel auf 200 000 bis 300 000 einzuschätzen. Wir können eine Reihe von Inselrassen unterscheiden (S. 498). Unter anderem variiert die maximale Körperlänge der Männchen erheblich von 60 bis 140 Zentimeter und das Gewicht von 1,5 bis 12,5 Kilogramm. Da man Meerechsen an vielen Küsten in großer Zahl sieht, glaubt man, ihre weitere Existenz sei gesichert. Dieser erste Eindruck täuscht. Lauries Erhebungen zeigen, daß an einigen Stellen von Isabela (Albemarle) fast keine Jungtiere vorhanden sind. Wir konnten uns davon 1982 auf dieser Insel bei Vicente Roca selbst überzeugen. Katzen und verwilderte Hunde stellen den Meerechsen nach und gefährden insbesondere deren Nachwuchs.

Die höflichen Kormorane

Auf entlegenen Inseln, die frei von raubenden Landsäugetieren sind, haben Vögel oft ihr Flugvermögen eingebüßt. Fliegen ist mit einem Risiko verbunden, und es bedarf eines besonderen Selektionsdruckes, um das Vermögen zu erhalten. Freßfeinde an Land scheinen dabei in einigen Fällen die entscheidende Rolle zu spielen. Auf Neuseeland gibt es zum Beispiel eine flugunfähige Ralle und den zum Gleitflug befähigten Eulenpapagei (Kakapo – *Strigops habroptilus*). Er lebt in schwer zugänglichen Gebirgswäldern der Südinsel und ist zum Aussterben verurteilt, denn eingeschleppte Marder, Iltisse, Wiesel, Füchse, Katzen, Hunde und andere Säuger verfolgen ihn. Es gibt keine Mittel, dem Einhalt zu gebieten. Ein anderes Beispiel ist die Dronte der Insel Mauritius. Sie ist mittlerweile längst ausgestorben. Auf den Auckland-Inseln gibt es eine bereits sehr seltene flugunfähige Ente.

Auf den Galápagos-Inseln entwickelte sich ein flugunfähiger Kormoran, eine weitere Besonderheit der Inseln. Man schätzt das Vorkommen auf etwa 800 Brutpaare, die die Küsten von Isabela und Fernandina bevölkern. Er ist der größte Vertreter der Kormorane und der einzige, der nicht fliegen kann.

Bei meinem ersten Besuch machte ich nur flüchtige Bekanntschaft mit diesen seltenen Vögeln. Erst im Herbst 1957 hatte ich das Glück, Brutpaare des flugunfähigen Kormorans beobachten zu können. Das war bei Punta Espinosa an der Küste Fernandinas.

Vor der Küste brandeten die Wellen über Lavaklippen. In einer Bucht nebenan sonnten sich auf sandigem Strand einige Seelöwen, und auf einem von Guano bedeckten Lavafelsen drängten sich Meerechsen. Meine Aufmerksamkeit galt aber diesmal weniger ihnen, sie konzentrierte sich vielmehr auf zwei Brutpaare des Kormorans, die unmittelbar in Reichweite vor mir auf den Uferfelsen nisteten.

Ihre Nester waren flache Haufen Seetang, zu einem niedrigen Wall aufgeschichtet und zusammengekittet von in der Sonne ausgedörrtem Guano. Einige gelbe Seesterne lagen dekorativ um die Nester verstreut, und auch zwei Büschel frischen Seetangs lagen hier. Eingebettet in jedes dieser kunstlosen Nester lagen Junge, im Nest vor mir nur eines, in dem daneben zwei. Mißgestaltete, dunkelbraun bedunte Kerlchen mit langem Hals, winzigen Flügelstummeln, pechschwarzen Entenfüßchen, ebenso schwarzem, beinahe nacktem Kopf und einem

85 Flugunfähiger Kormoran mit zwei Jungen. Eines bettelt (Fernandina).

86 Flugunfähiger Kormoran (Altvogel) trocknet seine Flügel. Man beachte die rudimentären, fluguntauglichen Schwingen (Fernandina).

langen, am Ende hakenförmig abwärts gebogenen Schnabel. Hechelnd lagen sie da, von je einem Altvogel beschattet. Die Alttiere waren stattliche Geschöpfe, denen Reptilhaftes eigen war. Ihr Gefieder war dunkelbraun. Der gedrungene Körper wurde von schwarzen Entenfüßen getragen. Der Schwanz war kurz und struppig, der Hals schlangenartig. Aus dem Kopf leuchteten unwahrscheinlich grünblaue Augen. Der dunkle Schnabel war lang und kräftig, ähnlich dem des europäischen Kormorans. Das Merkwürdigste an dem Vogel waren jedoch die Schwingen. Es waren richtige Flügel mit Schwungfedern, aber im Verhältnis zu dem großen Vogel waren sie lächerlich klein. Sie erreichten nicht ganz ein Drittel der Körperlänge des erwachsenen Vogels. Sie sahen auch sehr ruppig aus, einzelne Federn fehlten, andere waren nur zur halben Länge gewachsen, kurz und gut, zum Fliegen taugten sie nicht mehr. Beim Beschatten der Jungen jedoch leisteten sie dem Vogel immerhin noch gute Dienste.

Geduldig harrten die Altvögel unter der glühenden Sonne aus. Sie hechelten, und auch mir war sehr heiß. Von Zeit zu Zeit begannen die Nachbarn wohl aus Langeweile Streit, dann stießen sie aufeinander los und klappten mit den Schnäbeln, aber die Nester waren gerade die doppelte Halslänge voneinander entfernt, und so konnte keiner den anderen erreichen. Auch schien der Streit mehr eine bereits eingefahrene Gewohnheit, eine Formalität, mit der jeder dem Nachbarn anzeigte, wo dessen Grenzen lagen. Anfangs bedrohten sie auch mich, aber das gaben sie bald auf.

Nach einer Weile – ich wollte schon weiterziehen, da die Tiere

87 Flugunfähiger Kormoran bedroht seinen Nachbarn. Die Nester sind gerade so weit voneinander entfernt, daß die Nachbarn einander nicht erreichen können (Fernandina, ebenso Abb. 88–91).

88 a/b Fütterung von Jungtieren beim flugunfähigen Kormoran. Die bettelnden Jungtiere betrillern mit der Schnabelspitze die Kehle des Altvogels. Auf dieses Betrillern hin öffnet der Altvogel den Schnabel weit und beginnt Futter hochzuwürgen. Darauf warten die Jungvögel.

88c/d Der schnellere der beiden Jungvögel verschwindet mit dem ganzen Kopf im Rachen des Altvogels und holt den Futterbrocken. Das Geschwister hat das Nachsehen.

so gar nichts unternahmen – wurden die Jungen des einen Nestes unruhig. Sie krochen unter dem Altvogel hervor, streckten ihre Hälse nach oben und trommelten mit schnellen Seitwärtsschlägen ihrer Schnäbel gegen die Kehle des Altvogels. Dieser wich zunächst aus, indem er sich erhob und den Kopf zurückzog, aber die Jungen betrommelten ihn nur um so heftiger. Und dieser Reiz löste schließlich den Würgereflex aus. Es sah aus, als würde dem Altvogel richtig übel, er würgte und würgte, und plötzlich öffnete er den Schnabel weit und beugte sich vornüber. Auf den Augenblick hatten die Jungen nur gewartet. Der flinkere der beiden verschwand praktisch mit dem ganzen Kopf im Rachen des Altvogels. Als er nach geraumer Weile wieder hervorkam, schluckte er heftig, und aus seinem Schnabelwinkel hing noch der Fangarm eines angedauten Tintenfisches. Man sah dem Altvogel deutlich an, daß er jetzt gern seine Ruhe gehabt hätte, aber das zweite Junge, das noch nichts bekommen hatte, gierte weiter, bis es seine Portion bekommen hatte. Dann schüttelte sich der Altvogel, und es geschah wieder einmal eine dreiviertel Stunde lang nichts, wenn man davon absah, daß ich langsam, aber sicher in der Hitze briet. Nur die Munterkeit der hier besonders dunklen Kielschwanzleguane hielt mich einigermaßen aufrecht. Für sie war die Gluthitze gerade das Richtige. Ich fing einige von ihnen und erwischte auch noch eine der schönen braunen Galápagos-Schlangen, gerade als sie zu meinen Füßen in einer Spalte verschwinden wollte. Ich steckte sie zu den Eidechsen ins Säckchen. Als ich zehn Minuten später nachsah, war die Schlange merklich dicker, und die Eidechsen waren weniger. Eine hatte die Schlange bereits völlig verschlungen, eine andere hielt sie mit mehreren Körperschlingen fest. Den Kopf dieser Eidechse hatte sie schon im Rachen.

Endlich, nach einer guten Stunde, rührte sich bei den Kormoranen wieder etwas. Der Vogel vor mir warf plötzlich den Kopf in den Nacken, so daß sein Schnabel steil zum Himmel zeigte, und stimmte ein tiefes »cro cro cro« an. Die Flügel hielt er etwas angewinkelt und den gefächerten Schwanz leicht erhoben. Ein klitschnasser Kormoran antwortete mit »cro cro« vom Ufer. Er war unweit vom Nest gerade aus dem Wasser gestiegen. Aufrecht, den Hals würdevoll angezogen, watschelte er

89/90 Brutablösungszeremoniell beim flugunfähigen Kormoran. Das Männchen kommt mit einem Tangbüschel im Schnabel vom Fischfang zurück und überreicht dem Weibchen seine Gabe.

daher. Im Schnabel baumelte ein Büschel Tang. Beim Nest angekommen, verneigte er sich tief und übergab mit »cro cro« sein Tangbüschel, als wäre es der schönste Blumenstrauß. Sein Partner am Nest übernahm es und legte es sorgfältig am Nestrand ab. Der Neuankömmling stellte sich mittlerweile mit ausgebreiteten Flügeln neben dem Nest zum Trocknen auf. Fünf Minuten später stieg er wiederum grüßend auf den Nestrand, nachdem er ein Stöckchen aufgeklaubt hatte, das er feierlich überreichte. Der Vogel, der bisher das Nest gehütet hatte, nahm das Stöckchen ebenso feierlich entgegen, legte es vorsichtig auf den Nestrand und verließ danach das Nest. Er schüttelte sich und watschelte eilig zum Ufer, wo er sich mit sichtlichem Behagen in die Wellen gleiten ließ. Für eine Stunde oder auch mehr oblagen jetzt dem anderen die Fürsorgepflichten.

Den ganzen Tag blieb ich an dieser Stelle, und immer wieder erschütterte mich das kleine Wunder des Grußzeremoniells. Männchen und Weibchen[1] waren dabei gleich höflich. Der jeweils Ankommende brachte fast regelmäßig ein Büschel Tang, ein Hölzchen oder einen schönen Seestern mit.

Ich konnte diese Zeremonie auch bei späteren Gelegenheiten beobachten, und dabei kam mir der Einfall, dem heranwatschelnden Männchen seine Grußgabe wegzunehmen. Das ging bei diesem zahmen Vogel ganz überraschend gut. Ich ging einfach hin und nahm das baumelnde Tangbüschel aus dem Schnabel. Der Beraubte schaute wohl einen Augenblick verdattert, setzte aber dann den Marsch zu seinem Nest fort, so als wäre nichts geschehen. Als er dort ankam, empfing ihn das Weibchen mit Schnabelhieben. Das Männchen setzte sich daraufhin eilig ab, suchte, pickte ein Hölzchen auf und kehrte mit dieser Gabe zum Nest zurück. Nunmehr grüßte das Weibchen, übernahm die Gabe und baute sie ins Nest ein. Ich wiederholte das Experiment einige Male, stets mit dem gleichen Ausgang. Daß

---

1 Man konnte die Geschlechter gut unterscheiden, denn die Männchen sind stets größer als die Weibchen. Nach B. Snow schwankt das Gewicht der Männchen zwischen 3800 und 4090 Gramm, das der Weibchen zwischen 2500 und 2900 Gramm.

91 Nach der Übernahme der Gabe ist das Weibchen friedlich gestimmt und duldet die Nähe seines Männchens.

das Überreichen des Nestmaterials beschwichtigend wirkte, war damit erwiesen. Ganz allgemein dienen Grußzeremonielle der Abpufferung innerartlicher Aggression, die ja sehr oft auch zwischen einander bekannten und miteinander befreundeten Lebewesen wirkt, da der Artgenosse oft auch Träger aggressionsauslösender Signale ist.

Die Beobachtungen der vergleichenden Verhaltensforscher lehren, daß vergleichbare Grußzeremonielle unter den Vögeln ziemlich weit verbreitet sind und daß ihnen eine große Bedeutung in der Steuerung sozialen Zusammenlebens zukommt. Viele Vögel erkennen nämlich den Geschlechtspartner nur schlecht auf größere Entfernungen. Der das Nest Anfliegende muß sich daher auf irgendeine Weise als rechtmäßiger Partner zu erkennen geben und seine freundlichen Absichten ausdrükken. Ein Nachtreiher, der bei seinem Nest landen will, muß vorher in der Luft auf die artgemäße Weise grüßen, sonst jagt

157

94 Beschwichtigendes Futterbetteln des Lachmöwenweibchens bei der Balz (nach Fotos von N. Tinbergen).

ihn sein Partner zum Teufel. Nicht einmal die eigenen Jungen würden ihn ans Nest lassen.

Die beim Grüßen vollzogenen Symbolhandlungen drücken immer die freundliche Annäherung aus. Wenn Silberreiher sich begrüßen, dann strecken sie den Hals in tiefer Verneigung weit nach vorn. Graureiher hingegen strecken den Hals kerzengerade in die Höhe, und Störche legen den Hals ganz auf den Rücken und klappern. In allen drei Fällen läuft es aber auf das gleiche hinaus: Nur mit S-förmig gehaltenem Hals kann ein Reiher zustoßen. Der gestreckte Hals drückt daher eindeutig die friedliche Absicht aus. Bei den recht kämpferischen Lachmöwen, deren Gesicht eine schwarze Drohmaske trägt, wenden die Ehepartner einander zur Begrüßung das Hinterhaupt zu. Sie schauen schlicht und einfach weg, denn den anderen anschauen ist bereits Drohung!

92/93 Brutpflegefüttern und Balzfüttern bei der Seeschwalbe und darunter beim Kolkraben (nach Fotos von E. Gwinner und H. Rittinghaus).

Es ist im Prinzip dasselbe, wenn ein Massai-Krieger seinen Speer vor dem Gast in den Boden sticht oder wenn wir das Gewehr präsentieren, das heißt in eine Lage bringen, aus der wir nicht schießen können, oder schließlich, wenn wir unserem Freunde zur Begrüßung die offene Rechte, die Hand, mit der man sonst die Waffe führt, entgegenstrecken. In früheren Zeiten nahm man vor seinem Freunde auch den Helm ab. Wenn wir heute den Hut lüften, ist das die gleiche Geste. Die kulturelle Evolution kopiert vielfach die stammesgeschichtliche, da die Selektionsbedingungen gleichsinnig wirken. Auch setzt die Selektion an ähnlichen Voranpassungen an [1].

Um freundliche Absichten dem Geschlechtspartner gegenüber auszudrücken, bedienen sich viele Vögel Handlungen aus dem Bereich der Brutpflege. Das Seeschwalben-Männchen überreicht seiner Erwählten einen Fisch als Hochzeitsgabe, um gewissermaßen anzudeuten, daß es sich eifrig an der Fütterung beteiligen werde. Und wenn zwei Schimpansen zärtlich zueinander sind, dann schieben sie sich gegenseitig Futterbrocken von Mund zu Mund. Die Forscher M. Rothmann und E. Teuber meinen, daß sich unser Küssen von solch symbolisiertem Füttern ableite. Das konnte ich mittlerweile durch kulturenvergleichende Beobachtungen nachweisen. Der Kormoran, der seinem Partner Nestmaterial überreicht, symbolisiert: »Wir wollen gemeinsam ein Nest bauen.«

Ich denke dabei an ein kleines, aber unvergeßliches Erlebnis, das noch aus meiner Zeit auf der Biologischen Station Wilhelminenberg bei Wien stammt. O. Koenig, der Gründer und Leiter dieser Forschungsstätte, hatte halbwüchsige Graureiher vom Neusiedler See heraufgebracht. Bisher hatten wir es immer mit kleineren Nestlingen zu tun gehabt, die sich leicht füttern ließen. Die neuen Reiher dagegen waren offenbar schon zu alt. Sie verweigerten standhaft die Nahrung und hackten nach uns, sobald wir näherkamen. Da folgte Koenig einer

---

1 Siehe dazu I. Eibl-Eibesfeldt: Krieg und Frieden aus der Sicht der Verhaltensforschung. Piper 1975, und: Menschenforschung auf neuen Wegen. Molden 1976.

95/96 Wir beschwichtigen einen erschreckten Blaufußtölpel, indem wir ihm ein Hölzchen überreichen (Wenman).

plötzlichen Eingebung. Er nahm einen Schilfhalm in die Hand und überreichte ihn den Reihern. Einer stieß sofort zu, bremste aber noch im Zustoß ab, übernahm sorgfältig den Halm und baute ihn zu seinen Füßen ins Nest ein. Er war von da ab zahm, er hatte den Freundesgruß richtig verstanden. Koenig hatte die Geste erwachsenen Reihern abgeschaut. Dort überreicht das Männchen dem Weibchen beim Werben Schilfhalme.

1974 machte ich auf der Insel Wenman (Wolf) einen ähnlichen Versuch mit einem Blaufußtölpel. Er protestierte mit heiserem Geschrei, als ich an seinem Nest vorbeiging. Daraufhin nahm ich ein Hölzchen, überreichte es ihm, und er war beruhigt. Als ich eine Stunde später wieder vorbeikam, protestierte er nicht, vielleicht eine Nachwirkung der beschwichtigenden Geste.

Über die Biologie der flugunfähigen Kormorane ist im übrigen nur wenig bekannt. B. Snow hat interessante Beobachtungen zur Balz gesammelt. Sie beginnt mit einer Wasserbalz vor der Küste, in deren Verlauf die Tiere einander schwimmend umkreisen oder parallel nebeneinander auf und ab schwimmen. Ihr Vorderkörper ist dabei hoch aufgerichtet. Männchen und Weibchen halten den Kopf in einer »Schlangenhalsstellung«: Der Hals ist dabei stark S-förmig gekrümmt und der Kopf so angezogen, daß der Schnabel ganz oder teilweise am Kropf aufliegt. Wenn sie aneinander vorbeischwimmen, dann neigen sie den Kopf leicht voneinander weg. Es könnte sich um ein demonstratives Verbergen beziehungsweise Präsentieren des Schnabels in ungefährlicher Position handeln. In dem Augenblick, in dem ihre Köpfe am nächsten beieinander sind, äußern sie einen Krächzlaut (growling call), der manchmal in einen gezogenen Laut (mooing sound) übergeht. Manchmal richtet sich einer hoch im Wasser auf und schüttelt sich, was an das »Übersprungschütteln« balzender Enten erinnert. In den ersten Minuten der Wasserbalz griff das Männchen das Weibchen zwischendurch auch mit ausgestrecktem Hals an. In einem solchen Fall tauchte sie weg.

Den Schlangenhals machen die Vögel auch, wenn sie sich auf dem Lande balzend einander nähern und umschreiten. Wenn einer der beiden auf dem Nest sitzt und sein Partner nähert oder entfernt sich von ihm, dann tut er dies ebenfalls mit »Schlangenhals«. Die Federn an Hals und Nacken werden dabei aufgerichtet.

Snow beobachtete ein Paar über einige Tage bei der Wasserbalz. Die Tiere begannen am Morgen gegen 6.30 Uhr und dann noch einmal am Nachmittag gegen 14 Uhr. Sie balzten etwa 20 bis 80 Minuten in der beschriebenen Weise, dann führte das Männchen voranschwimmend das Weibchen zum Ufer. Bei diesem Führungsschwimmen hielt er in einer typischen Stellung Schwanzfedern aus dem Wasser. Zwischendurch drehte er im »Schlangenhals« den Kopf weg. Das Weibchen folgte ohne Schlangenhals und ohne die Schwanzfedern über Wasser zu erheben.

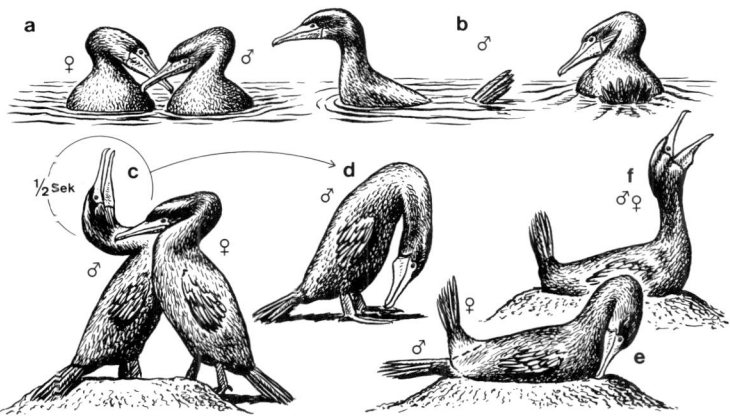

97 Die Balz des flugunfähigen Kormorans: (a) Wasserbalz (aquatic dance). Parallelschwimmen des Paares mit Schlangenhals (snake necking); (b) Führungsschwimmen (leading) des Männchens von der Seite und von hinten (mit Schlangenhals); (c) Kopfhochwerfen (throw back) mit anschließender Verbeugung (bow) des Männchens vor dem Weibchen (d); (e) Verbeugung auf dem Nest sitzender Vögel. Dabei halten die Vögel oft Nestmaterial im Schnabel und bauen es mit Zitterbewegungen in den Nestwall ein. Weibchen heben den Schwanz an wie zur Kopulationsaufforderung. Männchen halten ihn waagrecht; (f) Schnabelöffnen (sitting gape), ein von Männchen bei der Ablösung geübtes Grußritual. Dabei äußern die Tiere einen heiseren gezogenen Laut, der schwer schriftlich wiederzugeben ist. B. Snow beschreibt ihn mit »aagh« (das aa klingt nasal-krächzend)

Am Ufer wirft das Männchen zunächst den Kopf in den Nakken zurück, so daß der Schnabel himmelwärts weist. Er kann dabei geöffnet werden. Anschließend verbeugt es sich tief und weist mit der Schnabelspitze zu Boden. Mit dem Kopfhochwerfen lädt das Männchen das Weibchen zum Herankommen ein. Man sieht es vor allem am Beginn der Balz. Sobald ein Weibchen das Männchen gewählt hat, entfällt das Kopfhochwerfen. Das Männchen lädt dann meist durch Verbeugung ein. Kopfhochwerfen und Verbeugung folgen einander in den ersten Stadien der Balz in der Regel. Bei der Verbeugung halten die Vögel oft Nestmaterial im Schnabel und bauen es oft auch anschließend in den Nestwall ein, was die Interpretation des Verhaltens als ritualisierte Nestbauhandlung stützt. Wir kommen auf die Deutung formal sehr ähnlicher, vielleicht sogar homologer Verhaltensweisen noch im Albatros-Kapitel zu sprechen. Es handelt sich wohl um eine Kombination zweier nestplatzanzeigender Bewegungen, von denen das Schnabelhochreißen wohl dem »sky-pointing« (Himmelzeigen) verwandt ist. Man kann es als Wegwenden des Schnabels und damit als beschwichtigende Handlung deuten. Es gibt jedoch eine weitere ebenso plausible Erklärung. Bei Tölpeln sieht man, daß die Männchen am Nestplatz bemüht sind, die über der Nistkolonie fliegenden Weibchen zu sich zu locken. Dabei rufen sie und schauen aufwärts, so daß der Schnabel himmelwärts zeigt. Dieses Platzanzeigeverhalten mag sich als Voranpassung zur weiteren Ausgestaltung angeboten haben, wobei das zunächst als Nebeneffekt auftretende Wegwenden eines aggressionsauslösenden Signals (des Schnabels) die Entwicklung der Verhaltensweise zur Balzhandlung bei Nahkontakt weiter bekräftigte. Es handelt sich um eine Verhaltensweise der Einladung, die ein Männchen auch macht, wenn es auf dem Nest sitzt und das Weibchen zum Kommen einlädt. Schließlich zeigen beide Geschlechter dieses Verhalten, wenn der Partner sich zur Brutablöse nähert. Die Verbeugung (Nestplatzzeigen) leitet sich wahrscheinlich vom Nestbauverhalten ab. Das Kopfhochwerfen und Verbeugen üben die Vögel sowohl im Stehen als auch sitzend meist dann, wenn sie ihren Partner zum Nestplatz einladen.

Eine Verhaltensweise, die man sowohl während der Phase

des Balzens als auch während der Phase der Brut und Jungen-aufzucht beobachtet, ist das Schnabelöffnen im Sitzen, mit dem ein am Nest sitzender Vogel den ankommenden Partner begrüßt. Anschließend macht er meist Nestbaubewegungen.

Weibchen werben ebenfalls. Wiederholt sah ich, wie eines mit hohen Girrlauten futterbettelnd ein Männchen bedrängte und oft über weite Strecken im Wasser verfolgte, bis es schließlich gefüttert wurde.

Der flugunfähige Kormoran brütet nur in sehr kleinen Kolonien von wenigen Brutpaaren. Normalerweise werden drei Eier pro Nest erbrütet. Die Hauptbrutsaison fällt in die Monate April bis Juni. Die Brutzeit ist jedoch nicht scharf begrenzt. Mit Ausnahme von Januar und Februar hat man in allen Monaten brütende und Junge pflegende Paare angetroffen.

Etwa gleich häufig und ebenfalls nur an den Küsten von Fernandina und Isabela lebt der Galápagos-Pinguin. Offenbar

98 Mutmaßlicher Stammbaum der vom Nestbauen oder -ausbessern abgeleiteten Haltungen oder Bewegungen mit leichter Drohfunktion gegen Fremde und zur Begrüßung des Partners bei den Ruderfüßern: (a) *Pelecanus erythrorhynchus*, reduziertes Greifen nach Nestmaterial; (b) *Phalacrocorax auritus*, Nestausbessern; (c) *Morus bassanus*, Verbeugung mit Flügelbugsenken; (d) *Sula leucogaster*, Zitterverbeugung; (e) *Phalacrocorax aristotelis*, Vorwärtsbeugen; (f) *Sula sula*, Vorwärtsbeugen mit Flügelheben; (g) *Anhinga anhinga*, Verbeugen mit Schnappen (leer oder nach Gezweig). Nach: G. P. van Tets (1965) aus W. Wickler (1967).

bietet das durch kalte, aufströmende Tiefenwässer nährstoffreiche Wasser den beiden Arten besonders gute Existenzbedingungen, die in anderen Inselgebieten fehlen. Man sieht selten mehr als zwei bis drei Paare an einem Ort. Der Galápagos-Pinguin ähnelt dem Maghellan- und Humboldt-Pinguin. Brust und Bauch sind weiß und scharf gegen den dunklen Rücken und die dunklen Flossen abgesetzt. Um die Augen hat er eine helle Brille. Mit 50 Zentimeter Länge und 2,5 Kilogramm Körpergewicht ist er einer der kleinsten Pinguine.

Maghellan-, Humboldt- und Galápagos-Pinguin illustrieren schön die Bergmannsche Regel, nach der nahe verwandte Arten gegen die Tropen zu immer kleiner werden. Ein anderes Beispiel liefern die miteinander ebenfalls nahe verwandten Kaiser- und Königspinguine. Ersterer lebt in extrem kalten Gebieten der Antarktis, letzterer dagegen in gemäßigteren Zonen, in denen die Temperatur selten unter den Gefrierpunkt fällt. Der Kaiserpinguin wiegt 26 bis 42,7 Kilogramm, der Königspinguin im Durchschnitt dagegen etwa 20 Kilogramm. Diese Abänderungen verwandter Arten sind als Anpassungserscheinungen zu werten. Je größer ein Tier ist, desto geringer ist im Verhältnis zu seinem Volumen die abstrahlende Oberfläche, daher die Größenzunahme in kalten Gebieten, die gleichzeitig oft mit einer Verkleinerung der Körperanhänge einhergeht.

Obgleich ich an den Pinguinen nur wenig beobachten konnte – sie führen doch eine recht versteckte Lebensweise –, so erfreut mich doch der Anblick der kleinen munteren Kerlchen stets von neuem. Wenn ich tauchte, sah ich sie öfter auf der

99/100 Schreckstellung eines Tölpels (aus: N. Tinbergen 1959) und zum Vergleich das Himmelweisen des Maskentölpels bei der Balz.

Jagd nach Fischen vorbeihuschen. Sie waren jedoch sehr schreckhaft und flitzten mit schnellen Schlägen ihrer Flügelflossen davon. Haie stellen ihnen nach. Ich fand unter anderem einen kopflosen Kadaver auf den Wellen treibend. Vom Boot aus kann man sie ungestört betrachten, nähert man sich ihnen aber schwimmend, dann tauchen sie weg.

An Land dagegen kann man bis auf wenige Schritte an die Pinguine heran. Pärchen halten an Land und im Wasser stets zusammen. In sozialer Gefiederpflege kämmen sie einander mit ihren Schnäbeln zart Feder für Feder durch, vor allem im Gebiet der Augenbrille. Die heißen Tagesstunden verbringen sie in den zerklüfteten Lavaspalten nahe am Wasser. Dort fand ich auch einmal eine Niststelle. Sie lag unter einem Überhang in einer Felsspalte knapp über dem Springflutspiegel in einer seitlichen Aushöhlung. Die Tiere hatten sich mit Sicherheit eine der kühlsten Stellen ausgesucht. Ich hätte die Niststätte

nie entdeckt, hätte nicht weißer Guano die Stelle markiert. Die Nestmulde war mit einigen Steinchen ausgelegt. Die Galápagos-Pinguine scheinen keine festen Paarungszeiten zu haben, sondern das ganze Jahr über zu balzen.

Auf der ersten »Xarifa«-Expedition wurde ich mit einem Galápagos-Pinguin etwas näher bekannt. Unsere »Xarifa« lichtete gerade den Anker, um die Akademie-Bucht der Insel Santa Cruz zu verlassen, als uns der deutsche Siedler Karl Angermeyer beim Abschied so nebenbei erzählte, daß einer der ekuadorianischen Siedler einen kleinen Galápagos-Pinguin als Spielgefährten für seine Kinder gefangen halte. Wir wußten, wie selten diese Tiere bereits waren und wie sehr Pinguine bei unsachgemäßer Pflege leiden. Vielleicht konnten wir etwas für ihn tun.

Er hieß Penny, und wir fanden ihn in einem Kartoffelkeller. Er begrüßte uns mit kurzen, heiseren Rufen und kam uns gleich über einen Kartoffelhaufen entgegen, soweit es ein Strick zuließ, der ihn mit einem Bein an einen Pfosten fesselte. Wir hatten den armen kleinen Kerl schnell in unser Herz geschlossen, und nach längerem Palaver erstanden wir ihn für 5 Dollar. Bei Tageslicht sahen wir dann erst, wie armselig und ruppig er aussah. Er war halb verhungert, und sein ganzes Bauchgefieder war mit Schmutz verklebt und nicht mehr wasserfest. Hätten wir ihn, wie wir es eigentlich vorgesehen hatten, freigelassen, wäre er wohl schnell zugrunde gegangen. So kam er an Bord und sorgte dafür, daß unsere Zeit nicht lang wurde.

Penny war von Anbeginn zahm und überaus gefräßig, und da mir seine Pflege übertragen worden war, hatte ich alle Hände voll zu tun, ihm genügend kleine Futterfischchen zu beschaffen. Er fraß gut zehn spannenlange Fischchen auf einmal, und das morgens, mittags und abends. Er lief frei an Deck umher und war zu allen freundlich, in seinem Anschlußbedürfnis mitunter sogar lästig. Saß ich in meinem Laboratorium, dann wollte er mir unbedingt auf den Schoß klettern und mühte sich ächzend und strampelnd so lange, bis er wirklich neben der Schreibmaschine saß. Er war dann ganz ruhig und zufrieden, blinzelte schläfrig, und es dauerte meist nicht lange, bis ein großer weißer Fleck den Arbeitstisch zierte und man Penny mit

101 Sich mausernde Pinguine in der Elisabeth-Bucht (Isabela).

102 Finguinpärchen.

einigen derben Worten wegjagte. Aber man konnte ihm ja nicht böse sein, und wir brachten es auch nicht übers Herz, ihn einzusperren. Um uns jedoch vor ihm wenigstens zeitweise zu schützen, bauten wir uns um unsere Arbeitstische für Penny unübersteigbare Hindernisse. »Herr Dr. Scheer hat sich heute selbst in einen Käfig gesperrt, den er nicht zu verlassen gedenkt, solange Penny in der Nähe ist«, schrieb ich damals meiner Frau. Bald hatte jeder seinen kleinen Käfig, in dem er arbeitete. Penny herrschte an Bord! Unsere Bordkatze hatte er gleich am ersten Tag entthront. Als er sie zum erstenmal sah, wurde sein Hals ganz lang, er breitete seine Flügelchen zu den Seiten aus und stürzte mit einem lauten trompetenden Ruf auf die Katze los, die sich schleunigst verzog und Penny von nun ab wirklich fürchtete.

Sehr seltsam war sein Verhalten, als er sich zum erstenmal im Spiegel sah. Sichtlich überrascht starrte er auf sein Spiegelbild, zuerst mit einem, dann mit dem anderen Auge, dann trippelte er näher und versuchte sein Spiegelbild zu beknabbern, und als das nicht ging, richtete er sich hoch auf, den Schnabel zum Himmel, trompetete laut und begann langsam und betont mit seinen kleinen Flügelchen zu schlagen. Ganz offensichtlich wollte er dem anderen imponieren. Aber daß der andere ihm mit gleicher Münze heimzahlte, war unserem Penny doch zu viel. Er stürzte sich auf sein Konterfei und hätte vielleicht auch noch den Spiegel zerschlagen, hätten wir nicht eingegriffen.

Nach einigen Wochen an Bord war Penny wieder fett, wie es sich für einen Pinguin gehört, und sein Gefieder war schön sauber. Er badete viel und gern. Bei rauher See schwamm er vergnügt im Salzwasser, das sich oft fußhoch an den Abflüssen zu Seiten des Schiffsdecks staute. Er wurde immer unternehmungslustiger, und eines Tags, als wir vor der Kokos-Insel ankerten, sprang er über Bord. Er erging sich zunächst in langen Badeorgien, wobei er sich abwechselnd auf die linke und rechte Seite drehte und seinen Bauch mit den Flügeln abrieb. So ließ er uns Zeit, ein Boot ins Wasser zu lassen.

Nach dem Bad fischte er munter um unser Schiff. Selbst als er satt war, ließ er es nicht sein, sondern fing immer neue Fischchen, die er dann allerdings nicht mehr schluckte, sondern so-

103 Penny an Bord der »Xarifa«. Unser Schiffsarzt Heino Sommer unterhält sich mit ihm.

gleich wieder losließ. Als Penny jedoch bemerkte, daß wir ihm folgten, schwamm er davon, und als wir ihm nachruderten, ergriff er die Flucht. Er hatte zweifellos Angst vor dem Boot. Ich stieg daher ins Wasser, in der Meinung, er würde sich vor dem ihm vertrauten Pfleger nicht fürchten. Aber der kleine Pinguin zeigte eine geradezu panische Furcht vor allem, was ihm nachschwamm, und da er gewandt und schnell war, mußten wir es endlich aufgeben. Es tat uns leid, ihn zu verlieren.

Wir waren vielleicht eine Stunde an Bord, als uns ein Matrose die Nachricht brachte, Penny würde nicht weit von hier auf einem Uferfelsen sitzen. Sehr vorsichtig fuhren wir zu ihm hin. Ich stieg an Land und näherte mich langsam, aber meine Vorsicht war unnötig. Hier an Land, vor dem aufrecht gehenden Menschen, hatte er keine Furcht, er begrüßte mich vielmehr freudig und ließ sich ohne Protest aufheben und an Bord bringen. Wir erlebten genau das gleiche kurze Zeit darauf noch einmal. Wieder folgten wir Penny im Wasser, und er erkannte uns nicht und war scheu. An Land dagegen war er sofort wieder zutraulich. Ich erkläre mir dieses merkwürdige Verhalten damit, daß diesen Pinguinen nur im Wasser Feinde, nämlich Haie, drohen. Sie zeigen dementsprechend eine instinktive Furcht vor allem, was ihnen im Wasser folgt, und erkennen in dieser Situation selbst den Pfleger nicht wieder. An Land dagegen haben sie keine Feinde und zeigen daher keinerlei Furcht.

Die Besteigung eines Vulkans

Fernandina faszinierte mich beim ersten Anblick. Nie werde ich vergessen, wie sich dieser Vulkankoloß vor unseren Blicken allmählich aus dem bläulichen Dunst herausschälte und schließlich klar vor uns stand. Wuchtig ragte er rund 1600 Meter aus der See, die an seinen Lavaklippen zu weißer Gischt zerstäubte. Schwarze Lavaströme zeichneten seine Flanken, als wäre ein Teerkessel übergekocht. Nur ganz schmale, graugelbe Bänder bezeichneten die Stellen, an denen spärliche Vegetation wuchs. Diese Stellen aber beschäftigten meine Phantasie. Was mochte dort inmitten dieser Wüstenei wohl leben? H. R. Beck hatte 1902 die einzige und erste Schildkröte auf diesen Hängen gesammelt, und da es eine sehr ausgeprägte Unterart war, mußten sich noch mehr hier finden. Und was verbarg sich oben um den Kraterrand, der sich so geheimnisvoll in Wolken hüllte, und was barg der sieben Kilometer weite zentrale Krater selbst? Luftaufnahmen zeigten einen Kratersee, aber besucht hatte ihn noch niemand. Auch uns fehlte 1954 die Zeit, das Innere dieser Insel zu erkunden. Aber als ich damals von Fernandina Abschied nahm, da hatte ich mir fest vorgenommen, wiederzukommen und diesen Vulkan zu besteigen.

Am 5. September 1957 war es soweit. Ein kleiner Fischkutter setzte uns an der Nordküste, 4 Kilometer östlich von Cabo Douglas ab. Der Karte nach hatten wir hier den kürzesten Aufstieg zum Kraterrand. Unsere Gruppe bestand aus meinen beiden Kollegen Dr. R. Bowman und Rudolf Freund und dem deutschen Siedler Karl Angermeyer. Die drei Ekuadorianer Enrico Fuertes, Gilberto Moncayo und Miguel Castro folgten als Träger.

Unser Schiffer winkte uns noch ein Lebewohl zu und fuhr

nach Punta Espinosa zurück, wo er an sicherem Ankerplatz auf uns warten wollte. Wir waren allein, ein Zurück gab es nicht. So luden wir unsere Campingausrüstung, den Proviant, je zweieinhalb Gallonen Wasser und unsere fotografische Ausrüstung auf den Rücken und stapften in der Mittagssonne los; jeder mit etwa 25 Kilogramm beladen.

Die ersten paar hundert Meter marschierte es sich leicht, denn wir folgten einem Landstreifen, der von frischen Lavaströmen verschont geblieben war. Wie eine Insel lag dieser Fleck Erde inmitten einer schwarzen Lavawüste. Der verwitterte Boden war mit dürrem Gras bewachsen, Zwerg-Scalesia, Scutea- und Croton-Büsche wuchsen verstreut, und es gab auch einzelne Palo-Santo-Bäume. Was mich jedoch am meisten aufregte, war die zigarrenförmige Losung, die überall herumlag. Stammte die etwa gar von den seltenen Landleguanen? Würde es mir endlich vergönnt sein, diesen gelben Vetter der Meerechse kennenzulernen? Zunächst war allerdings kein Lebewesen zu sehen. Wer immer die Losung hier abgelegt hatte, hatte sich offenbar wegen der Hitze verkrochen. Und leider erreichten wir das Ende der Vegetationsinsel sehr schnell. Von nun ab stapften wir über ein Feld krümeliger, lockerer Schlacken. Immer wieder rollten die losen Brocken unter unseren Füßen weg.

Kein Kraut, kein einziger Kaktus belebte auf Meilen die Aschenhalde. Um so überraschender war, daß überall zwischen den Lavabrocken Heuschrecken saßen. Zuerst dachte ich, sie würden leben, so frisch und natürlich saßen sie da, aber als ich eine von der Unterlage lösen wollte, da merkte ich, daß es nur eine ausgedörrte Mumie war, die sich im Tode in der Lava verkrallt hatte. Tausende von Heuschrecken sowie Schmetterlinge und andere Insekten hatten sich hier in dieser Wüstenfalle gefangen. Ein trostloser Friedhof! Nur ein einziges Mal huschte etwas Lebendiges vorbei: ein kleiner schwarzer Kielschwanzleguan, der sich offenbar von solchen verirrten Insekten ernährte. Auch die Spinnen, deren zarte Netze zwischen den Lavabrocken hingen, lebten sicherlich gut. Kleine Vulkane mit wild ausgezackten Kraterrändern verliehen den trostlosen Aschenhalden eine düstere Schönheit. Es

104/105 Wir hatten keine gute Route gewählt. Der Aufstieg über die Scherbenlava an der Nordflanke des Vulkans Fernandina erwies sich als höchst beschwerlich.

war die wildeste vulkanische Landschaft, die ich bisher gesehen hatte.

Auf Fernandina, James (San Salvador), Isabela, Pinta und Marchena hat man bis in die jüngste Zeit vulkanische Aktivität beobachtet. Sie sind die »heißen« Inseln des Archipels. Der heftigste Ausbruch Fernandinas wurde vor rund hundertdreißig Jahren beobachtet und von Kapitän Benjamin Morrell lebendig geschildert. Am 14. Februar des Jahres 1825 um 2 Uhr morgens vernahm Morrell plötzlich ein Getöse, als durchzitterten gleichzeitig zehntausend Donnerschläge die Luft. Ein blendender Lichtschein erhellte die Landschaft. »Hätte sie der Donner des Jüngsten Tages geweckt, so hätten meine Leute nicht eher an Deck sein können, wo sie schreckensbleich standen, sprachlos und vor Erstaunen und Entsetzen verwirrt. Der Himmel erschien wie eine einzige feurige Lohe, mit Millionen Sternschnuppen und Meteoren übersät, während die Flammen von dem Gipfel Narboroughs [Fernandinas] wenigstens sechshundert Meter hoch in die Luft schossen. Um halb fünf Uhr war der Inhalt des gewaltigen Kessels bis zum Rande angeschwollen und ergoß sich nun in einem Strom flüssigen Feuers über den Saum des Kraters. Wir sahen jetzt, wie ein Fluß geschmolzener Lava sich die Flanke des Berges herunter in Zickzackwegen zur See wälzte, eine Strecke von etwa fünf Kilometern von dem lodernden Schlund des Feuerberges aus. Dieser blendende Strom lief in einer hundert Meter breiten Mulde herab und sah so aus, als ob ein gewaltiger Fluß geschmolzenen Eisens aus dem Ofen rann. Obwohl der Berg steil und die Mulde breit war, konnte der Flammenfluß doch nicht rasch genug hinabfluten, sondern trat an einigen Stellen über die Ufer und bildete neue Bäche, die sich nach allen Richtungen hin verzweigten. Jeder stürzte hinunter, als ob er begierig sei, in dem tiefen Schacht der nahen See seine Glut zu kühlen. Der Feuerdämon schien Neptun in die Arme zu eilen; und furchtbar in der Tat war der Aufruhr, der bei ihrer Begegnung losbrach. Der Ozean toste, brüllte und heulte, als wäre im Schlund des Tartarus ein Bürgerkrieg ausgebrochen.«

Morrell, dessen Schiff 16 Kilometer nördlich von Fernandina lag, hatte um 3 Uhr morgens die Lufttemperatur gemessen. Sie

betrug 22 Grad Celsius, das Wasser hatte nur 16 Grad. Um
11 Uhr war die Lufttemperatur auf 45 Grad und die Wassertemperatur auf 38 Grad gestiegen! Teer tropfte von der Take-
lage seines Schiffes, und das durch die Hitze geschmolzene
Pech lief aus den Fugen. Und da kein Lufthauch sich regte,
wurde die Lage immer bedrohlicher. Den ganzen Tag wütete
der Ausbruch mit unverminderter Heftigkeit. Um 4 Uhr nachmittags betrug die Lufttemperatur 51 Grad und die Wassertemperatur 40 Grad. Endlich, gegen 8 Uhr abends, kam eine
leichte Brise auf. Das Schiff fuhr nach Süden durch die Meerenge, die Fernandina von Isabela trennt. Morrell trachtete,
möglichst schnell luvwärts von Fernandina zu kommen. Er
mußte dabei mit seinem Schiff auf 6,5 Kilometer an die flam-
menden Lavabäche heran, und als sie durch die fast kochende
See glitten, befürchtete Morrell ganz ernsthaft, einige seiner
Leute zu verlieren. Die Lufttemperatur betrug 64 Grad, die
Wassertemperatur 66 Grad! Am anderen Tag sah er noch aus
80 Kilometer Entfernung, wie die Flammen von Fernandina in
die finstere Nacht schossen. Als Morrell sieben Monate später
wiederkam, brannte der Vulkan noch immer, allerdings nur
schwach.

Galápagos ist ein vulkanisch sehr aktives Gebiet. Bei den
Inseln handelt es sich, wie schon in der Einleitung gesagt, um
gewaltige Schildvulkane mit einem Basisdurchmesser von 20
bis 40 Kilometern. Sie sind aus Basalt aufgebaut. Die Hänge
der Vulkane erheben sich bis über 1700 m aus der See (Vulkan
Wolf 1707 m, Cerro Azul 1689 m) [1]. Sie werden gegen den Kraterrand zu immer steiler. Explosive Eruptionen haben bei den
Vulkanen der westlichen Inseln den Vulkanschlot und oft auch
den oberen Teil der Magmakammer ausgeworfen und gewaltige Einsturzkrater (Calderas) gebildet. Die Caldera des Vulkans Sierra Negra auf Isabela hat einen Durchmesser von
10 Kilometern! Schwarze Lavaströme und kleine Nebenkrater

---

1 Die Höhenangaben schwanken in den amerikanischen Karten (American
Airforce Map No. 9538 und U. S. Navy Hydrographic Office chart No. 1798)
für die Vulkane Alcedo, Darwin und Wolf um einige hundert Fuß.

aus Tuff und Laven verschiedenster Formationen bilden ein überaus eindrucksvolles Landschaftsbild.

Die vulkanische Tätigkeit gehört sicher zu den spektakulärsten Ereignissen. Für Galápagos liegen recht eindrucksvolle Schilderungen vor. Eine, die von dem schon oft genannten Pionier der Galápagos-Forschung W. Beebe stammt, möchte ich hier wiedergeben. Er erlebte 1925 den Ausbruch eines Kraters an der Küste von Isabela von seinem Expeditionsschiff »Arcturus« aus. Aus mehreren Öffnungen strömte die Lava hervor und floß in selbst gebildeten Rinnen dem Meere zu.

»Einmal sah ich«, schreibt W. Beebe, »wie sich ein großer Lavastrom in fünf Arme teilte, die die 30 Meter hohen Klippen herabkrochen wie die Arme eines riesigen, scharlachroten Krakens. Sie tropften schließlich in das kochende, grüne Wasser hinab, wobei schweflichte Dämpfe in dem gelben Gischt aufstiegen.

In seltsamer Weise schienen die Naturkräfte in unregelmäßigen Zeitabständen nacheinander wirksam zu werden. Zuerst verbreiterte sich ein Lavastrom und schoß mit größerer Geschwindigkeit und Stärke hervor. Das Meer antwortete darauf sofort, indem es in starker Aufwallung große Mengen der roten Flüssigkeit verschlang und blitzschnell gigantische, schwarze Bomben daraus bildete. Alle Gase im Innern dieser Bomben explodierten nun gleichzeitig und schleuderten einen Regen halb flüssigen, halb festen Brandungsschaums ins Weite, und die zackigen Sprengstücke zogen wie Kometen einen Schweif von Feuer, Gas und Wasser hinter sich her. Darauf überwogte der Dampf aus diesem einen Ausbruch alles andere, bis die Reihe, aus den Ufern zu treten, an einen Nachbarstrom kam.

Wir waren nahe genug, um alle Einzelheiten zu sehen, aber der tolle Wind, der landeinwärts raste, übertönte alles Zischen und Brüllen, jedes Gurgeln und Krachen.

Ab und zu schien sich ein großes Klippenstück etwas zu heben, zitterte und fiel dann langsam vornüber; der Sturz ließ einen Berg von Gischt emporschießen, der in großen Brandungswellen abwechselnd gegen lebendige und tote Lava prallte, wobei das Wasser wie in einem Riesenkessel kochte und gurgelte. Es war erstaunlich zu sehen, wie eine Woge anrollte, sich in gelbgrünem Schwall überstürzte, gegen die scharlachrote Lava prallte und sich im nächsten Augenblick hoch in die Luft hob, um als Wolke dem fernen Berggipfel zuzutreiben. Es war eine Schlacht, ein Weltallskampf zwischen Feuer, Wasser, Erde und Luft, wie ihn nur Astronomen erträumen können, wie ihn nur der Erschaffer der Welten wirken kann...

Ich versuchte die Geschwindigkeit der Lava zu schätzen und wählte dazu einen Strom, der ungefähr 6 Meter breit war. Soweit ich aus einer Entfernung von mehreren hundert Metern beurteilen konnte, mußte die Klippe an dieser Stelle ungefähr 30 Meter hoch sein. Ich maß die Zeit, die schwarze, feste Klumpen, die gelegentlich auf der Oberfläche schwammen, brauchten, um den ganzen Fall zu überwinden, mit zwei Sekunden. Meine Lösung war, daß die Lava in einer Stunde 54 Kilometer fließt. Trotz starken, kalten Windes behielt die flüssige Lava unter freiem Himmel für eine lange Strecke ihre Temperatur von 1300° bis 1650° bei, ohne irgendwie schwarz zu werden, ehe sie sich in der Masse von Dampf und Wasser verlor. Unausdenkbar ist die unterirdische Temperatur, die notwendig war, um diesen Hexenkessel zu heizen.

Der gelbe Schaum in der Nähe der Küste ließ auf erheblichen Schwefelgehalt schließen, und ich wußte aus Erfahrung, daß die grauen Gase, die mit dem Raum abwechselten, wenigstens zum Teil aus Schwefelwasserstoff und Kohlenoxyd bestanden. Ich stellte mir gerne vor, daß die Lava unsere Oberwelt wirklich bereichert. Neue Volumina von Wasserstoff und Kohlendioxyd verbreiteten sich tatsächlich zum erstenmal in der Atmosphäre, und vor unseren Augen veränderte sich Gesteinsmasse von Weiß in Scharlachrot, Rosa und Schwarz, die seit der Entstehung der Erde meilentief in ihrem innersten Herzen geruht hatte.

Ich habe mich bisher nur mit dem Unorganischen befaßt, aber vom allerersten Augenblick an, in dem wir den Ausbruch wahrnahmen, trat überall auch Tierleben in Erscheinung. Zwei Stunden nach Beginn des vulkanischen Wunders hatten Wirkung und Gegenwirkung bereits mittelbar oder unmittelbar eine Menge von Tieren beeinflußt. Kurz nachdem wir in das grüne Wasser eingefahren waren, kam eine ganze schwarze

Welle von Fischen an uns vorbei; es war ein Schwarm oder besser ein Pöbelhaufen von großen Thunfischen, die, in dichtem Haufen zusammengedrängt, mit aller Kraft dem blauen Wasser zustrebten, wobei jede Bewegung unverkennbar den fürchterlichsten Schrecken ausdrückte. Nahe dem Fallreep schwamm ein großer Krake vorüber, der etwa 90 Zentimeter lang war; er war halb tot, die Arme bewegten sich nur schwach, und lebhafte Farbenwellen spielten über seinen weichlichen Körper. Einige kleine Fische trieben auf dem Rücken liegend vorbei, ferner Seewürmer, die sich drehten und wanden. In einem kleinen Boot hätte ich viel mehr von den Wirkungen dieses allerseltensten Phänomens erfahren können.

Zu meiner Überraschung herrschten Vögel vor. Als ich noch sehr weit entfernt war, sah ich durch das Glas etwas, was ich für schrapnellähnliche Geschosse hielt, die aus Dampf und Lava emporgeschleudert wurden und wieder zurückfielen. Beim Näherkommen bemerkte ich, daß es Fregattvögel und Wasserscherer waren, die zwar gewiß nicht in das kochende Wasser hineintauchten, es aber beinahe berührten. Das Rauschen und Brausen der ungewöhnlichen Dampfwolken schreckte die Seevögel nicht ab, sondern die plötzlich aufgetretene Manna zog sie in Scharen herbei...

So gut es ging, überschlug ich die Zahl der Vögel im unmittelbaren Ausbruchsgebiet und zählte über zweihundertfünfzig Sturmschwalben, von denen viele in dem dunklen Zeitabschnitt waren, wo die weiße Färbung des Rumpfes fehlt. Es gab achtundsiebzig Sturmtaucher, die auf wenigstens zwei Arten entfielen, sechsunddreißig Fregattvögel, zehn braune Tölpel und drei Pelikane. Sie trieben ihr Wesen nicht nur in der äußeren Zone des grünen Wassers, sondern eine dichtgedrängte Schar umflatterte die Lava ganz nahe bei der Küste. Sie waren alle durch treibende Fische oder andere Organismen herbeigelockt, und ich sah, wie Dampf und Gase sie manchmal tatsächlich verdeckten. Später trieben die Leichen zweier Sturmschwalben und eines Sturmtauchers vorbei; einige hatten also wenigstens die hemmungslose Freßgier mit dem Leben bezahlen müssen. Am traurigsten war das Schicksal eines ausgewachsenen Seelöwen, der plötzlich in unmittelbarer Nähe der Küste in die Höhe schnellte. Fünfmal übersprang er im Bogen zweieinhalb bis drei Meter des siedenden Wassers und steuerte schließlich, blind vor rasendem Schmerz, unmittelbar auf das rote Lavadelta zu. Wir sahen keinen Schlußkampf – mit dem letzten Satz war er in den Rachen des Todes gesprungen.«

Die Auswirkung einer solchen Naturkatastrophe auf die Tierwelt muß einfach unvorstellbar sein. Wenn ich auf die kleine Vegetationsinsel zurückblickte, die von allen Seiten von hohen Lavabarrieren bedrängt war, dann konnte ich gar nicht begreifen, daß auch nur ein Lebewesen diese Katastrophe überdauert hatte, und doch mußten die Eidechsen, Leguane und Pflanzen hier überlebt haben.

Am späten Nachmittag erreichten wir wieder eine Vegetationsinsel. Sie lag zweihundert Meter über dem Meere, und da sich der Platz zum Lagern anbot, blieben wir, obwohl es noch eine gute Stunde bis Sonnenuntergang war. Wie die Eichhörnchen sammelten wir das Gras der Umgebung, und jeder baute sich ein gemütliches Nest. Links und rechts von unserem Lager zogen sich die düsteren Lavaströme zu Tal. Das hob unsere kleine Grasinsel so richtig als gemütliche Zuflucht hervor. Ich konnte den ganzen Abhang hinab bis zur Küste sehen; gelb stachen die Vegetationsinseln aus der schwarzen Lava ab, wie flüssiges Blei lag das Meer vor der Küste, und ganz im Hintergrund erhoben sich die Vulkankegel der Nachbarinsel Isabela, zart im Dunst gezeichnet, mit je einem Wolkenkranz um die Krater. Sie schienen über dem Wasser zu schweben.

Gemütlich knisterte das kleine Lagerfeuer, und der Duft von frischem Kaffee verbreitete sich einladend. Wir aßen ein paar Kekse zum Corned Beef, dann legten wir uns zur Ruhe. Die Sonne beleuchtete im Untergehen die ausgezackten Kronen dreier Nebenvulkane rechts von unserem Lagerplatz. Sie sahen trutzig aus wie alte zinnengekrönte Burgen und so, als könnten sie jeden Augenblick aus ihrer Ruhe erwachen. Langsam umhüllten Nebelwolken den Berg und zuletzt auch den kahlästigen Palo-Santo-Baum, unter dem ich lag. Die Lufttemperatur von 25 Grad Celsius empfanden wir als angenehm kühl.

Am anderen Morgen war alles feucht, und es fiel uns nicht

schwer, das nasse Lager zu verlassen. Ich hatte bereits seit 4 Uhr morgens zähneklappernd auf das Hellerwerden gewartet. Um 6 Uhr 15 ging es los, und wir kamen gut voran. Erst gegen 8 Uhr wurde es wieder heiß. In 600 Meter Höhe waren die sonst sehr öden Lavahalden mit Krustenflechten bewachsen, und der Bewuchs der Vegetationsinseln wurde etwas üppiger, glich jedoch noch der Trockenvegetation der Küste: Niedriges Croton-Buschwerk und Palo Santo herrschten vor, und das Gras war ganz sonnenverbrannt. Einen einzelnen Kandelaberkaktus, der wie verloren in einem weiten Lavafluß stand, beraubten wir seiner Früchte. Sie schmeckten sauer und erfrischend. Kurz nach 12 Uhr, in etwa 750 Meter Höhe, machten wir Mittagsrast. Wir tranken etwas Wasser und streckten uns im spärlichen Schatten eines Strauches aus. Einige Kielschwanzleguane leisteten uns auf diesem einsamen Fleck Gesellschaft, und später kam noch eine Spottdrossel dazu, die alles mit ihrem Schnabel untersuchte und zuletzt mit unendlicher Geduld meinen Schnürsenkel abreißen wollte. Das ist ihr aber nicht gelungen. Denn plötzlich sah ich etwas, das mich mit einem Ruck hochfahren ließ. Auf einem Strauch, zehn Meter von unserem Lagerplatz, fraß ein stattlicher gelber Leguan die spärlichen Blätter. Meine Müdigkeit war verflogen, vorsichtig näherte ich mich dem gut einen Meter langen Leguan. Drusenkopf ist die treffende Übersetzung seines wissenschaftlichen Namens *Conolophus*, denn das Schädeldach dieser Echse ist mit zahlreichen kleinen, zäpfchenartigen Schilden gepanzert, wie eine Kristalldruse. Und darin, wie in einigen anderen körperlichen Merkmalen, drückt sich ihre nahe Verwandtschaft zur Meerechse aus. Wahrscheinlich stammen beide Arten von einer gemeinsamen Ahnform ab. Die eine Art spezialisierte sich auf ein amphibisches Leben in der Uferregion, die andere Art auf ein Leben auf dem Lande. Die unterschiedliche Lebensweise drückt sich im Körperbau bei grundsätzlicher Ähnlichkeit der beiden Arten sehr deutlich aus. Hat die Meerechse einen langen, seitlich zusammengedrückten Ruderschwanz, so ist jener des Landleguans kurz und drehrund. Dadurch wirkt der Landleguan gedrungener als die Meerechse. Es war ein prächtiges Geschöpf mit einem Kamm dicker Hornzapfen im

106 Wir trafen auch in den öden Lavafeldern auf Drusenköpfe. War es zu heiß, dann versteckten sie sich in Höhlen. Sonst sah man sie oft, wie sie Ausguck hielten und so ihr Revier markierten.

Nacken, der sich, allmählich kleiner werdend, auf dem Rücken fortsetzte. Die Körpergrundfarbe war ein helles Gelb, Seiten und Beine zierten große, unregelmäßige rotbraune Flecken. Der faltige Nacken und die wabbelige Kehle waren weißlichgrau. Am eindrucksvollsten waren die leuchtend orangeroten Augen, mit denen mich das Reptil jetzt wachsam beobachtete. Zu Füßen des großen Leguans unter dem Strauch saß ein etwas kleinerer, sehr dicker Leguan mit einem weniger kräftig entwickelten Nackenkamm.

Es war wohl das zu dem fressenden Männchen gehörige Weibchen. Als ich auf etwa 4 Meter herangegangen war, richtete sich das Männchen mit einem Ruck hoch auf allen vieren auf, spreizte seinen Nacken- und Rückenkamm und hob langsam seinen Kopf, bis die Schnauzenspitze genau gegen den Himmel wies. Es blieb einige Augenblicke in dieser Stellung, dann senkte es den Kopf, riß das Maul weit auf und nickte, daß die faltige Kehlwamme nur so hin und her wabbelte. Ich trat noch einen Schritt näher, aber da zischte die Echse böse und schlug mit dem Schwanz nach mir. Dann lief sie davon und verschwand mit dem Vorderkörper in einem Erdloch. Der Schwanz sah lang und deutlich aus dem Loch hervor, richtig einladend zum Zugreifen. Ich hatte mich an derlei ja bereits gewöhnt, und trotzdem überraschte es immer wieder. Ich holte mir die Echse am Schwanze, und obgleich ich vorsichtig zu Werke ging, erwischte die wild um sich Beißende dennoch den Aufhängeriemen meiner Kamera, den sie glatt durchbiß. Die mächtigen Kieferladen waren mit je einer Reihe scharfer dreispitziger Zähnchen bewehrt. Als ich das Männchen losließ, verschwand es wiederum in seinem Loch. Daß man diese Echsen so ohne weiteres am Schwanz hochheben kann, wird jeden, der Reptilien kennt, in Erstaunen setzen. Die Leguane Südamerikas oder unsere kleinen Eidechsen werfen ihren Schwanz sofort ab, wenn man sie daran festhält. Der Schwanz ist durch eine Reihe vorgezeichneter Bruchstellen jeweils in der Mitte der Wirbel so gegliedert, daß der Abwurf keine Mühe macht. Das ist eine Anpassung an Freßfeinde. Während die schwanzlose Eidechse davonläuft, bleibt dem Räuber nur der Eidechsenschwanz, der sich weiterhin heftig am Boden kringelt und damit die Aufmerksamkeit des Räubers an den Ort bannt. Bei den meisten Echsen ist diese Fähigkeit des »Autotomierens« ausgebildet. Der abgeworfene Schwanz wächst wieder nach. Nur solchen Arten, bei denen der Schwanz als Greifschwanz oder Ruderschwanz eine so wichtige Funktion hat, daß die Tiere auch nicht vorübergehend auf ihn verzichten können, fehlt die Fähigkeit, und sie fehlt ferner, wie uns der Landleguan der Galápagos-Inseln lehrt, bei Arten, die in einem feindarmen Milieu leben. Der Landleguan wird ursprünglich nur vom Galápagos-Bussard bedroht. Ich nehme an, daß die Ahnform des Drusenkopfes diese Fähigkeit, den Schwanz abzuwerfen, besaß, aber jede Differenzierung entsteht ja nur unter einem speziellen Auslesedruck der Umwelt, und selbst bereits herausgezüchtete Bildungen degenerieren, wenn der Auslesedruck, der sie herauszüchtete, wieder wegfällt. Das hat uns ja der flugunfähige Kormoran bereits vor Augen geführt.

Ich wanderte hundert Meter weiter und stieß auf zwei weitere Leguanpaare. Jedes Männchen saß auffällig sichtbar auf einem hohen Felsblock, während die Weibchen zu ihren Füßen weilten. Der Abstand der beiden Männchen betrug etwa dreißig Meter. Offenbar markierten die Männchen des Landleguans durch diese Zurschaustellung ihr Revier. Das bestätigten auch weitere Beobachtungen. Ferner stellte ich fest, daß Männchen und Weibchen stets in enger Gemeinschaft zu leben pflegten, bisweilen sogar im gleichen Bau, meist jedoch jedes in seinem eigenen, wobei dann beide nebeneinander lagen. Ich setzte mich diesmal abwartend auf einen Felsblock in die Nähe, und bald hatte sich das Pärchen an meine Anwesenheit gewöhnt. Der Leguanmann gab sein Drohen auf und legte sich wieder flach auf den Fels, die bekrallten Pfoten wie eine ruhige Sphinx vor die Schnauze gelegt, das Weibchen schlief ruhig in seinem Bau. Die Zeit verging, und nichts passierte. Nur hin und wieder blinzelte er mit schläfrigen Augen zu mir herüber, das war aber auch alles.

Ich drehte unterdessen alle Steine meiner nächsten Umgebung um und sammelte, was ich an Käfern, Spinnen und Landschnecken ergattern konnte. Schließlich gab es keinen Stein, der nicht umgedreht war, und ich beschloß schon weiterzuwandern, als sich das Weibchen endlich zu regen begann. Langsam kroch es bis unter eine der hier sehr spärlichen Baumkakteen, wo es eines der abgefallenen scheibenförmigen Blätter fand. Wählerisch beschnupperte es die saftig-grüne Kaktusscheibe. Dann biß es herzhaft in das stachelige Ding und verspeiste gut die Hälfte davon mit sichtlichem Behagen. Als Dessert nahm es eine abgefallene Kaktusfeige. Das Weibchen packte sie mit den Kiefern und schlang sie unzerkaut hinunter. Die große Frucht wurde dabei zusammengequetscht, und einige der reifen Samen spritzten heraus. Sogleich waren zwei der allgegenwärtigen Spottdrosseln zur Stelle und pickten die Samen auf. Das Weibchen suchte noch eine Weile weiter, fand aber nichts, und da kam ich auf den Gedanken, ihm etwas zu geben. Ich pflückte eine Kaktusfrucht und warf sie dem Weibchen zu. Und was ich kaum erwartet hatte, geschah: Das Weibchen erschrak nicht vor der Bewegung. Es stürzte sich vielmehr auf die noch über den Boden rollende Frucht und betastete diese eingehend mit seiner fleischigen Zunge.

Dann begann es zuerst mit einem, dann mit dem anderen Vorderbein auf der Frucht zu kratzen. Diese rollte dabei über den harten Boden und verlor dabei allmählich ihre Stacheln. Ich habe dieses Entstacheln später noch oft gesehen und auch gefilmt. Es handelt sich um eine spezifische Anpassung des Landleguans.

Schließlich packte die Echse den Bissen und verschlang ihn. Die beiden Drosseln waren auch wieder da. Ich pflückte noch eine Kaktusfeige und warf sie ihr wiederum vor. Diesmal sah es auch das Männchen und kam sogleich von seiner hohen Warte heruntergestiegen. So fütterte ich das Pärchen eine gute Weile, und die beiden wurden bald ganz zutraulich. Zuletzt schauten sie mich schon erwartungsvoll, geradezu bittend an, und ich tat ihnen gern den Gefallen, obgleich meine Finger schon ganz zerstochen waren. Die beiden Leguane wetteiferten um die vorgeworfenen Bissen, aber sie stritten sich nicht, und keiner versuchte, dem anderen den Bissen zu entreißen. War die Frucht zu groß, dann versuchten sie Stücke abzubeißen.

Durch das rege Treiben wurde der Leguanmann aus der Nachbarschaft herbeigelockt. Aber das wollte das ortsansässige Männchen nicht dulden. Es riß sofort sein Maul weit auf, nickte und begann einen sehr eindrucksvollen Drohmarsch. Langsam schritt es auf den Fremden zu, und jedesmal, wenn es ein Vorderbein vorsetzte, warf es den Kopf hoch, so daß die Schnauze fast gegen den Himmel wies. Dann nickte es einige Male, mit kleinen Ausschlägen nachfedernd. Der Eindringling ließ sich durch diese Drohgesten jedoch nicht weiter einschüchtern, sondern antwortete mit gleicher Gebärde, was den Revierinhaber so erboste, daß er sich auf den Herausforderer stürzte. Anders als ihre Verwandten, die Meerechsen, versuchten sie einander zu beißen. Allerdings schienen auch hier gewisse Regeln zu gelten: Sie bissen nicht ins Gesicht, sondern versuchten eine Hautfalte der Flanke, meist in Schulterhöhe, zu erwischen. In diesem Bestreben kreisten die Partner umeinander, wobei sich jeder so groß wie möglich machte und die Haut der Körperseiten spannte, so daß der Gegner nicht zu viel zu fassen bekam. Zuletzt gelang es dem Revierbesitzer aber doch, seinen Widersacher am Rückenkamm zu packen. Er schüttelte ihn kräftig, und als er losließ, räumte der andere eilig das Feld.

In Filmen und Fotos sieht man gelegentlich Landleguane, die sich gegenseitig am Maul packen. Einer hält dann den Unterkiefer des Gegners und beißt diesen blutig. Hier handelt es sich um gestellte Aufnahmen. Wenn man Tiere fängt, festhält und zueinandersetzt, dann schnappen sie einander blindlings. Normalerweise sind die Bisse jedoch auf die Flanken und den vorderen Rückenkamm des Gegners orientiert, und das ist eine Ritualisierung, die Beschädigungen vermeidet. Ch. C. Carpenter beschreibt, daß manchmal sogar einer auf den anderen steigt und ihn in den Rückenkamm beißt. Ferner sollen sie gelegentlich einander auch mit den Köpfen stoßen, was ich aber nie sah.

Vom Fressen abgelenkt, begann das Männchen anschließend um seine Gattin zu werben, indem es sie höflich nickend umstelzte. Aber sie tat spröde. Sie hob die Schnauze steil zum Himmel, riß das Maul weit auf und verharrte regungslos in dieser Stellung, eine sehr eindrucksvolle Gebärde der Abweisung. Wie den Meerechsen, so steht auch diesen Tieren nur das Repertoire des Drohverhaltens und Abwehrverhaltens für soziale Kommunikation zur Verfügung.

Innerartliches und zwischenartliches Drohimponieren sind nicht deutlich unterschieden. Als einmal ein Galápagos-Bussard einen Landleguan, den wir gerade filmten, überflog, erhob sich dieser sogleich in maximaler Imponierstellung hoch auf die Beine. Dazu riß er den Kopf hoch, so daß die Schnauze himmelwärts wies. Der Bussard landete daraufhin, ohne anzugreifen, etwa 1½ Meter neben dem Leguan, der steifbeinig und nickend an ihm vorbeizog. Erst als er einige Meter weiter war, lief er schnell und verschwand in einer Lavaspalte.

Die Weibchen wählen unter den territorialen Männchen ihren Partner und wandern dabei von Territorium zu Territorium. Sie hemmen die Angriffe der Männchen durch ein sehr auffälliges Submissionsverhalten, das an das Himmelweisen der Tölpel (S. 167) und anderer Seevögel erinnert. Die Echse hebt ihren Kopf so an, daß die Schnauze steil zum Himmel weist. Sie ist dabei oft leicht geöffnet. Mir fiel die Ähnlichkeit dieses Verhaltens zum »sky-pointing« der Vögel erst bei meinem Besuch im Jahre 1982 auf. Sollte meine Vermutung, daß es sich hier um eine Homologie handelt, zutreffen, dann würde meine auf S. 164 angebotene Erklärung als Platzanzeigeverhalten und Schnabelwegwenden nicht am Ausgangspunkt der Entwicklung stehen, sondern vielmehr ein betontes Wegwenden

107 Drohende und kämpfende Landleguane. Die Angriffe richten sich bevorzugt gegen die Flanken und den Rücken des Rivalen.

des Reptilienmaules. Bemerkenswert ist, daß sich die Weibchen dabei durch Darbieten der Halsunterseite recht verletzlich exponieren (Abb. 108). Die Tatsache, daß das Maul jedoch zugleich häufig offen ist, weist auch auf eine Drohkomponente

108a/b Bei der Annäherung eines Männchens »himmelweisender« (»skypointing«) weiblicher Landleguan.

hin. Das Verhalten könnte sich aus einer Überlagerung von Rückzugsbewegung (Abwenden des Kopfes) und Beißdrohung ableiten und demnach ursprünglich ein defensives Drohen sein, das zu einer beschwichtigenden Handlung wurde. Solche Entwicklungen gibt es bei den Wirbeltieren des öfteren. Unser freundliches Lächeln leitet sich von einem defensiven Beißdro-

109 a–d Kleine Grundfinken beim Putzen von Landleguanen (aus zwei auf der Plaza-Insel aufgenommenen 16-Millimeter-Filmen).
(b) Beim Herannahen des Finken nimmt der Leguan eine Stelzenstellung

hen der Primaten ab. Wir finden es in dieser weniger ritualisierten Form bei verschiedenen Makaken.

Die Zutraulichkeit der Landleguane hat mir immer viel
Freude bereitet. Ich habe sie oft gefüttert, und als ich 1960 mit
Heinz Sielmann auf Fernandina filmte, da fraß ein Landleguan
sogar aus meiner Hand. Einer spontanen Eingebung folgend,

(Putzaufforderung) ein. (c) Der Fink besteigt den Rücken des Leguans und
hebt einen losen Hautlappen ab (d), um darunter nach Parasiten zu suchen.

hielt ich einem Drusenkopf, der unter einem Strauch rastete, eine saftig grüne Kaktusscheibe vor die Nase, und er nahm sie. Auf der Süd-Plaza-Insel wurde die Zahmheit der Landleguane zu einer Touristenattraktion. Landet man dort, dann eilen die mittlerweile an Fütterung gewöhnten Leguane von allen Seiten herbei, ja sie versuchen sogar am Besucher hochzuklettern. Man hat jetzt die Fütterung untersagt, da sie die territoriale Ordnung der Echsen stört.

Die Drusenköpfe sind im wesentlichen Pflanzenfresser. Sie nehmen allerdings auch tierische Kost. So verzehrten die Plaza-Echsen auch Reste der von uns gekochten Krabben. In Gefangenschaft nehmen sie gerne Mehlwürmer. Auf den trockenen Inseln sind sie auf die Kakteen angewiesen, die sie sogar erklettern. Obgleich sie stachelige Kost zu entstacheln trachten, fressen sie doch viele Stacheln mit. Als ich einmal das Maul einer weiblichen Echse nach einer Fütterung untersuchte, fand ich, daß im Gaumen des Tieres zwei größere Stacheln steckten, und auf der Zunge saßen kleine Gruppen winziger Stacheln. Dem Drusenkopf schien dies nichts auszumachen.

1974 beobachtete ich auf der Süd-Plaza-Insel, daß Kleine und Mittlere Grundfinken die Landleguane von Zecken befreiten. Ähnlich wie die Schildkröten (S. 89) reagierten auch die Landleguane auf die Annäherung eines Finken, indem sie sich in besonderer Putzstellung zur Säuberung anboten. Sie erhoben sich dazu hoch auf die Beine, hoben den Schwanz an und verhielten sich regungslos. Sie taten dies, sobald sie die Finken sahen. Manchmal aber reagierten sie erst, wenn die Finken auf ihnen herumkletterten oder an ihnen zupften. Oft reagierten sie umsonst, denn die Finken hüpften an den wartenden Echsen vorbei. Wie bei den Schildkröten war auch hier in erster Linie der Kleine Grundfink als Putzer aktiv.

Landleguane trifft man heute auf Fernandina, Isabela, Barrington (Santa Fé) und der kleinen südlichen Plaza-Insel an. Auf der Insel James (Santiago) war der Landleguan nach Darwin so zahlreich, daß jener keinen Platz fand, sein Zelt aufzustellen, da der Boden von ihnen völlig unterwühlt war! Die Expedition der Kalifornischen Akademie der Wissenschaften fand 1903 nur noch einige Knochen. Auf Baltra (Süd-Seymour) fand William Beebe unter jedem Strauch und jedem Kaktus einen Landleguan; seither fehlt der weitere Nachweis. Sie wurden wohl im Kriege ausgerottet, als viele Soldaten die Inseln bewohnten (S. 416).

Auf Santa Cruz konnte sich der Drusenkopf im Norden der Insel (Conway-Bucht) erhalten. Eine weitere kleine Kolonie in der Akademie-Bucht weicht in ihrem Aussehen sehr von den großen gelb und rotbraun gefärbten Leguanen von Nord-Santa Cruz ab. Die Tiere dieser Kolonie sind kleiner und stark olivbraun gefärbt, ganz ähnlich den Tieren der südlichen Plaza-Insel. Es besteht der Verdacht, daß sie von dort eingeschleppt wurden.

1976 stellte Dagmar Werner fest, daß sich die wilden Hunde auf Santa Cruz und im Süden von Isabela stark vermehrt hatten. Die Hunde töten mehr, als sie fressen, und gefährden damit den Leguanbestand. Dagmar Werner brachte daher mehrere Echsenpaare zur Zucht zur Charles-Darwin-Station. Im Mai 1982 konnte man 37 Jungtiere im Norden von Santa Cruz in dem Gebiet aussetzen, aus dem die Elterntiere stammten. Zuvor hatte man die verwilderten Hunde getötet. Auf Barrington (Santa Fé) sind erwachsene Tiere zahlreich, doch sieht man keine Jungtiere. Die Insel ist von Ziegen weitgehend kahlgefressen. Den Jungen ermangelt es daher an Nahrung und an Deckung vor dem Bussard. Eine kleine Kolonie beherbergt schließlich die südliche der beiden Plaza-Inseln. Das letzte Vorkommen ist besonders bemerkenswert, da diese winzige Insel sich wohl erst in jüngster Zeit von Santa Cruz abgespalten hat – nur ein 400 Meter breiter Kanal trennt sie von ihr –, dennoch aber eine Leguanpopulation beherbergt, deren Vertreter sich sehr auffällig von jenen von Santa Cruz unterscheiden. Sie sind kleiner und im allgemeinen dunkel gefärbt, während die von Santa Cruz groß und schön gelb sind. Die Population ist erstaunlich klein. Die ganze Insel ist 1100 Meter lang und an der breitesten Stelle 200 Meter breit. Nur ein Drittel der Insel ist mit Kakteen bewachsen, und dort leben die Leguane. Es können nur wenige hundert sein[1]. Vielleicht weichen sie gerade

---

1 Ch. C. Carpenter schätzt die Population auf 300 erwachsene Echsen.

deshalb so besonders stark von den Leguanen von Santa Cruz ab, denn in einer kleinen Population setzen sich Erbänderungen im allgemeinen leichter durch. So kann man auf den winzigen äußeren Faraglioni-Felsen bei Capri oberseits blauschwarze und unterseits blaue Ruineneidechsen beobachten, während die auf dem kaum 200 Meter entfernten Capri leben-

110a/b Ein in Sonnbadestellung flach auf dem Untergrund liegender Drusenkopf. Ein Kleiner Grundfink ist gerade vor ihm gelandet, und wenige Augenblicke später erhebt sich der Drusenkopf auf alle viere.

den Ruineneidechsen oberseits grün und braun und unterseits weiß sind.

Am Abend überschritten wir die Tausend-Meter-Grenze. Nebelfetzen trieben unruhig um uns, schemenhaft die Gestalt wechselnd, und die Lufttemperatur von 19,5 Grad empfanden

111 a/b Dokumentation einer weiteren Begegnung. Der Leguan richtet sich beim Herannahen des Finken auf.
(b) Der Fink beginnt an der Seite des Drusenkopfes zu suchen.

wir als empfindlich kühl. Der Hang stieg noch weiter mit 45 Grad bergan, eine kahle, grausige Lavahalde mit ganz spärlichen Vegetationsinselchen. In einer dieser Oasen ließen wir uns schließlich nieder.

In der Nacht sank die Temperatur auf 17 Grad ab, und es wurde unangenehm naß. Ab 3 Uhr lag ich wieder wach, und aus einem Loch unter einem Stein krochen zwei dicke Ratten hervor. Sie waren etwas kleiner als unsere Wanderratte, von graubrauner Farbe und hatten große häutige Ohren. Vor ihrem Wohnloch bauten sie eine nach der anderen ein Männchen, schnupperten und schauten mit ihren dunklen Augen umher. Dann turnten sie neugierig um mich herum, schauten mich aus ihren kugelrunden Augen an und knabberten dann und wann an einem Hälmchen. Sie setzten sich dazu graziös auf ihre Hinterbeine, nahmen das Hälmchen in beide Hände und nagten an den Ähren. Es war so still, daß ich das feine Raspelgeräusch ganz deutlich hören konnte. Machte ich eine Bewegung, dann waren sie schnell verschwunden. Aber nach kurzer Weile kamen sie wieder zum Vorschein. Auch die Galápagos-Ratte gehört heute zu den Seltenheiten. Man kannte je eine Unterart dieser Ratte von Santa Cruz, Barrington (Santa Fé), San Cristóbal und Fernandina, doch haben eingeführte Hausmäuse und Hausratten die Galápagos-Ratte von Santa Cruz und San Cristóbal praktisch verdrängt. Wir beobachteten sie nur auf Fernandina und Barrington. Ihre Ausrottung ist aus mehreren Gründen bedauerlich. Zunächst, weil die Galápagos-Ratte zu den wenigen eingeborenen Landsäugetieren der Galápagos-Inseln zählt. Außer dieser Rattengattung (*Oryzomys*) lebt hier nur eine Fledermausgattung (*Lasiurus*) und ein erst 1964 beschriebener hamsterartiger Nager, den E. Curio in Eulengewöllen auf Santa Cruz fand und J. Niethammer als *Megalomys curioi* beschrieb. Drei Arten dieser Gattung lebten auf den Kleinen Antillen, wurden aber dort um 1850 ausgerottet. Ein Lebendnachweis dieser Gattung ist auch auf Galápagos noch nicht geglückt, und es ist wohl anzunehmen, daß sie ebenfalls ausstarb. Die Galápagos-Ratte hat sich gut in das biologische Gefüge der Inseln eingepaßt. Sie gefährdet keine andere Art. Die eingeführten Hausratten dagegen stören das biologische

Gleichgewicht empfindlich. Sie fressen die Gelege der Echsen und verwüsten darüber hinaus an vielen Stellen die ursprüngliche Pflanzenwelt, da sie dank ihrer höheren Vermehrungsquote zuletzt alles überschwemmen. Auf der kleinen unbewohnten Insel Duncan (Pinzón) gibt es heute so viele Hausratten, daß man kaum einen Akazienstrauch antrifft, dessen Rinde nicht zum großen Teil geschält ist.

Die Armut an Kielschwanzleguanen, die einem auf dieser Insel sofort auffällt, dürfte ebenfalls auf das Schuldkonto der Ratten zu buchen sein. Auch auf Santa Cruz sind sie eine Plage. Auf Baltra wimmelt es von Hausmäusen. Sie wurden im Kriege eingeführt, und als ich 1954 die Insel besuchte, sah ich, daß der Boden stellenweise völlig unterwühlt war. Die hungrigen Tiere liefen im hellen Sonnenschein umher, und es gab kaum eine Grasbülte, die sie nicht entwurzelt hatten. Für die Galápagos-Ratte bedeuten Hausratte und Hausmaus eine überstarke Konkurrenz. Wo immer Hausratten eingeführt werden, dort muß die angestammte, für Mensch und Tier viel harmlosere Galápagos-Ratte früher oder später weichen. Hoffentlich bleibt Fernandina von diesen Begleitern des Menschen verschont!

In Gesellschaft der possierlichen Galápagos-Ratten vergingen die letzten Stunden der Nacht sehr schnell. Als es hell war, sah ich mit Staunen, daß mein Plastik-Regenumhang einem Sieb glich. Die Armen werden wohl Magenschmerzen bekommen haben. Beim Aufstehen mußten wir uns zunächst einmal die Zecken absuchen. Die lästigen Parasiten hatten uns nachts überfallen. Dutzende hatten sich in unsere Haut gebohrt. Sie nährten sich normalerweise von den Leguanen, aber offenbar schmeckten wir ihnen ebenfalls, denn wir wurden von nun an die ganze Zeit über von ihnen geplagt.

Wir folgten dem schier endlosen, steilen Hang weiter bergan. Unsere Lasten hatten sich merklich verringert. Der Proviant war weniger geworden und auch das Wasser. Trotz sorgfältiger Einteilung hatten wir nur noch vier Liter. Wir waren etwas beunruhigt. Würde das reichen? Noch hatten wir nicht den Kraterrand erreicht, und wir mußten auch noch an den langen Marsch nach Punta Espinosa, zum Ankerplatz unseres Schiffes, denken. Was dann, wenn der Kratersee, zu dem

wir wollten, kein genießbares Wasser enthielt? Aber unangenehme Gedanken verdrängt man gern bei einem solchen Unternehmen. Es wird schon reichen, sagten wir uns, sicherlich
finden wir Wasser.

Wir hatten für unseren Aufstieg, wie sich später herausstellte, zwar eine direkte Route gewählt, aber über offenes und
anstrengendes Gelände. Man kann den Aufstieg durchaus in
einem Tag machen, was den Vorteil hat, daß man nicht soviel
Wasser mitschleppen muß. Aber damals wußten wir den Weg
nicht. Von der Küste her hatte die von uns gewählte Route gut
ausgesehen.

Auf einer Lavahalde, 1250 Meter über dem Meer, fing ich
einige Kielschwanzleguane, die sich in der Morgensonne
wärmten. Nie zuvor auf einer anderen Insel hatte ich diese Echsen in so hohen Lagen angetroffen. Unter uns in etwa tausend
Meter Höhe formten sich die Wolken. Allmählich verdeckten
die weißen Schleier die Aussicht aufs Meer. Wir aber wanderten in strahlender Sonne weiter bergan. Es war jetzt weniger
steil, aber dafür erschwerte dichtes Buschwerk einer Zwerg-
Scalesia das Vordringen. Wir mußten unseren Weg mit der Machete bahnen, und jeder Schlag wirbelte den Staub aus Flechten und Rinde auf. Auch wurde es drückend heiß, da sich die
Luft in dem mannshohen Busch fing, und schließlich war uns
für Stunden die Sicht genommen. Zu Mittag hatten wir alle das
Gefühl, wir hätten uns verlaufen. Erschöpft ließ sich unsere
Gruppe zur Rast nieder, während Karl Angermeyer und ich auf
der Suche nach dem Krater weiter vordrangen. Wir hatten
Glück! Bereits 10 Minuten später traten wir aus dem Gebüsch
auf eine ebene, mit niedrigem Gras bewachsene Fläche, keine
hundert Meter vom Kraterrand. Der Boden bestand aus feiner
Asche, und tiefe Risse zum Kraterrand hin warnten uns vor
dem Absturz; wir näherten uns ihm deshalb nur sehr vorsichtig.
Dort genossen wir einen überwältigend schönen Ausblick. Zu
unseren Füßen stürzte die Aschenwand fast senkrecht in die
Tiefe. Wir waren eintausendfünfhundert Meter hoch, und sie-
benhundert Meter unter uns lag der große Kratersee – blaugrün, wie ein geschliffener Jadestein. An einigen Stellen zeichneten die Wolken unregelmäßige Schatten auf seine Oberflä-

che. Aus dem großen See erhob sich ein kleiner Vulkan, dessen Krater wiederum einen kleinen See umschloß. Ringsum neigten sich steile Schutthalden zu den Ufern. Sie waren schütter bewachsen und führten im Norden und Westen zu den steilen Wänden des Riesenkraters. Im Süden und Norden hingegen endeten die Schutthalden in einer sehr auffälligen, vierhundert Meter über dem Seespiegel liegenden Geländestufe, die wohl entstanden war, als ein Teil des Kraterrandes nachsackte. Die inneren Hänge des Kraters waren an zahlreichen Stellen aufgebrochen und mit Vulkanen geschmückt, aus denen sich schwarze und rote Lavaströme zum See ergossen hatten. Im Süden hatten die Lavaströme über ein Viertel der Seefläche bedeckt. Von meinem Standort bis zur gegenüberliegenden Kraterwand waren es gut 7 Kilometer, der See hatte etwa 3 Kilometer Durchmesser. Eine Großstadt hätte bequem Raum in diesem ungeheuren Kraterschlund. Wir standen lange schweigend vor diesem Zeugnis vulkanischer Kräfte, dann allerdings kam die Ernüchterung. Wir hatten noch wenige Liter Wasser, unsere Hoffnung war der See, aber hier war der Abstieg praktisch unmöglich. Wir holten die anderen und beratschlagten. Wir beschlossen, dem Kraterrand bis zur Ostseite zu folgen und dort an einem grünen Vegetationsbestand entlang den Abstieg zu versuchen. Das Wasser würde gerade noch einen Tag reichen. Nach einer ausgiebigen Mittagsrast machten wir uns wieder auf den Weg. Mit der Machete schlugen wir einen Pfad durch Zwerg-*Scalesia*-Gestrüpp, das durch allerlei Schlinggewächse zu einer dichten Masse verfilzt war. Harz klebte an unseren Händen und Kleidern fest, und der ständig aufgewirbelte Staub verschlimmerte unseren Durst. Es gab hier zahlreiche kleine Schmetterlinge mit weißen, rot getupften Flügeln und viele Landleguane, aber wir waren zu müde, um uns ihnen zu widmen. Wir waren eher über ihre Anwesenheit verärgert, denn immer wieder brachen wir in die Erdbauten ein und verrenkten dabei unsere Knöchel.

Die Nacht war wieder quälend lang. Der Nebel zog naß durch den Forst, es tropfte von allen Zweigen, die Zecken plagten uns, und wir froren, denn die Temperatur sank auf 15 Grad. Hunger hatten wir keinen, nur Durst, und jeden peinigte im stillen die Zwangsvorstellung, der See könnte salziges Wasser enthalten. Nachts standen wir auf und schüttelten die nassen Bäume, um das Wasser in einer Zeltplane zu sammeln, aber der Trunk schmeckte gallebitter. Am frühen Vormittag des anderen Tages hatten wir die vorgesehene Einsteigstelle im Osten des Kraters erreicht. Aber noch brodelten in dem Riesenkessel die Nebel; so setzten wir uns an den Kraterrand und sahen zu, wie die Sonne die wogenden Schwaden löste.

Wir folgten dann einem ausgetrockneten, sehr steil abwärts führenden Bachlauf durch einen *Scalesia*-Forst, der aber leider in einem Felsriegel endete, den wir hinabklettern mußten. Von da ab ging es über eine steile Schutthalde, die nur spärlich mit Palo-Santo-Bäumen und Gestrüpp bewachsen war. Einen einsamen *Cereus*-Kaktus überfielen wir wie hungrige Heuschrecken. Wir beraubten ihn seiner stacheligen Triebe, schälten sie und aßen das leicht salzige Fleisch, als wäre es die köstlichste Melone. Kurz bevor wir das Niveau des Sees erreichten, standen wir noch einmal vor einem unerwarteten Hindernis, einer ziemlich steilen, vielleicht fünfzig Meter hohen Wand. Die Kletterei war wegen der zahlreichen losen Steine gar nicht so ungefährlich, aber wir erreichten schließlich die Schutthalde, die steil zum See abfiel. Der Blick zum See war jetzt völlig frei, wir sahen die Binsen, die am Ufer wuchsen, und einige Galápagos-Enten, die im Brandungsschaum des Uferstreifens fischten. Ein frischer Wind hatte das Wasser aufgewühlt.

Wir liefen die letzten hundert Meter, stürzten uns in das grünliche Wasser, so wie wir waren, und tranken es, obgleich es nach Schwefelwasserstoff roch und schmeckte, aber es war süß und genießbar. Wir benahmen uns wie Enten, die man nach langer Käfighaft in einen Teich ausläßt. Am Ufer brannte unterdessen ein Feuerchen unter einem großen Teekessel. Alle Müdigkeit schien fortgeblasen. Einige Schwierigkeiten bereitete uns die Errichtung des Nachtlagers. Die Böschung war so steil, daß wir keinen einzigen ebenen Platz fanden. Jeder mußte sich eine Stufe graben, und das war schwierig, weil der Hang dauernd nachrutschte. Ich fand ein geeignetes Plätzchen unter einem Strauch und machte mir dort aus Binsen ein gemütliches Nest, dann legte ich mich auf den Rücken und sah zu,

112 Der kleine Vulkan im Kratersee von Fernandina. In ihm befand sich ebenfalls ein kleiner Kratersee. Er war das Ziel von Karl Angermeyer und Rudi Freund, die mit einem Floß aus leeren Wasserkanistern hinfuhren.

wie die Kraterwände im Licht der untergehenden Sonne im Halbrund erglühten. Im Süden fielen die Nebel in weißen Schwaden über die Kraterwand in den Kessel. Sie krochen langsam die Felsstufe entlang und flossen schließlich zum See herab. Kurz über dem Wasser lösten sich die Schwaden auf. Je weiter der Abend fortschritt, desto mehr Nebel wirbelten über den Kraterrand in den Kessel, in der ganzen Breite der südlichen Rundung – wie ein gigantischer Wasserfall, ein einzigartiges Schauspiel!

Nach einem ausgiebigen Frühstück begannen wir unsere Umgebung zu erkunden. Ich spazierte das Seeufer entlang. Der Wasserspiegel schien mit der Jahreszeit zu schwanken, denn noch zwei Meter über dem Wasserspiegel fand ich eingetrocknete Binsenbüschel und weißliche Ablagerungen, wohl eine Schwefelverbindung. Sie kennzeichneten bis zu dieser Höhe die alte Wasserlinie. Das Wasser selbst war sehr warm. Am Ufer maß ich 30 Grad, weiter draußen 26 Grad. Ich entdeckte dann, daß aus einigen Gesteinsspalten am Ufer 40 Grad heißes Wasser herausströmte. Es wimmelte von Wasserkäfern und Libellenlarven, und zu meiner großen Überraschung gab es auch kleine Fische, von denen Dr. Bowman einen sammelte. Auf welchen Umwegen sie wohl in diesen Kratersee gelangt waren? Wahrscheinlich durch Enten. Man hat Jungfische im Gefieder abgeschossener Enten gefunden. Jungfische flüchten offenbar manchmal unter die Federn grundelnder Enten und werden dann, wenn diese plötzlich auffliegen, mitgenommen.

Tropidurus-Echsen waren zahlreich, und da noch kein Mensch in diesem Gebiet gesammelt hatte, fing ich die Echsen mit großem Eifer. Auch Landleguane gab es überall, und einen kleinen Kerl, der sich allzu leichtsinnig versteckt hatte, fing ich. Er biß wild um sich, ergab sich aber dann in sein Geschick. Er wurde in Gefangenschaft so zahm, daß er auf mir herumkletterte und um Futter bettelte. Zu meiner großen Freude fing ich dann noch eine stattliche, braune Schlange, deren Rücken mit einer Doppelreihe heller, gegeneinander versetzter Flecken geziert war.

Gegen Mittag wurde es recht heiß. Ich spannte meine Decke als Sonnensegel über meinem Lager auf und ließ, nach einem erfrischenden Bad auf dem Rücken liegend, die Stunden verstreichen. In dem jetzt glatten See spiegelten sich der kleine Vulkan und die Kraterwände. Die Nordwestseite des kleinen Vulkans war deutlich höher als die Südostseite. Diese Unregelmäßigkeit dürfte jedoch nicht auf einseitige Abtragung zurückzuführen sein, denn die Aschenlagen ließen sich um den ganzen Vulkan verfolgen. Sie waren jedoch im Süden dünner als im Nordwesten. Offenbar wurde das Material ungleichmäßig abgelagert, vielleicht weil Winde zur Zeit des Ausbruchs die

113 Die Enten im Kratersee von Fernandina.

Asche verwehten. Man beobachtet ähnliche Unregelmäßigkeiten bei vielen Galápagos-Vulkanen, eine Erscheinung, die bereits Darwin auffiel.

Im See tummelten sich kleine Enten, zierliche, braune Tierchen mit hübschen runden Köpfen und einem schönen blaugrauen Seihschnabel, der bei den Männchen an der Basis auf beiden Seiten einen roten Fleck trug. Die Wangen waren bei beiden Geschlechtern weißlich gefärbt. Die Tiere sahen der Bahama-Ente sehr ähnlich und gehörten auch der gleichen Gattung an, waren aber als Art für die Galápagos-Inseln charakteristisch. Nach und nach fand sich eine Schar von Männchen und Weibchen zusammen und begann mit Balzspielen.

In den Nachmittagsstunden machte ich mich wieder auf den Weg. Ich begegnete dabei mehreren Landleguanen. Erst viele Jahre später erfuhr ich aus den Arbeiten von Dagmar Werner, daß es sich in der Mehrzahl um Weibchen handelte, die den weiten Weg vom Außenhang des Vulkans hergewandert waren, um hier Eier zu legen. Werner studierte eine Landleguanpopulation, die in einer Vegetationsinsel an der westlichen Vulkanseite von Fernandina 330 Meter über dem Meeresspiegel lebte. Nach der Begattung im April oder Mai verlassen 95 Prozent der Weibchen dieses Gebiet, um das Innere des Kraters aufzusuchen und dort die 7 bis 23 Eier abzulegen. Der Boden hat hier durch die vulkanische Aktivität eine Temperatur von 31,5 bis 33 Grad Celsius, was wohl der Grund für die weite Wanderung ist. Die Eier schlüpfen nach etwa dreieinhalb Monaten. Bei der Wanderung legen die Weibchen eine Strecke von 15 Kilometern zurück. Bis zum Kraterrand müssen sie dabei eine Höhendifferenz von 1000 bis 1300 Metern überwinden und 900 Meter in den Krater absteigen. Zum Ersteigen des Kraterrandes brauchen sie durchschnittlich neun Tage. Für den Abstieg in den Krater, die Eiablage und die Rückkehr zum Kraterrand benötigen sie durchschnittlich 23 Tage. Der Gipfel der Eiablagezeit fällt in den Juli. Sie erstreckt sich über sechs Wochen.

Der Landleguan ist sicher ein naher Verwandter der Meerechse. Neben auffälligen Unterschieden im Körperbau gibt es solche des Verhaltens, von denen wir einige in der Tabelle auf S. 205 einander gegenüberstellen.

Wir blieben noch eineinhalb Tage, dann stiegen wir wieder ab.

Die Ostseite von Fernandina war noch viel wüster als die Nordseite. Wir konnten die vegetationsfreien Aschenfelder stellenweise hinunterlaufen, dann ging es über Felder erstarrter Strick- und Fladenlava. Auch hier konnten wir gut voranschreiten, allerdings mußten wir sehr achtgeben, da unter der Lava große Hohlräume waren. Man brach oft ganz unvermittelt ein. Diese Hohlräume waren dadurch entstanden, daß der Lavafluß oberflächlich erstarrte. Unter dieser Schlackenhülle

jedoch floß die Lava wie Blut in einer Ader weiter, dem Meere
zu. Übrig blieben dann Tunnels, die man oft viele hundert Meter weit verfolgen konnte. Auf Santa Cruz entdeckte ich einen
solchen Tunnel, der 5 Meter breit, 8 Meter hoch und gut 1000
Meter lang war! Wir brachen zum Glück nie tief ein, aber an
einigen Stellen sahen wir, daß die Lava Brücken über viele Meter tiefe Höhlen spannte. Wir rasteten in einer solchen Höhle,
in der es angenehm kühl war. In einer Ecke fand ich ein Rattennest, ganz aus zerfaserten Kaktusstacheln gebaut. Es war das
einzige Anzeichen einer lebenden Kreatur in dieser Wüstenei.

Unterschiede zwischen Meerechsen und Landleguanen

Meerechsen	Landleguane
gesellig	eher solitär
Algenfresser	Landpflanzen stellen Haupt-nahrung
graben keine Bauten	graben Bauten zum Unterschlupf
ritualisiertes Kämpfen durch Kopf-stoßen	keine ritualisierten Kämpfe durch Kopfstoßen
Demutsstellung durch Flachwerden	keine Demutsstellung durch Flach-werden
kein Himmelweisen	Beschwichtigung durch Himmel-weisen mit der Schnauze
keine besondere Putzstellung	Stelzenstellung als Putz-aufforderung
wenige, aber große Nachkommen pro Weibchen	größere Zahl kleiner Jungtiere pro Weibchen

In diesen Höhlen und Tunnels, die die Berge der Galápagos-
Inseln durchziehen, wartet noch so mancherlei auf den Entdek-
ker. Während oben das Wasser schnell versickert, hält es sich
dort in unterirdischen Bächen und Tümpeln. Manchmal kann
man diese Gewässer in tiefen Spalten sehen. Auf Santa Cruz
stieg ich in so eine Spalte hinab und fand hier mitten in der
Wüste einen Süßwassertümpel, in dem sich Süßwasserfische

und Garnelen tummelten. Als ich diese Gewässer durchforschte, glotzte mich ein weißer breitmäuliger Grundfisch an und verschwand im Geklüft der Felsen[1].

Im März 1982 zeigte mir Friedemann Köster inmitten der Lavawüste bei Puerto Fregata (Isabela) von Süßwasser gefüllte Klüfte in der Lava. Das Wasser trat nur an einigen Stellen zutage und bildete dort von Binsen umstandene Gewässer, die gegen die Küste zu brackig wurden, landeinwärts dagegen aussüßten. Sie mußten mit einem gewaltigen unterirdischen Wassersystem in Verbindung stehen, das von dem viele Meilen entfernten und durch eine ausgedehnte Lavawüste getrennten Vulkan Sierra Negra gespeist wird. Es war das fischreichste Frischgewässer, das ich bisher auf Galápagos sah. Schnapper schwammen im Trupp umher, Meeräschen, Brassen, Schläfergrundeln und über einen Meter lange Glasbarsche (*Centropomus*) gab es hier. Am Ufer lag eine mumifizierte *Coecogilbia*, die wohl von einem Vogel gefischt und dann verschmäht worden war. Tauchend könnte man sicher noch weit landeinwärts in diese Gewässer vordringen – eine Herausforderung für mutige Fischkundler.

Die letzte Wegstrecke bereitete uns große Mühe. Die Lavaplatten waren durch Erdbeben in scharfkantige Stücke zerbrochen und durcheinandergerüttelt worden, in dem losen, scharfen Geröll verloren wir wiederholt den Halt, und unser zweites Paar Schuhe – eines hatten wir bereits beim Aufstieg zerschlissen – ging in Fetzen. Aber wir sahen bereits den grünen Mangrovensaum und unser Schifflein in der blauen Bucht, und das spornte uns an. Am späten Nachmittag grüßte uns wieder das Brüllen der Seelöwen, und als die Sonne hinter Fernandina versank, saßen wir bereits an Deck unseres Kutters und sahen hinauf zum Kraterrand, der sich in Flammen zu hüllen schien.

---

1 Exemplare dieses Fisches gab ich an das Senckenberg-Museum. Mittlerweile haben M. Poll und J. J. van Mol ebenfalls dort gesammelt und zwei Arten als *Coecogilbia galapagosensis* und *C. deroyi* (Brotulidae) beschrieben.

114 Eine Lavahöhle am Osthang von Fernandina. Wir fanden in ihr ein Rattennest aus zerfaserten Kakteenstacheln.

Dieser Ausflug war ein außergewöhnliches Erlebnis, an das ich auch heute noch gerne denke. Nur eines bleibt als unbefriedigender Rest: Die Elefantenschildkröte Fernandinas haben wir nicht gefunden. Irgendwann werde ich mich wohl noch einmal auf die Suche machen.

1958 erhielt ich von Frank Masland und Miguel Castro die Nachricht, daß der Kratersee verdampft sei. Der Boden des Kraters war zudem so heiß, daß Masland ihn nicht betreten konnte. Etwa zwei Jahre lang blieb der Kratersee trocken, dann begann sich im Nordwesten wieder Wasser anzusammeln, das schließlich eine Fläche von 1,2 bis 1,4 Quadratkilometer bedeckte. 1968 erfolgte ein heftiger Ausbruch. Schwere Erdrutsche verschütteten den nordwestlichen Teil des Sees bis zu dem kleinen Vulkan hin. Gleichzeitig senkte sich der südöstliche Teil des Kraterbodens um 300 Meter. Der See hat sich auf diese Seite verlagert. Dicke Aschenlagen bedecken weite Strecken der Vegetation. Im Kraterinneren dürfte nur wenig überlebt haben. Die munteren Ratten und wohl auch die meisten Landleguane dürften zugrunde gegangen sein. Es wird Jahre dauern, bis sich die Tier- und Pflanzenwelt das verlorene Terrain zurückerobert – vorausgesetzt, es bleibt eine Weile ruhig. 1973 und 1978 kam es zu neuerlichen Ausbrüchen von Nebenvulkanen.

Unter Fregattvögeln und Tölpeln

Wie seltene Orchideenblüten leuchteten die roten Kehlsäcke der Fregattvogel-Männchen aus dem kahlen Geäst der Palo-Santo-Bäume. Fast jeder der weißberindeten niedrigen Bäume, die im weiten Rund die steilen Kraterwände der Darwin-Bucht auf Tower (Genovesa) krönten, prangte in diesem seltsamen Schmuck. In ihrem Gezweig nisteten außerdem ungezählte rotfüßige Tölpel, unruhige Geister, die sich fortwährend um das Nestmaterial zankten. Die einen kamen mit Reisern im Schnabel, andere flogen zum Fischefangen. Die Morgensonne strahlte aus einem duftig-blauen Himmel auf das bunte Treiben, und hoch in der Luft kreisten majestätisch einige Fregattvögel. Sie schienen der Erde genauso entrückt wie die weißen bauschigen Wölkchen, die vereinzelt am Himmel hingen. Ich selbst saß am südöstlichen Bogen dieses im Meer ertrunkenen Kraters, mitten unter den Vögeln. Zu meinen Füßen fiel die Felswand gut 30 Meter steil in die Tiefe. In den zahlreichen Nischen und auf den Felsgesimsen saßen bunte Gabelschwanzmöwen, und hin und wieder verließ ein Tropikvogel seine Niststätte in der Felswand und zog schwirrenden Fluges geradlinig über die Bucht. Weiter unten, wo die Wellen um die großen Felsblöcke spielten, lagen faul einige Seelöwen.

In respektvollem Abstand vom felsigen Ufer ankerte die »Xarifa«. Wie ein zierliches Spielzeug schwebte sie auf dem smaragdgrünen Wasser. Auf die zahlreichen Rotfußtölpel wirkte sie wie ein Magnet. Überall auf den Rahen und auf der Reling saßen sie, ein Hindernis für unsere Leute, die gerade die Tauchgeräte ins Beiboot verluden.

Von meinem Sitz aus überblickte ich die ganze weite Bucht. Sie war nahezu rund und hatte einen Durchmesser von etwa anderthalb Kilometern. Im Süden führte eine relativ schmale Öffnung zum Meer. Steile Kraterwände umfaßten die Bucht von beiden Seiten. Nur im mittleren Teil war die Wand des ertrunkenen Kraters in mehreren Terrassen niedergebrochen, und dort, bei einem kurzen Stück sandigen Strandes, konnte man sicher landen. Diese große, schöne Bucht hat erstaunlicherweise erst William Beebe im Jahre 1923 entdeckt und zu Ehren Darwins benannt.

Von dem reichen Vogelleben um mich her fesselte mich vor allem das auffällige Gebaren der Bindenfregattvögel. Auf einem Palo-Santo-Baum neben mir saßen zwei dieser stattlichen Vögel, beides Männchen, die ihre rote Kehlblase prall aufgeblasen hatten. Sie sah aus wie ein Kinderluftballon. Das grelle Rot stach gegen das dunkle, fast schwarze Körpergefieder prächtig ab, und die langen Rückenfedern schillerten grünlich wie Hahnenfedern. Über dem Stoß kreuzten sich die langen Schwingen wie bei einer sitzenden Schwalbe. Nur die Füße, mit denen sich die Tiere auf dem Ast festhielten, wirkten unproportioniert klein.

Die Männchen saßen regungslos nebeneinander in der brütenden Sonne. Keiner schien den anderen zu beachten, und doch spürte man, wie jeder den anderen durch noch auffälligeres Prunken auszustechen trachtete, denn ihr auffälliges Verhalten galt dem anderen Geschlecht. Aufmerksam blickten sie zum Himmel hinauf. Aber sie mußten sich schon ein Weilchen gedulden, bis endlich eines der weißbrüstigen Weibchen die beiden Bewerber überflog. Sogleich änderte sich deren Verhalten. Jedes der Männchen breitete seine Schwingen aus und schlug mit ihnen schnell und feinschlägig, wobei sie einen nicht gerade melodischen »Gesang« anstimmten: »Kju kju kjuk ju ju ju huhuhuhu trr trr trr trr« tönte es aus dem Gezweig. Beim Schnarren schüttelten sie ihren Kopf schnell nach links und rechts. Aber das Weibchen schien nicht genügend beeindruckt. Es kreiste einmal um den Baum und flog dann unbeirrt weiter. Die Männchen ließen langsam ihre Flügel sinken, stocherten eine Zeitlang wie verlegen auf ihrem Sitz herum, dann stellten sie wieder gelassen ihren Kehlsack zur Schau. Sehr merkwürdig war, daß die Rivalen einander so nahe duldeten. Kein einziges

Mal machte einer auch nur den Versuch, den anderen zu verjagen.

Endlich landete eines der Weibchen vor dem mir am nächsten sitzenden Männchen. Es hatte als Hochzeitsgabe ein Reis im Schnabel. Das Männchen war sehr aufgeregt, schüttelte sich und schnarrte noch eine ganze Weile, während sie geduldig vor ihm saß und ihre Brust an seinen roten Kehlsack schmiegte. Als er sich schließlich entschloß, das dargebotene Hölzchen zu nehmen, flog das Weibchen gleich auf, um weiteres Nestmaterial zu holen. Das Männchen blieb mit aufgeblasenem Kehlsack und bewachte den Nistplatz.

Neben dem Palo-Santo-Baum, auf dem die beiden Männchen balzten, lag ein umgebrochener Strauch. Dort hatte ein anderes Fregattvogel-Männchen ein kunstloses Reisernest gebaut, auf dem es eifrig brütete. Sein Kehlsack war zu einem runzeligen rotbraunen Gebilde zusammengeschrumpft, von seiner ganzen männlichen Pracht war nur das seidig glänzende Rückengefieder geblieben, aber selbst das sah schon ein wenig ruppig aus. Er war gewiß fest verheiratet! Ich ging zu ihm hin und schob ihn vorsichtig mit dem Fuß zur Seite, und wirklich, er saß auf einem schönen weißen Ei, das etwa so groß war wie ein Gänseei. Der Fregattvogel war anfangs ob der Störung ungehalten und versetzte mir einige heftige Schnabelhiebe. Ich ließ ihm aber bald wieder seinen Frieden und setzte mich auf einen Lavastein an den Abgrund.

Fregattvögel sind recht verträglich, sie konkurrieren im allgemeinen nur, indem sie sich balzend zur Schau stellen. Dabei versuchen sie einander auszustechen. Ich habe allerdings auch beobachtet, daß benachbarte Männchen miteinander stritten und sich mit den Schnäbeln vom Platz zu ziehen suchten. Das ist aber selten. Mehrere Male beobachtete ich, daß ausgewachsene Männchen in der Nähe eines auf seinem Nest balzenden ohne aufgeblasenen Kehlsack warteten. Als ich in einem solchen Fall den Nestbesitzer verscheuchte, setzte sich das andere Männchen sogleich auf das Nest und blies seinen Kehlsack auf. Ich werde darauf noch im Zusammenhang mit B. Nelsons Beobachtungen über Nestraub hinweisen. Am Nestbau beteiligen sich Männchen und Weibchen. Mir schien es jedoch, als ob die

211

Männchen eifriger Nestmaterial sammeln würden als die Weibchen. Fregattvögel rivalisierten um Nestbaumaterial; die Männchen raubten einander die Zweige im Fluge.

Auf den Galápagos-Inseln brüten zwei Fregattvogelarten: der Bindenfregattvogel und der Prachtfregattvogel. Letzterer ist größer, seltener, und es fehlt ihm die braune Flügelbinde. Die Weibchen haben außerdem einen dunklen Ring um die Augen, während dieser bei den Bindenfregattvogelweibchen rot ist. Schließlich ist beim Weibchen des Bindenfregattvogels die Brust von der Kehle an weiß, während der Prachtfregattvogel nur einen weißen Brustfleck hat. Die Kehle des Weibchens ist schwarz.

Hoch über der Bucht kreiste ständig eine größere Zahl von Bindenfregattvögeln. Gut 2 Meter spannten ihre Schwingen, und der lange, tief gegabelte Schwanz öffnete und schloß sich im dauernden Ausgleich der Luftströmungen. Die Fregattvögel gehören zweifellos zu den besten Fliegern. Man hat sie noch in über 1000 Meter Höhe angetroffen. Flugmuskulatur und Federn eines Fregattvogels machen zusammen 45 Prozent des Gesamtkörpergewichtes aus, das im Vergleich zu anderen Seevögeln gering ist.

Der Prachtfregattvogel, der eine Spannweite von 2,30 bis 2,40 Meter erreicht, ist mit 1,5 Kilogramm nur ein Viertel so schwer wie der Galápagos-Albatros, der die gleiche Spannweite hat. Fregattvögel haben 40 Prozent mehr Flügelfläche als andere Seevögel gleichen Gewichtes, und sie sind damit, auf die Flügelfläche bezogen, leichter als jeder andere Seevogel! Stundenlanges Fliegen bereitet diesen Tieren daher keinerlei Mühe. Dennoch entfernen sie sich nie sehr weit von ihren Brutplätzen.

Über die Biologie der Galápagos-Fregattvögel hat uns B. Nelson viel Wissenswertes mitgeteilt. Jedes Paar legt pro Saison nur ein Ei. Dieses wird 55 Tage bebrütet. Männchen und Weibchen lösen einander beim Brutgeschäft ab. Die Intervalle sind allerdings ungewöhnlich lang. Zehn Tage sitzt ein Partner durchschnittlich, ohne zu fressen, auf dem Nest. Es ist erstaunlich, daß die Tiere dies in der glühenden Sonne ertragen, ohne zu verdursten! Zwei Erklärungen mag es für diese langen Intervalle geben. Bei der Brutablöse ist das Ei gefährdet. Das Nest ist flach, und da die Vögel wegen ihrer kurzen Beine beim Auffliegen nicht hochspringen können, schwankt das Nest beim Abflug, so daß viele Eier herunterrollen.

Das Risiko wird bei weniger Ablösungen vermindert. Die Vögel brauchen außerdem lange Zeit, um Nahrung zu finden. Da ist es nach Nelson ökonomischer, wenn sie sich vollfressen und eine Fettreserve anlegen. Wenn sie brüten, verlieren sie bis zu einem Drittel ihres Gewichtes. Vom Schlüpfen bis zum Flüggewerden der Jungen vergehen 6 Monate. Danach werden die Jungvögel aber noch weitere 6 Monate gefüttert. Das ist eine ganz ungewöhnlich lange Zeit der Brutfürsorge. Die Brutzyklen dauern also länger als ein Jahr, denn man muß auch noch einen Monat für Balz und Nestbau bis zur Eiablage rechnen: Man kommt auf einen Zyklus von 15 bis 18 Monaten!

Noch ein Punkt in der Biologie der Fregattvögel verdient Beachtung: B. Nelson erwähnt die für ihn unerklärliche Tatsache, daß die Fregattvögel einander die Gelege zerstören. Störung des Paares durch Dritte war eine der häufigsten Ursachen für Gelegeverlust. Von 315 gelegten Eiern gingen 1964 205 vor dem Schlüpfen zugrunde, und in vielen Fällen war Störung durch andere Fregattvögel die Ursache. Bei einem Besuch war das Nest intakt, und das Männchen oder Weibchen war friedlich beim Brüten; beim nächsten Mal – oft nur wenige Stunden danach – lag das Ei zerbrochen unter dem Nest, das dann von einem Männchen mit aufgeblasenem Kehlsack besetzt war, manchmal auch von einem Weibchen oder einem Paar. Immer balzte das Männchen in solchen Fällen. Bei den Männchen handelte es sich mit Sicherheit um Eindringlinge, dafür spricht auch meine oben angeführte Beobachtung. Bei den Weibchen vermutet Nelson, daß es sich oft um die ursprünglichen Nestbesitzer handelt. Da überzählige Männchen und Weibchen in der Brutkolonie ebenso wie freie Brutplätze vorhanden waren, ist das Verhalten zunächst unerklärlich. Es könnte sein, daß die Nesträuber auf diese Weise ihr Erbgut in der Population durchsetzen. Die Weibchen, deren Eier zerbrochen wurden, legen drei Wochen danach neue Eier, die der Nesträuber befruchtete. In Konkurrenz mit anderen Populationen könnten sich Populationen mit solch rücksichtslosen Nesträubern, die ja Gelege von Verwandten zerstören, als schlechter angepaßt erweisen, da sie ja weniger Jungtiere aufziehen. Die Frage ist noch nicht geklärt.

Auch Jungvögel werden durch das Dazwischentreten fremder Fregattvogelmännchen getötet. Von 110 Küken, die 1964 schlüpften, wurden nach Nelson 45 Prozent durch Fregattvögel und Raubfeinde getötet, bevor sie 6 Wochen alt waren.

Erstaunlich ist die schon erwähnte lange Brutfürsorge. Vielleicht erklärt sie sich aus der Notwendigkeit, die Strategien des Nahrungserwerbs zu lernen. Die Fregattvögel sind nämlich extreme Nahrungsspezialisten. Bereits bei meinem ersten Besuch fiel mir auf, daß zwischen den Fregattvögeln und den Tölpeln eine ständige Fehde herrschte.

Wo immer ein Tölpel in die Fluten stieß, versammelten sich sogleich einige Fregattvögel über ihm. Kam der Tölpel nach einigen Sekunden mit einem Fisch hoch, dann hatte er es stets sehr eilig, die Beute zu verschlingen und abzufliegen. Anfangs wunderte mich die Hast, aber dann sah ich, daß die Fregattvögel auf die Tölpel, die sie beim Fischen beobachtet hatten, im Sturzflug herabstießen. Sie schwebten ganz flach über dem Tölpel dahin und versetzten ihm Hiebe auf Rücken und Kopf. Der Tölpel, der meist noch nicht seine volle Geschwindigkeit erreicht hatte, torkelte hilflos hin und her und erbrach zuletzt den gejagten Fisch. Darauf warteten die Fregattvögel nur! Im Flug erhaschten sie den Bissen, und der Tölpel hatte wieder seine Ruhe. Es sah gerade so aus, als hätten sich die Fregattvögel aufs Piratentum spezialisiert, denn fischen sah ich sie nur selten. Sie schienen mir auch nicht besonders geschickt beim Fischfang. Da sie nur beim Darüberfliegen mit ihrem Schnabel ins Wasser hackten, konnten sie nur oberflächennahe Fische erbeuten. Sie fingen auch fliegende Fische aus der Luft, die wir mit unserem Boot aufgescheucht hatten.

Auch sonst war das Verhältnis zwischen den Tölpeln und Fregattvögeln gespannt. Flog ein rotfüßiger Tölpel mit einem Ästchen zum Nest, dann mußte er schon sehr geschickt sein, wenn er sein Ziel erreichen wollte. Sehr oft wurde ihm das Nestmaterial unterwegs geraubt. Und wehe, wenn ein Tölpel-

115 Weiblicher Fregattvogel verteidigt sein Junges.

paar einmal sein Nest unbeaufsichtigt ließ: dann waren die Reiser in Windeseile verschwunden.

Meine Sympathien lagen ganz eindeutig bei den geplagten Tölpeln. Sie waren hier durch zwei Arten vertreten [1]. Die grünfüßigen Maskentölpel waren weiß mit schwarzen Schwingen, einem bläulichen Gesicht und einem gelbroten Schnabel. Sie brüteten immer nur auf dem nackten Boden. Nest konnte man die flache Mulde kaum nennen. Die etwa gleich häufigen rotfüßigen Tölpel dagegen brüteten immer nur auf Bäumen und Bü-

---

1 E. Curio konnte kürzlich als dritte hier brütende Art den Blaufußtölpel nachweisen.

schen in einfachen Reisernestern. Sie hatten einen schönen bläulichen Schnabel und ein rosa und hellgrau getöntes Gesicht. Sie waren oft weiß wie die Maskentölpel. Neben diesen weißen Tölpeln gab es jedoch auch ausgewachsene Tiere, die im braunen, dem Jugendkleid ähnelnden Federkleid brüteten. Da sich beide Arten auf verschiedene Niststätten spezialisierten, konnten sie nebeneinander auf der gleichen Insel brüten.

In vielen Nestern gab es junge Tölpel: weiße Daunenbällchen mit nacktem schwarzem Gesicht und schwarzem Schnabel. Maskentölpel und rotfüßige Tölpel sahen in diesem Stadium gleich aus. Im Verhalten unterschieden sie sich jedoch, wie bereits W. Beebe sah, sehr auffallend. Setzte man ein Junges der rotfüßigen Art auf die Hand, dann versuchte dieses gleich, über die Hand und den Arm entlang davonzuklettern, wobei es sich mit dem Schnabel einhakte und den Körper nachzog, während Schwingen und Beine schoben. Junge Maskentölpel dagegen kauerten sich nur ängstlich zusammen. Manche versuchten sich auch in der Hand zu verkriechen. Baum- und Bodenbrüter drückten sich in diesen Gewohnheiten sehr deutlich aus.

Die Blaufußtölpel fischen gerne in Gruppen. Sie können sich auch aus großer Höhe ins Seichte stürzen. J. Thornton erwähnt eine Beobachtung, derzufolge ein Tölpel sich unbeschadet aus etwa 17 Meter Höhe in nur 70 Zentimeter tiefes Wasser stürzte. Nelson vermutet, daß sie mit Hilfe ihres langen Schwanzes unter Wasser schnelle Wendungen durchführen können. Da sie in Ufernähe fischen, können sie ihren Jungen häufig Nahrung bringen. Sie legen zwei bis drei Eier, und nur bei Nahrungsmangel verdrängt der erstgeschlüpfte Vogel die anderen. Das um ein Drittel kleinere Männchen kann im Seichten besser fischen als das Weibchen. Wenn die Jungtiere heranwachsen, übernimmt das Weibchen im wesentlichen die Nahrungsbeschaffung, denn es kann weiter fliegen und mehr Nahrung herbeischaffen.

116 Ein verunglückter Tölpel. Er fing sich mit dem Kopf in einer Astgabel. Vielfach sind Fregattvögel an solchen Unfällen schuld, da sie die Tölpel so jagen, daß diese zuletzt in blinder Flucht im Dickicht Zuflucht suchen.

Die Rotfußtölpel fischen weitab vom Lande in der offenen See. Fliegende Fische stellen einen Großteil ihrer Nahrung. Da sie lange Zeit zur Nahrungssuche unterwegs sind, muß der Partner ebensolange auf dem nur aus einem Ei bestehenden Gelege sitzen (60 bis maximal 144 Stunden). Gelegentlich werden die Eier verlassen, und mitunter verhungern die Jungen.

Der Maskentölpel hält eine Mittelstellung zwischen Blaufuß- und Rotfußtölpel. Er fischt etwa ab einem Kilometer vom Ufer entfernt. Das Gelege besteht aus zwei bis drei Eiern, doch wirft der Erstgeschlüpfte die anderen regelmäßig aus dem Nest.

Die Mittagszeit rückte heran, und so entschloß ich mich zum Aufbruch. Langsam schlenderte ich den Kraterrand entlang, begleitet von dem Drohgeschrei erschreckter Tölpel und junger Fregattvögel. Ein Taubenpaar trippelte neugierig vor mir her. Nur wenn ich zu nahe kam, flog es einige Meter voraus, aber dort wartete es dann. Zweimal mußte ich eine tiefe Kluft überqueren. In jeder diesen Spalten lagen zahlreiche gebleichte Vogelknochen. Sie stammten von Fregattvögeln und Tölpeln, die durch irgendein Mißgeschick in diese Fallen geraten waren, aus denen es für sie keinen Ausweg mehr gab. Dort wo die Kraterwand zusammengebrochen war, stieg ich über das grobe Felsgeröll zum Landeplatz hinunter.

Hier auf den großen Felsblöcken sah ich die ersten brütenden Gabelschwanzmöwen, und zwar gleich in großer Zahl. Die meisten flogen zeternd in der Luft, wobei einzelne wiederholt im Sturzflug auf mich herabstießen und mich gezielt beschmutzten. Andere wieder blieben bei ihren Gelegen. Sie ließen mich herankommen, empfingen mich jedoch mit aufgeregtem Geschrei. Dabei versuchte ein Partner mittels einer sehr einfachen Methode, mich vom Nest abzulenken. Während der eine zunächst sitzenblieb, setzte sich sein Partner laut zeternd auf einen benachbarten Fels. Kam ich dennoch dem Nest näher, dann stimmte auch der andere in das Gezeter ein. Einer erregte sich dabei so, daß er einen ganzen Tintenfisch erbrach.

---

117 Die Rotfußtölpel nisten auf Bäumen, die Maskentölpel auf dem Boden. Damit teilen sich die auf der gleichen Insel brütenden Vögel den verfügbaren Raum und vermeiden Konkurrenz.

118a–c Der Maskentölpel versteht es, aus dem Nest gerollte Eier mit dem Schnabel zurückzurollen.

119 (rechte Seite) Junge Rotfuß-tölpel sind neugierig und kaum furchtsam. Sie landeten auf unserem Schiff und ließen sich berühren.

Die Art und Weise, in der die Gabelschwanzmöwe bemüht war, mich von ihrem Partner abzulenken, erinnerte mich an ein entsprechendes Verhalten des Perlhuhnes, das ich auf der Biologischen Station Wilhelminenberg bei Wien regelmäßig beobachten konnte. Immer wenn das Weibchen im Versteck ein Ei legte, flog das Männchen auf das hohe Wetterhäuschen und rief minutenlang, so alle Aufmerksamkeit auf sich lenkend.

Die Gabelschwanzmöwe ist eine weitere den Galápagos-Inseln eingeborene Vogelart. Sie besucht zwar auf ihren Fischzügen auch die südamerikanische Küste, doch brütet sie dort nirgends. Ihr Kopf ist dunkelgrau, gegen den hellen Körper scharf abgesetzt. Das dunkle Auge ist von einem leuchtend roten Ring umfaßt, die Beine sind frischrot. Die Möwe brütet im ganzen Inselgebiet. Ich fand Niststätten auf den Las Plazas-Inseln und an der Westküste von Isabela.

Die durch Tüpfelung gut getarnten Eier liegen frei auf den Felsen, umgeben von einigen kleinen Steinen, der letzten symbolischen Andeutung eines Nestes. Hier auf Tower (Genovesa) erregten die Eier das sichtliche Interesse der zahlreichen Spottdrosseln, die sich in ganz auffälliger Weise zwischen den Gelegen herumtrieben. Die Möwen waren nicht besonders gut auf diese neugierigen Gesellen zu sprechen und verjagten sie, wo immer sie mit ihnen zusammentrafen. Ich selbst sah nicht, daß die Spottdrosseln die Gelege öffneten, wohl aber hat es W. Beebe beobachtet[1], und seine Beobachtungen erklärten die Feindschaft zwischen den beiden Arten.

Nahe unserer Landestelle in den flachen Gezeitentümpeln begegnete ich einer weiteren einfarbig dunklen Möwe. Auch sie, die Lavamöwen, sind dem Galápagos-Archipel eigentümlich. Sie waren sehr still und fischten unauffällig in den seichten

---

1 B. Nelson erwähnt ebenfalls, daß Spottdrosseln auf Tower (Genovesa) Eier von Seevögeln attackieren. R. Bowman und J. J. Hatch betonen jedoch, daß dies nur die Gewohnheit der Hood-Drosseln sei. Ich nehme an, daß sich die unterschiedlichen Aussagen damit erklären, daß die Drosseln auf Tower Eier nur gelegentlich, jene auf Hood (Española) sie dagegen regelmäßig öffnen.

Tümpeln. Durch ihre düstere Färbung waren sie gut sichtgetarnt. Man könnte das als Anpassung an die Fregattvögel deuten. Vielleicht werden sie von diesen weniger leicht ausgemacht und daher seltener verfolgt. In diesem Zusammenhang ist interessant, daß die eher auffällige Gabelschwanzmöwe nur nachts jagt und sich damit dem Zugriff der Fregattvögel entzieht.

Die Lavamöwen fischen und sammeln tote Tiere nahe der Küste und in den Lagunen. Sie nisten bevorzugt am Ufer geschützter Lagunen.

Auf den jetzt bei Ebbe freiliegenden Sandflächen tummelten sich unzählige Winkerkrabben. Sie löffelten mit den Scheren eifrig den nährstoffhaltigen wasserreichen Sand zur Mundöffnung. Die zweiten und dritten Kieferfüße sieben mit ihren löffelförmigen Haaren die leichten organischen Partikelchen aus dem Sand-Wasser-Gemisch heraus. Die schwereren ungenießbaren Teile sinken ab und sammeln sich an der Basis der Mundwerkzeuge zu einem allmählich wachsenden Tropfen, der von der Krabbe schließlich mit der Freßschere abgewischt und als Kügelchen abgelegt wird. So hinterläßt die Krabbe beim Voranschreiten Reihen von Kügelchen, die sich, von der Wohnröhre ausgehend, sternförmig anordnen. Eine Stunde nach Ablaufen des Wassers war der ganze Uferstreif mit Kügelchen übersät. Die Krabben schienen allmählich gesättigt und begannen nun mit ihren merkwürdigen Balzspielen, die erstmals Darwin genauer beschrieb und als Beispiel für die Wirksamkeit geschlechtlicher Zuchtwahl verwendete. Die Männchen fingen an, mit ihrer großen Schere, die beinahe die Hälfte des Körpergewichtes ausmacht, zu winken. Darwin meinte, daß dieses Winken mit der Schere der Anlockung der Weibchen diene. Später neigte man eher dazu, dieses Winken als Methode der Revierabgrenzung zu deuten. Altevogt schließlich konnte nachweisen, daß Darwin doch recht hat. Er hat die anlockende Wirkung des männlichen Winkens ganz einwandfrei beobachtet. Ich fing einige dieser Winkerkrabben. Sie wurden von einem Kollegen im Senckenberg-Museum als neue Unterart beschrieben.

Nach dem Mittagessen brach ich mit einigen meiner Kollegen zu einem Ausflug ins Innere der Insel auf. Unser Boot wurde bis zum Landeplatz von fünf 2 bis 3 Meter langen Hammerhaien umkreist. Sie waren recht zudringlich, und einer unserer Taucher, der am Vormittag zusammen mit Hans Hass getaucht hatte, erzählte uns, daß auch sie belästigt worden wären. Sie hätten die Haie immer wieder mit den Stöcken vertreiben müssen. Die Haie, die hier an große Beutetiere wie Seelöwen gewöhnt waren, zeigten auch dem Taucher gegenüber deutlich ihren Appetit.

Wir hielten uns diesmal nicht lange am Strand auf, sondern drangen gleich ins Innere vor. Die Vegetation war sehr schütter, so daß wir leicht voranschreiten konnten. Unangenehm war nur ein Kraut, dessen staubiggrüne Blätter an den Kleidern kleben blieben. Außerdem war es ziemlich heiß, denn die spärlichen Palo-Santo-Bäume, Croton-Büsche und Opuntien gaben kaum Schatten. Nur hin und wieder erfrischte ein blühender Cordia-Busch das Auge. So ging es eine gute halbe Stunde über die verrottete Lava sanft bergan. Dann öffnete sich auf einmal vor uns das Gestrüpp, und wir blickten auf einen kreisrunden blauen Kratersee, der von grünen Büschen gesäumt war. Der Krater, an dessen Rand wir standen, hatte gut einen Kilometer Durchmesser, und seine Wände fielen allseitig nahezu senkrecht 30 bis 40 Meter in die Tiefe. Um den Kraterrand standen vereinzelt blühende Cordia-Büsche. Einer direkt vor mir markierte den Abstieg zum See, dem wir gleich folgen wollten. Zitronengelb leuchteten die großen Trichterblüten aus dem üppig grünen Laub. Große dunkelblaue Bienen summten eifrig von Blüte zu Blüte, und eine ganze Schar schwarzer Finken jagte nach den verschiedenen blütenbesuchenden Insekten. Und inmitten dieser sonnengebadeten Pracht hockte ein weißes Daunenbällchen, ängstlich zusammengekauert auf seinem kunstlosen Nest. Der unproportionierte große Schnabel schien für das kleine Tierchen beinahe zu schwer. Regungslos hockte der kleine Fregattvogel da, den Schnabel abweisend gegen mich gerichtet, während die dunklen Augen mich furchtsam musterten. Ich schob langsam meine Hand heran, da sperrte der Jungvogel seinen Schnabel weit auf und schnappte

120 Das sichtgetarnte Gelege der Gabelschwanzmöwe. Sie fischt nur nachts.

nach mir, daß beide Schnabelhälften laut aufeinanderklappten. Er wiederholte seine Angriffe, und jedesmal leuchtete das hellblaue Racheninnere so plötzlich auf, daß ich zusammenschrak. Das plötzliche Aufblitzen dieser leuchtenden Farbe betonte die Drohbewegung und gab ihr stärkeres Gewicht. Solch auffallende Rachenfärbung sehen wir auch bei einer ganzen Reihe von Kriechtieren, die ebenfalls mit offenem Rachen drohen. Der Drohrachen ist also eine »Erfindung«, die in verschiedenen Tiergruppen unabhängig voneinander gemacht wurde. Die Drohbewegung selbst, die ihr als Voranpassung zugrunde liegt, ist jedoch sicher sehr alt. Auch Vögel, die nicht mit offenem Schnabel »zubeißen«, drohen oft durch Schnabelaufreißen. Das ist wahrscheinlich altes Reptilerbe.

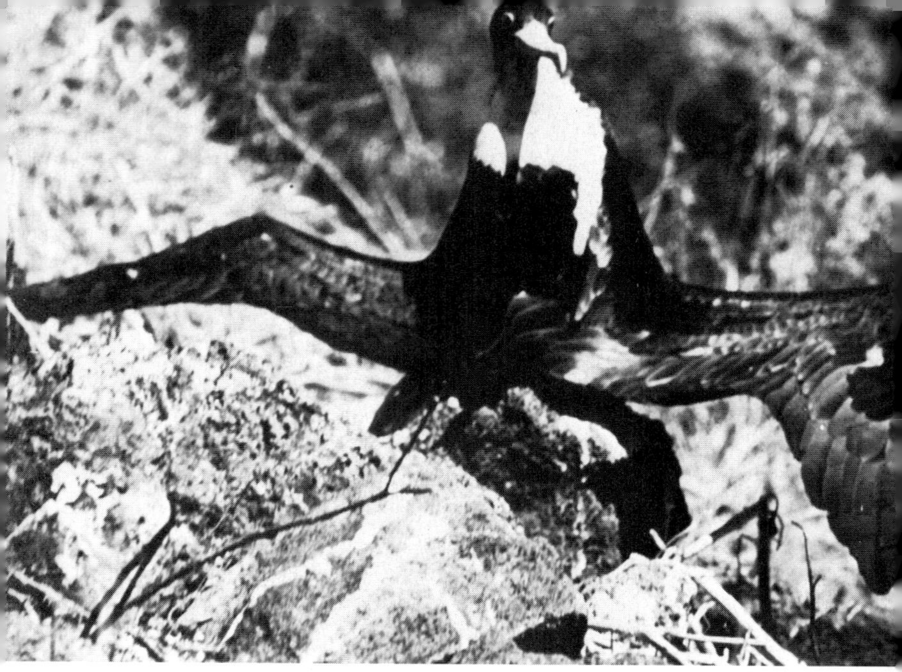

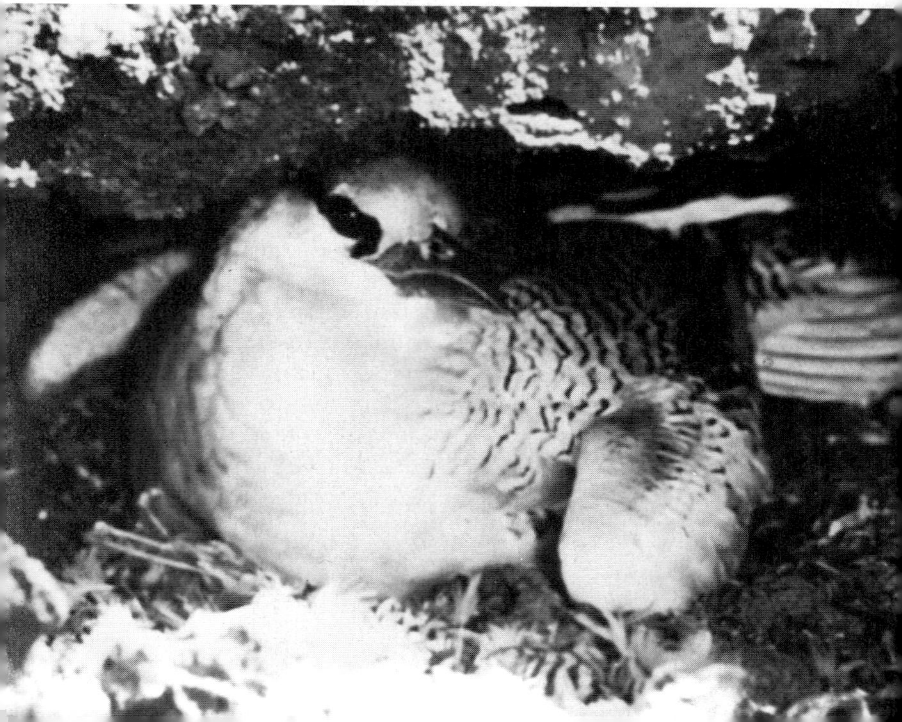

Der Abstieg zum See war leichter, als ich erwartet hatte. Bereits nach 5 Minuten standen wir unter den dunkelgrünen Lauben hoher Mangroven am Ufer des Sees. Das Wasser war leider ganz salzig und sehr warm. Aber es wimmelte von Muschelkrebschen, Wasserkäfern, Scherenasseln und kleinen Wasserwanzen. Ich sammelte auch hiervon einige Proben, und es war, wie sich später herausstellte, auch da manch Neues darunter. Die reichlich vorhandene Nahrung hatte zahlreiche Enten herbeigelockt, die eifrig im Schlamm grundelten. In den Mangroven nisteten Rotfußtölpel. Ein sehr merkwürdiger Anblick bot sich uns auf dem Rückweg. Mitten am Hang entdeckten wir elf ausgewachsene Fregattvögel in einer sehr auffallenden Stellung nebeneinander. Sie saßen leicht nach rückwärts geneigt und den Körper mit seitlich abgespreizten Flügeln stützend da. Bauch- und Flügelunterseite waren der sinkenden Sonne zugewandt.

Es tat uns leid, daß wir diesem zauberhaften kleinen See so bald wieder den Rücken kehren mußten. Um mir den Abschied etwas leichter zu machen, redete ich mir ein, daß ich einmal wiederkommen würde, obwohl ich nicht so recht daran glaubte.

121 Sonnenbadstellung eines Fregattvogels. Er breitet seine Schwingen aus und läßt deren Unterseite bescheinen.

122 Ein häufiger Brutvogel von Tower ist der Tropikvogel. Man bekommt seine Nester allerdings kaum zu sehen, denn die Tiere brüten in den flachen überdachten Lavatunnels, die entstehen, wenn ein Lavafluß außen erhärtet und die dünnflüssige innere Lava ausfließt. Man muß die Decke wegbrechen, um die Vögel betrachten zu können.

Wir tauchen unter Haien

Nördlich von Santa Cruz ragen einige gelbbraun gebänderte Tuffklippen wie Festungstürme aus der bewegten See. Sie tragen seltsamerweise den Namen von Guy Fawkes, der 1606 als Haupt der Londoner Pulververschwörung hingerichtet wurde. Möwen umkreisen kreischend die kahlen Felsen, Seelöwen versuchen das Tosen der Brandung zu übertönen, und auf den Felsengesimsen knapp über dem Gezeitenspiegel warten rote Krabben und dunkle Meerechsen auf die Ebbe, die ihre Weidegründe freigibt. Damit ist aber auch die Zahl der über Wasser wohnenden Tiere erschöpft. Vielleicht, daß in der dünnen Grasnarbe ganz oben auf den Felsen noch einige Grillen und Eidechsen hausen, aber dort konnte ich nicht hinauf[1]. Es war mir jedoch vergönnt, einen Blick in den Meeresabgrund zu Füßen dieser Klippen zu werfen.

Kühl umschlossen die Wellen meinen Körper, und langsam, fast schwerelos glitt ich in die Tiefe. Ich hielt mich dabei ganz nahe an der Felswand, den Holzstock mit der Eisenspitze abwehrbereit in der Hand. Bis auf ein leises Knistern und das Klick-klack der Atemventile meines Tauchgerätes war es still. Für eine Stunde war ich nun ein Fisch unter Fischen! Den

---

1 Mittlerweile war ich oben. Das hat mich zwar meine Kamera gekostet, aber ich weiß nun, daß hier wirklich Kielschwanzleguane leben. Die Vegetation besteht allerdings nicht aus Gras, sondern aus schütter wachsenden Kräutern und niedrigen Dickblattgewächsen. Immer wieder überrascht es mich, selbst auf kleinsten Klippen ausgewogene Landlebensgemeinschaften zu finden, und ich wollte, ich fände Zeit, einmal die Ökologie solcher Klippen zu studieren.

Sauerstoff führte ich in einer kleinen Stahlflasche mit mir, und meine Schwimmblase war der Atemsack, den ich wie einen Rucksack trug und von Zeit zu Zeit durch einen Druck auf ein Ventil aus meiner Sauerstoffflasche füllte. Zwei kurze Schläuche mit einem Mundstück verbanden mich mit dem Atemsack. An den Beinen trug ich Schwimmflossen, und die Augen waren durch eine Taucherbrille geschützt.

In 6 Meter Tiefe setzte ich mich auf eine Felsstufe, ließ meine Beine über den dunklen Abgrund baumeln und sah mir meine Umgebung einmal näher an. Es gefiel mir ganz gut hier. Das Wasser war zwar blaugrün, ein wenig getrübt, und von allem, was weiter als 15 Meter entfernt war, sah ich nur mehr die verschwommenen Umrisse. Aber das paßte ganz gut zu dem etwas unheimlichen Charakter der felsigen Landschaft, die in ihren Höhlungen und Klüften lauter Geheimnisse zu bergen schien.

Hans Hass schwamm mit seiner großen silbrigen Unterwasserkamera an mir vorbei weiter ins Tiefe hinaus. Seine Haut war ganz grün in dieser Beleuchtung, und mit seinem Tauchgerät machte er den Eindruck, als käme er von einem anderen Planeten. Eine Weile sah ich noch seine paddelnden Flossen und das Blinken seines Kameragehäuses, dann hatte ihn die Ferne verschluckt.

Die Unruhe, die unser Einbruch in diese bis dahin unberührte Unterwasserwelt gebracht hatte, legte sich schnell. Fischschwärme fluteten heran und lösten sich von der Wand. Es waren vor allem die spindelförmigen und etwa heringsgroßen Füsiliere, die in großen Schwärmen vor der Felswand auf- und abfluteten. Manchmal verdeckten sie mir die Sicht. Sie schienen recht unruhig und zuckten immer wieder zusammen, als hätte sie ein Schlag getroffen. Bald sah ich auch die Ursache. Zwei große Zackenbarsche hatten sich ins freie Wasser hinaus begeben, mitten in den Schwarm. Sie standen regungslos da, gemieden von den Füsilieren, die eine Art Vakuole um die Räuber bildeten und diese zunächst in sicherem Abstand umkreisten. Die Zackenbarsche warteten. Und wirklich, einer der Füsiliere kam einem der Räuber zu nahe. Ein schnelles Zuschnappen – es ging so rasch, daß ich Einzelheiten des Freßaktes nicht wahrnahm. Nur daß der Barsch schluckte und daß einige silbrige Schuppen mit dem Atemwasser zwischen den Kiemen ausgestoßen wurden und langsam abwärts drifteten, verriet, daß hier einen der Füsiliere sein Schicksal ereilt hatte.

Seine Schwarmgefährten waren beim Zuschnappen zusammengezuckt, hatten sich etwas enger im Verband zusammengeschlossen und schwammen schnell nahe der Felswand auf und ab. Bald aber drifteten sie wieder ins freie Wasser, wo sie fischten, und das Drama wiederholte sich. Auffällig war, daß die Raubfische nur lauerten und nicht in den Schwarm hinein-

124–126 In einem Schwarm von Füsilieren (*Xenichthys jessicae*) fischende Zackenbarsche (*Mycteroperca olfax*). Die Füsiliere halten Abstand von den Räubern (Vakuolenphänomen)

stießen, wo es doch so viele Beutetiere auf engem Raum gab. Ich habe später in anderen Meeresgebieten ähnliches festgestellt und schließlich herausgefunden, daß die Vielzahl der Schwarmfische den Räuber verwirrt. Er kann schlecht zielen, denn hat er einen ins Auge gefaßt, schiebt sich schon ein anderer ins Blickfeld, und er muß sich neu einstellen. Genaues Zielen und Anpirschen auf nächste Nähe ist jedoch Voraussetzung für einen Jagderfolg, denn die Beute wird durch einen im Maul des Räubers beim Zuschnappen erzeugten Unterdruck mit Wasser eingesogen (Saugschnappen). Das geht nur, wenn der Räuber nahe an die Beute herankommt. Der Schwarm ist demnach eine Anpassung der Freiwasserfische an ihre Feinde. Der einzelne wird durch den Konfusionseffekt geschützt. Das sieht man besonders deutlich, wenn einmal ein Schwarmfisch, vom Schwarm abgesprengt, allein im Wasser schwimmt. Er wird sogleich mühelos fixiert und aufgefressen.

Was mich bei diesem ersten Tauchabstieg besonders beeindruckte, war die große Zahl der Fische. Es handelte sich allerdings in erster Linie um Füsiliere, andere Arten kamen erst nach und nach in meinen Gesichtskreis.

Die Felswand war ganz mit rotvioletten Kalkalgen überzogen und mit kleinen Gruppen orangeroter Tubastrea-Korallen besetzt. Zitronengelbe Anemonen bildeten stellenweise einen dichten Bewuchs. Eine Auster mit sägeartig gezähnten Schalenrändern fiel mir auf. Korallenstöcke gediehen hier nur vereinzelt. Schlanke, bunte Lippfische huschten zwischen den Korallen hin und her, hier an einer Alge, dort an einem Schwamm rupfend. Ihre Fortbewegungsart war sehr eigentümlich. Sie trieben sich nämlich nicht durch Schwanzschläge voran, sondern ruderten eifrig mit den großen Brustflossen. Wolken kleiner Fische standen nahe der Felswand, den Bauch zur Unterlage gerichtet. Machte ich eine unvorsichtige Bewegung, dann versteckten sich alle in Felsspalten und zwischen den Korallen. Es waren vor allem orangerote und graubraune Riff-Fischchen aus den Familien der Riffbarsche (*Pomacentridae*) und Fahnenbarsche (*Anthiidae*). Ein kleiner dunkler Riffbarsch (*Eupomacentrus*) fiel durch seinen leuchtend orangeroten Rücken auf. An der Felswand fraßen große Papageifische.

125/126 (Legende siehe S. 231.)

Alle Nischen in der Felswand waren mit roten und violetten Schwämmen ausgekleidet, und in diesen Palästen hausten Schleimfische und Grundeln. Jede hatte ihre eigene Höhle, aus der sie mit ihrem frechen Mopsgesicht neugierig in die Gegend guckte. Einige hatten die verlassenen Röhren von Röhrenwürmern bezogen, in die sie gerade hineinpaßten. Alle hüteten eifrig ihren Wohnraum. Kam ein Nachbar zu nahe, dann wurde er gleich bedroht. Auch sie weideten am Bewuchs der Felsen. In den kleinen Höhlen klebten dazu noch zahlreiche langarmige Schlangensterne, die so zerbrechlich waren, daß man sie kaum heil herauslösen konnte.

Sehr merkwürdig sahen die Seeigel aus, die klobige Stacheln besaßen, an denen man sich ausnahmsweise einmal nicht stechen konnte. Diese Keulen-Seeigel waren eine typische Anpassungsform an das seichte, stark bewegte Wasser. Ich hatte sie zuvor schon oft in den Gezeitentümpeln gesehen. Die Stacheln waren von roten Algen und gelben Schwämmen bunt bewachsen.

Die Fische zeigten wenig Furcht. Im Gegenteil. Auf viele Fische wirkte ich wie ein Magnet. Zwei karpfengroße, orangerote und schwarzgefleckte Lippfische (*Bodianus eclancheri*) ruderten mit langsamen Schlägen ihrer lappigen Brustflossen lässig herbei und schauten mir neugierig durch die Tauchbrille ins Gesicht. Sie hatten spitze, häßlich vorstehende Zähne, einen beulig aufgetriebenen Schädel und erinnerten in ihrem Ausdruck an Bulldoggen. Dann flutete ein großer Schwarm gelbgeschwänzter Seebader (*Prionurus*) an mir vorbei. Ihren schieferblauen Körper zierten zwei dunkle Querbinden. Mit ihnen schwammen ebenfalls gelbgeschwänzte Engelfische (*Holocanthus passer*), deren sonst ganz dunkler Körper eine weiße Querbinde über der Körpermitte zeigte. Rücken- und Afterflosse trugen überdies einen gelben Saum.

Der Schwarm umkreiste mich einige Male, dann begannen die Fische die Felswand neben mir abzugrasen wie eine Herde Schafe, und ich konnte das »Schrab-schrab« der Kiefer ganz deutlich hören. Durch eine ungeschickte Bewegung löste ich einen Felsblock, der rumpelnd in die Tiefe polterte. Darob erschraken alle. Die Seebader zogen dicht an der Wand entlang davon, und die meisten anderen Fische versteckten sich in der Wand. Auf einmal war es unheimlich leer um mich.

Auch ich drückte mich unwillkürlich etwas fester an die Wand und zog die Beine an, und da tauchten auch schon drei Haie steil aus der Tiefe herauf. Auf den Tragflächen ihrer breiten Brustflossen glitten sie, von mühelos geführten Schwanzschlägen getrieben, heran. In Sekunden waren sie da, ihrem stromlinienförmigen Körper schien das Wasser keinen Widerstand entgegenzusetzen. Bis auf 3 Meter kamen sie heran. In dem sonst maskenhaft starren Gesicht bewegten sich lebhaft ihre hungrigen Augen. Unwillkürlich hielt ich den Atem an, aber die Haie glitten über mir hinweg, die hellgraue Bauchseite mir zugewandt. Zum erstenmal sah ich das Halbrund eines Haimauls aus solcher Nähe. Der größte Hai war gute 3 Meter

127 Das Fischleben um die Guy-Fawkes-Klippen war überaus reich. Vor und am steilen Hang schwammen Engelfische, Zackenbarsche, Bindenlippfische und Papageifische; im Hintergrund Füsiliere.

128 Ein typisches Galápagos-Riff mit Korallenblöcken, an denen gerade ein Papageifisch (*Scarus ghobban*, Weibchen) frißt. Die gestreiften Fische sind Riffbarsche der Gattung *Abudefduf* (Duncan).

lang, die anderen beiden etwa je 2 Meter. Die kleineren wirkten aber lebhafter, und einer von den beiden schüttelte sich wiederholt, während er über mir schwamm. Er war mir nicht ganz geheuer, obgleich ich damals sein Kopfschütteln noch nicht zu deuten wußte. Mittlerweile habe ich durch meine Tauchabstiege bei den Malediven und Nikobaren erfahren, was dieses Kopfschütteln zu bedeuten hat. Es ist nichts anderes als ein angedeutetes Zubeißen. Wenn ein Hai ein größeres Beutetier packt, dann schüttelt er seinen Kopf sehr schnell. Dabei sägen die Zähne blitzschnell einen Bissen aus der Beute. Und wenn ein Hai zubeißen will, sich aber aus irgendeinem Grunde nicht gleich getraut, dann macht er die gleiche Bewegung, auch ohne zugebissen zu haben. Er nimmt das, was er gern tun möchte, durch angedeutete Bewegung vorweg. Der kopfschüttelnde Hai hier war offenbar im Geiste dabei, ein Stück aus mir herauszusäbeln. Aber da ich ruhig an der Felswand saß und meinen mit einer Eisenspitze bewehrten Haistock abweisend in der Hand hielt, blieben mir die Tiere vom Leibe. Ein kurzer Stock mit Eisenspitze ist wirklich das beste Hai-Abschreckmittel. Hat man dazu noch eine Rückendeckung, kann einem nicht allzuviel passieren. Der Hai kommt dann nur vorsichtig heran, und es genügt, daß man nach ihm stößt, um ihn abzuweisen.

Das gilt wohl für die meisten Arten, aber sicher nicht für alle. Nach übereinstimmenden Berichten der Taucher greift zum Beispiel der Weiße Hai ungehemmt an. Er reagiert kaum auf

129 Papageifisch (*Scarus ghobban*, Männchen) und Kugelfisch (*Arothron hispidus*). Die Papageifische beginnen ihr Leben als Weibchen. Im späteren Alter werden daraus Männchen. Ähnliche Fälle von Hermaphroditismus kennt man von anderen Fischen.

130 Schmetterlingsfisch (*Chaetodon humeralis*).

aktive Abwehr. Zum Glück ist er in den wärmeren Gewässern relativ selten.

Wir haben einige Jahre nach diesem Tauchabstieg in den Malediven Haie viel näher kennengelernt. Unter anderem fütterten wir sie unter Wasser und tummelten uns zwischen ihnen, nur mit unseren Stöcken bewaffnet, als wir die Wirksamkeit von Hai-Abwehrmitteln prüften. Ich habe darüber in meinem Buch »Im Reich der tausend Atolle«[1] ausführlich berichtet. Man glaubte damals, im Kupferazetat ein chemisches Hai-Abwehrmittel gefunden zu haben. Aber unsere Haie nahmen einen frischgeschossenen Köderfisch auch dann, wenn wir ein Päckchen mit Kupferazetat direkt an dem Köder befestigt hatten. Das Mittel dürfte demnach kaum praktischen Wert haben. Da ist ein scharf ausgestoßener Schrei schon viel wirksamer, wie Hans Hass beim Tauchen in der Karibischen See erfahren hat. Aber weil nicht alle Haie auf Schreie reagieren, bleibt der Stock in all diesen Fällen doch das sicherste Abwehrmittel.

---

1 Neu überarbeitet in: I. Eibl-Eibesfeldt: Die Malediven. Piper Verlag 1986.

Farbtafeln

131 Felsenklippe in der Buccaneer-Bucht von James (Santiago).
132 Blick von Bartholomew auf die gegenüber liegende Insel James (Santiago).
133 Einer der großen Vulkane von Isabela. Schwarze Lavaströme furchten die Flanken.
134 Tagus-Bucht mit dahinter liegendem Kratersee (Isabela).
135 Lavaformation auf James (Santiago). Im Hintergrund ein Vulkankegel.
136 Der Kaktus *Brachycereus* ist einer der Pioniere der Lavawüste.
137 Es gibt nichts Totes auf Galápagos. Selbst die sonnendurchglühten Felsen sind besiedelt. Drei Flechtenarten konkurrieren hier um den Lebensraum. Alle Lebensrätsel sind auf diesen wenigen Quadratzentimetern Fels enthalten (Osborn).
138 Bewuchs einer Aschenhalde auf Bartholomew.
139 Seelöwenweibchen auf Bartholomew. Generationen von Seelöwen haben die Felsen glattpoliert.
140 Neugierige Seelöwengruppen beobachten unsere Landung.
141 Die Schildkrötengegend von Santa Cruz: grüner Wald mit eingestreuten Lichtungen und Tümpeln – die ideale Heimat der Elefanten-Schildkröten.
142 Schildkröten im Krater von Alcedo (Isabela). Im Vordergrund weidendes Tier. Im Hintergrund Schildkröten eng gedrängt in einer Suhle (Foto: C. G. MacFarland).
143 Meerechsenansammlung auf Fernandina.
144 Meerechsenmännchen auf Santa Cruz. Das Tier ist nur andeutungsweise rötlich gefärbt. Es hält etwa die Mitte zwischen den dunklen Tieren Fernandinas und der bunten Echse von Hood.
145 Meerechse, die gerade von einer Krabbe gesäubert wird (Fernandina).
146 Die bunte Meerechse von Hood, die ich 1954 entdeckte.
147a Werbende Maskentölpel: Das Männchen bietet dem Weibchen ein winziges Steinchen an (Hood).
147b Werbende Blaufußtölpel: Das Männchen bietet beim Aufsteigen zur Kopulation seinem Weibchen einen Federkiel oder Halm an. Obgleich diese Art kein Nest mehr baut, spielt das Ritual des Nestmaterialüberreichens bei der Paarbildung eine große Rolle.
148 Drusenköpfe zeigen Fluchtmängel und lassen sich daher füttern. Hier wird meine Frau förmlich von bettelnden Leguanen bedrängt. Wo Besucher regelmäßig landen, ist heute die Fütterung untersagt, da es sonst zu Störungen der Population kommt.
149 Drusenkopf der südlichen Plaza-Insel: das Männchen in Ausguckstellung. Es ist die Methode der Landleguane, durch Sich-zur-Schau-Stellen das Revier zu markieren.

131 ▷
132 ▷▷

246

140

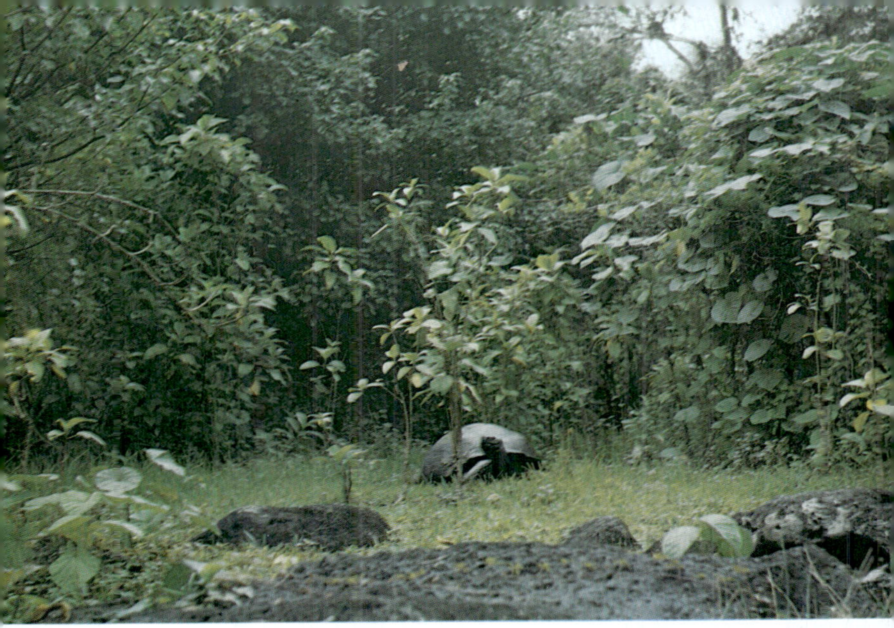

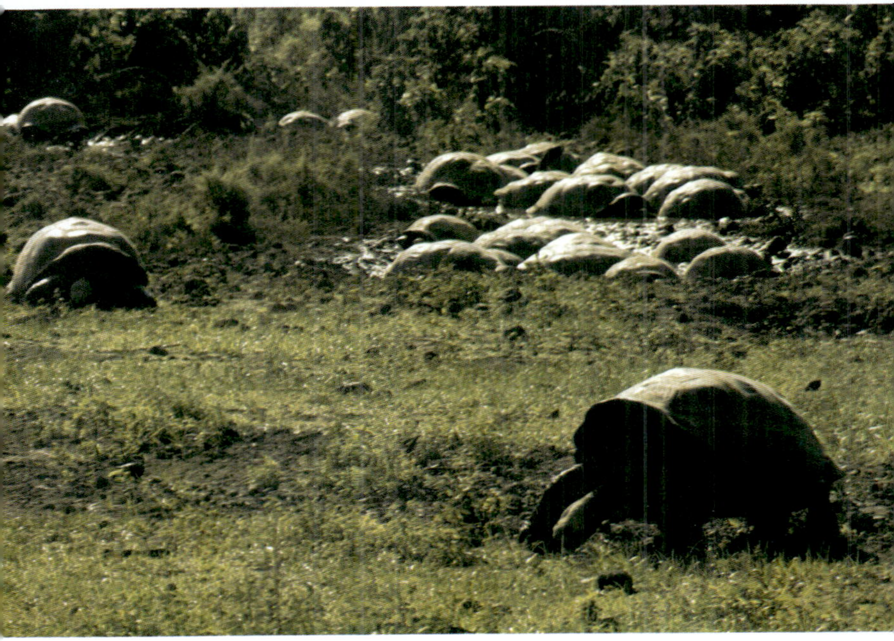

141/142 **143 ▷**

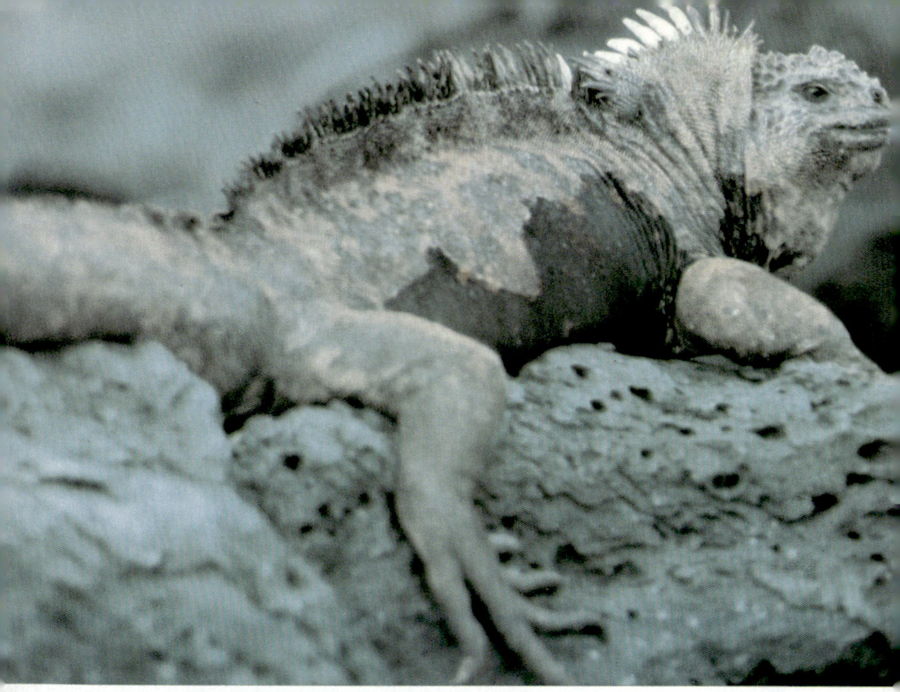

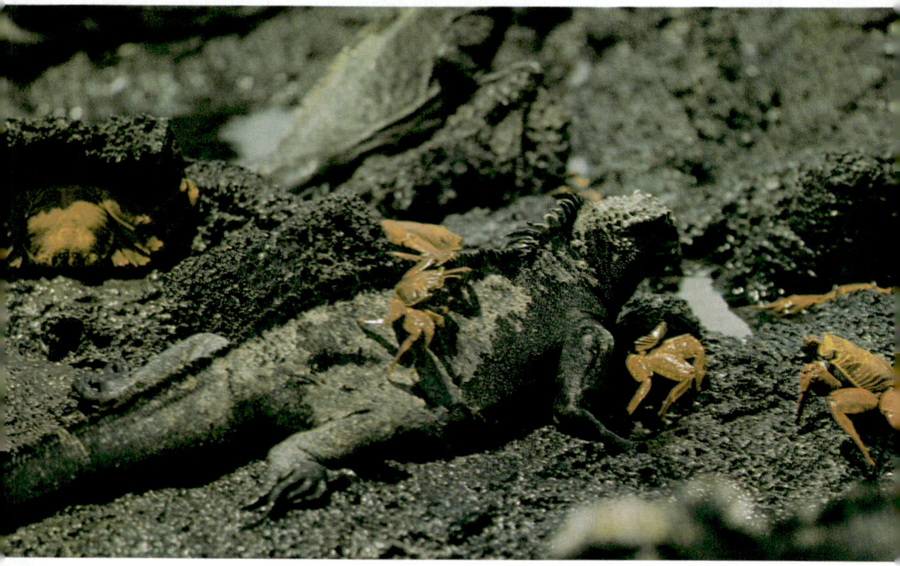

144/145

254   **147a/b**

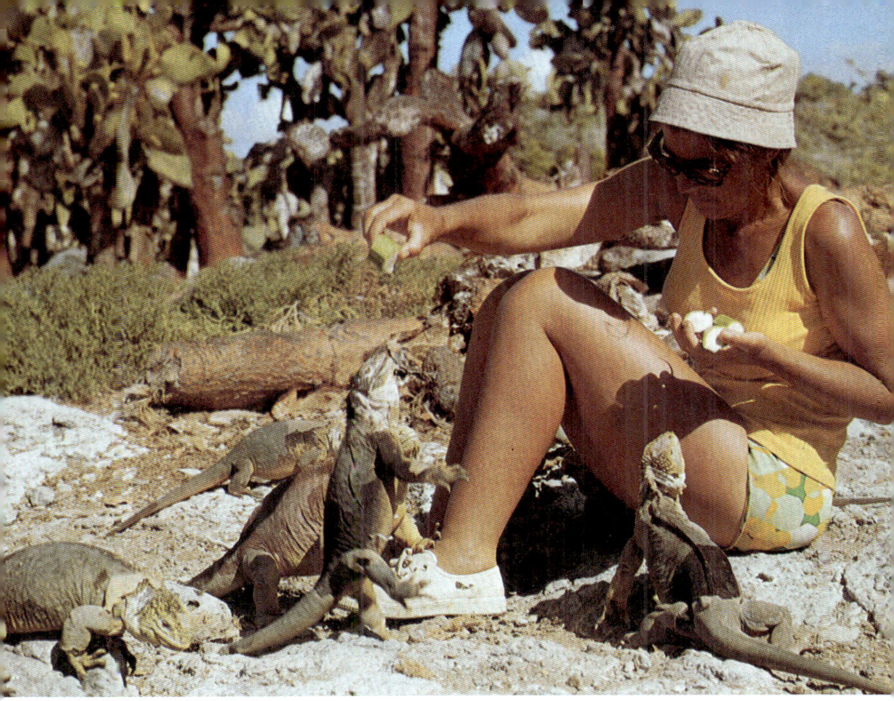

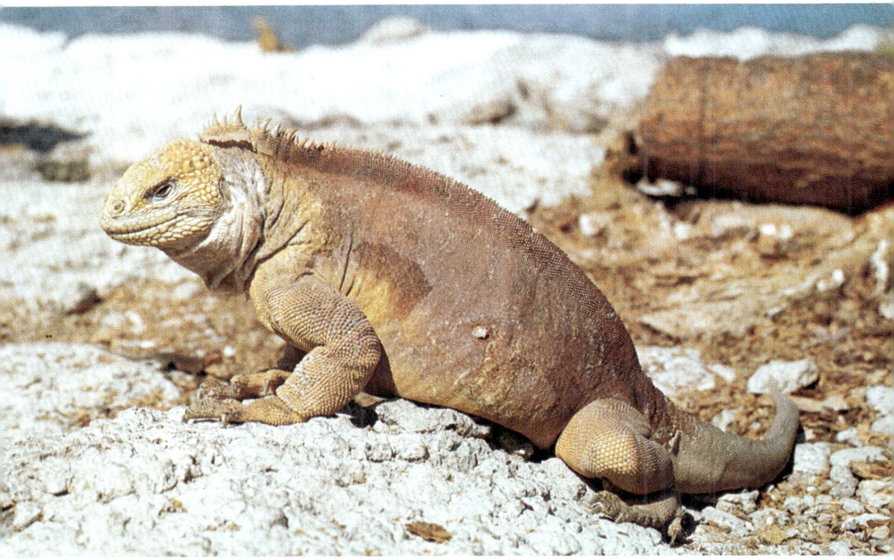

148/149

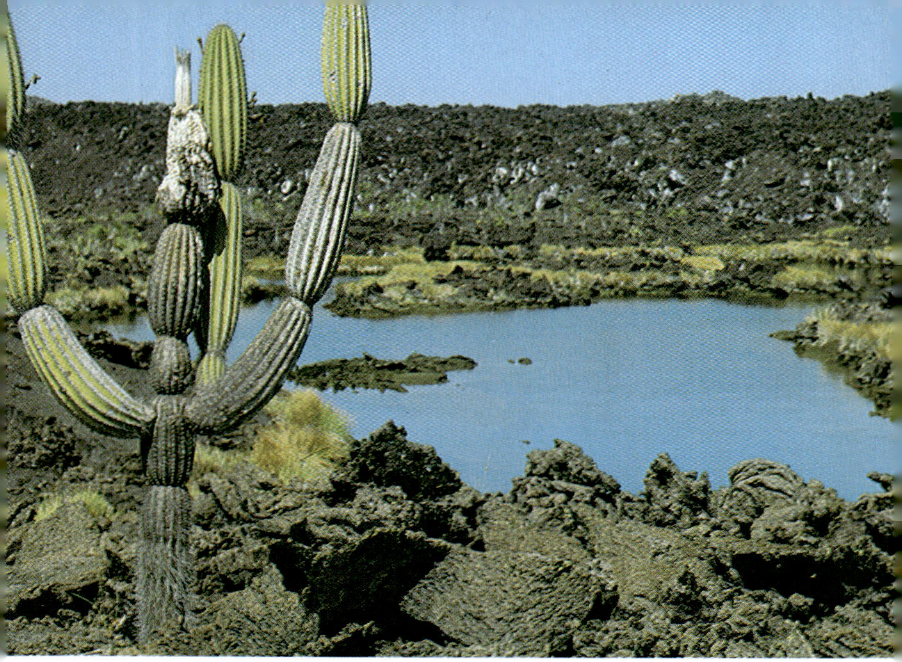

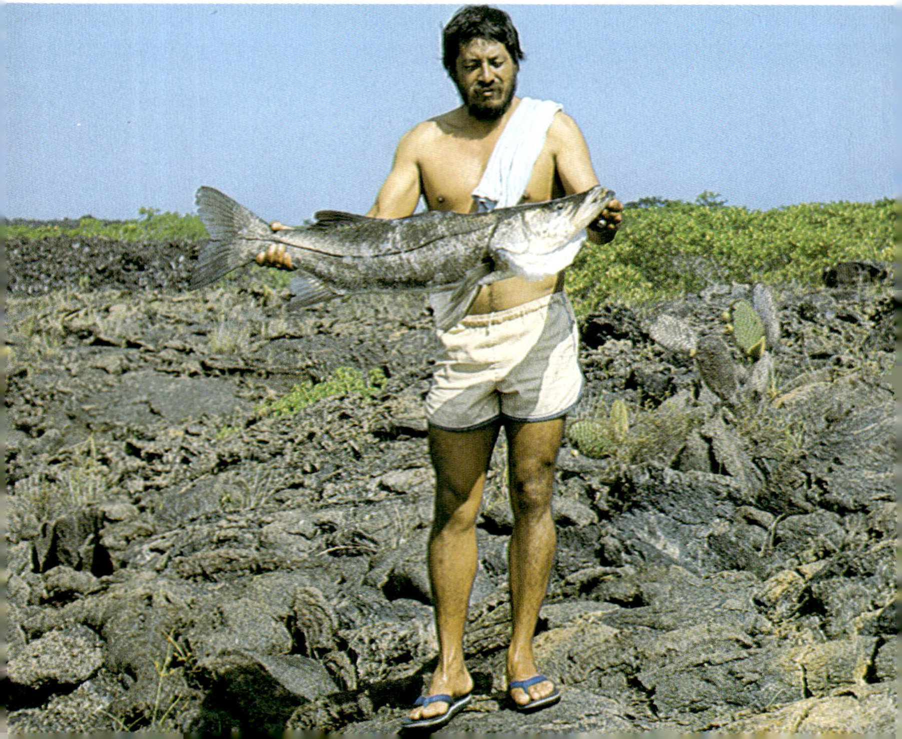

152

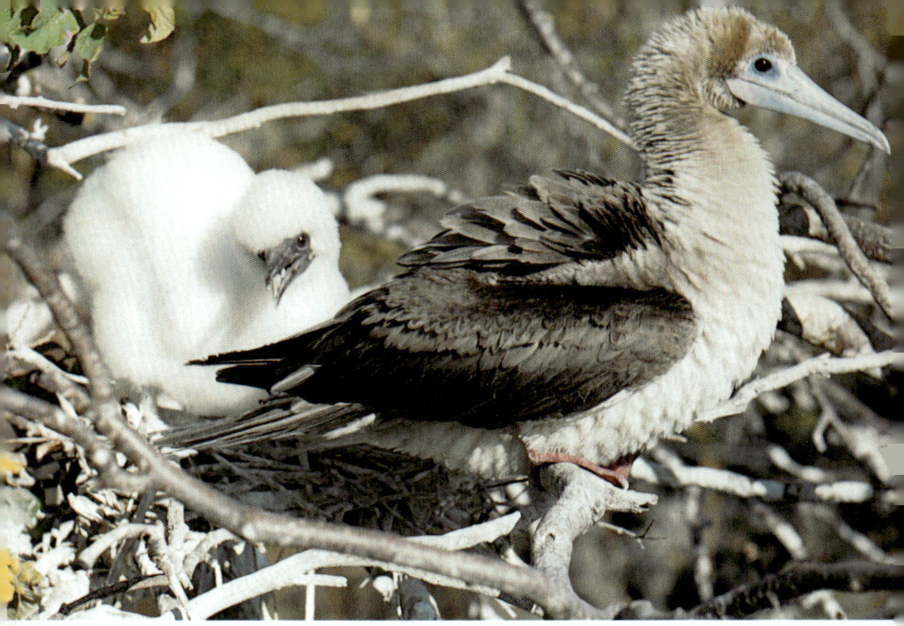

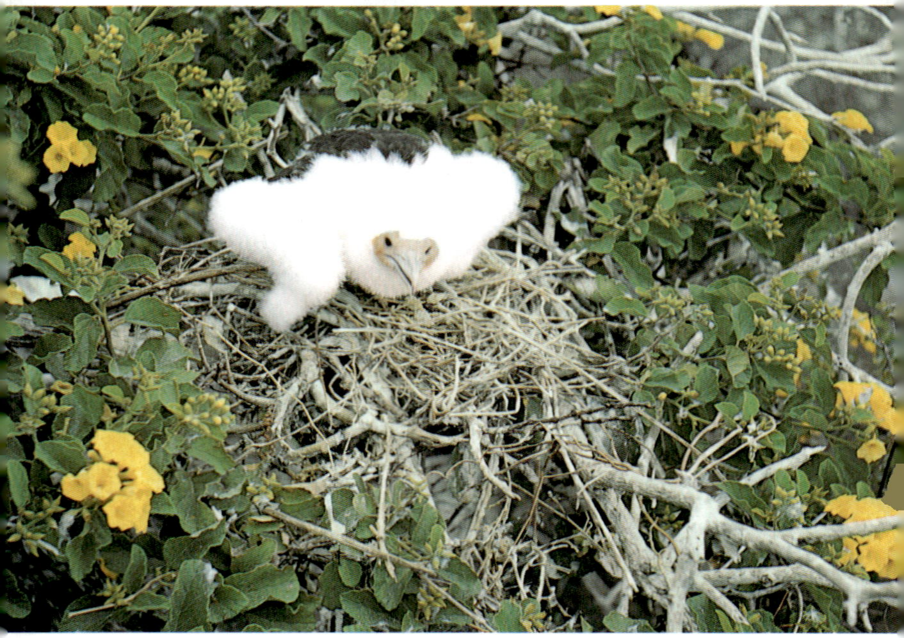

155/156

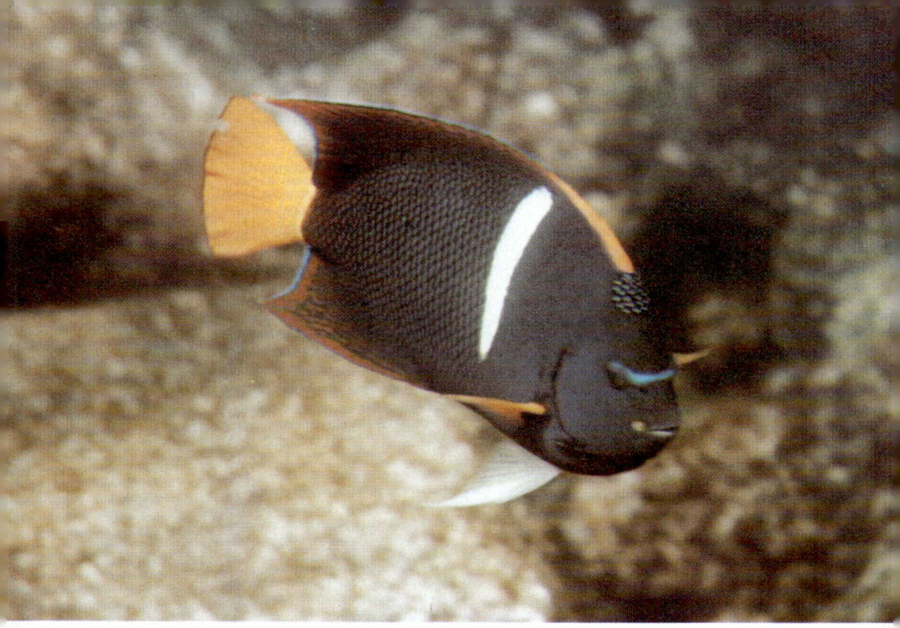

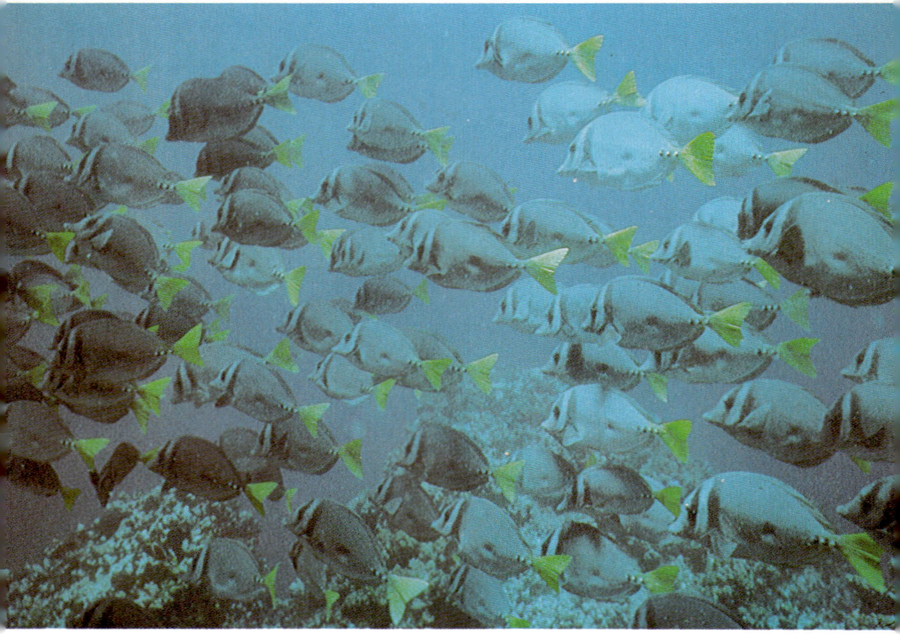

158/159

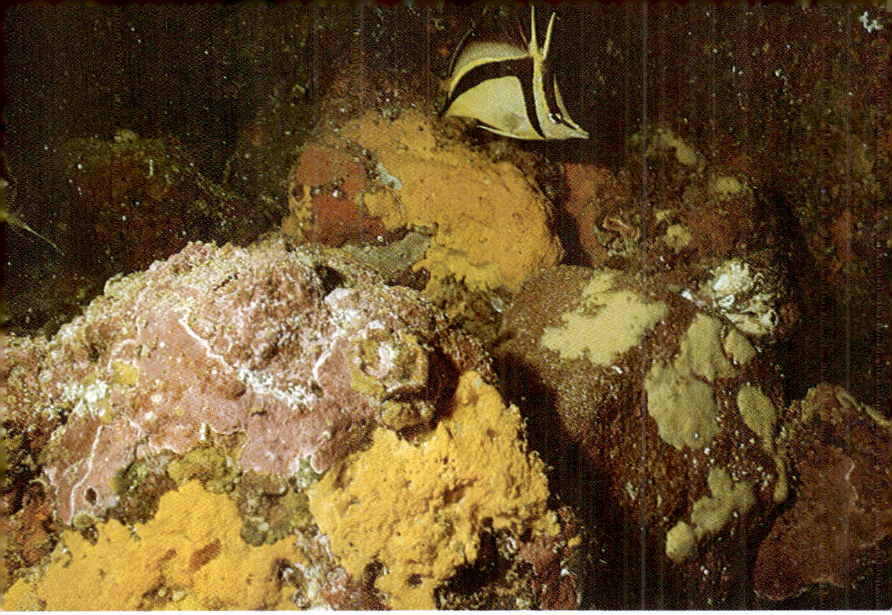

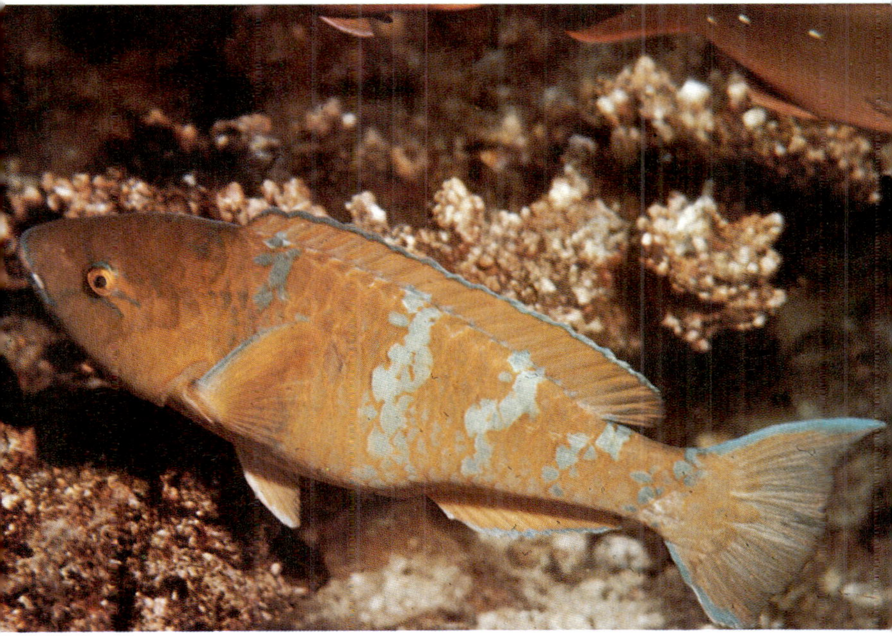

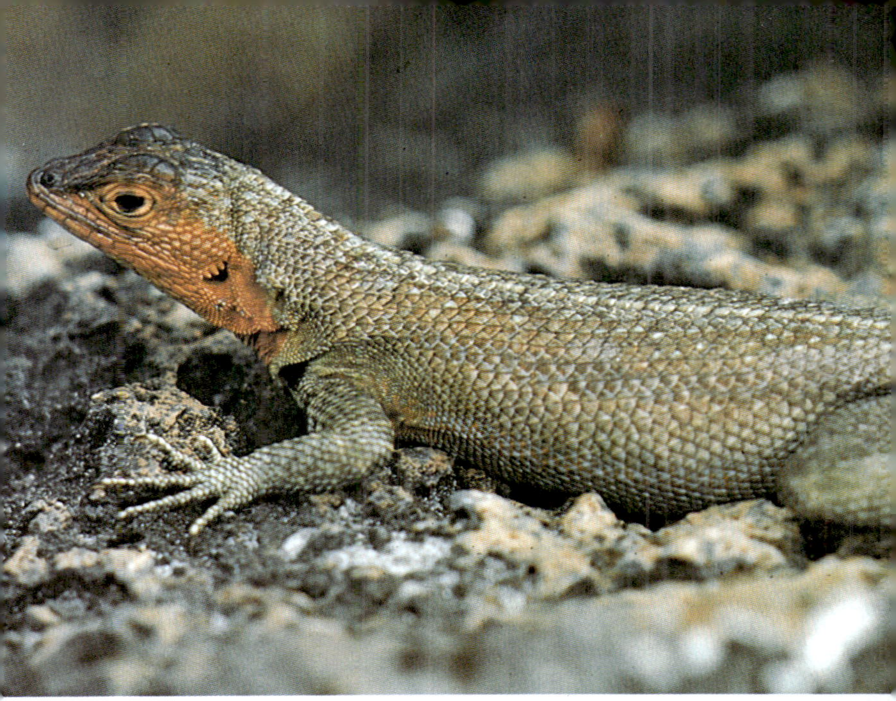

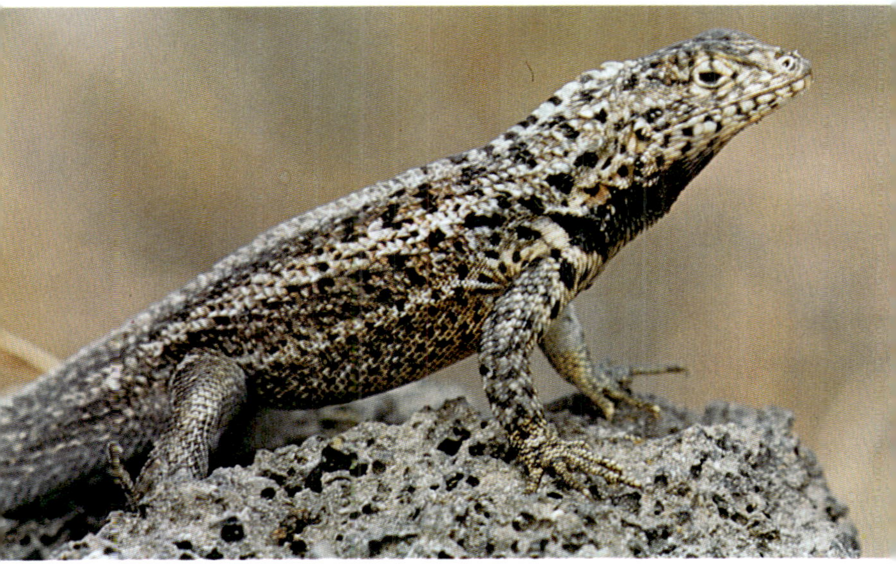

166/167

168

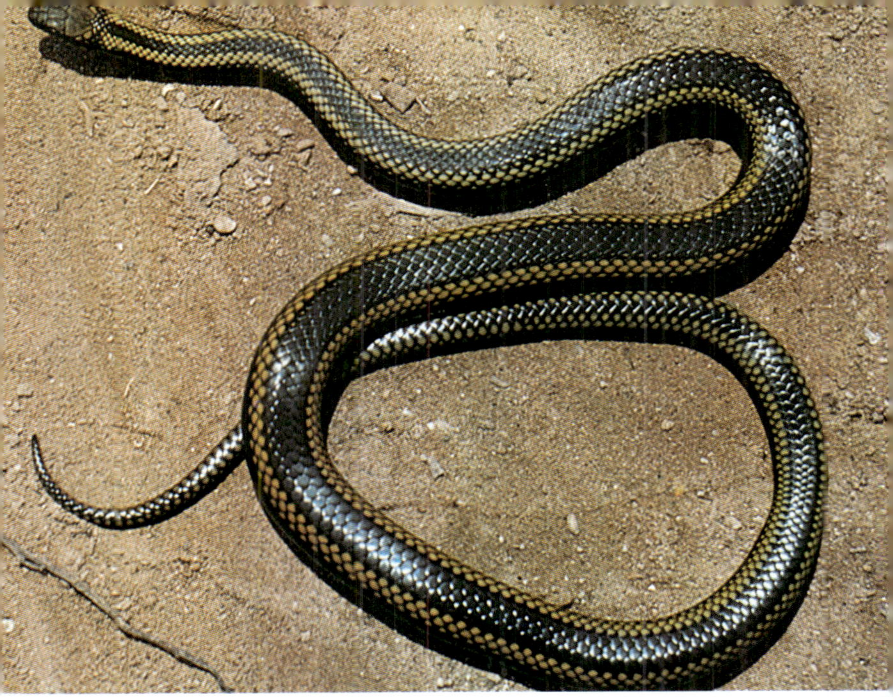

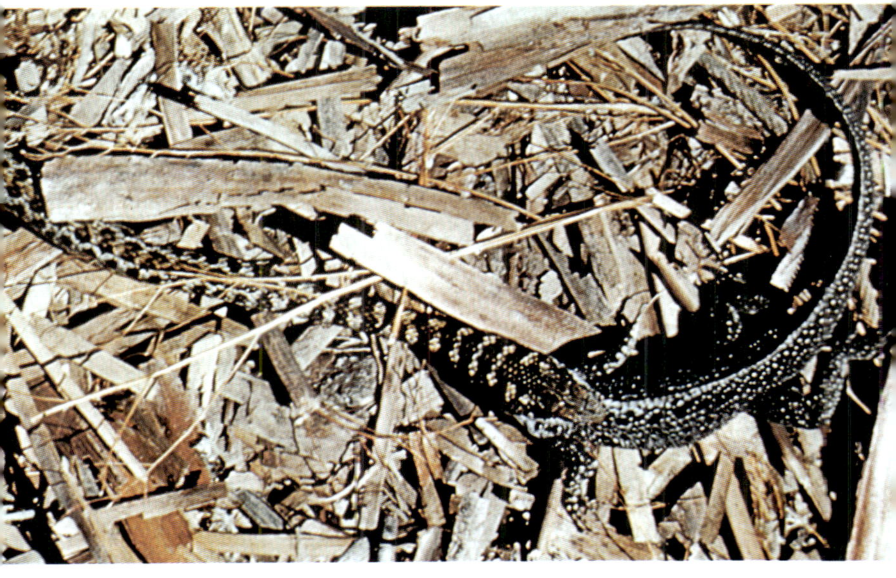

169/170

171

150 Zutage tretende Süßgewässer auf Isabela.

151 Der Kapitän der »Beagle« mit einem in diesen Süßgewässern gefangenen Glasbarsch.

152 Der Kratersee von Fernandina mit dem kleinen Vulkan (Aufnahme aus dem Jahr 1957).

153 Balzender Bindenfregattvogel.

154 Weiblicher Bindenfregattvogel mit Jungem.

155 Rotfußtölpel mit Jungem.

156 Junger Fregattvogel in seinem Nest, umgeben von einem blühenden Cordia-Busch.

157 Gabelschwanzmöwe auf ihrem Gelege.

158 Engelfisch *(Holocanthus passer)*.

159 Ein Schwarm Seebader *(Prionurus laticlavius)*.

160 Die Felsen bei Roca Redonda waren mit Schwämmen, Hornkorallen und anderen Wirbellosen bunt bewachsen. In der Bildmitte ein Pärchen Schmetterlingsfische *(Chaetodon falcifer)*.

161 Papageifisch (*Scarus ghobban*, Weibchen).

162a/b Zwei Dickköpfe, die erstaunliche Variabilität der Färbung zeigend *(Bodianus eclancheri)*.

163 Dickköpfe *(Bodianus eclancheri)* und gelbgeschwänzte Seebader *(Prionurus laticlavius)* auf Fernandina.

164 Hornkoralle *(Muricia)* mit gut getarntem Seepferdchen *(Hippocampus ingens)*

165 Bei den Gordon Rocks fielen die Felswände senkrecht in die Tiefe ab. An den weniger exponierten Stellen waren die Wände mit Hornkorallen bewachsen.

166 Kielschwanzleguan-Weibchen von Santa Cruz.

167 Kielschwanzleguan-Männchen von Santa Cruz.

168 Kielschwanzleguan-Weibchen von Duncan.

169 Die Schlange *Dromicus* von Santa Cruz.

170 Die gewürfelte *Dromicus*-Schlange von Fernandina. Sie hat einen Kielschwanzleguan am Kopf gepackt.

171 Pelzrobbenweibchen begrüßt sein Junges durch Nasenberührung.

172 Kugelfisch (*Arothron hispidus*).

Für einen Taucher, der seine Ruhe bewahrt, sind eigentlich nur die Augenblicke des Niederschwimmens und des Hochtauchens gefährlich, denn seine Beine locken dann wie der beste Blinker, und die Haie können den deckungslosen Schwimmer mit großer Geschwindigkeit aus jeder Richtung angreifen.

Es ist in letzter Zeit ziemlich viel Sensationelles über Haie geschrieben worden. Meist wird die Gefahr übertrieben[1], doch hier auf Galápagos ist die Situation etwas brenzliger, da die Haie sich hier darauf spezialisiert haben, Seelöwenjunge anzufallen.

Damals, als ich unter der Felsklippe von Guy Fawkes tauchte, waren mir die Haie noch nicht so vertraut wie heute, und ich fühlte mich daher auf meinem Felsgesims nicht sonderlich behaglich. Die vollendete Schönheit der Haie hielt mich jedoch in Bann, und so blieb ich und sah zu, wie sie vor mir neugierig auf und ab schwammen. Wie der Albatros der König der Lüfte ist, so ist der Hai der unbestrittene Herrscher des

---

1 Siehe dazu H. Hass und I. Eibl-Eibesfeldt: Haie wie sie wirklich sind. Deutscher Taschenbuch Verlag 1986.

Meeres. Seine Schönheit liegt in der vollkommenen Strom-
linienform seines Körpers, der an unentwegtes Schwimmen angepaßt ist. Hochseehaie müssen fortwährend schwimmen,
sonst würden die schweren Fische, die ja keine Schwimmblase
besitzen, zum Meeresboden absinken.

Mit jedem Hai schwamm ein kleiner Trupp der schwarz und
blaßgelb geringelten Lotsenfische, und an der Bauchseite des
großen Fisches hing überdies noch ein Schiffshalter. Lotsenfische sieht man regelmäßig als Begleiter von Haien und anderen großen Fischen. Die Seeleute behaupten, sie würden den
Hai zu seiner Beute führen, daher ihr Name. Aber das stimmt
nach unseren Beobachtungen nicht. Schließlich schwimmen
Lotsenfische auch mit den harmlosen Riesenrochen und Wal-
haien, die nur Kleinlebewesen filtern. Aber ich kann mir gut
vorstellen, wie es zu diesem Gerücht kam. Es passierte nämlich
des öfteren, daß Lotsenfische die vorbeischwimmenden Haie
verließen und zu uns schwammen. Sie umkreisten uns dann
neugierig und kehrten danach wieder zu ihrem Hai zurück.
Und dieses Verhalten hat man wohl als Zur-Beute-Führen gedeutet. Es ist jedoch Ausdruck eines ganz anderen Bestrebens.
Hat ein Hai mehrere Lotsenfische, dann bemühen sich einige
von ihnen, zu neuen, noch unbesetzten Großfischen abzuwan-
dern, so wie viele andere Tiere die Übervölkerung eines Reviers verhindern, indem sie abwandern. Die Lotsenfische sehen sich daher jedes vorbeischwimmende Objekt genauer auf
die Möglichkeit an, sich ihm anzuschließen.

Und weshalb schließen sich die Lotsenfische den Haien an?
Nun, zunächst wohl hauptsächlich, weil sie hier Deckung und
damit Schutz vor anderen Raubfischen finden. Sie ernähren
sich ferner von den Ausscheidungen ihrer Wirtsfische, die
selbst kaum einen Vorteil haben dürften. Vor dem Hai schützt
sie ihre Geschicklichkeit. Man sieht, wie sie dessen Maul meiden. Meist halten sie sich unter dem Bauch oder in der Nähe
der Rückenflossen auf. Jene Lotsenfische dagegen, die die
harmlosen Walhaie und Riesenrochen begleiten, schwimmen
auch vor dem Maul ihres Wirtes. Bei einem Walhai, den Hans
Hass und ich im freien Ozean südlich von Ceylon anschwam-
men, flüchteten die Lotsenfische vor uns sogar in das Maul des

173 Riffbarsch (*Microspathodon dorsalis*).

Riesen und in die großen Nasenlöcher, aus denen sie frech hervorschauten.

Aus dem gleichen Grund schließen sich auch die Schiffshalter großen Fischen an. Sie sind als Folgefische jedoch spezialisierter. Ihre Rückenflosse ist nämlich zu einem Haftorgan umgebildet, und mit seiner Hilfe saugen sich die Schiffshalter an den Fischen fest. So reisen sie bequem als Passagiere und spa-

174 Messerkiefer (*Oplegnathus insigne*).

ren ihre Energie. Die Verbindung ist aber keine feste. Wenn ein Beutetier vorbeischwimmt, läßt der Schiffshalter los und fängt sich den Bissen. Doch schwimmt er nicht gern, und wenn man seinen Hai mit der Angel fängt, dann heften sich die herrenlosen Fische einfach an das Schiff. Die Schiffshalter kamen auch hin und wieder zu uns. Ich werde nie vergessen, wie unser Ingenieur Hirschel bei den Malediven von einem geplagt wurde. Nicht nur, daß der Fisch sich mit großer Beharrlichkeit an ihm festsetzen wollte. Er versuchte auch noch, die Brustwarzen des armen Hirschel wegzuschnappen. Es war zu komisch, dem verzweifelten Kampf eines erwachsenen Mannes mit einem so kleinen Fisch zuzuschauen. Aber Hirschel versicherte uns nachher, daß der Schiffshalter ein Maul wie ein Reibeisen hätte, und sah auch wirklich ein wenig mitgenommen aus!

Wir fanden später heraus, daß Schiffshalter ihre Haie von Egeln befreien. Offenbar hatte der Schiffshalter Hirschels Brustwarzen für solche gehalten und seinen Putzerdienst angeboten. Man benützt das Bestreben der Schiffshalter, sich überall festzusaugen, bei Sansibar zum Schildkrötenfang. Die Fischer befestigen eine kleine Schlinge am Schwanz des Fisches und werfen dann den Fisch in der Nähe einer schlafenden Schildkröte über Bord. Der Schiffshalter saugt sich dann an der Schildkröte fest, und man kann sie heranziehen. Das habe ich nicht selbst gesehen, aber durchaus vertrauenswürdigen Werken entnommen.

Die meisten Korallenfische waren inzwischen aus ihren Schlupfwinkeln hervorgekommen. Die 2 bis 3 Meter vor der Felswand auf und ab schwimmenden Haie schienen sie nicht mehr zu beunruhigen. Nur ihr erstes Auftauchen hatte sie erschreckt. Jetzt, da sie die Haie sahen, konnten sie sich ja jederzeit wieder in ihr Versteck zurückziehen. Hungrige Haie, die einen riffbewohnenden Fisch erbeuten wollen, müssen diesen überraschen und dazu eine besondere Jagdmethode anwenden, die ich bei den Malediven beobachten konnte. Der Hai schwimmt dann, mit großer Geschwindigkeit aus der Tiefe kommend, knapp über den Riffhang hinauf. Er ist dabei so schnell, daß viele Riff-Fische nicht mehr rechtzeitig die schützenden Korallen erreichen, und jene, denen er den Fluchtweg abgeschnitten hat, fallen ihm zum Opfer.

175 Grauer Kaninchenfisch (*Girella fremenvillei*).

So, wie sie jetzt hier herumschwammen, waren sie den Riff-
Fischen offensichtlich ungefährlich. Am meisten überraschte
mich das Verhalten eines Schwarmes Regenbogenmakrelen.
Diese nicht ganz einen Meter langen Fische umkreisten die
Haie im Schwarm, als wollten sie Anschluß suchen. Dann auf
einmal, wie auf ein Kommando, stürzten sie sich von hinten auf
den größten der drei Haie. Mit schneller Wendung flitzten sie
einer nach dem anderen über ihn hinweg, wobei sie ihre Seite
kräftig am Rücken des Haies rieben. So streiften sie an der rauhen Haut der Haie ihre Parasiten ab. Den Haien war das ausgesprochen zuwider. Sie verschwanden in der Tiefe.

Das Bedürfnis, sich an Gegenständen zu kratzen, ist, wie jeder Aquarianer bestätigen wird, bei allen Fischen sehr groß.
Riffbewohner scheuern sich an Steinen und Korallen. Hoch-
seefische müssen sich anders helfen. Viele springen aus dem
Wasser und lassen sich dann hart auf die Wasseroberfläche auf-
prallen, oder sie kratzen sich an treibendem Gut, und wer geschickt genug ist, sich an Haien zu kratzen, für den ist das Problem in geradezu idealer Weise gelöst, denn etwas Besseres als
die rauhe Haihaut gibt es für diesen Zweck sicherlich nicht.

277

Ein zartes Zupfen an meinen Beinen lenkte meine Aufmerksamkeit wieder auf meine untere Umgebung. Ich schaute hinunter und sah, daß sich fünf etwa 7 Zentimeter lange Fischchen darum bemühten, etwas von meinen Beinen abzurupfen. Immer wieder schossen sie auf meine Beine los und bissen zu, allerdings spürte ich nicht viel und ließ sie daher gewähren. Bis schließlich einer eine Hautabschürfung entdeckte. Er stürzte sich darauf, biß zu, und ich verspürte einen stechenden Schmerz. Die kleine blutende Wunde lockte gleich auch die anderen herbei, und das war mir denn doch zuviel. Mit einiger Mühe verjagte ich die kleinen Räuber. Sie stellten sich über einen Felsblock in der Nachbarschaft und warteten. Durch langsame Schlängelbewegungen hielten sie sich gegen die leichte Strömung auf der Stelle. Kurz darauf kam einer jener gemütlichen Dickköpfe des Weges. Ahnungslos kam er in die Nähe der kleinen Fische, die darauf nur gewartet hatten. Der ganze Trupp stürzte sich auf den Dickkopf und schnappte nach dessen Flossen. Der Dickkopf erstarrte einen Augenblick, dann sauste er wie von allen Teufeln gehetzt davon. Die kleinen Fischchen bezogen wieder ihren Lauerposten.

Ich tauchte schnell hoch und holte mir aus dem Boot den vorsorglich geladenen Explosivstock, einen etwa 2,5 Meter langen Holzstock, an dessen Ende eine kleine Sprengkapsel befestigt war, die ich mit einer kleinen Handbatterie zur Explosion bringen konnte. Die entstehende Druckwelle war stark genug, einen Fisch zu betäuben, allerdings nur, wenn die Kapsel in dessen unmittelbarer Nähe explodierte. Dem Taucher konnte sie nichts anhaben. Mit diesem Instrument habe ich manchen seltenen Fisch gejagt, der zu klein war, um mit der Angel gefangen zu werden, und den ich auch mit dem Netz nicht bekommen konnte. Es gelang mir, zwei dieser kleinen Fische, die den Dickkopf gehetzt hatten, zu erbeuten. Als ich sie in der Hand hatte, sah ich erst, wie schön sie waren. Die hellblau gesäumte Rückenflosse war orangerot und violett, Afterflosse und Schwanzflosse waren orangerot, und jeder Strahl der Afterflosse trug an seinem Ende eine hellblaue Verdickung. Der Rücken war olivgrün, und die Seiten zierten ein hellgelber und ein dunkelbrauner Längsstreif. Sehr auffällig war das unterständige, vorgewölbte Maul. Ich sah es mir im Boot mit der Lupe näher an und verstand auf einmal die eilige Flucht des Dickkopfes. Im Ober- wie im Unterkiefer bildet je eine Zahnreihe eine scharfe Schneide. Mit diesem Räubergebiß, das sich ohne weiteres mit dem eines Haies vergleichen läßt, kann der Fisch mühelos Stücke aus Leib und Flossen seiner Opfer beißen. Ich beobachtete später noch andere nahe Verwandte dieser *Runula*-Fische, die ebenfalls andere Fische überfielen, wobei sie es besonders auf frische oder frischverheilte Wunden absahen.

Ich steckte die erbeuteten Exemplare schnell in Formol und machte mir zum Abstieg ein neues Tauchgerät bereit. Diesmal tauchte ich tiefer. In 18 Meter Tiefe fand ich eine mannshohe, vielleicht 3 Meter tiefe Höhle. Als sich meine Augen an die Dunkelheit gewöhnt hatten, sah ich, daß die ganze Höhlenwand mit Schwämmen und Muscheln bewachsen war. Am

176 Säbelzahnschleimfisch (*Runula albolinea*) beim Angriff auf einen Dickkopf. Kopf mit Stanzgebiß des Säbelzahnschleimfisches oben links herausgezeichnet.

Höhlendach, nahe beim Eingang, saßen drei dunkle und ein zitronengelber Haarstern, deren zartgliedrige Arme in der Strömung spielten. Der gelbe Haarstern fiel besonders auf, da alles andere grau, schwarz oder grünlich-blau erschien. Erst als ich meine Unterwasser-Taschenlampe einschaltete, bemerkte ich, daß die roten Farbtöne in Wirklichkeit vorherrschten, aber das Wasser absorbierte die Rotanteile des Tageslichts, so daß von der prächtigen Farbe normalerweise nichts zu sehen war. Knapp unter dem Höhlendach drängte sich ein Schwarm großäugiger roter Husarenfische. So prächtig sie im Lampenlicht erstrahlten, so unscheinbar dunkelgrau waren sie, als ich das Licht wieder ausschaltete. Rot war in diesen Tiefen eine ausgezeichnete Schutzfarbe. Auffällig war, daß die meisten Fische dem Höhlendach ihren Bauch zukehrten, also rückenabwärts schwammen. Erst als ich sie zum Höhleneingang scheuchte, drehten sie sich um. Offenbar kehrten sie immer dem Licht den Rücken zu, im Inneren der Höhle also dem hellen Sandboden. E. v. Holst hat diesen Licht-Rückenreflex bei Fischen untersucht. Er konnte Fische im Aquarium dazu bringen, einer seitlich herabgeführten Lichtquelle mit dem Rücken zu folgen, allerdings nur bis zu einer bestimmten Schräglage. Nahm man ihnen jedoch die Gleichgewichtsorgane, dann folgten sie der Lichtquelle in jeder Lage. Beleuchtete man sie von unten, dann drehten sie sich einfach um.

Nachdem ich mich in der Höhle umgesehen hatte, setzte ich mich zum Höhleneingang. Die Felswand endete hier, und es folgte eine steil abfallende Schutthalde aus Korallentrümmern, Felsbrocken und Sand, die sich in dunkler Tiefe verlor. Ich konnte jetzt nicht mehr weiter als 10 Meter sehen, da eine aufkommende Strömung das Wasser getrübt hatte. Das, was ich jedoch in meiner nächsten Umgebung sah, war spannend genug, mich am Ort zu halten. Da kam gerade ein großer Zackenbarsch der Gattung *Evoplites*. Finster blickend, schlich er mit seinen lappigen Flossen rudernd über den Grund, bis knapp vor meine Füße. Dort, über einem Felsblock, blieb er stehen und sperrte das Maul weit auf, als müßte er gähnen. Gleichzeitig spreizte er die Kiemendeckel ab und wartete so regungslos. Gleich kamen zwei schlanke Lippfische herbei, deren Seiten ein breites schwarzes Längsband schmückte. Mit auffällig tänzerischen Bewegungen steuerten sie direkt auf das Maul des Raubfisches zu und verschwanden – ich traute meinen Augen kaum –, ohne zu zögern, in dessen Mundhöhle. Da ich direkt in das Maul des Barsches sehen konnte, sah ich, wie die Fische am Mundhöhlendach des Großen herumknabberten und putzten. Ein dritter kam, schlüpfte unter den abgehobenen Kiemendeckel, und als er sich schließlich an der Körperoberfläche des Barsches zu schaffen machte, da sah ich ganz deutlich, wie winzige parasitische Krebse vor dem kleinen Fisch flüchteten. Nun verstand ich auch, weshalb der Barsch die Kleinen duldete. Sie säuberten ihn ja und befreiten ihn von den lästigen Parasiten. Nach einer Weile bekam der Barsch Atemnot. Jetzt schloß er mit einem Ruck das Maul, und ich fürchtete schon, er würde seine kleinen Helfer schlucken, aber er tat nichts dergleichen. Noch bevor er das Maul ganz geschlossen hatte, öffnete er es wieder weit, und auf dieses Signal hin verließ das Reinigungskommando sein Maul. Der Barsch atmete einige Male kräftig durch, dann sperrte er seinen Mund wieder auf und ließ sich weiterputzen. Schließlich hatte der Barsch genug. Er teilte seinen Putzern wiederum durch angedeutetes Maulschließen mit, daß sie aufhören sollten. Dann schüttelte er sich kurz und schwamm davon. Die Lippfische, die diese Signalbewegungen deutlich verstanden hatten, waren zu ihrer Wohnkoralle zurückgekehrt. Dort tanzten sie, mit dem Hinterkörper auf und ab wippend, so als wollten sie die Aufmerksamkeit auf sich ziehen, und sie mußten gar nicht lange warten. Ein zweiter

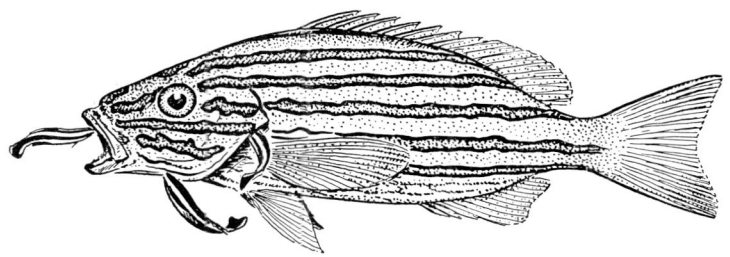

177 Ein Zackenbarsch (*Evoplites*) wird von Lippfischen geputzt.

Zackenbarsch hatte in der Nähe nur darauf gewartet, daß der Barbierladen frei wurde. Auch er lud durch Maulaufreißen und Kiemendeckelspreizen zum Putzen ein und gab Vorwarnung, als er weiterwollte. Zwischen diesen beiden Fischarten hatte sich offenbar eine echte Symbiose entwickelt, die durch bestimmte Signalbewegungen geregelt wurde. Ich konnte die Putzerfische damals nicht sammeln und habe sie daher erst auf späteren Besuchen bestimmen können. Außer *Thalassoma lucasanum* betätigen sich bei Galápagos auch noch Jungfische von *Bodianus diplotaenia* als Putzer.

Bis in die Einzelheiten gleiche Symbiosen hatte ich zuvor in der Karibischen See beobachtet und sah sie später im Mittelmeer, bei den Malediven und bei den Nikobaren wieder. Es handelt sich also offenbar um ein weitverbreitetes Phänomen. Ich stellte fest, daß sich fast jeder Riff-Fisch, vom Hai bis zu den kleinen Schmetterlingsfischen, von Putzern säubern läßt. Raub- und Friedfische suchten dazu in gleicher Weise auffällige Korallenstöcke oder Felsblöcke auf, die das Wohngebiet der Putzer kennzeichneten. Dort nahmen die Wirte oft auffällige Putzaufforderungs-Stellungen ein. Viele Lippfische stellten sich zum Beispiel auf den Kopf. Manche Arten verfärbten sich dabei, so die dunkelblauen Nasenfische, die plötzlich hellblau wurden. Wahrscheinlich taten sie dies, damit sich die Parasiten besser abhoben. Die Putzer wurden von den anderen Fischen stets als solche erkannt und nie gefressen. Beim Vergleich karibischer und indopazifischer Putzer, die verschiedenen Fischfamilien angehörten, fiel mir die verblüffende Ähnlichkeit der Tracht auf, so daß mir der Gedanke kam, es könnte sich um eine Uniform handeln, durch die sich die Putzer zu erkennen geben. Diese Vermutung wurde später durch die Entdeckung eines Nachahmers bestätigt. Bei den Malediven beobachtete ich nämlich einen Fisch, der den dortigen Putzer, einen Lippfisch der Gattung *Labroides*, bis in Einzelheiten seiner Tracht und seines Verhaltens nachahmte. Er war jedoch kein Putzer, sondern täuschte dies nur vor, um nahe an andere Fische heranzukommen. War ihm das geglückt, dann überfiel er sie und biß ihnen Stücke aus den Flossen, genau wie der schon erwähnte *Runula*. Er gehörte zur Art *Aspidontus taeniatus*.

Allmählich nahm die Strömung zu, und das störte sichtlich den munteren Barbierbetrieb. Ich wartete noch ein Viertelstündchen, aber es wurde immer schlechter. Auch kroch die Kälte langsam an meinem Körper hoch. Darum paddelte ich eilig nach oben, dem Lichte zu. Mit steifen Beinen kletterte ich über den Bootsrand, schnallte mein Gerät ab und streckte mich in der Sonne aus. Wohlig durchströmte die Wärme meine Glieder, und halb im Traum blinzelte ich hinauf in den blauen Himmel, wo Fregattvögel und Tölpel ihre Kreise zogen.

Seit diesem ersten Tauchabstieg bei den Guy-Fawkes-Inseln sind viele Jahre vergangen. Ich habe in vielen anderen Riffen getaucht, sowohl bei den Galápagos-Inseln als auch in anderen Meeresgebieten, und kann daher vergleichen. Die Riffe um Galápagos sind sicherlich nicht so reich an Fischarten wie etwa indopazifische Korallenriffe, in denen es von bunten Riffbarschen, Lippfischen, Schmetterlingsfischen und Engelfischen wimmelt. Auch Korallen sind nur durch eine beschränkte Anzahl von Arten vertreten, die selten Riffe bilden. Bis 1983 kannte man von den Küsten der Galápagos-Inseln 307 Arten von Fischen. Von diesen waren 52 für die Inselgruppe typisch (= 16 %; J. E. McCosker und R. H. Rosenblatt 1984). Selbst die Fische spiegeln demnach die lange Isolation der Inselgruppe wider. Es gibt sogar einige inseltypische Arten (2 Prozent). Dazu gehört der schon erwähnte blinde Höhlenfisch (*Coecogilbia galapagosensis*), der in den brackigen bis ausgesüßten Spaltengewässern von Santa Cruz gefunden wurde. Er steht *C. deroyi* nahe, der im Meer und Brackwasser lebt. Die meisten übrigen Fischarten sind ostpazifisch (54 Prozent) im engeren Sinne, das heißt, sie kommen nur dort und bei Galápagos vor. Jene, die auch an der Festlandküste vorkommen, sind dabei nicht mitgezählt. Peruanisch-chilenischer Abstammung sind 7 Prozent, westpazifischer Herkunft 12 Prozent und atlantischer Herkunft 2 Prozent der Galápagos-Fische. Aus den Riffen kennt man 40 Korallenarten, von denen 13 riffbildend auftreten (G. M. Wellington 1975; P. W. Glynn und G. M. Wellington 1983).

Die Fische der verschiedenen Herkunft sind keineswegs gleich häufig im gesamten Inselgebiet anzutreffen. Wellington hat festgestellt, daß man das Meer um die Galápagos-Inseln in vier Zonen einteilen kann, die sich durch unterschiedliche Temperaturen auszeichnen. Tower (Genovesa), Wenman (Wolf) und Culpepper (Darwin – alle drei in Abb. 178 die Zone B bildend) werden von Gewässern umspült, die je nach Jahreszeit Temperaturen von 22 bis 28 Grad aufweisen. Diese nördliche Warmwasserprovinz ist durch das Dominieren tropischer Wirbelloser und Riff-Fische ausgezeichnet. Die westliche Provinz, die Fernandina und die Westküste von Isabela umfaßt, ist dagegen kalt. Die Temperaturen schwanken zwischen 18 und 24 Grad. Hier dominieren Fische, die auch an der peruanisch-chilenischen Küste häufig sind, und hier brüten auch die Pinguine und flugunfähigen Kormorane.

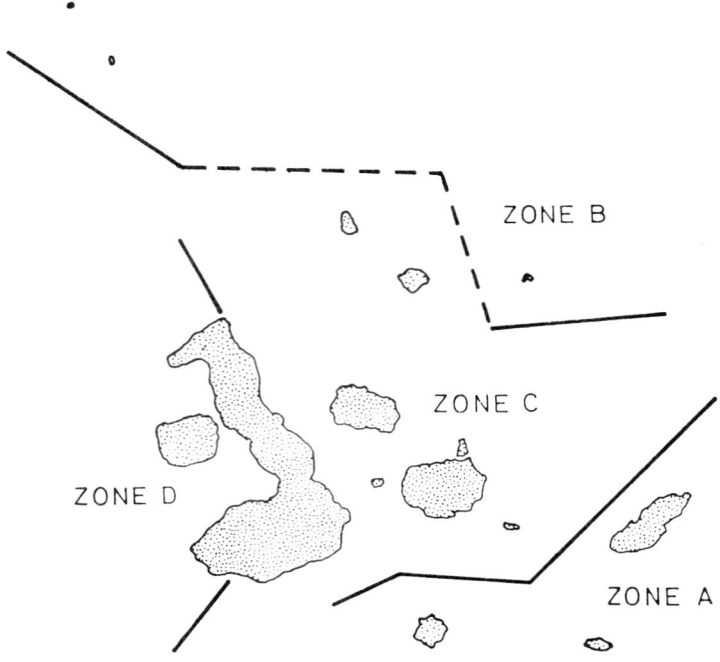

178 Zonierung des Meeres um die Galápagos-Inseln nach der Temperatur (aus: G. M. Wellington, 1975).

Die weniger üppige Artenentfaltung der Fische kommt einem jedoch keineswegs zum Bewußtsein, wenn man bei den Galápagos-Inseln taucht, denn einige Arten treten in großer Zahl auf, und dieser Reichtum beeindruckt. Was jeweils dominiert, das wechselt. Als ich in der Tagus-Bucht von Isabela tauchte, umkreisten mich in dem trübgrünen düsteren Wasser Dutzende der karpfengroßen Dickköpfe (*Bodianus eclancheri*) in den verschiedensten Farbvarianten.

Einzelne waren einfarbig goldorange wie Goldfische, andere orangerot und weiß gescheckt, manche auch mit schwarzen unregelmäßigen Flecken. Im kristallklaren Wasser nahe der Westspitze von Hood (Española) waren es große Schwärme der gelbschwänzigen Seebader *(Prionurus laticlavius)*, gemischt mit Engelfischen *(Holocanthus passer)*, die das Bild beherrschten. Bei Fernandina mischten sich in diese Schwärme noch die grauen Kaninchenfische *(Girella fremenvillei)*. An den beiden zuletzt genannten Orten war auch eine weitere Art großer Lippfische *(Semicossyphus darwini)* zu sehen. Sie hatten ähnlich den Dickköpfen eine Stirnbeule, darunter eine vorspringende Schnauze mit leicht vorstehenden Zähnen. Sie waren größer als die Beulenlippfische und durch eine große gelbe Binde um die Körpermitte charakterisiert. Diese Art war recht dreist, und man konnte sie aus der Hand mit Seeigeln füttern. Zackenbarsche waren überall häufig, und zwar in stattlichen Exemplaren.

Die Grundstimmung unter Wasser ist eher düster. Das bewirkt unter anderem das dunkle Felsgeröll, das an den meisten Stellen überwiegt. Da die Klippen ferner oft steil ins Tiefe abfallen, bekommt man auch immer wieder Besucher aus hoher See. Haie zum Beispiel. Bei Fernandina bin ich einmal sogar einem Mordwal begegnet. Ich war allerdings nahe bei meinem Boot, und die Rekordzeit, mit der ich damals ins Boot kletterte, habe ich wohl nie wieder erreicht. Und immer von neuem erfreuten mich die Meerechsen, die am Meeresgrund weidend umherspazierten, und die neugierigen Seelöwen, die mich gelegentlich wohl auch erschreckten, die aber im allgemeinen recht harmlos waren. Den Ausnahmen darf man halt nicht begegnen. Vor den großen Bullen habe ich auch heute noch Respekt – da sitzt mir wohl der Schreck der Erstbegegnung auf der kleinen Insel Osborn noch immer in den Knochen –, aber im allgemeinen erwiesen sie sich unter Wasser als eher neugierig denn aggressiv. Das erfuhr ich recht eindrucksvoll, als ich am Abend des 30. 3. 1974 die Klippen der Buccaneer-Bucht von James (Santiago) entlangfuhr. Wir waren vielleicht 5 Meter von einer Klippe entfernt, und ich schaute vom Boot aus durch meine Taucherbrille in das dunkle und grundlose Wasser unter mir. Ein Gebrodel neugieriger Seelöwen umgab uns. »Zum Tauchen ist es jetzt zu spät«, sagte ich zu meinem Freund Falko Krankenhagen, während ich mit dem Oberkörper noch über dem Bootsrand hing. Dabei verlor ich das Gleichgewicht und fand mich wider Willen inmitten des Getümmels. Ich hatte keinen Stock bei mir, und die Seelöwen – auch ein ausgewachsener Bulle war darunter – kamen von allen Seiten hautnah heran. Getan hat mir keiner etwas. Ich empfehle dennoch weiterhin, mit einem Stock zu tauchen, denn gelegentlich trifft man aggressive Bullen.

Es gibt Tauchgewässer um Galápagos, die auch für den Schnorchler geeignet sind. Die Teufelskrone – ein ertrunkener Krater im Norden von Floreana – ist so ein Ort. Die Reste des Kraterrandes umrahmen als malerische kakteenbestandene Klippen eine nur wenige Meter tiefe Lagune, den ehemaligen Krater. Er ist ein großes Aquarium, frisches Wasser durchströmt ihn, und eine Vielfalt von Fischen bevölkert ihn. Man kann hier ungefährdet beobachten, nur muß man auf die Strömungen achten, die bisweilen recht stark sind. Andere Tauchgewässer sind weniger heimelig.

Auf etwa dem halben Weg zwischen Santa Cruz und Hood (Española) ragt eine nadelförmige Felsklippe bis knapp unter die Meeresoberfläche. Sie ist unter dem Namen MacGowen in die Schiffskarten eingezeichnet, und man kann sie sehen, da sich die Wellen an ihr brechen. Ich habe diese Klippe schnorchelnd umschwommen. Sie schien aus dem Nichts aufzutauchen. Als ich heranschwamm, sah ich nirgendwo Grund. In der Nähe der Klippe herrschte ein starker Sog, und das wild aufgewirbelte Wasser war von Luftbläschen getrübt. Aber in den kurzen Augenblicken, in denen sich der Gischtschleier hob, konnte ich die Klippe entlang ins Tiefe sehen. Sie war mit faustgroßen Seepocken bewachsen, und einige Riff-Fische drückten sich scheu an die Felswand, die senkrecht in die Tiefe abfiel. Und dann, als sich der Gischtvorhang zum dritten Mal hob, sah ich vier große Hammerhaie – jeder sicher 3 bis 4 Meter lang. Sie hatten mich wohl ebenfalls bemerkt, denn sie schwenkten auf mich ein und schwammen unter mir einen Bogen, dann waren sie wieder durch einen neuen Gischtschleier meinen Blicken entzogen. Meine Neugier war fürs erste befriedigt. Aber einmal möchte ich mit guter Ausrüstung und einem Tauchgefährten die Klippe MacGowen wieder besuchen.

Unter Wasser bot sich mir bei Wenman (Wolf) eine steil abfallende Blockgeröllhalde, über die Schwärme gelbgeschwänzter Seebader, ferner Brassen, große Zackenbarsche, ein Tabakpfeifenfisch, buntgefärbte Seebader, zwei Arten von Papageifischen, Füsiliere, Stachelmakrelen und Engelfische hinwegschwammen. Auch Schmetterlingsfische, einen gelben Kugelfisch *(Arothron)*, einen gelben Zackenbarsch und ein Halfterfischpärchen sah ich. Pelzrobben, Seelöwen und ein Hai kamen ins Bild. So schwamm ich über diesem klaren unberührten Riff und vergaß vor lauter Schauen die Küste im Auge zu behalten. Ehe ich mich versah, hatte mich die Strömung hinausgetragen, und ich fand mich in einem Schwarm vergnügt neugieriger Tümmler wieder. Sie umspielten mich neugierig, aber mir war weniger wohl dabei, weil ich nicht wußte, was sie vorhatten. Als Spielgefährten waren sie einfach zu groß.

Einmal zog ein hochrückiger, wohl 1,5 Meter langer Lippfisch (wohl *Cheilinus*) an mir vorbei. Ein kleiner hochrückiger Barsch begleitete ihn, eng an seine Seite geschmiegt. Das habe ich auch in anderen Meeresgebieten gesehen. Diese Fische folgen den großen, weil sie von deren Nahrung profitieren. Mit ihrem kräftigen Gebiß knacken die Lippfische Muscheln und Schnecken, und dabei fällt für die Begleiter auch etwas ab. Sie genießen ferner guten Sichtschutz durch die Deckung, die der große Fisch bietet.

1982 führte ich meine Tochter Roswitha unter Wasser. Wir tauchten zuerst bei der Insel Gardner, genau gegenüber dem Sandstrand von Hood (Española), wo ich ihr 1957 die Muscheln für eine Kette gesammelt hatte. Schon dieser erste Ab-

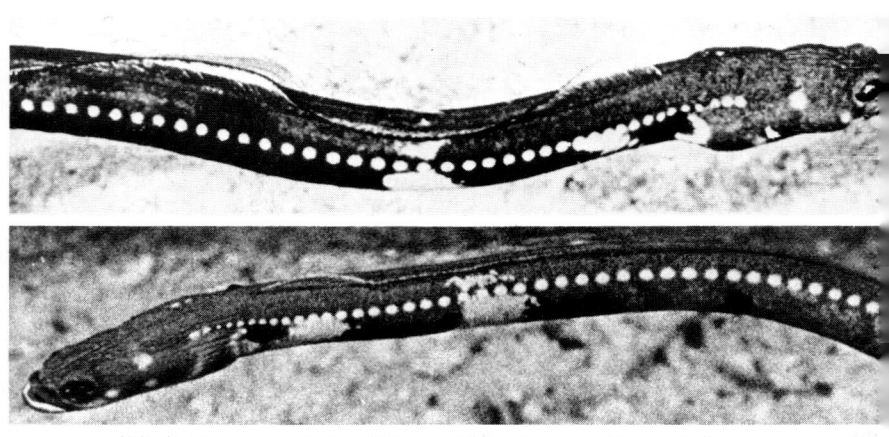

179a/b Der neuentdeckte Röhrenaal (*Taenioconger klausewitzi*).

stieg bescherte uns eine freudige Überraschung. Wir fanden ein Feld mit Röhrenaalen, und es gelang mir, einige Exemplare zu fangen. Bei den Malediven und den Nikobaren hatte ich als Teilnehmer der zweiten »Xarifa«-Expedition meine ersten Röhrenaale entdeckt, beobachtet und zusammen mit Wolfgang Klausewitz als neue Arten beschrieben. Auch die Galápagos-Röhrenaale erwiesen sich als bis dahin nicht beschriebene Art. Zusammen mit Friedemann Köster dokumentierten wir sie und nannten sie zu Ehren meines langjährigen Freundes *Taenioconger klausewitzi*. Röhrenaale siedeln in Kolonien. Jeder einzelne steckt mit der Schwanzspitze im Sand. Sind die Aale ungestört und wach, dann ragt ihr Körper weit ins freie Wasser. Die Aale fischen Kleinlebewesen, die vorbeitreiben. Eine solche »Wiese« von Röhrenaalen ist fürwahr ein seltsamer Anblick. Bei Gefahr ziehen sich die Fische völlig in den Sand zurück.

Wir tauchten in den folgenden Wochen an vielen exponierten Stellen: Die Steilabfälle von Gardner bei Floreana, Roca Redonda, Cousins Rock, Klein-Daphne und den Gordon Rocks sind mir dabei als besonders eindrucksvolle Tauchgründe in lebhafter Erinnerung. Das Wasser war dort überall klar, und die Felsen waren überaus reichlich mit Schwämmen, Tubastrea-Korallen und Weichkorallen bewachsen. Wir beobachteten dort ein reiches Fischleben. Nur an der Nordseite der östlichen Gordon-Klippe war die Strömung sogar den Fischen zu stark. Wir mußten uns stellenweise die senkrechte Felswand entlanghangeln. Eines schafften wir nicht: den Abstieg am MacGowen-Riff. Dort war selbst uns die Strömung zu stark. So bleibt uns das Abenteuer fürs nächstemal.

Darwins Finken

»Auf den Inseln leben nicht sehr viele verschiedene Landvögel, und jene, die ich sah, waren weder besonders neuartig noch schön.« So schrieb Kapitän Colnett 1793 über den Galápagos-Finken. Er fügt noch hinzu, daß er dem Reisfinken Javas an Größe und Form ähnlich sei, jedoch ein schwarzes Gefieder trage.

Jene unscheinbare kleine Vogelgruppe sollte ein halbes Jahrhundert danach zu einer zoologischen Sensation werden. Nachdem Darwin an den Verschiedenheiten der Schildkröten verschiedener Inseln die Existenz von Inselrassen erkannt hatte und damit auf die Tatsache der Veränderlichkeit der Arten aufmerksam geworden war, begann er sich auch eingehender mit den Finken zu befassen. Ihre Bedeutung erkannte er allerdings erst später in England, denn in der ersten Auflage seiner »Reise um die Welt« erwähnt er die Finken nur kurz ohne Kommentar. Als er jedoch nach der Heimkehr seine Beobachtungen auswertete, fiel ihm zunächst die verblüffende Ähnlichkeit auf, die alle gesammelten Finkenarten miteinander verband. Nur im Schnabelbau waren sie auffällig verschieden.

Manche hatten papageienartig gekrümmte Schnäbel. Daneben gab es aber welche mit derben Kernbeißerschnäbeln oder kurzen Finkenschnäbeln, und andere wiederum erinnerten in ihrem Schnabelbau an Fliegenschnäpper oder Stare. Im Federkleid und Körperbau ähnelten die Finken jedoch einander so weitgehend, daß Darwin darin keinen Zufall sehen konnte.

---

180 Spechtfink, im Begriff, einen Kaktusstachel in ein Insektenbohrloch einzuführen.

Ihm wurde klar, daß es sich hier, wie bei den Schildkröten, um Abkömmlinge einer gemeinsamen Ahnenform handeln müsse. Die Ähnlichkeit war nur als Ausdruck einer natürlichen Verwandtschaft zu deuten. Offenbar hatte einst eine Finkenart die Inseln erreicht. Sie vermehrte sich, bis das Nahrungsangebot auf den Inseln einer weiteren Verbreitung Einhalt gebot und ein Gleichgewichtszustand zwischen Vogelzahl und Nahrungsmenge erreicht war. Dabei wurde der Archipel allmählich bevölkert. Da die Vögel nicht frei von Insel zu Insel fliegen – das kann man heute noch beobachten –, kam es zu isolierter Weiterentwicklung auf den verschiedenen Inseln.

Robert Bowman erwähnt, daß die Darwin-Finken einer Art auf den verschiedenen Inseln Dialekte ausbilden, die offenbar über Lernprozesse tradiert werden. Das könnte bereits verhindern, daß Angehörige der gleichen Art, aber verschiedener Inselpopulation sich verstehen, und so Verpaarungen erschweren. Es können also schon über verschiedene Traditionen Rassen- und Artbildung eingeleitet werden. Dazu kommt noch, daß Individuen einer Art einander genetisch nie völlig gleichen, und so leitet häufig bereits der von der Norm abweichende Erstbesiedler einer anderen Insel dort eine neue Entwicklung ein. Es bilden sich Unterarten, selbst wenn der neu besiedelte Raum die gleichen Lebensbedingungen bietet wie jener, von dem der Kolonisator stammt. Bei den Galápagos-Inseln kommt überdies dazu, daß auf den Inseln unterschiedliche Lebensbedingungen herrschen, so daß auch die Selektionsbedingungen unterschiedlich waren, was die Rassenbildung sicher beschleunigte.

181 Darwin-Finken nach ihrer Ähnlichkeit geordnet: 1. Großer Grundfink; 2. Mittlerer Grundfink; 3. Kleiner Grundfink; 4. Spitzschnäbeliger Grundfink; 5. Kaktusfink; 6. Großer Kaktusfink; 7. Vegetarischer Baumfink; 8. Großer insektenfressender Baumfink; 9. Mittlerer insektenfressender Baumfink; 10. Kleiner insektenfressender Baumfink (»Meisenfink«); 11. Spechtfink; 12. Mangrovenfink; 13. Laubsängerfink; 14. Kokosfink. (Lateinische Bezeichnungen siehe Abb. 184 und Liste der Tiernamen, S. 492.)

182a–d Grundfinken der Galápagos-Inseln. (a) Mittlerer Grundfink (*Geospiza fortis*) der Insel Santa Cruz, einen Samen knackend.

Auf diese Weise pflegen sich bei geographischer Isolation[1] Arten meist schnell auseinander zu entwickeln; sie können dabei grundsätzlich eine ähnliche Lebensweise weiterführen. Zuletzt unterscheiden sich die Populationen verschiedener Inseln so voneinander, daß sie sich bei einem späteren Zusammentreffen nicht mehr leicht kreuzen. Führen die Tiere die gleiche Lebensweise, dann werden sie konkurrieren, und eine Population

---

1 Daneben ist es aber durchaus möglich, daß sich Artentrennung auch auf ein und derselben Insel vollzieht. Man braucht ja nur anzunehmen, daß eine Mutante besondere Neigungen entwickelt, zu einer von der Stammform abweichenden Zeit oder in einem abweichenden Biotop zu brüten. Auch das führt zu einer Trennung der Populationen und im weiteren Verlauf unter Umständen zur Bildung neuer Rassen und Arten, wenn die neue Mutante zugleich auch eine neue ökologische Nische besetzen kann, in der sie der Stammrasse überlegen ist. Daß prägungsartige Fixierungen – also Lernprozesse – die Artentwicklung einleiten können, zeigten neuere ethologische Untersuchungen an Singvögeln.

wird die andere verdrängen. Die Auslese kann aber an eventuell vorhandenen geringfügigen Unterschieden züchterisch ansetzen und diese Unterschiede, etwa in der Fähigkeit, verschiedene Nahrung zu erschließen, vertiefen. Arten können so in verschiedene ökologische Nischen eingepaßt werden. Eine Insel kann ja von einem Nahrungsspezialisten, zum Beispiel einem körnerfressenden Finkenvogel, nur eine bestimmte Anzahl ernähren.

Es bleibt aber noch viel Raum für Vögel, die sich zum Bei-

(b) Kleiner Grundfink (*Geospiza fuliginosa*) der Insel Santa Cruz. Man beachte den im Vergleich zum Mittleren Grundfinken (Abb. 182 c) zierlichen Schnabel.

spiel auf Insektenfang spezialisieren, oder für solche, die es verstehen, hartschalige Nüsse zu knacken oder Insekten aus Baumstämmen herauszuholen, die anderen Insektenfressern unzugänglich sind. So erzwang die natürliche Auslese die Ausbildung von Spezialisten, die alle für einen Singvogel verfügbaren »Planstellen« – man spricht auch von »ökologischen Nischen« – füllten, und so konnten letztlich auf den Galápagos-Inseln doch mehr Finken Platz finden.

Im ganzen gibt es nach David Lack auf den Galápagos-Inseln dreizehn Finkenarten, die sich auf drei Gattungen verteilen. Die einzelnen Arten bilden auf den verschiedenen Inseln oft noch Unterarten. Swarth, der sie alle zusammenstellte, unterschied siebenunddreißig verschiedene Formen. Es handelt sich

182 (c) Mittlerer Grundfink (*Geospiza fortis*) der Insel Santa Cruz.

(d) Großer Grundfink (*Geospiza magnirostris*) der Insel Tower. Sein Schnabel erinnert an den unseres Kernbeißers.

in allen Fällen um kleine, kurzschwänzige Finken, die entweder in beiden Geschlechtern graubraun oder im männlichen Geschlecht ganz oder teilweise schwarz gefärbt sind. Am meisten weicht der Laubsängerfink vom Grundtypus ab. Zu den vielen verbindenden Gemeinsamkeiten gehört schließlich unter anderem, daß alle überdachte Nester bauen, weiße, rosa getüpfelte Eier legen und paarweise leben. Alle grenzen ferner Reviere ab und werben, indem sie Nestmaterial darbieten und das Weibchen füttern.

Die verschiedenen Finkenarten verkörpern verschiedenste Anpassungstypen, deren Lebensweise sich vor allem in der Schnabelform ausdrückt, was die Abbildung auf S. 301 zeigen mag. In der dritten Reihe (7, 8, 9) sind drei fast ausschließlich von Insekten lebende Finken dargestellt. Der Laubsängerfink *Certhidea olivacea* lebt wie ein Laubsänger. Wie diese sucht er Zweige, Blätter und Bodenvegetation nach allerlei kleinen Insekten ab und fängt mit seinem zarten, spitzen Schnabel auch solche aus der Luft. Der zweite insektenfressende Fink *Cactospiza pallida* vertritt in seiner Lebensweise den auf Galápagos fehlenden Specht. Er klettert die Stämme auf und ab und erweitert mit seinem kräftigen geraden Schnabel Spalten und Risse. Wenn nun ein Specht einen Stamm ausgehöhlt hat, dann holt er die Insektenlarven bekanntlich mit Hilfe seiner langen beweglichen Zunge heraus, an der die Beutetiere wie an einer Leimrute klebenbleiben oder bei einigen Arten auch wie mit

183 Kaktusfink (*Geospiza scandens*) der Insel Santa Cruz. Mit dem spitzen kräftigen Schnabel kann der Vogel stochern und beißen.

einer Harpune aufgespießt werden. Dem Spechtfink fehlt nun diese lange Zunge. Er hilft sich auf eine wirklich einzig dastehende Weise: Hat der Fink in einer von ihm erweiterten Holzspalte oder unter einer Rinde ein Insekt entdeckt und kommt er mit seinem Schnabel allein nicht zum Ziel, dann nimmt er einen Kaktusstachel der Länge nach in den Schnabel und stochert so lange in der Spalte herum, bis das Insekt herauskommt. Er legt dann den Stachel beiseite und fängt seine Beute. Ein höchst bemerkenswerter Fall von Werkzeuggebrauch bei einem Vogel! Manche dieser Finken legen sich vor der Jagd sogar kleine Stachelvorräte an, um alles griffbereit zu haben.

Wir werden auf das Verhalten des Spechtfinken noch genauer eingehen, zunächst wollen wir jedoch einen Überblick über die verschiedenen Anpassungstypen der Darwin-Finken erarbeiten.

Einen sehr ähnlichen Schnabel wie der Spechtfink hat der Mangrovenfink *Cactospiza heliobates*, der ebenfalls von Insekten lebt. Er ist zweifellos ganz nahe mit dem Spechtfinken verwandt und benützt wie dieser Stöckchen zum Herausstochern von Insekten. Der Vogel lebt ausschließlich in den Mangrovenwäldern der Küste.

Der Große Baumfink *Camarhynchus psittacula*, der Mittlere Baumfink *Camarhynchus pauper* und der Kleine Baumfink *Camarhynchus parvulus* bevorzugen Insekten, nehmen aber auch Nahrung wie Beeren und Blätter. *Camarhynchus psittacula* und *C. pauper* ähneln einander so sehr, daß man sie als Unterarten einer Art ansprechen würde, träfe man sie auf verschiedenen Inseln. Da sie aber auf Floreana nebeneinander existieren, ohne sich zu vermischen, handelt es sich um zwei Arten, die von zwei Einwanderungswellen einer Stammart herrühren dürften. Es ist zu erwarten, daß sie sich nunmehr in zwischenartlicher Konkurrenz weiter auseinanderentwickeln werden. Der Artenwandel unter natürlichen Bedingungen ließe sich hier direkt verfolgen.

Schließlich gibt es noch den Vegetarischen Baumfinken *Platyspiza crassirostris*.

Von großem Interesse sind die Bodenfinken der Gattung *Geospiza*. Ihre Schnäbel sind vor allem darauf spezialisiert, Samen zu knacken. Der Spitzschnäbelige Grundfink *(G. diffici-lis)* führt auf verschiedenen Inseln eine verschiedene Lebensweise. Auf James (Santiago), Santa Cruz und Pinta lebt er in feuchten Wäldern, ähnlich wie unsere Amsel[1]. Er scharrt am Boden im Laub und sucht Insekten und Würmer, nimmt aber auch Beeren. Auf Culpepper (Darwin), Wenman (Wolf) und Tower (Genovesa) lebt er im trockenen Niederland. Er frißt Sämereien, auf Culpepper (Darwin) außerdem Kakteen. Auf Wenman (Wolf) beobachtete R. Bowman, daß die Spitzschnäbeligen Grundfinken *(G. difficilis)* Tölpeln das Blut abzapften. Sie bissen dazu die Haut an der Basis der Federkiele auf und saugten den austretenden Blutstropfen auf. Die Tölpel scheinen den Zubiß nicht sonderlich zu spüren. Nur gelegentlich verscheucht einer durch eine schnelle Bewegung mit dem Schnabel den Finken. Da die Finken aber auch die lästigen Lausfliegen absuchen, werden sie von den Tölpeln gerne geduldet, ja sie stellen sogar die Federn auf, damit die Finken die Haut absuchen können. Diese Putzsymbiose war wahrscheinlich die Ausgangsbasis, auf der sich das Blutsaugeverhalten entwickelte. Es handelt sich dabei wahrscheinlich um eine lokale Tradition, denn von Finken anderer Inseln hat man Entsprechendes noch nicht gesehen.

Auf Fernandina beobachtete ich Spitzschnäbelige Grundfinken beim Putzen von Meerechsen. Diese Finken sind in gewisser Hinsicht Universalisten. Der Große, Mittlere und Kleine Grundfink *(Geospiza magnirostris, G. fortis* und *G. fuliginosa)* haben Schnäbel, die sich zum Zerbeißen von Sämereien eignen. Die drei Arten kommen auf einigen Inseln, zum Beispiel auf Santa Cruz, nebeneinander vor. Ihre deutlich verschiedenen Schnabelstärken zeigen, daß sie sich auf verschieden große und derbschalige Sämereien spezialisierten. Der großschnäbelige Große Grundfink erinnert an unseren Kernbeißer. Wie jener kann er auch hartschalige Samen knacken. Der Mittlere und der Kleine Grundfink nehmen neben Sämereien auch

---

1 Man hat die Art auf Santa Cruz in den letzten zwanzig Jahren nicht mehr nachweisen können. Sie ist vielleicht ausgestorben.

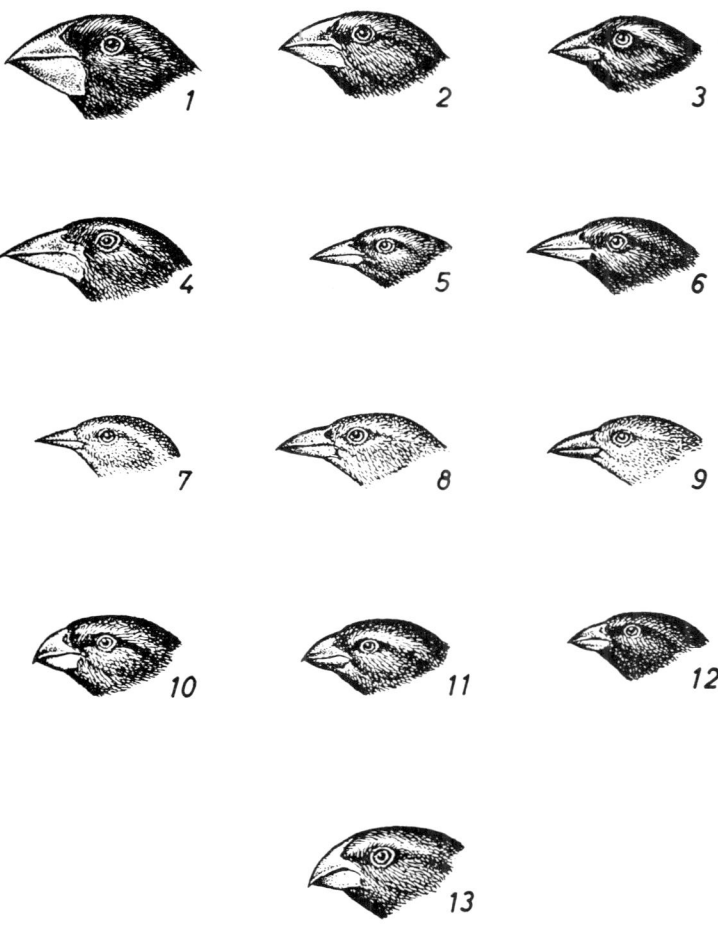

184 Schnabelformen der Darwin-Finken: 1. Großer Grundfink (*Geospiza magnirostris*); 2. Mittlerer Grundfink (*G. fortis*); 3. Kleiner Grundfink (*G. fuliginosa*); 4. Großer Kaktusfink (*G. conirostris*); 5. Spitzschnäbeliger Grundfink (*G. difficilis*); 6. Kaktusfink (*G. scandens*); 7. Laubsängerfink (*Certhidea olivacea*); 8. Spechtfink (*Cactospiza pallida*); 9. Mangrovenfink (*C. heliobates*); 10. Großer insektenfressender Baumfink (*Camarhynchus psittacula*); 11. Mittlerer insektenfressender Baumfink (*C. pauper*); 12. Kleiner insektenfressender Baumfink, Meisenfink (*C. parvulus*); 13. Vegetarischer Baumfink (*Platyspiza crassirostris*).

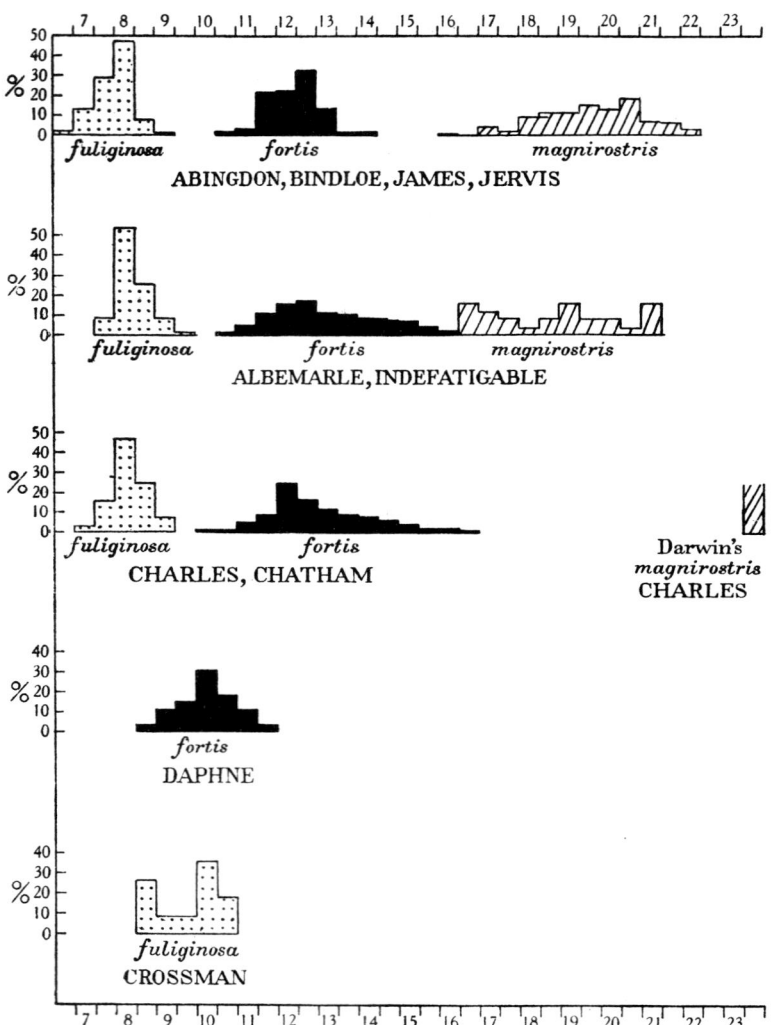

185 Blockdiagramme, die bei verschiedenen Grundfinkenarten die Schnabel-stärke an der Basis angeben (horizontal: Dickenangabe in Millimetern, verti-kal: Prozentsatz der Vögel mit bestimmter Schnabelstärke). Erläuterungen zu den Daphne- und Crossman-Finken im Text. Für *magnirostris* von Charles gab es für sichere Angaben nicht genügend Vögel (aus: D. Lack 1947).

302

Insekten. Die beiden Arten – unter ihnen in erster Linie der Kleine Grundfink – betätigen sich auch als Putzer von Schildkröten und Leguanen. Eine weitere Grundfinkenart, der Große Kaktusfink *(G. conirostris)*, frißt Sämereien, Insekten und Früchte von Kakteen. Er ist mehr Universalist und kommt nur auf den peripheren Inseln Hood (Española), Tower (Genovesa), Pinta, Wenman (Wolf) und Culpepper (Darwin) vor. Auf der letztgenannten Insel vertritt er den dort fehlenden Großen Grundfinken; er hat einen dementsprechend derberen Schnabel. Auf Tower (Genovesa) vertritt er den Mittleren Grundfinken; dementsprechend ähnelt dort sein Schnabel dieser Art.

Die kleineren Inseln bieten oft nicht genügend Nahrung für alle drei Grundfinkentypen. In solchen Fällen beobachtet man, daß ein Grundfink die ökologische Nische füllt, die sich zwei Arten auf anderen Inseln teilen. So vertritt der Mittlere Grundfink auf der Insel Daphne den dort fehlenden Kleinen Grundfinken. In seiner Schnabeldicke nähert er sich, wie die Abbildung auf S. 301 zeigt, dem Kleinen Grundfinken. Sie liegt genau zwischen den Stärken, die Mittlerer und Kleiner Grundfink auf Santa Cruz zeigen. Auf der Insel Crossman macht der Kleine Grundfink Entsprechendes (siehe Abb. 185). Mit diesem Schnabel können die Finken fressen, was Mittlerer und Kleiner Grundfink anderswo verzehren, und damit das spärliche Nahrungsangebot einer kleineren Insel voll nützen. Als letzter der Grundfinken bleibt noch der Kaktusfink *Geospiza scandens* zu erwähnen, der mit seinem langen Schnabel in Blüten stochert, Nektar und Insekten aufnimmt und die saftigen Früchte der Feigenkakteen anfrißt.

Robert Bowman hat eine ausgezeichnete funktionelle Anatomie der Darwin-Finken geschrieben, in der er unter anderem Schnabelform und Lebensweise vergleichend untersucht. Seine Tabelle, die wir mit leichten Abänderungen übernehmen, gibt darüber Aufschluß:

| Nahrungsspezialisierung der Gattungen und Schnabelfunktion | Nahrungsspezialisierung der Arten |

Geospiza: Vor allem Sämereien und gelegentlich exponierte Insekten; kräftige Ober- und Unterschnäbel konisch mit konvexem Kulmen und gerader Gonys [1]. Größenunterschiede belegen verschiedene Spezialisierungen. Bei *G. difficilis* und *G. fuliginosa* eignet sich der Schnabel zum Erfassen von Insekten. Der längliche Schnabel von *G. scandens* eignet sich sowohl zum Beißen als auch zum Stochern.

magnirostris: Wenige Arten harter Sämereien.

fortis: Vielzahl mäßig harter Sämereien.

fuliginosa: Vielzahl weicher Sämereien, Insekten.

scandens: Wenige, mäßig harte Sämereien, bevorzugt Früchte und Nektar von Opuntien.

difficilis: Ähnlich wie *fuliginosa*. Auf der Insel Wenman (Wolf) Blut von Seevögeln anzapfend (»Vampirfink«).

conirostris: Harte und weiche Sämereien, Früchte und Gewebe von Opuntien.

Camarhynchus: In erster Linie verborgene Insekten, die auch aus Holz hervorgeholt werden, gelegentlich Sämereien. Kulmen meist stark konvex, Gonys konvex; kurze seitlich zusammengedrückte Schnäbel. Spezialisiert auf Zubeißen mit der Spitze; können ferner gut an der Schnabelbasis zermalmen.

psittacula: Mäßige Varietät großer Insekten, wenige weiche Sämereien.

parvulus: Große Anzahl kleiner Insekten und mäßige Zahl weicher Sämereien.

pauper: Ernährungsweise wenig bekannt, steht vermutlich zwischen *psittacula* und *parvulus*.

---

[1] Kulmen = Schnabelrücken
Gonys = Unterkante des Unterschnabels

Nahrungsspezialisierung der Gattungen und Schnabelfunktion	Nahrungsspezialisierung der Arten

Cactospiza: Suchen überwiegend in Holz und abgestorbenen Kakteenteilen verborgene Insekten, gelegentlich Sämereien, Früchte. Langer kräftiger Stocherschnabel, der an der Spitze gut beißen kann. Werkzeuggebrauch.

pallida: Größere Insekten, Früchte.

heliobates: Wie *pallida*, doch aus den Mangroven.

Platyspiza: Knospen, Blätter, Blüten, fleischige Früchte, weiche und harte Sämereien. Starker breiter und kurzer Schnabel, der an den eines Kleinpapageis erinnert. Kulmen stark konvex, Gonys gerade. Kann mit der Spitze gut beißen und in der ganzen Länge zermalmen.

crassirostris: Wie Gattungsbeschreibung.

Certhidea: Ausschließlich Insekten, meist kleine freie Formen. Schmaler, schlanker, spitzer Schnabel, zum Ergreifen und Stochern geeignet.

olivacea: Wie Gattungsbeschreibung.

305

Durch Bowmans auf David Lack aufbauende Untersuchungen und die weiterführenden Arbeiten von Peter Grant gehören die Darwin-Finken heute sicher zu den am besten bekannten Galápagos-Tieren, obgleich es noch viel zu erforschen gibt. Die folgende Übersicht gibt die Verbreitung der verschiedenen Darwin-Finken im Galápagos-Archipel an. Sie ist aus R. Bowman entnommen und um die Angaben von E. Curio und P. Kramer ergänzt.

Die Verbreitung der Finkenarten im Galápagos-Archipel

Arten von Geospizinae	Pinta	Isabela	Barrington (Santa Fé)	Marchena	Floreana	San Cristóbal	Culpepper (Darwin)	Duncan (Pinzón)	Hood (Española)	Santa Cruz	James (Santiago)	Jervis (Rábida)	Fernandina	Baltra	Tower (Genovesa)	Wenman (Wolf)
Geospiza																
magnirostris	×	×	×	×	×	..	×	×	..	×	×	×	×	×	×	×
fortis	×	×	×	×	×	×	..	×	..	×	×	×	×	×	..	..
fuliginosa	×	×	×	×	×	×	..	×	×	×	×	×	×	×	..	×
difficilis	×	..	..	..	..	..	×	..	..	×	×	..	×	..	×	×
scandens	×	×	×	×	×	×	..	×	..	×	×	×	..	×	..	..
conirostris	×	..	..	..	..	..	×	..	×	..	..	..	..	..	×	×
Platyspiza																
crassirostris	×	×	..	×	×	×	..	×	..	×	×	×	×	..	..	..
Camarhynchus																
psittacula	×	×	×	×	×	×	..	×	..	×	×	×	×	×	..	..
pauper	..	..	..	..	×	..	..	..	..	..	..	..	..	..	..	..
parvulas	×	×	×	..	×	×	..	×	..	×	×	×	×	×	..	×
Cactospiza																
pallida	..	×	..	..	..	×	..	×	..	×	×	×	..	×	..	..
heliobates	..	×	..	..	..	..	..	..	..	..	..	..	×	..	..	..
Certhidea																
olivacea	×	×	×	×	×	×	×	×	×	×	×	×	×	×	×	×
Artenzahl pro Insel	10	10	7	7	9	8	4	9	3	10	10	9	9	8	4	6

Die Finken *Geospiza difficilis* von Santa Cruz und *Camarhynchus psittacula* von San Cristóbal sind wahrscheinlich ausgestorben. Von *Cactospiza pallida* sammelte man auf Floreana bisher nur ein Exemplar, obgleich diese Insel genügend Lebensraum für die Art böte. Aus der Übersicht können wir unter anderem entnehmen, daß auf Pinta alle bekannten Arten der Gattung *Geospiza* vertreten sind. Wie diese sich hier zueinander verhalten, wäre einer besonderen Untersuchung wert. Kleine niedere Inseln, die nur die Trockenzone aufweisen, beherbergen nur wenige Finkenarten. Eine Ausnahme machen nur jene, die wie Barrington (Santa Fé) und Baltra in unmittelbarer Nachbarschaft einer großen Insel liegen.

An dieser Gruppe unscheinbarer kleiner Vögel können wir eines der schönsten Experimente der Stammesgeschichte studieren. Charles Darwin schrieb dazu: »Wenn man diese Abstufung und Verschiedenartigkeit der Struktur in einer kleinen, nahe untereinander verwandten Gruppe von Vögeln sieht, so kann man sich wirklich vorstellen, daß infolge einer ursprünglichen Armut an Vögeln auf diesem Archipel die eine Spezies hergenommen und zu verschiedenen Zwecken modifiziert worden sei.« Und ein Jahr zuvor hatte er in einem Brief bekannt, daß ihn die Verbreitung der Galápagos-Tiere und die in Südamerika aufgefundenen Säugerfossilien so beeindruckt hätten, daß er in der Folge verbissen jede Tatsache gesammelt hätte, die zur Frage beitragen könnte, was eine Art eigentlich sei. »Zuletzt kam die Erleuchtung, und ich bin nun nahezu überzeugt (ganz im Gegensatz zu der Ansicht, mit der ich auszog), daß die Arten (es ist, als müsse man einen Mord bekennen) nicht unveränderlich sind.«

»...Es ist, als müsse man einen Mord bekennen.« Für Darwin brach damals ein Weltbild zusammen. Wie seine Zeitgenossen, hatte auch er aus der biblischen Schöpfungsgeschichte die Unveränderlichkeit der Arten gefolgert. Für Darwin bedeutete der Bruch mit dieser Vorstellung einen außerordentlichen Konflikt. Es dauerte noch weitere vierzehn Jahre, ehe ihn die Fülle des inzwischen erarbeiteten Tatsachenmaterials so endgültig überzeugte, daß er es wagte, seine Beobachtungen und Folgerungen der Gelehrtenwelt mitzuteilen.

Die Einsicht in das stammesgeschichtliche Gewordensein aller Organismen, vom Einzeller bis zum Menschen, hat unser Weltbild in entscheidender Weise geformt. Darwin leitete mit dieser Entdeckung eine Wende in unserem Denken ein, die uns vielleicht noch mehr erschüttert hat als jene, die Kopernikus herbeiführte, als er die Erde von ihrer vermeintlich zentralen Stellung im Kosmos entthronte, indem er sie nur als ein Stäubchen unter Millionen und Abermillionen von ihresgleichen auswies. Das erschreckte damals die Menschen, aber sie gewöhnten sich schnell an die neue Denkweise und fügten sich. Darwins Einsicht traf uns Menschen viel tiefer. Verwandt – blutsverwandt – sollen wir sein mit all dem anderen Getier, und die biblische Schöpfungslehre soll nicht wörtlich zu nehmen sein? Der Mensch – die Krone der Schöpfung – soll nur eine der vielen sich im Zeitenablauf ändernden Arten sein, ein Durchgangsstadium im Lebensstrom und nichts Endgültiges, Fertiges? Ein Wesen vielmehr mit noch ungewisser Zukunft, von dem Optimisten sich den besseren Menschen erhoffen, während die Pessimisten ihm nicht allzugroße Chancen einräumen.

Selbst Darwin war, wie gesagt, über seine Gedanken und die daraus resultierenden Folgerungen erschrocken. Was ist nun eigentlich so erschreckend an diesem Gedanken? Uns heutigen Menschen bereitet das Wissen um eine natürliche Verbundenheit aller Organismen gewiß kein besonderes Unbehagen. Im Gegenteil, es erwächst ein Verbundenheitsgefühl zu den übrigen Geschöpfen. Aber zweierlei Dinge belasten uns dennoch: Zunächst ist uns mit der Einsicht in den steten Fluß des Werdens die Sicherheit, daß unsere Existenz unerschütterlich sei, genommen und die Verpflichtung zur Menschwerdung im humanen Sinne aufgebürdet. Das ist nun einmal unbequem. Zum anderen stört uns das Zufallhafte am Mechanismus des stammesgeschichtlichen Werdens. Bekanntlich ändern sich unsere Erbanlagen richtungslos und unvoraussagbar. Die verschiedensten Einflüsse, kosmische Strahlen, chemische Agenzien und anderes mehr, bewirken Änderungen in der Reihenfolge jener vier Basen, die als Seitenketten an langen Fadenmolekülen die Schrift des genetischen Codes darstellen. Jede Änderung dieser Reihenfolge bedeutet eine Änderung des der

Entwicklung zugrunde liegenden Entwicklungsrezeptes. Der fertige Träger dieser geänderten Erbanlagen weicht in seinem Erscheinungsbild von den Eltern ab, und ist er, gemessen an seiner Fähigkeit, Nachkommen in die Welt zu setzen, besser angepaßt als seine Eltern und übrigen Artgenossen, dann wird sein Rezept sich allmählich durchsetzen. Aber was angepaßt ist, erweist sich immer erst sekundär. Die Genänderung ist in diesem Punkt nicht immer auf Anpassung hin gerichtet, und meist bewirkt sie eine Verschlechterung der Angepaßtheit ihres Trägers.

So gibt es bei Fliegen immer wieder flügellose Mutanten, die bei uns nicht durchkommen. Auf den sturmumbrausten Kerguelen dagegen erwiesen sich nur die flügellosen Fliegen als angepaßt, flugfähige fehlen völlig.

Um nun für so verschiedene Umwelten gerüstet zu sein, ist es notwendig, daß eine Art ständig Außenseiter, wie eben flügellose Fliegen, erzeugt. Ändert sich plötzlich die Umwelt, dann haben sie auf einmal ihre Chancen. Würde eine Art einen Mechanismus besitzen, der gezielte Anpassung ermöglicht, dann würde die weite Streuung der Merkmale fehlen und damit auch jene Außenseiter. Die Art würde bei Umweltänderung Gefahr laufen, auszusterben. Damit haben wir die Antwort auf die Frage, warum die Evolution nur mit richtungslosem Variieren aller Möglichkeiten arbeitet. Das Leben hat sich mit unvoraussagbaren Umweltänderungen auseinanderzusetzen, und nur durch zufallhaftes Probieren aller Möglichkeiten kann sie dem Zufall antworten und den Lebensstrom erhalten.

Erst der Mensch vermag mit seiner Vernunft unter Umständen die Evolution zu steuern. Mit dieser Vernunftsteuerung der Evolution eröffnen sich ihm ungeahnte Möglichkeiten und Gefahren.

Das Wissen um unseren stammesgeschichtlichen Werdegang hat alle Wissenschaften vom Menschen entscheidend beeinflußt. Insbesondere die Verhaltenswissenschaften erhielten neue Impulse. Die Einsicht, daß unser Verhalten auch durch stammesgeschichtliche Anpassungen determiniert wird und nicht allein durch Erziehung, beginnt sich durchzusetzen. Auch in diesem Punkte hat letztlich Darwins Entdeckung grund-

186–190 Spechtfink beim Werkzeuggebrauch:
186 Mit einem Kaktusstachel im Schnabel beäugt der Spechtfink das Bohrloch einer Insektenlarve.

legend zum besseren Selbst-Verständnis des Menschen beigetragen. Darwin eröffnete der Forschung bis dahin verschlossene Tore. Die Schlüssel dazu fand er vor nunmehr über 100 Jahren auf den Galápagos-Inseln beim Studium der Schildkröten und Finken.

Im Kaktusforst der Akademie-Bucht kann man zu jeder Jahreszeit eine größere Anzahl von Darwin-Finken beobachten. Die vier Grundfinken von Santa Cruz *(magnirostris, fortis, fuliginosa, scandens)* und die zierliche *Certhidea* trifft man fast immer an. Weniger auffällig sind *Camarhynchus psittacula* und

310

187 Dann führt er den Stachel ein und versucht die Insektenlarve hochzuhebeln.

parvulus, die sich in den Bäumen aufhalten und die bei Trockenheit im Trockengürtel seltener zu sehen sind. Das gilt auch für *Platyspiza*. Will man mehrere Arten nebeneinander sehen, dann braucht man nur eine Handvoll Reiskörner mitzunehmen. Die zahmen Vögel lassen sich leicht anfüttern. Das Gelände der Darwin-Station ist dazu ein bestens geeigneter Platz. Man kann bei dieser Gelegenheit die Effizienz der verschiedenen Grundfinkenarten beim Zermalmen der Reiskörner studieren und bekommt die verschiedenen Anpassungen in der Praxis vorgeführt.

Und wer die Mühe des Suchens nicht scheut, der hat viel-

188 Mit dem Werkzeug stochernder Spechtfink.

leicht auch das Glück, den Spechtfinken bei seiner Tätigkeit zu belauschen. Man muß gut zu Fuß sein und ein gutes Gehör haben, denn der Spechtfink sucht ein weiträumiges Revier ab und wechselt schnell von Baum zu Baum, da ein Stück Rinde losreißend, dort seinen Kopf lauschend an den Stamm drückend. Er hört offenbar, wenn sich etwas im Holz regt. Auch in dieser feinen Ausbildung des Gehörs erinnert er an unsere Kleinspechte, die gleichfalls ihr Ohr an Äste und Stämme drücken, um nach Insekten zu lauschen. Konrad Lorenz erzählte mir einmal von einem Schwarzspecht, der die Instrumente einer kleinen Wetterstation zertrümmerte. Er deutete wohl das Ticken der Uhren als Anzeichen für besonders starken Insektenbefall.

189 Die Insektenlarve ist hochgehebelt.

So ist der Spechtfink auf der Suche, bis er einen von Insektenlarven befallenen morschen Ast entdeckt. Hat er schließlich einen Bohrgang mit seinem Schnabel geöffnet, dann sucht er sich ein Werkzeug. Er fliegt zum nächsten Kaktus und pflückt sorgsam wählend einen Stachel, oder er holt sich einen abgefallenen Stachel vom Boden. Hat er ein Werkzeug gefunden, dann fliegt er zu seiner Arbeitsstätte zurück. Er hält den Stachel nun der Länge nach in seinem Schnabel und führt ihn in den Bohrgang ein. Durch stochernde Bewegung kann er frei bewegliche Insekten herausjagen, genau nach der Methode, die wir als Kinder anwendeten, um Grillen mit einem Grashalm aus ihrem Loch zu kitzeln. Meist kommt der Spechtfink jedoch an seine Beute, indem er sie mit dem Kaktusstachel oder Stäbchen gegen die Röhrenwand drückt und langsam hochhebelt. Das Werkzeug dient oft auch als Sonde, wenn der Vogel in Spalten und Ritzen nach Nahrung sucht.

Bemerkenswerterweise kann der Fink sein Werkzeug auch selbst herstellen. Findet er kein geeignetes Instrument, dann nimmt er auch ein längeres Ästchen und kürzt es entsprechend. Von gegabelten Ästchen bricht er einen Seitenzweig ab, ja er bricht sich notfalls eine Sonde aus einem Stück Holz.

Der Spechtfink gebraucht sein Werkzeug situationsgemäß in so wechselvoller Weise, daß man sich dem Eindruck nicht verschließen kann, er handle bis zu einem gewissen Grade einsichtsvoll. Für die Intelligenz dieses Vogels spricht sicherlich die Tatsache, daß er richtig spielt. Ich hielt einen zahmen Spechtfinkenmann, der nach Sättigung die restlichen Mehlwürmer aus dem Futternapf holte, versteckte und sogleich wieder mit einem Werkzeug herausfischte. Aber nicht um sie zu fressen, sondern nur, um sie sogleich wieder zu verstecken. Sein Spiel erinnerte in dieser Beziehung an manche Spiele höherer Säuger. Wenn ein Hund einen Ball eine Böschung hinaufträgt, dort ablegt und mit einem Schubs zum Abwärtsrollen bringt, damit er ihn fangen kann, dann vollbringt er eine vergleichbare Leistung. Daß der Spechtfink die Ausgangssituation zu seinem Spiel selbst immer neu herstellt, ist fürwahr erstaunlich.

Später, als ich ein Pärchen hielt, spielten die Vögel miteinander. Sie standen beiderseits vor einem durch und durch gespaltenen Ast und schoben einander mit einem Hölzchen im Schnabel einen Mehlwurm zu, den sie zuvor hineingesteckt hatten.

Ein junges Männchen, das unmittelbar nach dem ersten Ausfliegen gefangen wurde, beherrschte die Technik des Werkzeuggebrauches nicht. Es nahm zwar Hölzchen spielerisch auf und stocherte damit im Käfig herum, erblickte es jedoch ein Insekt in einer Ritze, dann ließ es das Hölzchen fallen und versuchte direkt mit dem Schnabel die Beute zu ergreifen. Erst nach und nach kam es darauf, das Hölzchen zum Stochern zu benutzen. Anfangs nahm das Männchen auch untaugliche Gegenstände zum Stochern, wie weiche Blattrippen, zu dicke oder zu lange Ästchen und dergleichen. Das weist darauf hin, daß den Tieren möglicherweise nur das Bedürfnis, mit Werkzeugen umzugehen, angeboren ist, daß sie die Einzelheiten der Technik jedoch erst lernen müssen.

Wie sich dieser Werkzeuggebrauch wohl entwickelt hat, darüber ist man sich keineswegs im klaren. Die Anlage zum Stochern scheint jedoch in der Gruppe der Darwin-Finken weiter verbreitet. So berichtete die Amerikanerin M. H. Hundley, sie hätte einen *Certhidea*-Finken gesehen, der mit einem Blattstiel in einer Rindenspalte zu stochern versuchte, es dann aber aufgab, weil sich der Stiel immer bog. C. Millikan und R. Bowman entdeckten 1967, daß *Geospiza conirostris* der Insel Hood (Española) in Gefangenschaft gerne in unbeköderten Ritzen mit einem Stöckchen sondierte, nicht aber in beköderten. Vielmehr versuchte er dann den Köder immer direkt mit dem Schnabel zu packen. Der Vogel hat das Verhalten möglicherweise den Spechtfinken im Nachbarkäfig abgesehen. Singvögel sind ja in erstaunlicher Weise zur Nachahmung begabt. In Eng-

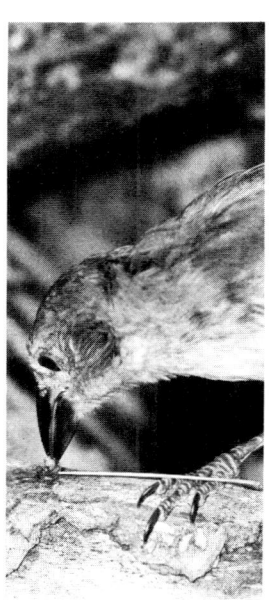

190 Das Verzehren der herausgestocherten Insektenlarve.

land kamen Blaumeisen darauf, vor den Häusern abgestellte Milchflaschen zu öffnen und den Rahm zu fressen. Das sahen die Tiere einander in der Folge ab, und man konnte die Ausbreitung der Fertigkeit über England genau verfolgen. Wahrscheinlich ist auch das schon erwähnte Blutanzapfen des Spitzschnäbeligen Grundfinken eine vergleichbare Tradition.

Bei Tieren ist ein Werkzeuggebrauch nur in wenigen Fällen belegt. Wenn ein Bartgeier Knochen aus großer Höhe auf einen Felsen fallen läßt, um sie zu zerbrechen, oder wenn eine Singdrossel Schneckengehäuse an einem Stein zerschlägt, so wird vorerst nur die harte Unterlage ausgenutzt. Ähnliches gilt für die Schmieden der Spechte: Um eine Haselnuß zu öffnen, klemmt der Buntspecht die Nuß in eine Astgabel oder in einen Rindenspalt und schlägt sie dann auf. Zuweilen zimmert er sich eine passende Schmiede erst zurecht.

Echten Werkzeuggebrauch finden wir bei den in Australien und Neuguinea beheimateten Laubenvögeln, die mein Freund Heinz Sielmann im Film vorgestellt hat. Zur Balzzeit bauen die Männchen einiger Arten Lauben, die sie mit Steinchen, Blumen, Schneckengehäusen und dergleichen schmücken. Zwei Arten »bemalen« die Wände dieser Lauben mit gefärbtem Speichel und benützen dazu »Pinsel«. Der Gärtnervogel *(Sericulus chrysocephalus)* nimmt dazu Blattstücke, der Blauschwarze Laubenvogel *(Ptilonorhynchus violaceus)* Rindenstückchen, die er sich passend zurechtkaut. Jane van Lawick-Goodall entdeckte, daß Schmutzgeier Steinbrocken gezielt auf Straußeneier schleudern, um diese zu öffnen. Selbst bei den Säugern gibt es nur ganz wenige Werkzeuge benutzende Arten. Der Seeotter zerschlägt Muscheln auf einer Steinplatte, die er auf dem Bauche balanciert, während er rückenabwärts auf der Meeresoberfläche treibt. Die kalifornischen Tiere tragen den Stein auch bei der Nahrungssuche bei sich, indem sie ihn zwischen die Hinterbeine oder zwischen Bein und Schwanz einklemmen. Bekannt ist schließlich der höchst einsichtige Werkzeuggebrauch der Schimpansen, den man neuerdings auch im Freiland genauer studierte.

Ein so hochentwickelter Werkzeuggebrauch wie der des Spechtfinken ist eine außerordentliche Seltenheit, und man wird daher verstehen, daß ich viele Stunden damit verbrachte, die Tiere in ihrer natürlichen Umgebung zu beobachten.

Wir haben Spechtfinken auch am Nest und beim Balzen gefilmt. Die Nester sind Kugelnester. Solche werden von allen Darwin-Finken gebaut. Das Dach schützt wohl vor der starken Sonne. Beide Partner setzen kindliche Appelle ein, um den Partner herbeizulocken und freundlich zu stimmen. Wir sahen, wie die Weibchen flügelzitternd und wie Jungvögel rufend um Futter bettelten und dann auch vom Männchen gefüttert wurden und wie umgekehrt Männchen mit gleichem Flügelzittern und Bettellauten das Weibchen zum Nest lockten. – D. Lack stellte fest, daß alle Darwin-Finken bei der Balz einander füttern, und dabei sollen die Arten ihre Artgenossen voneinander unterscheiden. Arten mit sehr verschieden gebauten Schnäbeln erkennen sich bereits auf den ersten Blick. Und wenn sie

191/192 Spechtfink: Balzfüttern und Zum-Nest-Locken. Das Weibchen bettelt wie ein Jungtier mit Flügelzittern und Bettellauten und wird vom Männchen gefüttert. Das Männchen lockt mit kindlichen Appellen (Flügelzittern, Jungenrufen) das Weibchen zum Nest (aus einem 16-Millimeter-Film von I. Eibl-Eibesfeldt und H. Sielmann).

sich einmal irren sollten, dann klärt sich das wohl auf, wenn die Partner einander bei der zärtlichen Fütterung den Schnabel umfassen. Sicher ist dies jedoch nicht der einzige Mechanismus der Arterkennung.

Einmal gab es große Aufregung im Kaktusforst. Ein Bussard hatte sich auf einem Kaktus niedergelassen. Von allen Seiten zeterten die Finken aus dem Schutz der Sträucher, einige wagten sogar Scheinangriffe, was den Bussard schließlich vertrieb. Er und die Eulen sind die einzigen Feinde der erwachsenen Finken. Viele Singvögel hetzen auf Raubvögel, was diese beunruhigt und vertreibt. Jungvögel werden auch von den Schlangen bedroht.

Es ist erstaunlich, daß eine Parallele zu den Darwin-Finken nicht auch auf vielen anderen ozeanischen Inseln, wie zum Beispiel den Azoren, gefunden wird. Aber es gibt auf unserer Erde nur noch zwei Inselgruppen, deren Landvögel eine den Darwin-Finken vergleichbare Aufsplitterung einer Stammform in

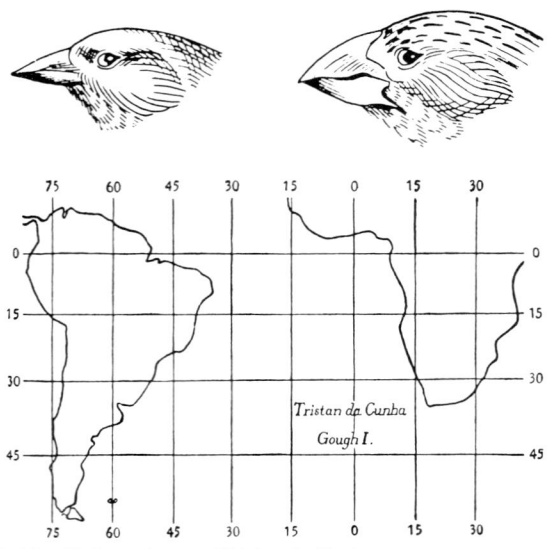

193 Die beiden Finkenarten von Tristan da Cunha.

zahlreiche Anpassungstypen erkennen lassen. Auf Tristan da Cunha im Südatlantik leben zwei Arten der Finkengattung *Nesospiza*, die sich in Größe und Schnabelform und natürlich auch Lebensweise deutlich voneinander unterscheiden. Von der kleineren Art unterscheidet man überdies drei Inselrassen. Tristan da Cunha ist gewissermaßen ein Galápagos im kleinen.

Das zweite Beispiel liefern die Kleidervögel *(Drepanididae)* der Hawaii-Inseln, auf denen nur fünf Sperlingsvögel als Kolonisten ankamen: die Krähe *Corvus*, der Fliegenschnäpper *Chasiempsis*, die Drossel *Phaeornis*, ein Honigvogel, der sich in die beiden Gattungen *Chaetoptila* und *Moho* aufsplitterte, und schließlich als fünfter Kolonist ein Kleidervogel, von dem sich eine Vielfalt von Formen ableitete, Arten, die sich noch mehr voneinander unterscheiden als die Darwin-Finken. Auch die Ahnform dieser Kleidervögel war ein Fink, aber einige der achtzehn verschiedenen Gattungen, die sich bis heute entwikkelten, weichen sehr von der Stammform ab. Auch hier wurden Insektenfresser, Körnerfresser, Spechte, Fruchtfresser, Kernbeißer, ja sogar Nektarsauger herausgezüchtet, die unter anderem auffallend verschiedene Schnäbel haben. Eine besonders eigentümliche Schnabelform hat *Heterorhynchus*, dessen untere Schnabelhälfte wie ein Meißel kurz und spitz ist, während die obere Schnabelhälfte wie eine Sonde doppelt so lang ausgezogen und abwärts gebogen ist. Dieser »Specht« klettert wie unser Specht auf den Stämmen der Bäume und jagt nach Bockkäferlarven. Er schlägt mit seinem kurzen, spitzen unteren Schnabel und holt sich danach seine Insektenlarven mit seinem langen, gekrümmten Oberschnabel.

Wir lernen damit eine dritte Methode, Insekten aus dem Holze zu schlagen und anschließend herauszustochern, kennen. Was unsere Spechte abwechselnd durch Schnabelhiebe und Sondieren mit ihrer langen Zunge erreichen und der Galápagos-Fink mit Schnabel und Kaktusstachel vollbringt, erledigt der hawaiische *Heterorhynchus* durch abwechselnden Einsatz von Ober- und Unterschnabel. Noch eine vierte Methode könnten wir an dieser Stelle erwähnen: Beim mittlerweile leider ausgestorbenen neuseeländischen Hopflappenvogel *(Heterolochia acutirostris)* hatte das Männchen einen geraden, kurzen Specht-

194 Die Kleidervögel von Hawaii, eine Parallele zu den Darwin-Finken (aus: D. Lack 1947).

schnabel, das Weibchen dagegen einen lang ausgezogenen und wie der Oberschnabel des hawaiischen *Heterorhynchus* abwärts gebogenen Schnabel. Was jener in einer Person erledigen kann, mußte der neuseeländische »Specht« durch eheliche Zusammenarbeit meistern. Das Männchen höhlte die Stämme aus, und das Weibchen sondierte nach Insekten.

Die bunten Kleidervögel Hawaiis und die kleinen unscheinbaren Galápagos-Finken formen jeweils eine kleine Welt für sich, die uns dem großen Geheimnis der Entstehung der Arten einen Schritt näher bringen kann. Sogar Gattungskreuzungen sind möglich. Ein männlicher Spechtfink, den ich in einem Käfig mit einem Mittleren Grundfinken hielt, verpaarte sich mit diesem. Das Gelege war befruchtet. Die frisch geschlüpften Jungen wurden allerdings vom Altvogel aus dem Nest geworfen.

Wie stark manche Landvögel inselgebunden sind und wie wenig Neigung sie zeigen, eine Meeresbrücke zu überfliegen, zeigen insbesondere die Spottdrosseln, die sich im Inselgebiet in vier Arten und mehrere Unterarten aufspalten. Man findet sie praktisch im ganzen Archipel von Hood (Española) über die zentralen Inseln bis zu den nördlichsten Inseln Wenman (Wolf) und Culpepper (Darwin). Nur auf Floreana fehlt die Art – sie starb dort vermutlich aus, denn auf den kleinen Nachbarinseln Gardner und Champion kommt die Spottdrossel vor. Es ist überraschend, daß die Insel Floreana von der nur 1,5 km entfernten Champion-Insel nicht rückbesiedelt wurde. Offenbar ist die Landbindung der Spottdrossel extrem stark.

Selbst wenn die Bedingungen auf verschiedenen Inseln die genau gleichen wären (was an sich schon unwahrscheinlich ist), würden sich die Finken verschiedener Populationen aller Wahrscheinlichkeit nach etwas verschieden entwickeln, weil es sich bei den Kolonisten ja nicht notwendigerweise um Tiere handelt, die genau dem Durchschnitt der Ausgangspopulation entsprechen. Wenn nun die Umwelten auf den verschiedenen Inseln divergieren, sind die Vögel überdies auch noch verschiedenen Selektionsbedingungen ausgesetzt, was die Herausbildung von Unterschieden beschleunigt.

Die Spitzschnäbeligen Grundfinken von Wenman (Wolf) gehören zu den neugierigsten, zudringlichsten und vielseitigsten Finken der Inselgruppe. Man hat beobachtet, daß sie Kaktusblüten und -scheiben anfressen und am Ufer Krabben nachstellen. E. Curio (1965) sah, daß sie herbeieilten, wenn sie die Fütterungslaute der Tölpel hörten, und vom halbverdauten Fisch mitfraßen, den die Altvögel auswürgten. Sie drehen Steine um, picken nach Gelegen, und J. Thornton sah sogar, wie sie sich darum bemühten, Fregattvogeleier aus dem Nest zu rollen.

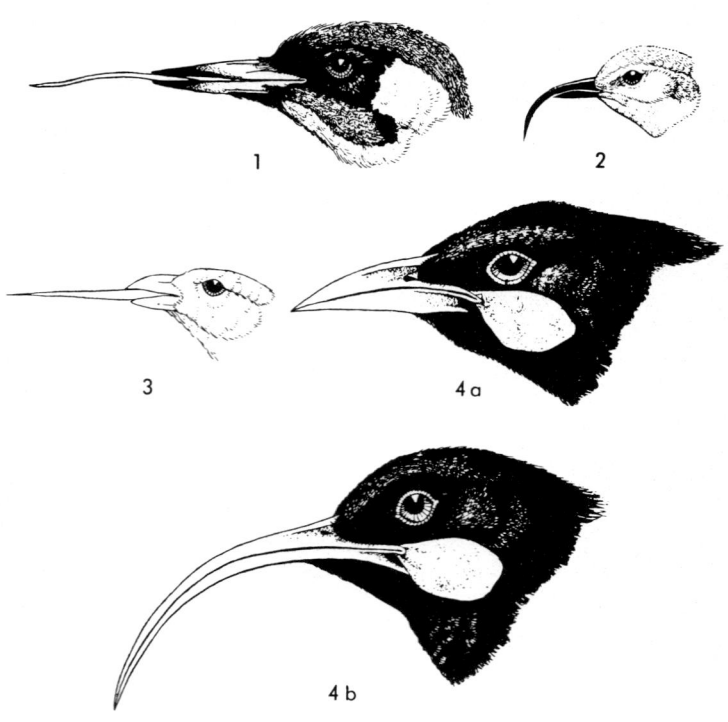

195 Vier Methoden, Insekten aus dem Holz zu holen: (1) Specht; (2) Sichelschnabel (*Heterorhynchus*); (3) Darwin-Fink (*Cactospiza*); (4) Hopflappenvogel (*Heterolochia*), a Männchen, b Weibchen.

Ein erstaunlich vielseitiger Vogel! Von der Tätigkeit dieser Finken als Vampire schrieb mir Heide Köster in einem Brief vom 13. Dezember 1983. Sie experimentierten und filmten ihr Bluttrinkverhalten auf Wenman und stellten dabei fest, daß rote Farbe sie anlockt. Als Friedemann Köster einmal einen Schorf von seinem Arm entfernte, nahmen die Finken das austretende Blut sofort an. Heide Köster schreibt: »Die Finken, sonst eher scheu, wenn wir uns mit Kameras mehr als auf einen Meter näherten, wurden von diesem Moment an zu penetranten Verfolgern. Über 10 Finken machten sich an Friedemann zu schaffen, hackten ihm insgesamt noch 7 andere Löcherchen an Armen und Beinen und prügelten sich um das austretende Blut... Die Viecher ließen uns nicht mehr in Ruhe. Wie Kuhreiher das Vieh, begleiteten sie uns überallhin. Immer, wenn Friedemann sich zur Ruhe setzte, fingen sie wieder an zu hakken. Dabei benutzten sie meinen Kopf als Beobachtungsplatz. Mich haben sie nie ›angesaugt‹, aber F. war ihre neue Milchkuh, die noch den ganz besonderen Vorteil hatte, daß sie nicht fortflog wie die Tölpel.«

Was uns die Kielschwanzleguane erzählen

Wann entstanden die Galápagos-Inseln, und wie entstanden sie? Wurden sie durch die vulkanischen Kräfte der Erde aus der Meerestiefe emporgehoben, oder sind sie der Rest eines alten Festlandgebietes, das mit Südamerika zusammenhing? Da kaum Fossilien gefunden wurden, können wir über das Alter der Inseln nur wenig Genaues aussagen. Wir kennen gehobene Muschelbänke, die man dem Tertiär zuschreibt (Pliozän). In den gleichen Ablagerungen fand man auch Gehäuse einer Landschnecke, deren Nachkommen – ihre Gehäuse sind nahezu unverändert – auch heute noch in der trockenen Küstenzone einiger Galápagos-Inseln leben. Im Pliozän gab es demnach bereits eine Landfauna und Flora. Die Inseln müssen also viel älteren Datums sein.

Über die Frage, ob die Inseln einst eine Verbindung mit dem Festland besaßen, gibt uns die Zusammensetzung der Galápagos-Tierwelt ziemlich zuverlässige Auskunft. Man wird schnell feststellen, daß Tiergruppen, die auf dem Festland reichlich vertreten sind, auf den Inseln fehlen. Das gilt zum Beispiel für die Amphibien und viele Gruppen von Landsäugetieren. An solchen finden wir auf den Inseln außer den schon erwähnten Nagern nur eine Fledermaus *(Lasiurus)*. Auch die Landschlangen sind nur durch eine Gattung *(Dromicus)* vertreten. Und von den 89 Brutvögeln sind 37 Arten beziehungsweise Unterarten der Darwin-Finken, die, wie wir zeigten, von nur einer Stammform abzuleiten sind. Viele in Südamerika reich vertretene Vogelfamilien fehlen ganz. Ganz ähnliche Lücken können wir in der Pflanzenwelt feststellen. Es fehlen zum Beispiel die Liliengewächse und die Nacktsamigen. Aus alledem müssen wir wohl schließen, daß die Galápagos-Inseln nie mit dem südamerikanischen Festland verbunden waren. Hätte nämlich eine Landbrücke bestanden, dann wäre sicherlich ein großer Teil der typischen südamerikanischen Fauna und Flora zugewandert. Da die Inseln aber offenbar ozeanischen Ursprungs sind, mußten alle Zuwanderer eine weite Meeresstrecke überwinden, und das hielten nur wenige durch.

Dies ist eine Ansicht, die viele Wissenschaftler vertraten, unter anderem Darwin, Wallace, Agassiz, Wagner, Snodgrass und Townsend. Der amerikanische Insektenforscher F. Williams sprach sich nach dem Studium der Schmetterlinge der Galápagos-Inseln ebenfalls für die ozeanische Theorie aus. »Eine Insel kontinentalen Ursprunges, deren Fauna nicht durch eine Katastrophe zerstört wurde, müßte eine verhältnismäßig große Artenzahl aufweisen... und wenn man einen Klimawechsel über eine lange Periode danach ausschließt, müßte auch die Flora etwa gleich der des Festlandes bleiben, von dem sich die Insel trennte. Zumindest aber müßte eine große Zahl von Insekten überleben, während wir sahen, daß die Insektenfauna von Galápagos eine sehr ärmliche ist. Das Festland, ob wir nun Mexiko, die Meerenge von Panama oder die Südamerikanische Region betrachten, ist reich an Schmetterlingen im Vergleich zu Galápagos.« Und der Botaniker A. Stewart schreibt dazu: »Während es sicher wahr ist, daß sich bei einer Loslösung einer Insel vom Festland und ihrer Trennung durch eine so weite Meeresfläche auch die Lebensbedingungen änderten, so ist es dennoch unwahrscheinlich, daß diese Änderungen groß genug waren, ganze Familien auszurotten und andere so in Gattungs- und Artenzahl zu reduzieren, wie das auf Galápagos der Fall ist.«

Es gibt allerdings auch Naturwissenschaftler, die der Ansicht sind, es müßte einst eine Brücke zum Festland bestanden haben. Der amerikanische Zoologe J. van Denburgh studierte die Schildkröten der Galápagos-Inseln und kam zum Schluß, daß diese wohl über eine Landbrücke zugewandert sind:

»Obgleich die Schildkröten zumindest einige Tage lebend auf der Meeresoberfläche treiben können, so sind sie dennoch im Wasser völlig hilflos. Sie sind unfähig zu schwimmen und können nur dem Strome und Wind ausgeliefert treiben. Wenn sie ans Ufer treiben, dann werden sie gewöhnlich so zerschlagen und an den Felsen verletzt, daß sie nur einige Tage weiterleben. Die Tatsache, daß jede Insel, ausgenommen Isabela (Albemarle), nur eine einzige Schildkrötenrasse aufweist, zeigt, daß es keinen Austausch von Schildkröten zwischen den Inseln gibt, denn ein solcher Austausch würde die Ausbildung von Inselrassen verhindern oder dazu führen, daß mehr Rassen auf einer Insel leben.

Wenn es aber keinen Transport von Insel zu Insel gibt, dann besteht wenig Grund zur Annahme, daß die Schildkröten irgendwann in der Vergangenheit über eine so vielfach größere Strecke von irgendeinem Kontinent herandrifteten, und jede der elf Inseln erreichten, auf denen sie gefunden wurden... Der Beweis, den die Schildkröten anbieten, spricht gegen die Ansicht, daß die Galápagos-Inseln ozeanischen Ursprungs sind, Inseln, die unabhängig voneinander aus dem Meer gehoben wurden und Tiere empfingen, die zu ihnen drifteten. Wir müssen vielmehr annehmen, daß die Inseln nichts anderes als die Überbleibsel einer großen Landmasse sind... die wahrscheinlich von einer Schildkrötenrasse bewohnt war, und daß langsames Absinken die höheren Landteile als Inseln voneinander trennte. Die Isolation der Schildkröten auf diesen Inseln erlaubte ihre Aufsplitterung in deutlich unterschiedene Rassen oder Arten.«

Auf van Denburghs Einwände kann man allerlei erwidern. Zunächst einmal sind Schildkröten im Wasser gar nicht so unbeholfen, wie er angibt. W. Beebe, der eine Schildkröte ins Meer setzte, war von ihrer Schwimmfähigkeit verblüfft:

»Das Überraschendste war die Leichtigkeit und Perfektion ihres Schwimmvermögens. Das Reptil schwamm zum Ruderboot, in dem ich saß, und als es das zu hoch fand, drehte es und schwamm zur Noma, ihren Hals hoch über das Wasser haltend. Sie steuerte die Kajütentreppe an, und das alles, wie sie wollte, mit, quer und gegen die beachtliche Strömung... Diese Tiere haben zumindest für eine bestimmte Zeit im Wasser die vollständige Kontrolle über sich.«

Die Tatsache, daß auf den Inseln Inselrassen leben, beweist

noch nicht, daß nie ein Austausch stattfindet, und schließlich muß man gar nicht zwingend annehmen, daß alle Inseln ihre Schildkröten gesondert vom Festland bekamen. Wie wir noch sehen werden, spricht vieles dafür, daß der Archipel, wie van Denburgh vermutet, einst eine große Landmasse war, nur hat diese ganz offensichtlich nie eine Verbindung mit dem südamerikanischen Kontinent gehabt. Geht man von dieser Annahme aus, dann genügt zur Besiedlung, daß einmal in den vielen Millionen Jahren ein befruchtetes Schildkrötenweibchen angetrieben worden ist.

Der gewichtigste Einwand der Vertreter der Landbrückentheorie ist der, daß es einfach unvorstellbar und daher unmöglich sei, daß so ferne abliegende Inseln allein durch Treibgut besiedelt würden.

Aber gar so unvorstellbar ist es eigentlich nicht. Man muß nur gesehen haben, welch gewaltige Baumriesen bei Überschwemmungen von den Flüssen ins Meer gespült werden, um sich vorstellen zu können, daß auf solchen Riesenflößen auch hin und wieder ein Tier eine weite Reise macht. Mit dem Humboldtstrom würde ein solches Floß heute in etwa 2 bis 4 Wochen die Galápagos-Inseln erreichen. Es wurden ja auch die weit auseinander liegenden polynesischen Inseln, die Seychellen und viele andere Eilande auf diesem Wege besiedelt, ohne daß einer auf den Gedanken verfallen wäre, für jeden Einzelfall eine Landbrücke zu konstruieren. Und schließlich hat man am Beispiel von Krakatau den Weg einer solchen Besiedelung über einen Meeresarm hinweg regelrecht beobachten können. Die indonesische Vulkaninsel Krakatau explodierte bekanntlich 1883. Ein Teil der Insel flog in die Luft. Die verbliebene Inselruine erstickte unter einer mehrere Meter dicken Lage glühender Asche. Nichts überlebte. Drei Jahre später fand man dort jedoch schon wieder Blaualgen, 11 Farnarten und 15 verschiedene Blütenpflanzen. 1887 gab es bereits 12 Farne und 50 Blütenpflanzen. 1889, sechs Jahre nach der Katastrophe, fing man Spinnen, Käfer, Schmetterlinge, Wanzen und den Waran *Varanus bivittatus*. 1906 sammelte man 114 verschiedene Pflanzenarten, und 1908 fand man 240 verschiedene Gliederfüßler, 2 Reptilarten, 16 Vogelarten und 4 Landschnecken. 1921 war die

Zahl der Tierarten auf 573 hinaufgeklettert, davon waren 26 Brutvögel, 2 Fledermäuse, die Hausratte und die Schlange *Python reticulatus*. Die Besiedelung erfolgte deshalb so schnell, weil die benachbarte Insel Sibesia nur 19 Kilometer von Krakatau entfernt ist. Die Besiedler der Galápagos-Inseln hatten natürlich eine ganz andere Strecke zu überwinden, aber dafür standen ja auch Millionen von Jahren zur Verfügung. Man nimmt an, daß die Inseln im frühen Tertiär entstanden, und bei derart langen Zeiträumen ist es eigentlich eher verwunderlich, daß nicht mehr ankam.

Daß man heute, obgleich so viele charakteristische Tier- und Pflanzengruppen fehlen, dennoch eine wohlabgewogene Lebensgemeinschaft vorfindet, ist darauf zurückzuführen, daß die Ankömmlinge, wie zum Beispiel die Finken, in die freien ökologischen Nischen hineinwuchsen.

Die Mehrzahl der Galápagos-Tiere und -Pflanzen haben oder hatten nahe Verwandte auf dem südamerikanischen Festland. Die Siedler kamen also offenbar von daher. Nur eine Landschnecke ist polynesischen Ursprungs. Sie hat eine Reise von gut 3000 Seemeilen hinter sich! Da es das einzige polynesische Faunen-Element der Inselgruppe ist, dürfte wohl kaum einer auf den Gedanken verfallen, auch dorthin eine Landbrücke zu bauen. So sind uns die Tiere und Pflanzen der Insel ein lebendiges Geschichtsbuch.

Können wir noch weitere Einzelheiten daraus lesen? Es sind die kleinen munteren Kielschwanzleguane sowie die Schlangen und Geckonen, die uns da noch weiterhelfen, da sie von Insel zu Insel verschiedene Rassen bilden, die sich mehr oder weniger auffällig voneinander unterscheiden. Wie das zu deuten ist, werden wir gleich besprechen, zunächst jedoch einige Worte über Eidechsen und Schlangen.

Die Landschlangen der Galápagos-Inseln gehören alle zur Gattung *Dromicus*, die auch auf dem benachbarten Festland gefunden wird. Man kennt drei Rassenkreise mit acht Rassen, die für bestimmte Inseln charakteristisch sind. Name und Fundort sind am Ende des Buches übersichtlich zusammengestellt. Eine dieser Rassen hat der Verfasser auf der Insel San Cristóbal entdeckt, wo man bisher keine Landschlangen gefunden hatte. Die Landschlangen leben im trockenen Küstengürtel und stellen dort vor allem den Kielschwanzleguanen nach. Sie sind sehr scheu und nicht giftig. Sie werden im allgemeinen nicht viel über einen Meter lang und sind braun mit zwei hellen gelblichen Streifen oder einer Doppelreihe oft gegeneinander versetzter Würfelflecken über dem Rücken.

Die Kielschwanzleguane gehören zur Gattung *Tropidurus*, die auch in Südamerika gefunden wird. Keine der Arten, die auf den Galápagos-Inseln leben, wurde jedoch in anderen Gebieten nachgewiesen. Die Männchen erreichen maximal 30 Zentimeter Länge, meist bleiben sie kleiner. Sie sind im allgemeinen dunkelgrau mit schwarzen Flecken am Rücken, rötlichen Seiten und rötlichem Bauch und einer dunklen, oft schwarzen Kehle. Die Farbe variiert jedoch von Art zu Art. Ein Kamm ziert Nacken und Rücken. Die häufig kleineren Weibchen sind meist olivfarben mit ziegelrotem Kopf und ziegelroter Kehle. Die Kielschwanzleguane bevorzugen die trockene Küstenregion. Auf Isabela und Santa Cruz steigen sie selten über 300 Meter hinauf. Auf Fernandina dagegen fing ich die Kielschwanzleguane selbst auf dem Kraterrand in über 1400 Meter Höhe. Sie leben von Insekten und haben als Feinde die Schlange, den Bussard und den grünen Reiher zu fürchten. Sie sind daher scheu und werfen den Schwanz ab, wenn man sie daran festhält.

Die Kielschwanzleguane der Inseln Santa Cruz, Baltra, Barrington (Santa Fé), James (Santiago), Jervis (Rábida), Isabela und Fernandina gehören nach morphologischen Kriterien der gleichen Art *Tropidurus albemarlensis* an, sind aber im Verhalten unterschieden. Darauf kommen wir noch zu sprechen.

Je weiter wir uns nun von der zentralen Inselgruppe entfernen, desto mehr unterscheiden sich die Eidechsen. Die Kielschwanzleguane von Pinta *(T. pacificus)*, Marchena *(T. habelii)* und San Cristóbal *(T. bivittatus)* weichen am meisten von den zentralen Formen ab. Als nächstes kommen dann die Echsen von Hood (Española, *T. delanonis*), Floreana *(T. grayii)* und Duncan (Pinzón, *T. duncanensis*). Auf Wenman (Wolf), Culpepper (Darwin) und Tower (Genovesa) fehlen Kielschwanzleguane, Schildkröten und Schlangen. Aufgrund dieser Verbreitung der Echsen nehmen J. van Denburgh und J. R. Slevin an, daß der Raum, über den die Galápagos-Inseln heute verstreut sind, von einer einzigen großen Insel eingenommen wurde, die allmählich versank, so daß heute nur mehr die höchsten Punkte als Inseln aus dem Wasser ragen. Aber selbst wenn die Inseln nicht abgesunken sind, müssen die eiszeitlichen Schwankungen des Meeresspiegels wiederholt dazu geführt haben, daß viele Inseln vorübergehend durch Landbrücken miteinander verbunden waren. Vor 15000 Jahren lag der Meeresspiegel schließlich 120 Meter tiefer als heute.

In welcher Reihenfolge sich die Inseln lösten, das verrät die unterschiedliche Differenzierung der Echsenrassen. Die nördlichen Inseln Wenman, Culpepper und Tower haben sich wohl zuerst abgespaltet, noch bevor *Tropidurus*-Echsen die zentrale Insel erreicht hatten. Es folgten Pinta und Marchena, die wohl Echsen, aber keine Schlangen besitzen. San Cristóbal kam bald danach, da die Echsen sehr stark von den zentralen abweichen, doch hat San Cristóbal bereits Schlangen und Schildkröten. Das Vorkommen von Schlangen konnte ich, wie erwähnt, 1957 nachweisen. Die gesammelten Tiere sind im Senckenberg-Museum in Frankfurt am Main.

Als nächstes trennten sich dann Hood, Floreana und vielleicht auch Duncan von der Zentralinsel, wobei die beiden ersteren einige Zeit noch als eine Insel zusammenhielten, wie die einander sehr ähnlichen Schlangen und das Vorkommen der gleichen Gecko-Arten lehren.

Man soll bei dieser Betrachtung allerdings nur die Echsenrassen von großen Inseln miteinander vergleichen, da auf kleinen Klippen mitunter sehr schnell eine sehr abweichende Inselrasse entstehen kann (S. 194). Das mag vielleicht auch die starke Abweichung der Duncan-Echse von jenen der naheliegenden Inseln Isabela und Santa Cruz erklären. Van Denburgh nimmt an, daß diese zwischen den beiden genannten Inseln liegende kleine Duncan-Insel, lange bevor sich die beiden großen Inseln trennten, abgelöst wurde. Ein Blick auf die Karte lehrt, daß er, um die Insel aus dem Verband auszuklammern, eine tiefe Bucht zwischen Isabela und Santa Cruz konstruieren muß. Ich neige daher mehr zur Ansicht, daß diese Insel erst bei der

Trennung von Isabela und Santa Cruz entstanden ist und ihre stark abweichende Echsenbevölkerung weniger dem höheren Alter als dem Umstande verdankt, daß der Bestand der Echsen auf dieser kleinen Insel einmal auf eine sehr kleine Zahl reduziert war, was die Ausbildung der abweichenden Form in relativ kurzer Zeit begünstigte. Nach den neueren Ergebnissen der Erblehre erfolgt die Bildung einer neuen Art ja schnell und vorzugsweise dann, wenn zumindest vorübergehend die Population auf eine niedrige Zahl absinkt.

Die zentralen Inseln zerfielen spät. Die Eidechsen können uns darüber keinen weiteren Aufschluß geben. Untersucht man jedoch die Schlangen, dann sieht man, daß jene von Isabela, Duncan und Fernandina nahe zusammengehören und denen von Santa Cruz, James und Barrington als Gruppe gegenüberstehen, als hätte sich die Zentralinsel zunächst in eine Fernandina-Isabela- und in eine James-Santa Cruz-Insel gespalten.

Wir können also aus den Inselrassen mancherlei lernen, die Frage ist nur, ob wir in einigen Jahrzehnten auch noch in der Lage sein werden, auf diesem Gebiet weiterzuforschen. Selbst diese kleinen Echsen werden nämlich selten. Auf Floreana fand ich nach zweitägiger Suche nur drei Exemplare. Dort haben verwilderte Katzen, Hunde und Ratten den Reptilienbestand verwüstet. Ähnlich ist es auf Duncan, wo eine Rattenplage herrscht[1].

Die Kielschwanzleguane sind territoriale Einzelgänger, und zwar Männchen ebenso wie Weibchen. Sie vertreiben Artgenossen aus ihrem Revier und finden nur zur Paarung zusammen. Von erhöhten Orten, zum Beispiel Steinen, überwachen sie ihr Revier. Mit Jungtieren, die sich in ihr Revier verirren, machen sie kurzen Prozeß. Wiederholt sah ich, wie ein erwach-

---

1 Die Inselrassen sind neuerdings auch durch Siedler und unvorsichtige Wissenschaftler gefährdet, die Tiere von einer Insel auf eine andere verschleppen. So entkamen auf Santa Cruz Meerechsen von Hood (Española), Landleguane von Barrington (Santa Fé), Kielschwanzleguane unbekannter Herkunft und Galápagos-Tauben von James (Santiago). Durch solche Faunenfälschung wird Galápagos als Laboratorium der Stammesgeschichte zerstört.

sener Kielschwanzleguan ein Jungtier schnappte und zur Gänze verschlang! Erwachsene Artgenossen werden dagegen bedroht. Dazu stellt sich der Revierinhaber gerne breitseits zum Eindringling, spreizt den Kehlsack und erhebt sich im typischen Falle auf seine vier Beine. Auch der Schwanz wird angehoben. Der Rücken ist leicht gekrümmt. Der aufgeblasene Körper wird bauchseits seitlich zusammengedrückt, so daß die Echse dem Gegner eine möglichst große Fläche zur Schau stellt. In dieser Stellung erfolgt das charakteristische Drohnikken, in dessen Verlauf der Kopf angehoben und gesenkt wird. Gleichzeitig beugt und streckt sich die Echse in den Ellenbeugen. Die beigefügte Abbildung illustriert den Vorgang.

Ch. C. Carpenter hat dieses Drohimponieren näher untersucht und herausgefunden, daß das Nicken inseltypische Abweichungen zeigt. Der hier abgebildete *Tropidurus delanonis* von Hood (Española) hebt den Kopf beim Nicken einmal kurz und dann höher an und macht dann eine Pause. Die auf Floreana lebenden Kielschwanzleguane heben dagegen den Kopf zuerst einmal hoch an, dann folgt ein niederer Ausschlag, dem unmittelbar ein hoher und wieder ein niederer Ausschlag folgt. Das wiederholt sich nach einer Pause. Es gibt gewissermaßen für die verschiedenen Inselpopulationen typische Nickmodi. Carpenter hat sie nach Filmaufnahmen registriert, und wir geben seine Aufzeichnungen wieder (Abb. 197). Man kann ihnen entnehmen, daß auch die bisher als eine Art *(Tropidurus albemarlensis)* geführten Echsen von James (Santiago), Jervis (Rábida), Santa Cruz, Barrington (Santa Fé), Isabela und Fernandina unterschiedliche Nickmodi aufweisen. Nur jene von Isabela und Fernandina unterscheiden sich nicht voneinander. Es könnte sein, daß man bei neuerlicher morphologischer Überprüfung die »albemarlensis«-Art in weitere fünf Unterarten aufgliedern kann. Um »Ethospezies«[1] handelt es sich sicher: Die Unterschiede sind erblich fixiert. Es müssen zufällige Erbänderungen sein – die Unterschiede können kein Ergebnis der

---

1 Ethospezies = Art, die durch ihr Verhalten von einer anderen, sonst gleichen Art unterschieden ist.

Selektion sein –, da ja jede Insel nur eine Art beherbergt. Das Verhalten dient daher nicht dazu, eine Art von einer anderen, im gleichen Gebiet lebenden abzugrenzen. Wir haben es hier wohl mit jener Art von Erbänderungen zu tun, die sich in kleinen Populationen ständig vollziehen und dazu führen, daß geographisch voneinander isolierte Populationen einer Art im Laufe der Zeit auseinanderdriften, auch wenn keinerlei Selektionsdrucke sie nach verschiedenen Richtungen hin formen.

Dem Drohimponieren folgt ein Kampf, wenn der Gegner nicht auf das Drohen hin das Revier verläßt. Dieser Kampf,

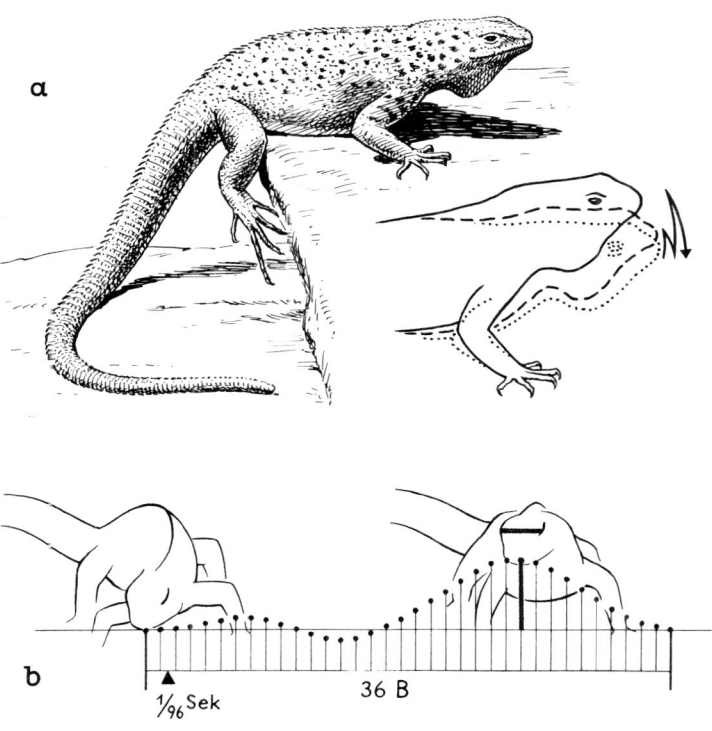

196 Der Nickmodus von *Tropidurus delanonis* (Hood) (aus: Eibl-Eibesfeldt 1966a).

333

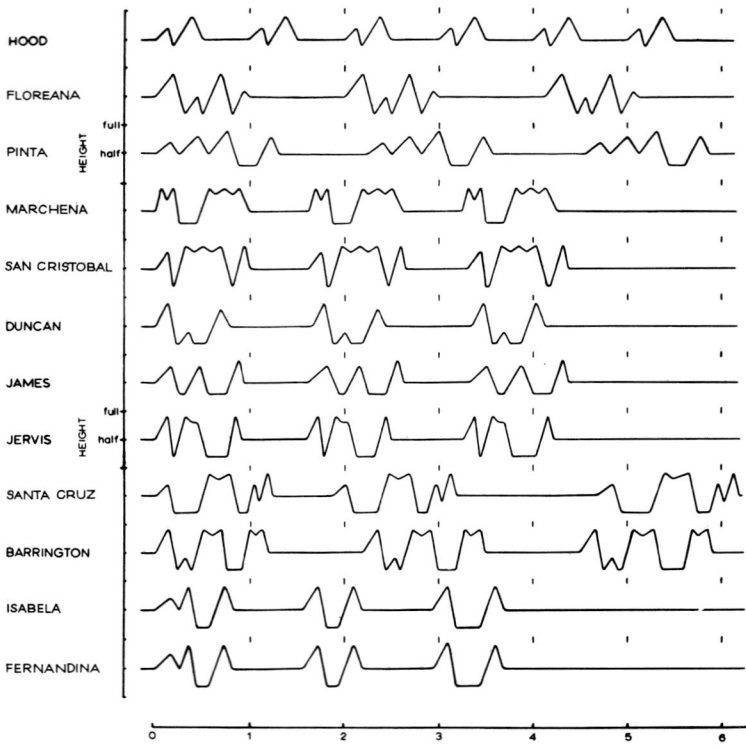

197 Die Nickweisen verschiedener Inselrassen des Kielschwanzleguans (*Tropidurus*) (aus: Ch. C. Carpenter 1966).

den ich ebenfalls filmte, ist ein Turnierkampf. Aus der Drohstellung läuft der Revierinhaber gegen den Rivalen vor, bis er neben seinem Gegner steht. Oft noch den Schwung des Anlaufes nutzend, schlägt er mit seinem Schwanz gegen Schnauze oder Flanken des Gegners. Der antwortet oft ebenso. Mir fiel bei den Hoodschen Echsen auf, daß das Schwanzende oft etwas verdickt ist. Vielleicht entwickelte sich eine morphologische Anpassung an diese Kampfesweise in Form eines keulenartigen Gebildes.

334

Neben solchen Turnierkämpfen gibt es auch Beschädigungskämpfe.

Im März 1966 saß ich auf der Veranda der Charles-Darwin-Station und fütterte das zahme Kielschwanzleguan-Männchen »Fitz-Herbert« mit Fliegen, die es ohne Zögern aus der Hand nahm. Das völlig zahme Tierchen beherrschte den größten Teil des betonierten Vorplatzes und suchte regelmäßig den Wohnraum auf. Auf einer Seite des Sitzplatzes lebte jedoch ein anderes, jüngeres Männchen, das ebenfalls gern in die Wohnung ging, dem zahmen Männchen jedoch stets eilig auswich; es genügte dessen kurzes Drohen, um es einzuschüchtern. Am 4. März verlor Fitz-Herbert durch einen Unfall seinen Schwanz. Zunächst büßte er nichts von seinem Rang ein, aber allmählich begann sein jüngerer Nachbar den Wechsel zu bemerken, und am 7. März stellte er Fitz-Herbert zum Kampf. Der nahm die Herausforderung an, stellte sich breitseits zum Gegner und krümmte seinen Rücken in Vorbereitung zum Schwanzschlag. Augenblicke später schlug er zu, aber es blieb nur bei einem kurzen Rucken des Körpers, denn der Schwanz fehlte ja. Für einen Augenblick sackte Fitz-Herbert in sich zusammen, dann zog er sich nickend zurück. In den folgenden Tagen beobachtete der Direktor der Station, Roger Perry, wiederholt, daß Fitz-Herbert von seinem jüngeren Rivalen heftig verfolgt wurde. Dessen völlige Niederlage verhinderte er, indem er dem Verfolger gelegentlich ein Glas voll Wasser übergoß. Am 15. März sah ich Fitz-Herbert bereits in voller Flucht vor seinem jüngeren Rivalen durchs Wohnzimmer laufen. Da trat gegen Mittag ein ganz unerwarteter Wechsel ein. Fitz-Herbert wurde wieder von seinem Rivalen bedroht. Er drohte zurück, packte ganz unvermittelt vorstoßend den Schwanz seines Gegners und ließ ihn nicht mehr los. Das war freilich ganz gegen die Regeln des Turniers, aber es half. Sein Gegner versuchte zwar ebenfalls zu beißen, aber es gelang ihm nicht, seinen Rivalen zu packen. Der Biß glitt an dessen gestrafftem Körper ab, und einen Schwanz, den man packen konnte, hatte er ja nicht. Fitz-Herbert schüttelte unterdessen den Schwanz seines Rivalen wiederholt und heftig, und nach vier Minuten gab dieser auf. Er kroch davon, Fitz-Herbert noch gut einen Meter weit

hinter sich herschleifend. Von da ab war dieser wieder der unumstrittene Herrscher auf der Veranda.

Die Beobachtung wirft eine ganze Reihe interessanter Fragen auf. Wann bemerkt so eine Echse, daß sie ihren Schwanz verloren hat? Versuchen alle zunächst einmal, mit ihrem nicht vorhandenen Schwanz zu kämpfen, und schalten sie erst nach vergeblichen Versuchen auf den wohl ursprünglicheren Beschädigungskampf um? Und schließlich – wie ändert sich das Verhalten der Echse mit dem langsamen Nachwachsen des Schwanzes?

Beim Werben stolzieren die Männchen mit aufgerichtetem Rückenkamm steifbeinig um ihre Auserwählte. Sie nicken dabei, in den Ellenbeugen einknickend, auffällig mit dem ganzen Vorderkörper und spreizen ihren Kehlsack. Das Weibchen drückt seine Paarungsbereitschaft aus, indem es sich flach vor das Männchen hinlegt.

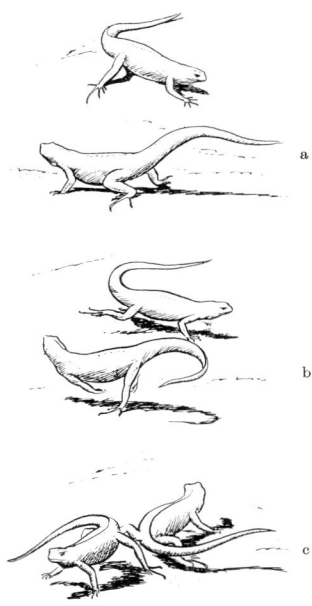

198 Der Beschädigungskampf des revierverteidigenden schwanzlosen Kielschwanzleguans »Fitz-Herbert« von Santa Cruz.
(a/b) Er hat den Rivalen am Schwanz gepackt und schüttelt ihn kräftig.
(c) Der Besiegte versucht, noch immer am Schwanz festgehalten, zu entkommen.

199 (rechts)
Die Schwanzschlagturniere kämpfender Kielschwanzleguane der Insel Hood (aus: Eibl-Eibesfeldt, 1966a).

Kielschwanzleguane gibt es auf den kleinsten Klippen. Ich erwähnte bereits die Echsenpopulation der Guy-Fawkes-Inseln. Ein paar hundert Quadratmeter Land mit einigen dürftigen Kräutern genügen. Es ist völlig rätselhaft, wie sich eine Echsenpopulation unter solch extremen Bedingungen halten kann. Die Echsen sind sicher Generalisten, mit großer Anpassungsfähigkeit. Auf Fernandina sah ich, daß Kielschwanzleguane Lausfliegen vom Gefieder der brütenden Kormorane absuchten. Solche Nahrung bieten die Seevögel auf vielen Klippen. Auf Hood (Española) sah ich sie in der Gezeitenzone kleine Krabben jagen. Ich sah sie hier auch von den Blättern einer kleinen in der Uferregion häufigen sukkulenten Pflanze fressen. Es lohnt sich sicher, die Biologie dieser kleinen Echsen genauer zu studieren.

Ein Abstecher nach Kokos

Ungefähr auf dem halben Wege der Strecke Galápagos–Panama liegt auf dem 7. nördlichen Breitengrad die kleine Kokos-Insel. Wie ein Smaragd ruht sie in der azurblauen See, üppig bewachsen, wie man es von einer Tropeninsel erwartet. Da sie der warme Äquatorialstrom umspült, entladen sich fast täglich Tropengewitter über ihren steilen Hängen.

Mit den Galápagos-Inseln ist sie durch den Kokos-Finken *Pinarolaxias inornata* verbunden, den einzigen Vertreter der Darwin-Finkenfamilie *Geospizidae*, der außerhalb des Galápagos-Archipels lebt, und auch die Gabelschwanzmöwe besucht sie bisweilen. Sie ist ferner wie Galápagos als Seeräuber- und Schatzinsel in die Geschichte eingegangen, und schließlich erhebt sie sich von einem unterseeischen Bergrücken, den man neuerdings als Rest einer Landbrücke ansieht, die von Costa Rica bis 100 Meilen an die Galápagos-Gruppe heranreichte. K. W. Vinton hat auf diese Weise 1951 den Brückenschlag zwischen den schon besprochenen Theorien über die Herkunft der Galápagos-Tierwelt versucht. Dadurch, daß er das Festland näher an die Galápagos-Inseln heranrückt, will er die ozeanische Theorie für die Verfechter der Landbrückentheorie schmackhafter gestalten. Die heutige Bodenformation des Pazifischen Ozeans spricht für seine These. Man kann nämlich auf den neuesten Seekarten den Umriß zweier niedriger Bergrücken erkennen, die sich von Costa Rica und Panama in den Pazifischen Ozean erstrecken. Der Panama-Rücken ist kurz und endet etwa in der Höhe der Malpelo-Insel, während der Costa Rica-Kokos-Rücken bis nahe an Galápagos heranreicht. Würde man den gesamten Ozeanboden so lange anheben, bis die Galápagos-Inseln als einheitliche Landmasse erscheinen, dann würde sich gleichzeitig ein niedriger Bergrücken von Costa Rica bis nahe an die Galápagos-Landmasse heranschieben. Eine solche Landzunge würde die Meeresströmungen von Mittelamerika und aus der damals noch mit dem Pazifik verbundenen Karibischen See zu den Galápagos-Inseln leiten. Begreiflich, daß ich sehr neugierig war, diese Kokos-Insel aus eigener Anschauung kennenzulernen. Würden wir Hinweise entdecken, daß es sich hier um einen Rest jener hypothetischen Landbrücke handelt? Als wir 1954 mit der »Xarifa« von den Galápagos-Inseln heimwärts fuhren, nützten wir die Gelegenheit zu einem kurzen Besuch.

Wir ankerten in der Wafer-Bucht. Rechts und links erhoben sich steile, bewaldete Hänge, über die silbrige Wasserfälle in die Tiefe stürzten. Die Üppigkeit der Wälder erinnerte an jene Mittelamerikas. Schlanke Kokospalmen neigten sich über die schwarzen Lavablöcke am Ufer, und die Hänge dahinter waren ein üppiges Gewirr von Büschen und Bäumen, zwischen denen Lianen unzählige Brücken spannten. Selbst die toten Zweige abgestorbener Baumriesen schienen voller Leben, denn Farne, Moose, Bromeliaceen und Orchideen wucherten aus der morschen Rinde. Es war das Bild überschäumender Fülle, wie sie uns auch in den Regenwäldern des Festlandes begegnet. Dieser Eindruck verliert sich jedoch, wenn man genauer hinsieht. Stewart fand, daß die Farne, deren winzige Sporen bekanntlich am leichtesten vom Wind vertragen werden, die artenreichste Pflanzengruppe auf Kokos sind. Alle übrigen Familien sind dagegen nur durch wenige Arten vertreten, und die Gesamtzahl der Arten beträgt nur ein Sechstel der auf Galápagos nachgewiesenen Arten. So kommt der Botaniker zum Schluß, daß diese Insel ozeanischen Ursprungs ist und nie eine Verbindung mit dem Festland besaß. Und sie kann auch nicht sehr alt sein, denn während auf den Galápagos-Inseln rund 41 % der Pflanzen endemisch sind, sind es auf der Kokos-Insel nur 8,6 %.

Daß diese Insel jugendlichen Alters ist, sieht man auch an der dünnen Erdschicht, die die Felsen bedeckt, und daran, daß die vielen schnellfließenden Bäche sich kaum ein Bett gegraben haben. Die silbernen Wasserfälle, die über die Bergstufen in die Tiefe stürzen, haben kaum den Fels gekerbt. Auch spricht die Armut an Buchten eher dafür, daß die Insel ursprünglich klein war und nicht etwa der vom Meer verwüstete Rest einer großen Insel ist.

Als ich schließlich die dampfenden Wälder dieser Insel durchstreifte, überzeugte mich die Armut der Tierwelt vollends von ihrem ozeanischen Ursprung. Kein einziger Frosch hüpfte durch das nasse Laub. An Eidechsen sah ich nur die kleine *Anolis townsendi* durch das Gras und über die Zweige huschen. Mit den vier einzigen Landvogelarten der Kokos-Insel hatte ich bald Bekanntschaft gemacht. Die kleinen gelben

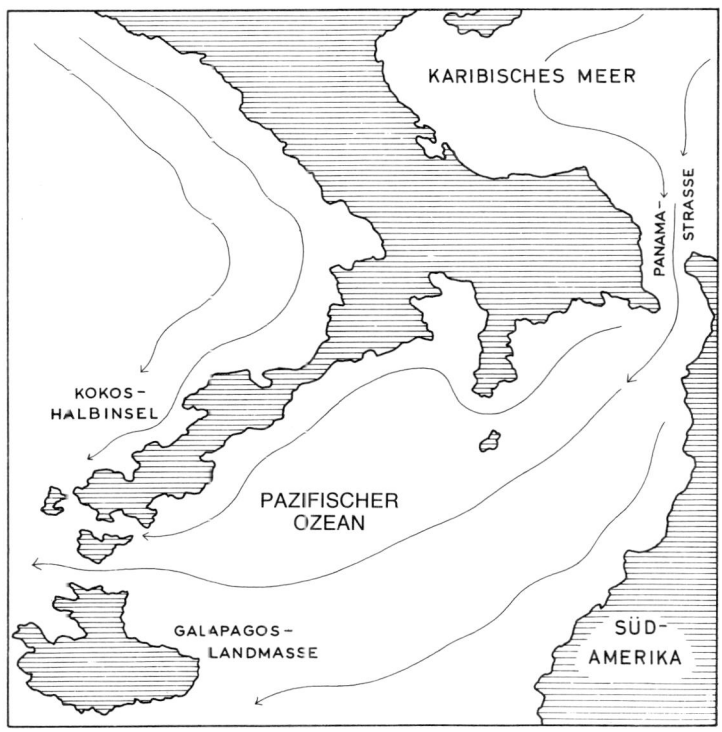

200 Die hypothetische Kokos-Halbinsel, die bis nahe an die Galápagos-Landmasse heranreichte (nach: Vinton).

Laubsänger gehörten der Art *Dendroica petechia aureola* an, die auch auf den Galápagos-Inseln zu Hause ist. Dann gab es die olivgrünen Fliegenschnäpper *Nesotriccus ridgwayi*, die man unter den grünen Lauben kaum wahrnahm, und die überaus häufigen Kokos-Finken, die Boden und Laubkronen nach Insekten durchsuchten. Daß sie den Darwin-Finken angehörten, sah man auf den ersten Blick. Die Männchen waren kohlschwarz wie so viele Vertreter dieser Gruppe, und die Weibchen hatten das typische oliv und braun gesprenkelte Kleid. Die Finken hatten spitze, schlanke Schnäbel. Vom Kokos-Kuckuck *Coccycus ferrugineus* hörte ich nur die Stimme.

Sonst gab es in diesen Regenwäldern nur Seevögel. Rotfüßige Tölpel der Art, die wir schon auf Tower (Genovesa) beobachteten, saßen auf den schwankenden Lianen, auf denen man eher Papageien erwartet hätte. Sie kamen mir hier ebenso deplaziert vor wie die kleinen Feenseeschwalben, die ich hier zum ersten Male sah. Auf den Galápagos-Inseln war mir dieser zarte Vogel nicht begegnet. Sie hatten ein blendend weißes Gefieder, einen schwarzen Schnabel und schieferfarbene Beine. Bemerkenswerterweise haben diese Seeschwalben unter dem weißen Gefieder eine schwarze Haut, offenbar als Schutz gegen die intensive Sonnenbestrahlung. Sie waren sehr neugierig und flatterten mir des öfteren um den Kopf, sicherlich ein Wesenszug der Art, denn man berichtet gleiches von den atlantischen Feenseeschwalben. Im Flug erscheinen sie so zart, daß sie kleinen Geisterchen gleichen. Ungewöhnlich sind die Brutgewohnheiten dieser Seeschwalben. Sie bauen nämlich keine Nester, sondern legen ihr Ei auf den blanken Fels oder, was noch verwunderlicher ist, auf einen dickeren Ast, dort wo er aufgerauht ist. Es ist wirklich erstaunlich, daß die Eier nicht vom Winde heruntergeblasen werden. Die Jungen haben starke Krallen, mit denen sie sich festhalten können.

Da es sehr schwül war, badete ich in dem kleinen Süßwasserfluß. Es war ein langentbehrter Genuß, den ich durch einen kühlen Trunk frischer Kokosnußmilch zu steigern wußte. Im Fluß gab es große Garnelen und Grundeln, die sich mit ihren zum Saugnapf umgestalteten Bauchflossen gegen die Strömung am Geröll festhalten konnten.

Sehr überrascht war ich, als ich von meinem Rastplatz aus einen Trupp schöner Virginiahirsche über eine Lichtung ziehen sah. Ich konnte bis heute nicht erfahren, wer diese Tiere hier ausgesetzt hatte.

Beim Weiterwandern scheuchte ich einen Trupp Wildschweine auf, die man offenbar bei einem der gescheiterten Besiedlungsversuche ausgesetzt hatte. Der Boden war von diesen Tieren ganz zerwühlt. Sie waren sehr scheu. Daß sie auch zudringlich frech werden können, das stellte unser Schiffsarzt und Amateurfunker Dr. Heino Sommer bald darauf fest. Von der Kokos-Insel hatte nämlich noch kein Amateur seine Signale in den Äther gesandt, und das als erster zu tun, bedeutet einem Amateurfunker gleich viel wie einem Bergsteiger eine Erstbesteigung. So mußte denn das schwere Funkgerät an Land. Es war nicht einfach, denn die Dünung ist stark, und man kann mit dem Boot nicht bis an die Küste. Wir luden daher das schwere Gerät auf unsere Schultern und wateten an Land, während ein Hai in dem trüben Wasser um uns nach Fischen jagte. Wir merkten es erst, als wir schon nahe am Ufer waren, sonst wären wir bestimmt nicht ins Wasser gestiegen. Dr. Sommer schlug sein Zelt am Ufer auf und funkte mit einigem Erfolg bis spät in die Nacht, dann ging er schlafen. So um die Geisterstunde erwachte er, weil sich sein Zelt von allen Seiten her bewegte. Dazu grunzte und schnüffelte es aus allen Ecken. Sommer fuhr aus seinem Zelt und stolperte der Länge nach über eine ausgewachsene Wildsau, die wohl ebenso erschrak wie er. Der Spuk verschwand aber nur, um sogleich wiederzukehren, als Dr. Sommer sich wieder zur Ruhe begeben hatte. Er mußte schließlich mit einem Knüppel in der Hand vor dem Zelt sitzen, um seine kostbaren Apparate vor den Schweinen zu schützen. Es war, als wollten die Geister der Schatzinsel den Eindringling vertreiben.

Mitten im Pflanzendickicht stieß ich auf eine Kiste Dynamitpatronen; ein verrosteter Herd, eine vermoderte Bettstatt und die Reste einer Wellblechbaracke zeigten den Ort an, an dem Kapitän Gissler zwanzig Jahre hauste, in der Hoffnung, den reichen Schatz zu bergen, der hier irgendwo in der Nähe bis auf den heutigen Tag verborgen ist. Schlanke Kokospalmen über-

201 Die »Xarifa« vor der Kokos-Insel (Foto: Hans Hass).

schatteten diesen Ort. Ihre Stämme waren über die ganze Länge mit Epiphyten bewachsen, deren Blätter von innen nach außen rot, gelb und dann blaugrün leuchteten, wenn die Sonnenstrahlen sie trafen.

Der Schatz, den er wie so viele andere suchte, ist gut verbürgt. Er stammt von Benito, einem portugiesischen Kapitän, der lange die Karibische See und die Westküste Südamerikas unsicher machte und schließlich etwa um 1820 seine Beute auf der Kokos-Insel vergrub. Er wurde kurz danach gefangen und mit seiner Mannschaft hingerichtet. Nur zwei Männer namens Thompson und Chapelle entkamen. Dieser Thompson befehligte einige Jahre später eine englische Schaluppe, die im Hafen von Callao lag. Peru hatte sich damals von Spanien unabhängig gemacht, und Bürgerkriege tobten. Da das Fort bedroht war, brachte man einen großen Teil des Vermögens der Bürger von Lima und Kirchenschätze im Wert von Millionen auf das Schiff. Die Versuchung war groß. Nachts töteten Thompson und seine Mannschaft die peruanischen Wachen, sie lichteten den Anker, entkamen nach Kokos und vergruben dort ihre Reichtümer. Vor Panama wurden sie jedoch gefangen, und wiederum entkam nur Thompson mit einem Gefährten. Man hatte sie geschont, sie sollten das Versteck zeigen, aber sie entwischten nachts und versteckten sich auf einem englischen Walfänger.

Thompson kehrte nie wieder nach Kokos zurück, aber er vertraute sein Wissen einem Manne namens Keating an, der später mit einem Kapitän Bogue auszog, um den Schatz zu heben. Durch Unvorsichtigkeit der beiden erfuhren jedoch die Matrosen vom Zweck der Fahrt. Sie meuterten vor Kokos und forderden Beteiligung, die man schließlich zum Schein gewährte. Nachts nahmen jedoch die beiden ein großes Boot, versahen es mit Wasser und Proviant und verließen das Schiff. Sie fuhren zuerst zur Küste, fanden den Schatz und bargen, soviel sie konnten. Aber nur Keating erreichte das Festland. Er

202 Die Küstenwälder von Kokos. Die Kokospalmen sind über und über mit Bromeliaceen bewachsen (Foto: Hans Hass).

gab an, sein Freund hätte sich zu schwer mit Gold beladen und wäre ertrunken. Was wirklich passierte, weiß heute niemand mit Sicherheit. Gewiß ist nur, daß Keating Goldbarren und Goldmünzen umtauschte. Da es sich nur um einen Bruchteil des versteckten Schatzes handeln konnte, mußte also noch etwas zu holen sein, und diese Tatsache lockte in der Folge die verschiedenartigsten Menschen an. Am meisten Ausdauer bewies August Gissler, der mit seiner Frau fast zwanzig Jahre auf der Insel verbrachte, ohne den Schatz zu entdecken.

Es liegt ein seltsamer Zauber über einem solchen Platz, dem man sich selbst als Naturwissenschaftler nicht ganz entziehen kann. Als ich am Ufer einen rostigen Spaten entdeckte, setzte ich mich hin und malte mir im Geiste die Szenen aus, die sich hier an diesem weltverlorenen Platz wohl abgespielt haben mochten. Auf Spuren der Besucher stieß man überall, selbst unter Wasser. Bei Tauchabstiegen in der Wafer-Bucht fanden wir in 18 Meter Tiefe das Wrack eines großen Dreimasters. Die Dünung hatte es bereits zertrümmert, und auf den Platten und Aufbauten wuchsen wunderschöne Korallen. Die wenigen noch erhaltenen Räume waren von finsteren Zackenbarschen und roten Husarenfischen bewohnt.

Den Schatz haben auch wir nicht gehoben, dennoch zogen wir bereichert weiter. Gerade in seiner Armut an Tieren zeigte sich Kokos als Lehrbeispiel einer ozeanischen Insel.

Als ich mich auf den Heimweg machte, hatten düstere Wolken die Insel umhüllt, der Himmel öffnete seine Schleusen, und ich war im Nu durchnäßt. Aber wer so lange Regen entbehrt hat, genießt einen warmen Tropenschauer. Am Ufer schließlich bescherte mir die Kokos-Insel noch eine kleine Entdeckung. Auf den dunklen Lavafelsen in der Brandung saßen überall große Käferschnecken und Napfschnecken.

Diese Schnecken saugten sich, wenn man sie berührte, so fest an den Untergrund, daß ich mich lange vergeblich um eine bemühte. Erst nach einigen Versuchen entdeckte ich die geeignete Methode, sie zu erbeuten. Man mußte warten, bis sie krochen, und sie dann ganz unvermittelt seitlich gegen das Gehäuse drücken. Als ich die Napfschnecken näher betrachtete, sah ich, daß auf den meisten noch mehrere kleine Napfschnek-

203 Die ortstreue Napfschnecke *Siphonaria gigas*. Auf der Schale des erwachsenen Tieres ein Jungtier, daneben Sasse eines Jungtieres.

ken saßen; wie sich später herausstellte, Jungtiere der gleichen Art. Zu meiner großen Überraschung entdeckte ich bei genauerem Hinsehen ferner, daß jede dieser drei Jungschnecken auf der Schale der Alten einen bestimmten Schlafplatz hatte, zu dem sie offenbar nach ihren Weidegängen zurückkehrte. Diese Stellen waren etwas vertieft und genau der äußeren Kontur der kleinen Schnecken angepaßt, so genau, daß sie nur jeweils für ein bestimmtes Tier paßten. Die Jungen hatten diese Sassen aus der Schale der alten Schnecke herausgelöst. Man konnte sogar den Abdruck des Fußes erkennen. Sie wohnten offenbar ortstreu auf der Schnecke, da sie abweideten. Auch die alten Schnecken schienen ortstreu zu sein. Sie hatten zwar keine vertieften Schlafplätze auf den Felsen, wahrscheinlich können sie das Lavagestein schlecht auflösen, doch hatten sie sich an der Kontur ihres Schalenrandes so genau den Unregelmäßigkeiten des Felsens auf ihrem Schlafplatz angepaßt, daß sie mit ihm geradezu verwachsen schienen. Sie kehrten also ebenfalls offensichtlich zu einem bestimmten Schlafplatz zurück.

Bei diesen Napfschnecken handelt es sich um Wasserlungenschnecken. Sie sind von den echten Napfschnecken *(Patella)* äußerlich kaum zu unterscheiden. Bei letzteren handelt es sich aber um Schnecken, die systematisch einer anderen Ordnung (Schildkiemer), ja sogar einer anderen Unterklasse angehören. Sie sind also nur ganz entfernt verwandt und haben die ähnliche Schale in konvergenter Anpassung an die Brandungsregion entwickelt. Man könnte die Vertreter der Gattung *Siphonaria* auch als falsche Napfschnecken bezeichnen. Die echten Napfschnecken *(Patella)* kehren bei Ebbe ebenfalls in individuelle Sassen zurück. Durch neuere Experimente fand man heraus, daß sie sich dabei an der eigenen Schleimspur orientieren. Jedes Tier kennt seinen eigenen Schleim und verfolgt nach dem Weiden seine eigene Schleimspur zurück. Unterbricht man die Schleimspur, indem man sie entfernt, während die Schnecke weidet, dann ist sie desorientiert und findet nicht mehr heim. Es würde mich nicht wundern, wenn auch die falschen Napfschnecken *(Siphonaria)* in Konvergenz einen ähnlichen Orientierungsmechanismus entwickelt hätten.

James – die Seeräuber- und Pelzrobbeninsel

Zierlich wie eine Elfe schwebte der kleine braune Vogel so knapp über den schaumgekrönten Wellen, daß ich immer wieder fürchtete, die Dünung müsse ihn einmal überrollen. Aber geschickt hob und senkte sich der winzige Federball im Rhythmus der Wellen. Ich saß ganz vorn am Bug unseres kleinen Fischerbootes, sah dem munteren Spiel der Sturmschwalben zu und beschäftigte mich in Gedanken schon mit der Galápagos-Pelzrobbe, der heute unsere Suche galt.

Während die Galápagos-Seelöwen noch im ganzen Inselgebiet zahlreich zu Hause sind, trifft man die Pelzrobbe heute nur mehr selten an. Der amerikanische Zoologe Ch. C. Townsend, der sich eingehend mit der Tierwelt der Galápagos-Inseln befaßt hat, schrieb bereits im Jahre 1934: »Die eigentümliche Galápagos-Pelzrobbe, einst zahlreich, ist wahrscheinlich nahe der Ausrottung, da in den vergangenen Jahren keine mehr gesehen wurden. Ich habe vor mir einige Berichte, nach denen zwischen 1816 und 1897 17485 Robbenpelze von den Galápagos-Inseln exportiert wurden. Pelzrobben wurden auf den meisten Inseln gefunden, und viele wurden in Höhlen getötet.« Im Jahre 1932 fand die Allen-Hancock-Expedition eine kleine Pelzrobbenherde an den Ufern der Tower-Insel (Genovesa), und wir selbst hatten 1954 einzelne Tiere in der Darwin-Bucht gesehen. Gab es keine größeren Herden mehr?

Wir suchten an den Ufern der Inseln San Cristóbal, Hood (Española), Floreana, Santa Cruz, Barrington (Santa Fé), Isabela, Duncan (Pinzón), Jervis (Rábida) und Fernandina, aber an keinem dieser Plätze fanden wir Pelzrobben. Ich erfuhr jedoch von den Siedlern, daß es auf der Insel James (Santiago) welche geben sollte. Darum hatten wir einen kleinen Fischkutter gechartert und waren wieder einmal losgezogen.

Gespannt sah ich der Insel entgegen. Die unruhige Silhouette von James war bereits im bläulichen Dunst zu sehen. Bis zur James-Bucht (auf der gleichnamigen Insel) war es jedoch noch eine gute Weile. Aber die Zeit wurde mir hier nicht lang.

Eben trieben ganze Scharen von Segelquallen vorbei. Wunderschön hoben sich die zartrosafarbenen Schwimmglocken von der blauen See ab. Jede dieser etwa 10 Zentimeter langen Glocken war seitlich etwas zusammengedrückt. Mit der Breitseite gegen den Wind trieben sie passiv auf dem Meere dahin. Unter der Glocke hingen die dehnbaren, nesselbewehrten Fangfäden, mit denen die Quallen ihre Umgebung abfischen. Die Beute wird mit dem Gift ihrer Nesselbatterien betäubt, das selbst einen Menschen brennen kann. Junge Lotsenfische nützen das aus, sie verstecken sich zwischen den Fangfäden und sind dort vor Raubfischen sicher. Sie sind aber, soviel wir wissen, keineswegs gegen das Nesselgift der Segelquallen immun, vielmehr entgehen sie den nesselnden Fangfäden der Qualle einzig und allein durch ihre eigene Geschicklichkeit.

Jede der Segelquallen macht bei oberflächlicher Betrachtung zunächst einmal den Eindruck eines einzigen Tierindividuums. Wenn wir jedoch ihre Anatomie und Entwicklungsgeschichte genauer studieren, stellen wir fest, daß es sich eigentlich um Tierstöcke handelt. Jede Segelqualle setzt sich aus zahlreichen Einzeltieren zusammen, deren jedes auf eine andere Aufgabe spezialisiert ist. Da gibt es Geschlechtsmedusen, die nur der Fortpflanzung dienen, andere wiederum sind als Freßpolypen spezialisiert, ja selbst die Schwimmglocke ist ein umgewandeltes Einzeltier. Aber keines von diesen kann mehr allein für sich bestehen. Alle sind zu sehr auf eine Aufgabe spezialisiert: Sie wurden zu Organen in einem Organismus höherer Ordnung.

Immer wieder leuchteten blaue Punkte im Wasser auf, um sogleich wieder zu verglimmen. Ich sah sie auch auf meinen späteren Reisen und in allen tropischen Meeren. Es dauerte Jahre, bis ich endlich herausfand, daß es sich um einen kleinen Krebs *(Podoceros)* aus der Familie der Flohkrebse *(Gammaridea)* handelte. Man sieht diese Leuchtpunkte oft, vor allem morgens bei ruhiger See, am ankernden Schiff vorbeitreiben.

Zwischen den Segelquallen trieben auf der blauen Meeresoberfläche winzige Schaumflöckchen, die mir durch ihre große Beständigkeit auffielen. Neugierig fischte ich so ein Flöckchen mit dem Kescher, und siehe da, die Luftblasen zerplatzten nicht. Ich hielt ein kleines Schaumfloß in den Händen, zusammengesetzt aus lauter Luftblasen, die von einer festen Hülle umschlossen waren. Und unter diesem Floß saß der Erzeuger: eine himmelblaue Schnecke! Ein weiteres Tier, das auf der Schnecke saß, entkam.

Man kennt die Floßschnecken aus allen tropischen Meeren. Passiv treiben sie auf der Meeresoberfläche dahin. Stoßen sie auf irgendein Kleinlebewesen, dann packen sie es mit ihrem zahnbewehrten Rüssel und verschlingen es. Ihr Floß bauen sie, indem sie die Wasseroberfläche mit ihrer Fußsohle berühren und Schleim absondern. Dann beulen sie den Fuß ein und schließen die Fußränder über der luftgefüllten Delle. Die Luftblase wird dabei mit einem erhärtenden Schleim umhüllt und an das Floß geheftet. Der ganze Vorgang dauert etwa 30 bis 40 Sekunden! Das Schaumfloß ist ein bequemes Transportmittel und zwischen den zahlreichen Schaumflocken der Meeresoberfläche eine geradezu ideale Tarnung.

Ich legte mich am Bug auf den Bauch und fischte! Beim zweiten Fischzug erwischte ich auch den Passagier, der auf der Schnecke mitreiste und der mir beim erstenmal entkommen war. Es war eine himmelblaue Ruderkrabbe, die mit der helleren Bauchseite nach oben auf dem blauen Schneckengehäuse saß. Zuerst glaubte ich, es wäre ein rein zufälliges Zusammentreffen, aber ich fand unter jeder Schnecke, die ich fing, einen solchen Mitbewohner, der sich ganz offenbar aufs Mitreisen spezialisiert hatte. Sie nützten den Schutz, den die als Schaumflöckchen getarnte Floßschnecke bot.

Plötzlich wäre mir vor Schreck beinahe der Kescher aus der Hand geglitten, als unter mir ein großes dunkles Etwas auftauchte oder vielmehr aus der Tiefe heraufschoß und mit einem Satz aus dem Wasser sprang, wobei es mich völlig bespritzte. Es war ein großer Delphin, und mehrere seiner Art folgten. Leise quiekend spielten sie um unseren Bug. Die glänzenden Rücken dieser Zahnwale tauchten immer wieder direkt unter meinen Beinen auf. Mit einem Geräusch, das an das Entkorken einer

Sektflasche erinnerte, öffnete sich die unpaare Nasenöffnung an der Kopfoberseite, ein kurzer Schnaufer, und schon war der merkwürdige Meeresbewohner wieder verschwunden. Manchmal schossen sie mit einer Geschwindigkeit von gut 50 Kilometern aus der Tiefe herauf, dann schnellten sie in hohem Sprung aus dem Wasser. Dabei quiekten sie unentwegt. Durch diese Stimmfühlungslaute hielten die geselligen Tiere den Kontakt mit ihresgleichen aufrecht. Man weiß neuerdings auch, daß Delphine Ultraschall aussenden und nach dem Echolotprinzip Fischschwärme orten. Delphine sind ausgesprochen gesellige Tiere, die einander in Gefahr beistehen. Man hat gesehen, wie Delphine ihren verwundeten Artgenossen zur Oberfläche hoben und so eine ganze Weile trugen und daß sie Haie gemeinsam angriffen und vertrieben. Um ihre Kleinen sind sie rührend besorgt. Mütter schleppen selbst tote Junge eine ganze Weile mit sich herum, ehe sie ihre Bemühungen aufgeben.

Beim ersten Anblick dieser fischförmigen Wesen würde man nicht vermuten, daß sie von vierfüßigen Landsäugetieren abstammen. Aber die winzigen Reste eines Beckens verraten es uns ebenso wie die Tatsache, daß sie noch heute ihre Jungen säugen, durch Lungen atmen und warmes Blut besitzen. Diese räuberischen Zahnwale bringen Schrecken unter die Fische wie einst die Ichthyosaurier. Selbst die Haie, die Tiger der See, sind vor den großen Zahnwalen nicht sicher. Der Pottwal, der sogar in die Nacht der Tiefsee hinabtaucht, jagt auch jene. Wir fanden bei den Azoren im Magen eines 16 Meter langen Wales neben mehreren Riesentintenfischen drei Haie, die unzerteilt verschluckt worden waren. Der längste maß 3,10 Meter.

So plötzlich, wie die Delphinschar aufgetaucht war, so plötzlich verschwand sie wieder. Wie auf ein Kommando tauchten alle steil in die Tiefe, sie hatten wahrscheinlich einen Fischschwarm geortet.

Am späten Nachmittag fuhren wir in die James-Bucht ein, eine der schönsten Buchten des Archipels. Es ist eine wilde, fast düstere Schönheit, die sich hier dem Auge bietet. Sie zeugt von unbändigen vulkanischen Kräften unseres Planeten. Explosionen hatten die ganze Flanke von James auf halber Höhe aufgerissen, und aus zahlreichen Kratern hatte sich die schwarze Lava über viele Quadratkilometer Land ergossen, ein schwarzer, toter Fluß, der sich bis an die See herabwälzte. Die ganze Mitte der Bucht war eine einzige Lavawüste, auf der kaum ein Kandelaberkaktus wuchs. Scharf setzte sich der schwarze Strom von der grünen Vegetation des Hügellandes ab. An seinem rechten südlichen Rand erhob sich ein ebenmäßiger kleiner Vulkan aus rotbrauner Asche. Der Norden der Bucht wurde von einigen bizarren Klippen begrenzt, und dort konnte man auch streckenweise Sandstrand und Mangroven sehen. Wiederum anders sah der Südteil der James-Bucht aus. Hier hatte die See aus dem Sandstein eine 10 bis 15 Meter hohe Steilküste herausgewaschen, und da der Stein nicht überall gleichen Widerstand entgegensetzte, waren wunderlich gestaltete Nischen und Höhlen entstanden. Die Schichtstruktur des Sandsteins war in den gewellten Felsbändern schön zu sehen. Hinter dieser Küste dehnte sich ein Plateau, das mit dürrem Gras und niedrigen Akazienbäumen bewachsen war. Die verstreut stehenden grünen Bäumchen hoben sich von dem gelben Gras ab. Im Hintergrund thronten zwei ebenmäßige, rotbraune Vulkane.

Wir hielten genau auf die Sandsteinküste zu, die an einer Stelle durch einen jetzt ausgetrockneten Flußlauf tief eingeschnitten war. Dort landeten wir und bauten unser Zelt auf, und während eine frischgeschossene Ziege über dem Feuerchen brutzelte, erkundete ich die nähere Umgebung des Zeltplatzes. Zu beiden Seiten des Lagers dehnte sich ein kaum gewelltes Grasland. Der verwitterte Sandsteinboden hatte nur eine dünne Humusdecke. Oft trat das bare Gestein zutage. An solchen Stellen genossen Kielschwanzleguane die abendlichen Sonnenstrahlen. Beim weiteren Schlendern stieß ich auf ein Häufchen roter, unglasierter Tonscherben und wenig später auf ein weiteres. Über das ganze Gelände lagen die Scherbenhäufchen verstreut, vom wuchernden Gras zum Teil überwachsen. Ich befand mich auf einem alten Lagerplatz der Seeräuber. In solchen Tongefäßen pflegten sie ihren Proviant zu verwahren. Ich konnte mir vorstellen, wie hier vor knapp zweihundert Jahren die Lagerfeuer brannten und struppige Gesellen tranken, spielten und ihre Beute teilten, während draußen in der Bucht die dickbauchigen Galeonen ankerten.

Schließlich kam ich sogar an ein kleines Denkmal. Steine waren zu einem vierkantigen, sich nach oben verschmälernden Sockel aufgeschichtet, und darauf ruhte ein besonders großer Tonscherben, auf den einige Leute ihre Namen geschrieben hatten. Karl Angermeyer, las ich, Erling Gaffer und Thor Heyerdahl.

Richtig, Heyerdahl war 1955 in diesem Gebiet auf der Suche nach alten Indianerkulturen gewesen. Aufgrund von Sagen vermutete er, daß Inkas die Inseln in vorspanischer Zeit besucht hätten. Der Inka-König Tupac Yupanqui soll auf einer Fahrt in den Pazifik hinaus Inselreiche entdeckt haben. Die Erwähnung einer Feuerinsel deutet vielleicht darauf hin, daß er einen Vulkanausbruch auf Galápagos erlebte. Den eigentlichen Anstoß zu Heyerdahls Reise bildete jedoch ein Vortrag von Kapitän Lord, in dem vom Fund eines mannshohen Steingesichtes auf Floreana berichtet wurde. Heyerdahl, der eigens zu diesem Vortrag nach New York gereist war, erlebte die heftige Auseinandersetzung der Archäologen, die Lord unter anderem beschuldigten, die gezeigte Aufnahme hätte er wohl in Wirklichkeit auf der Osterinsel gemacht. Da entschloß sich Heyerdahl, nach Galápagos zu fahren und dieses Steingesicht zu untersuchen. Die deutsche Siedlerfamilie Wittmer konnte ihm dann die Geschichte des Steingesichtes erzählen, und zwar haargenau, denn sie wußten es besser als alle Archäologen. Herr Wittmer hatte nämlich die Skulptur selbst aus dem Tuffgestein herausgemeißelt, um seinem Sohn Rolf die Kunst der Steinbearbeitung zu zeigen. Als Kapitän Lord 1948 dieses Steingesicht sah, war es bereits bemoost und verwittert und sah daher alt aus.

Kapitän Lord fotografierte seinen Fund von allen Seiten und fragte den Sohn Wittmers, der damals nur wenig Englisch verstand, verschiedenes; Rolf antwortete immer brav mit »Yes«,

204 Heinz Wittmer mit dem von ihm aus Tuff gearbeiteten Steingesicht (Floreana).

denn das war das einzige englische Wort, das er gut beherrschte. Wahrscheinlich hat ihn Kapitän Lord unter anderem auch gefragt, ob der Fels schon vor der Ankunft Wittmers auf der Insel war.

Heyerdahls Überraschung war sicherlich groß. Bei einer genaueren Untersuchung des Geländes fand er jedoch im Bereich des Wittmerschen Hühnerstalles indianische Tonscherben aus vorspanischer Zeit. Er bereiste daraufhin das Inselgebiet, entdeckte auch in der James-Bucht zwischen den Scherben der Piraten Bruchstücke von Tongefäßen echt indianischen Ursprunges. Reste indianischer Siedlungen fand er nicht. Heyerdahl glaubt jedoch, mit diesen Funden vorspanische Besucher nachgewiesen zu haben. Ich persönlich bin nicht ganz davon überzeugt, denn die Wahrscheinlichkeit, daß jene Seeräuber, welche vor zweihundert Jahren die südamerikanischen Küsten heimsuchten, auch an den merkwürdig gestalteten indianischen Gefäßen, die sie dort sahen, Gefallen fanden, ist groß, und es ist daher durchaus möglich, daß sie diese Gefäße mit sich herumschleppten und dann bei ihren Gelagen zerbrachen.

Den Reigen der Piraten eröffnete eine Gruppe unter der Führung von John Cook, der auch William Dampier, Ambrose Cowley, Lionel Wafer und Edward Davis angehörten – Namen, die in die Geschichte der Seeräuberei eingingen. Sie waren von Chesapeake abgesegelt. Vor der Küste Guineas kaperten sie ein dänisches Schiff mit 36 Geschützen. Das tauften sie »Bachelors Delight« (Junggesellenlust). Sie verbrannten ihr altes Schiff und fuhren durch die Magellanstraße in den Stillen Ozean. Dort erbeuteten sie drei spanische Schiffe, die allerdings nur Mehl und acht Tonnen Marmelade an Bord hatten. Mit dieser Beute segelten sie zu den Galápagos-Inseln. Die Tonscherben, die heute in der James-Bucht verstreut liegen, mögen wohl zum Teil von dieser eigenartigen Seeräuberbeute stammen.

Cowley benützte den Aufenthalt auf den Galápagos-Inseln dazu, eine Karte zu zeichnen und die Inseln zu benennen. Sie bekamen originellerweise Namen der offiziellen Feinde der englischen Seeräuber, denn die englischen Behörden auf Jamaika, Nassau und den Bermudas hatten von Charles II. den

Auftrag, mit Spanien zusammenzuarbeiten und die Seeräuberei zu bekämpfen. Aber dieser Befehl wurde nicht ernstgenommen, und man drückte gerne zum Ärger der Spanier beide Augen zu.

Und dafür dankte Cowley. Wenman (Wolf) und Brattle wurden nach Lord Wainman und Nicholas Brattle von Jamaika, Bindloe (jetzt: Marchena) nach Leutnant Robert Bindloss, Mitglied des Rates von Jamaika, Charles (jetzt: Floreana) wurde nach König Karl II. und James nach König Jakob II. benannt[1]. Albemarle (jetzt: Isabela) bekam seinen Namen zu Ehren des Herzogs von Albemarle (George Monk), der Karl II. eingesetzt hatte und mit den Piraten auf gutem Fuß stand. Die Insel westlich von Isabela nannte er nach Sir John Narborough, einem berühmten Seefahrer der Zeit (jetzt: Fernandina). Die Abingdon-Insel (jetzt: Pinta) wurde dem Grafen von Abingdon gewidmet, und schließlich gab Cowley einem winzigen, bescheidenen Inselchen zwischen James und Albemarle seinen Namen, den es auch heute noch trägt. Er schreibt dazu: »Zwischen den Inseln York und Albemarle liegt eine kleine, für die ich den Namen Cowleys Verwunschene Insel ersann. Wir hatten sie nämlich von verschiedenen Punkten aus gesichtet, und sie erschien immer in anderer Gestalt, manchmal wie eine zerschossene Festung, dann wieder wie eine große Stadt.«

»Vielleicht«, meint Melville, »sah Cowley in dieser Insel, die sich ständig wandelte und ihn zu verspotten schien, ein nachdenkliches Abbild seines eigenen Wesens. Diese Möglichkeit ist nicht von der Hand zu weisen – besonders dann nicht, wenn er mit dem etwa zur gleichen Zeit lebenden Dichter Cowley verwandt war, der ein wenig zum Grübeln und zur Selbstverspottung neigte. Denn dergleichen liegt im Blut und kann bei einem Seeräuber genausogut zutage treten wie bei einem Dichter.«

---

1 Cowley nannte die Insel James zuerst Herzog-von-York-Insel. Als er jedoch kurz darauf erfuhr, daß der Herzog von York Nachfolger des verstorbenen Charles II. geworden war, wurde die Insel zur König-James II.-Insel.

Während Cowley die Inseln benannte, beschrieb sein Reise-
gefährte Dampier viele Einzelheiten über die Tiere und Pflanzen der Inseln. Nachdem sie schließlich ihre Vorräte deponiert
hatten, fuhren sie ab, um die Westküste Mittelamerikas unsicher zu machen.

Dort trennten sich die Reisegefährten. Dampier schloß sich
dem Freibeuter Swan an, der mit seinem Schiff zur »Bachelors
Delight« gestoßen war. Wafer blieb bei Davis, dem Nachfolger
des mittlerweile verstorbenen Kapitäns Cook, und er berichtete über die folgenden Besuche auf den Galápagos-Inseln.
1685 holten sie etwas von den eingelagerten Mehlvorräten, und
1687 teilten sie hier die Beute nach der Plünderung von Guayaquil.

1709 führte Kapitän Woodes Rogers die Kaperschiffe
»Duke« und »Duchess« zu den Galápagos-Inseln. William
Dampier war Steuermann. Im Dezember 1708 umschifften sie
das Kap Horn. Von Juan Fernández nahmen sie den Schotten
Alexander Selkirk auf, den Kapitän Stradling vier Jahre zuvor
wegen eines Streites ausgesetzt hatte. Da Dampier ihn als guten Steuermann kannte, wurde ihm bald darauf der Befehl auf
einem gekaperten Schiff übertragen, und er half eifrig bei der
Einnahme Guayaquils. Am 8. Mai kamen die »Duke« und
»Duchess« mit vier aufgebrachten Schiffen in das Gebiet der
Galápagos-Inseln. Die Seeleute hatten Durst und viele Kranke
an Bord und suchten vergeblich nach Wasser. Rogers hatte
nach den Angaben aus älteren Reiseberichten sicher Wasser zu
finden gehofft, und er beklagt sich bitter über die ungenauen
Angaben.

»Hätten wir uns in Punta Arena eingedeckt, so hätten wir
sicherlich genug Zeit gehabt, die Insel S. Maria de L'Aquada zu
finden. Angeblich ist sie eine Galápagos-Insel, wo es reichlich
gutes Wasser, Holz, Land- und Seeschildkröten... geben soll.
...Wahrscheinlich gibt es eine solche Insel, denn der Englän-
der Kapitän Davis, der in diesen Meeren Seeräuberei trieb, lag
einige Monate dort und konnte sich nach Herzenslust eindek-
ken; er sagt, es fänden sich dort auch Bäume, die treffliche
Masten gäben. Aber diese Art von Leuten und andere, mit denen ich gesprochen oder deren Bücher ich gelesen habe, haben

205 Noch heute findet man auf James die Scherbenhaufen von Tonkrügen der Seeräuber.

sehr irreführende oder falsche Berichte von ihren Fahrten und Taten in diesen Gegenden gegeben. Sie glaubten wohl, die Inseln seien zu abgelegen, als daß man ihre Erzählungen Lügen strafen könne, und so banden sie den Leichtgläubigen einen Bären auf. Auch ich war ein solcher Leichtgläubiger, bis ich jetzt nur allzu deutlich sehe, daß man sich auf keine ihrer Angaben verlassen kann. Daher will ich von diesen Inseln nicht weiter reden, die nach meiner Auffassung keineswegs der Beschreibung entsprechen, welche jene Männer uns gegeben haben.«

Wäre Rogers in der kurzen Regenzeit gekommen, dann hätte er gesehen, daß die Schilderungen der von ihm Angeklagten doch richtig waren. Deshalb auch blieb Galápagos lange ein beliebter Stützpunkt der Seeräuber, die sich an manchen Orten richtig gemütlich niederließen, wie Steinbänke und wohnlich hergerichtete Höhlen auf Floreana und an einigen anderen Stellen zeigen.

Melville zitiert die Eindrücke, die ein Reisender beim Anblick solch eines Seeräuberstützpunktes auf Galápagos empfing, und da mich ähnliche Gedanken beim Besuch dieser Stätten bewegten, seien sie hier wiedergegeben:

»Ich wandelte unter Hainen von Bäumen, die gewiß nicht sehr stattlich... waren, unter denen es sich aber bei alledem nach einer langen Seereise sehr angenehm spazieren ging – wenn sie auch keine Früchte lieferten. Und in dieser stillen Landschaft fand ich am Rande von Lichtungen und an schattigen Berghängen, die die friedlichste Szenerie beherrschten, Sitze – sollte man's glauben? – Sitze, auf denen man sich sehr gut einen Brahmanen oder auch wohl den Präsidenten einer Friedensgesellschaft hätte vorstellen können. Sie waren schön, trotz ihres Verfalls, und ihre ebenmäßigen Formen verrieten deutlich, daß sie dereinst steinerne Ruhebänke gewesen waren. Sie trugen alle Merkmale hohen Alters und künstlicher Entstehung, und es konnte nicht zweifelhaft sein, daß sie ihr Dasein den Flibustiern verdankten. Eine dieser Bänke war wie ein Sofa mit Rückenlehne und Armstützen versehen. Das wäre gerade die richtige Ruhebank für den Dichter Thomas Gray gewesen...

Obgleich die Flibustier zuweilen monatelang ununterbrochen auf der Insel weilten und sie als Lagerplatz für Reservespieren, Segel und Fässer benutzten, ist es doch höchst unwahrscheinlich, daß sie auf ihr Wohnhäuser errichtet haben. Denn da sie sich nie von ihren Schiffen trennten, ist als sicher anzunehmen, daß sie an Bord geschlafen haben. Ich bemerke das ausdrücklich, weil ich mich der Schlußfolgerung nicht entziehen kann, daß die Menschen, die diese romantischen Ruhesitze schufen, friedliebende Charaktere und aufrichtige Freunde der Natur gewesen sein müssen. Denn welche Motive sonst hätten sie wohl zu diesem Unternehmen veranlassen können? Daß die Flibustier die schändlichsten Gewalttaten verübten, ist richtig; daß einige von ihnen wahre Halsabschneider waren, läßt sich nicht bestreiten; aber wir wissen, daß sich hin und wieder unter ihnen Männer wie Dampier, Wafer, Cowley und andere befanden, denen man eigentlich nur ihr verzweifeltes Schicksal zum Vorwurf machen konnte, die irgendein Unglück, ein ihnen im geheimen zugefügtes Unrecht, für das sie sich nicht rächen konnten, oder Verfolgungen bewogen hatten, die christliche Gemeinschaft zu fliehen und die melancholische Einsamkeit oder die schuldbefleckten Abenteuer der See zu suchen. Wie dem aber auch sein mag: Solange diese halbverfallenen Ruhesitze auf der Barrington-Insel nicht völlig verschwunden sind, legen sie ein einzigartiges Zeugnis dafür ab, daß nicht alle Flibustier gefühllose Ungeheuer waren.

Doch bei meinem Umherstreifen auf der Insel dauerte es nicht lange, bis ich andere Dinge entdeckte, die vortrefflich zu dem Bilde paßten, das man sich gemeinhin – und ohne Zweifel nur gar zu sehr mit Recht – von den Freibeutern im allgemeinen zu machen pflegt. Hätte ich alte Spieren und rostige Faßreifen aufgelesen, so würde ich nur an den Schiffszimmermann und den Böttcher gedacht haben. Aber ich fand alte Entermesser und Dolche, von denen der Rost freilich nicht viel übriggelassen hatte. Sie waren Zeugen von Raub und Mord; denn zweifellos hatten sie einmal zwischen spanischen Rippen gesteckt. Andere Funde erinnerten an die Trinkgelage, die die Insel einst gesehen. Hier und da lagen hoch auf dem Strande, mit Muschelschalen vermischt, Scherben von zerbrochenen Krügen...

Mit einem rostigen Dolchfragment in der einen Hand und einer Weinkrugscherbe in der andern ließ ich mich auf dem halbverfallenen und vom Grün umsponnenen Sofa nieder, von dem ich gesprochen habe, und sann lange und tief über diese Bukanier nach. Sollte man es für möglich halten, daß sie an dem einen Tag raubten und mordeten, am nächsten maßlos zechten und sich am dritten ausruhten, sich in grübelnde Philosophen und ländliche Dichter verwandelten und steinerne Ruhesitze meißelten? Warum schließlich nicht? Denkt man an die Wandlungsfähigkeit des Menschen, so möchte man es nicht für unmöglich halten. Ich halte aber auch – so seltsam es klingen mag – an dem versöhnlicheren Gedanken fest, daß es unter diesen Abenteurern feiner organisierte, menschlichere Seelen gab, die philosophischer Gelassenheit und wahrer Tugendhaftigkeit wohl fähig waren.«

Im späten 18. Jahrhundert errichteten die Walfänger in der heute »Post Office Bay« genannten Bucht auf Floreana ein »Postamt«. Man deponierte die Post in einem auf einem Pfosten befestigten Faß, und Schiffe, die nach England fuhren, nahmen die Post mit. Das Faß ist auf einer von James Colnett 1793 angefertigten Karte der Royal Navy eingezeichnet. Die Tradition hielt sich bis in die Gegenwart. Bei unserem ersten Besuch konnten wir Briefe unfrankiert dort aufgeben. Sie wurden über die deutsche Siedlerfamilie Wittmer weitergeleitet, die sie mit einem von Sammlern begehrten Sonderstempel versah. Die Post von Ekuador leitete diese Briefe damals anstandslos weiter. Heute müssen sie allerdings frankiert sein.

Wir blieben drei Tage in der James-Bucht. Am ersten Tag machten wir einen gemütlichen Ausflug zum großen Lavafluß und dem ihm benachbarten Vulkan. Eine halbe Stunde ging es durch eine Grassteppe mit Akazien, dann kamen wir in einen Forst hoher Palo-Santo-Bäume. Die Luft war von dem Duft des würzigen Holzes erfüllt. Ein gelb blühender Hülsenfrüchtler bedeckte große Teile des Bodens, und hier sah ich zum erstenmal zahlreiche Schmetterlinge, eine Art, die an unsere Zitronenfalter erinnerte, dann einen kleinen Bläuling und einen ebenfalls sehr kleinen braunen Falter. Nach einer Stunde waren wir bereits am Krater, den wir schnell erstiegen. Er umschloß einen blaugrünen, kreisrunden Kratersee, der von einem hellgrünen und einem dunkelgrünen Vegetationsring umschlossen war. In der Mitte dieses offenbar seichten Sees standen zwei rosenrote Flamingos. Es waren die ersten Flamingos, die ich auf den Galápagos-Inseln sah! Eilig kletterte ich den steilen Hang hinunter, vielleicht ein wenig zu eilig, denn die Vögel erhoben sich in die Luft. Sie kreisten eine Weile, und ich befürchtete schon, sie würden davonfliegen. Aber sie landeten zuletzt nahe dem gegenüberliegenden Ufer. Von allen

206 Seeräuberhöhle auf Floreana. Sie diente der Familie Wittmer eine Zeitlang als Wohnung. Die aus dem weichen Stein gearbeiteten Nischen und Bänke stammen noch von den Seeräubern, der Rinderschädel von Wittmers.

Seiten kamen neugierige Galápagos-Enten zu mir. Wie aufgezogene Spielzeugfiguren begannen sie zwei Meter vor mir mit ihren zierlichen Balzspielen, die ich schon auf Fernandina so genossen hatte. Aber ich schenkte ihnen diesmal nur flüchtige Aufmerksamkeit, da mich die Flamingos viel zu sehr fesselten. Ich betrachtete die schönen Vögel durch das Glas, bis meine Augen schmerzten. Gegen ihr Rot wirkten unsere europäischen Flamingos geradezu blaß. Langsam voranschreitend, wateten sie auf ihren langen Stelzen durch den Uferschlamm, immer nur ein kleines Stückchen, dann blieben sie stehen, beugten ihren langen Hals herab und begannen den Schlamm mit ihren Schnäbeln durchzuseihen. Sie arbeiteten dabei genau nach der Technik grundelnder Enten. Beide Arten haben unabhängig voneinander den gleichen, mit Lamellen versehenen Seihschnabel entwickelt. Die Flamingos ernähren sich von Insektenlarven und anderen Kleintieren, die im Salzschlamm gedeihen. Sie gehören der mittelamerikanischen Art an. Ob sie sich unterartlich unterscheiden, weiß man noch nicht. Außer diesen beiden Vögeln gab es im Kratersee keine Flamingos. Ich sollte jedoch im weiteren Verlauf der Reise noch wiederholt das Glück haben, einige zu sehen. In einer Lagune der James-Bucht sah ich fünf Stück, im Norden der Insel Santa Cruz drei und an der Südküste, ebenfalls in einer Lagune, zwei Alttiere und drei Jährlinge. Das war leider alles. Die Tiere sind offenbar bereits sehr selten geworden, da man ihnen nachstellt. Die Siedler behaupten, sie würden gut schmecken! Das Verhalten der Flamingos uns gegenüber war unterschiedlich. Meist waren sie scheu. Einer ließ mich jedoch auf 15 Meter herankommen. Ihr Verhalten wird anscheinend sehr von persönlichen Erfahrungen beeinflußt. Brutkolonien haben wir nicht gefunden. Erst 1966 fand ich in den Lagunen bei der Sullivan-Bucht (James) Kolonien mit alten Nestern und zahlreichen halbwüchsigen Jungtieren. Wie in anderen Gebieten bestanden auch hier die Nester aus 20 bis 30 Zentimeter hohen Schlammkegeln mit einer kleinen Nestmulde. Diese Nestform ist wohl eine Anpassung an Änderungen des Wasserspiegels in den Lagunen.

Zurück ging ich über das Lavafeld. Streckenweise war es feste Fladenlava, auf der man gut ausschreiten konnte. Aber hin und wieder stieß ich auf Felder loser Lavabrocken der Art, die ich auf Fernandina kennen und fürchten gelernt hatte. Und wie auf Fernandina, so war auch hier das Lavafeld ein einziger riesiger Friedhof. Es waren vor allem große Heuschrecken, die sich hierher verirrt hatten und dann in der Sonne verdorrt waren. Ein Bussard kreiste über der Lavawüste. Er hielt wohl nach überlebenden Heuschrecken Ausschau. Da und dort wuchs ein Kandelaberkaktus oder eine kleine Gruppe niedriger Säulenkakteen. Hin und wieder gab es richtige kleine Oasen. Ich erzählte bereits von den Lavatunnels, die sich bilden, wenn ein

Lavafluß äußerlich erstarrt, die innere Lava jedoch weiterfließt. Solche Tunnels und Höhlen gab es auch hier. In ihnen sammelte und hielt sich die Feuchtigkeit, und war die Decke eines solchen Tunnels durchgebrochen, dann drängten sich Farne und üppige grüne Moose zum Licht. In den Höhlen und Spaltensystemen der Galápagos-Inseln gibt es sicherlich noch manch Interessantes zu erforschen, so zum Beispiel unterirdische Wasserläufe, wie sie in der Nähe der Akademie-Bucht stellenweise in tiefen Spalten zutage treten. In einem solchen Süßwassertümpel entdeckte ich Krebse, Süßwasserinsekten und mehrere Arten von Fischen, von denen ich einige auch erbeuten konnte. Der merkwürdigste Bewohner entwischte mir jedoch. Es war ein blasser, vielleicht albinotischer Fisch, der mit seinem breiten Kopf flüchtig unter einem Stein hervorsah. Er schien mir blind. In den unterirdischen Gewässern leben also auch Höhlenfische! 1965 glückte es dem belgischen Forscher N. Leulep und seinen Mitarbeitern, einige dieser Höhlenfische zu fangen. M. Poll und J. J. van Mol bestimmten sie als neue Art *Coecogilbia galapagosensis*. Die Art ist augenlos und unpigmentiert. Wahrscheinlich handelt es sich um dieselbe Art, die ich damals flüchtig erspähte [1].

Mitten in dieser trostlosen Felswüste stießen wir auf ein neugeborenes Zicklein. Die Mutter war geflohen und hatte das Kleine, das noch sehr wackelig auf den Beinen war, zurückgelassen. Es war vielleicht zwei Stunden alt. Sein Fellchen sah stellenweise noch verklebt aus, und es war so unerfahren, daß es gleich auf uns zulief. Wir entfernten uns daher schnell. Kaum waren wir etwa 20 Meter von ihm entfernt, da sahen wir den

---

[1] Mittlerweile haben sich auch andere Forscher eingehender mit der Höhlenfauna beschäftigt. Sie entdeckten viele blinde Invertebraten-Spinnen, Käfer, Grillen, Weberknechte, Schaben und dergleichen. Auch entdeckte man in den Ablagerungen die Knochen ausgestorbener Nager (S. 196). Es dürfte sich lohnen, hier weiter zu forschen. In Höhlen nahe der Post Office Bay auf Floreana fand ich 1974 die Überreste zahlreicher Landschildkröten. Bei einigen der Panzer waren noch die Hornschilde erhalten. Da es sich um eine mittlerweile ausgestorbene Art handelt, wäre es wichtig, wenn sich jemand um die Konservierung dieser Überreste bemühte.

Bussard, der uns bis hierher begleitet hatte, auf das Zicklein stoßen. Er wiederholte seine Angriffe im Sturzflug und hackte jedesmal nach dem Kleinen, das sich gleich in eine Spalte verkroch. Zum Glück weilte die Geiß noch in der Nähe, und als sie das Jammern ihres Kindes hörte, eilte sie sofort zu Hilfe.

Am folgenden Tag machten wir die schon fast zur Routine gewordene Erkundung der Uferzone. Wir wanderten von der James-Bucht die Küste entlang nach Süden. Die See leuchtete tiefblau, und auf den schwarzen Lavafelsen sonnten sich einige Meerechsen. Sie ähnelten an Gestalt jenen von Hood (Española), waren jedoch weniger farbenprächtig. Ein brauner Nachtreiher mit schöner dunkler Kappe und zwei langen, weißen Nackenschmuckfedern lauerte auf Krabben. Ein noch kleinerer dunkelgrüner Reiher huschte zwischen den Felsblöcken umher. Die beiden Arten achteten kaum aufeinander, und sie zeigten auch wenig Scheu vor uns. Man trifft sie oft nebeneinander an der Küste. Während der Nachtreiher jedoch fest an die Küste gebunden ist, wo er in den Fluttümpeln fischt und Krabben jagt, trifft man den grünen Reiher auch im Landinneren. Ich beobachtete, wie er in den Kaktusforsten von Santa Cruz den *Tropidurus*-Echsen nachstellte und die gefangenen verschlang. In der Akademie-Bucht-Siedlung wird er von den Siedlern gern gesehen, weil er nachts Schaben und anderes Ungeziefer fängt. Außer diesen beiden Reihern brütete auf den Galápagos-Inseln noch ein Graureiher, der unserem Fischreiher recht ähnlich sieht. Er ist im Gegensatz zu den vorgenannten Arten ziemlich scheu.
  Es war gerade Ebbe, und auf den freiliegenden Algenwatten sammelten sich Land- und Seevögel im bunten Verein. Da gab es Spottdrosseln und kleine Grundfinken der Art *Geospiza fuliginosa*, die eifrig auf den nassen Felsen herumpickten. Zu ihnen gesellten sich eine dunkle Lavamöwe und ein Taubenpärchen. Zuletzt umgab mich eine ganz stattliche Schar verschiedenster Vögel, die zutraulich um meine Beine herumhüpften. Es gab aber am Ufer auch solche, die stets Abstand hielten. Die langbeinigen Stelzenläufer *(Himantopus)* und die kleinen kurzschnäbeligen Steinwälzer *(Arenaria)* verrieten durch ihre

Furchtsamkeit, daß sie noch keine eingesessenen Galápagos-Bewohner waren. Der Steinwälzer ist ein Brutvogel des Nordens, der die Galápagos-Inseln nur zur Winterszeit besucht. Der Stelzenläufer dagegen ist bereits hier zu Hause, doch kann

207 Den braunen Pelikan findet man an allen Küsten des Archipels. Hier in den Mangroven von Isabela.

man eben erst Ansätze zur Ausbildung einer eigenen Rasse erkennen. Er ist auch noch scheu.

Große braune Pelikane trockneten am Ufer ihre Flügel,
während andere vor der Küste fischten. Ihre Tauchtechnik war
äußerst unelegant. Delano hat sie mit der Methode verglichen,
die ein Seemann anwendet, wenn er seine Kleider waschen
will, indem er sie an einem Ende einer Schnur befestigt und
diese von Deck in die See wirft. Wenn das Bündel das Wasser
trifft, dann breitet es sich aus; die Hose in der einen, das Hemd
in einer anderen und die Jacke in einer dritten Richtung.

Manchmal ließen sich die Pelikane aus gut 20 Meter Höhe
herabfallen, wobei sie sich zuweilen so drehten, daß sie das
Wasser mehr mit dem Rücken als mit der Brust trafen. Sie waren manchmal unmittelbar vor dem Eintauchen so schräg geneigt, daß die Unterseite nach oben wies. Oft tauchten sie ganz
unter, kamen aber gleich wieder wie ein Korken hoch und neigten zunächst ihren Kopf nach vorne, damit die vielen Liter
Wasser, die der Vogel in seinem Kehlsack aufnahm, abrinnen
konnten. Dann erst verschlangen sie ihre Beute. Der braune
Pelikan ist übrigens der einzige Pelikan, der stoßtauchen kann.
Alle anderen Arten fischen von der Oberfläche, ohne unterzu-
tauchen.

Die fischenden Pelikane wurden von Gruppen der Braunen
Seeschwalbe begleitet. Wenn einer gefischt hatte, landete eine
Seeschwalbe auf seinem Kopf und versuchte dem Pelikan etwas
von seiner Beute abzujagen. Der Pelikan nimmt ja mit jedem
Fischzug viele Liter Wasser in seinen dehnbaren Kehlsack auf.
Dieses Wasser läßt er bei leicht geöffnetem Schnabel abrinnen,
wobei er die Schnabelspitze nach unten hält. Erst danach kann
er die übriggebliebenen Fischchen schlucken. Die Seeschwalben warten bei dieser Prozedur darauf, daß der Pelikan den
Schnabel zum Schlucken oder Zurechtwerfen der Beutefische
öffnet, und berauben ihn bei solcher Gelegenheit.

Noch ein weiteres Tier nimmt an den Mahlzeiten des Peli-
kans teil. Ich beobachtete, daß die um die Galápagos-Inseln so
häufigen Kugelfische (siehe Abb. 209) die fischenden Pelikane
umkreisten und abbissen, was aus ihrem Schnabel herausragte.
Ich habe dergleichen auch in der Karibischen See beobach-

208 Junge Pelikane.

tet. Nur waren es andere Seeschwalben und Möwen, die den dort fischenden braunen Pelikan belästigten.

Den braunen Pelikan trafen wir an den Ufern aller größeren Inseln des Galápagos-Archipels. In den Monaten September/Oktober 1957 fanden wir Nester mit Jungen an der Südküste von Santa Cruz, auf Fernandina und an der Westküste von Isabela. Die Vögel nisten auf dem hohen Mangrovengebüsch; ob sie auch, wie die braunen Pelikane des Festlandes, auf dem Boden brüten, konnten wir nicht feststellen. Die braunen Pelikane der Galápagos-Inseln sind nach R.C. Murphy wahrscheinlich eine für dieses Gebiet typische Rasse.

Beim Weiterwandern folgten uns einige Spottdrosseln und Tauben. Eilig trippelten sie hinter mir her, und wenn ich ein paar Meter Vorsprung erreichte, flatterten sie ein paar Flügelschläge hinterher. Dieser Verlust der Fähigkeit aufzufliegen war mir bereits des öfteren bei Galápagos-Vögeln aufgefallen. Vielleicht ist das auf den Mangel an Bodenfeinden zurückzuführen. Kein Marder oder Fuchs zwingt sie zum Auffliegen, und vor den Bussarden und Eulen verkriechen sie sich besser in ein Gebüsch. Nun hat sich das Fliegen sicherlich einmal aus dem Fluchtverhalten entwickelt, was uns die gleitfliegenden Fische, Flugdrachen und Schlangen, der Javafrosch und die Flughörnchen schön vor Augen führen. Das ursprüngliche Motiv zum Flug entfällt jedoch auf den feindfreien Galápagos-Inseln. Und mit dem Wegfall dieser Notwendigkeit scheinen eine Reihe von Vögeln flugträge zu werden beziehungsweise überhaupt das Fliegen aufzugeben, wie das der flugunfähige Kormoran tat!

Nach einer Stunde gemütlicher Wanderung erreichten wir ein kleines Kap. Wir bogen um die Ecke und konnten kaum unsere Freude bändigen, als wir plötzlich die drolligen, kurzschnäuzigen Gesichter und gedrungenen Nacken von Galápagos-Pelzrobben vor uns sahen. Die Robben hatten etwas Bärenhaftes und schienen urgemütliche Gesellen zu sein, auch die Männchen, denn sie wandten nur den Hals zu mir, wenn ich vorbeiging, und glotzten mich aus großen, runden Augen mit einem etwas melancholischen Blick an. Der traurige Ausdruck wurde verstärkt durch die starke Tränensekretion der Robben. Von den inneren Augenwinkeln ausgehend, hatte das Augensekret nasse, dunkle Spuren im braunen Fell hinterlassen, was aussah, als weinten sie. Die Bedeutung dieser starken Tränensekretion, die mir bereits bei den Seelöwen auffiel, ist noch nicht untersucht. Vielleicht handelt es sich um Salzausscheidung (siehe dazu das über Salzdrüsen Gesagte, S. 117).

Die Pelzrobben sind den Seelöwen nahe verwandt, sie unterscheiden sich jedoch von diesen durch den Besitz einer dichten Unterwolle, was ihren Pelz wertvoller und auch schöner macht. Das wurde dieser Art ja auch zum Verhängnis. Hier aber waren sie zu meiner großen Freude noch zahlreich, und ich konnte endlich einmal diese seltene Art beobachten. Sie waren weniger lebhaft und laut als die Seelöwen. Nur die Jungen waren wie jene verspielt und hatten hier besonders günstige Gelegenheit, ihre Schwimmkunst zu erproben. Die Lavadecke des Ufers war nämlich auf weite Strecken hin unterwaschen, was man nur dann bemerkte, wenn man ganz unvermittelt in einem Einsturzloch unter sich das Meer als kristallklaren, blauen Tümpel sah. Die Pelzrobben wußten diese Löcher zu finden. Dazu mußten sie manchmal einige hundert Meter weit unter den Felsen schwimmen, durch Höhlen und Kanäle, eine sicherlich beachtliche Leistung. Hatten sie ihr Ziel erreicht, dann pflegten sie zunächst einmal wie Korken aus dem Wasser zu schießen, schnaufend und prustend spielten sie eine Weile in dem kleinen Tümpel. Nach kurzem Spiel verschwanden sie meist wieder im

209 Wenn der Pelikan gefischt hat, wird er von Seeschwalben (*Anous stolidus*) über Wasser und von Kugelfischen (*Arothron hispidus*) unter Wasser bedrängt, die beide versuchen, ihm Fische wegzuschnappen.

373

unterseeischen Labyrinth. Nur einige Luftkringel an der Oberfläche verrieten dann, daß hier eben noch ausgelassene Pelzrobben geplanscht hatten.

Die Pelzrobbenmännchen grenzen nur an Land kleine Territorien ab. Sie patrouillieren nicht nach Art der Seelöwen im Wasser. Ihre Herden sind kleiner, und sie bevorzugen Felsküsten, die Schatten bieten. Mutter und Kind kennen sich persönlich an der Stimme und am Geruch. Eine Besonderheit ist die von Fritz Trillmich festgestellte lange Stillzeit. Weibchen säugen ihre Jungen über einen Zeitraum von zwei Jahren. Trotzdem gebären sie im Jahresabstand. Das ältere Junge verteidigt aber seinen Platz, so daß das jüngere verhungert, auch wenn seine Mutter es zu schützen sucht. Das Nachgeborene hat nur dann eine Chance, wenn sein älteres Geschwister umkommt, was oft genug der Fall sein muß, sonst würden die Weibchen in größeren Abständen gebären. Während Seelöwen in kurzen Intervallen stillen, legen die Pelzrobbenweibchen Pausen von einem bis zu vier Tagen ein. Pelzrobben jagen vor allem nachts hauptsächlich Tintenfische und Sardellen. Sie tauchen dabei selten tiefer als zwanzig Meter und nie so tief wie Seelöwen.

Die Seelöwen sind als Erwachsene deutlich verspielter als die Pelzrobben, die weniger Kontakttiere zu sein scheinen. Die Pelzrobben leben auf Galápagos in einem Randgebiet, an das sie eigentlich nicht gut angepaßt sind. In der langen Stilldauer weichen sie von anderen Populationen ab, und in El-Niño-Jahren, wenn die warmen Meeresströmungen das Jahr über anhalten (S. 24), erleiden sie größere Verluste als die Seelöwen. Im El-Niño-Jahr 1982/83 starben ein Drittel der erwachsenen Pelzrobben und fast alle Pelzrobbensäuglinge.

Auch die Pelzrobben sind recht zutraulich. Der Bestand schien in der ersten Hälfte des 20. Jahrhunderts sehr gefährdet. Er hat sich aber in den letzten Jahrzehnten gut erholt. Heute schätzt man den Bestand auf 30000 bis 40000 Tiere.

210 Pelzrobbenweibchen. Man beachte die relativ großen Augen (James).

211 Pelzrobbenmännchen (James).

Die wichtigsten Unterschiede im Verhalten von Pelzrobben und Seelöwen sind in folgender Übersicht zusammengefaßt:

Galápagos-Seelöwe	Galápagos-Pelzrobbe
Nahrungssuche meist tagsüber	Nahrungssuche nachts
Wasserterritorialität	am Ufer territorial
ausgedehnte Fortpflanzungszeit	eng begrenzte Fortpflanzungszeit
meist weniger als ein Jahr säugend	oft zwei Jahre säugend
keine größeren Pausen zwischen den Stillperioden	Stilltätigkeit oft für einen bis drei Tage unterbrochen

Der Hochzeitstanz der Albatrosse

Im äußersten Süden des Galápagos-Archipels liegt Hood (Española), eine sonnenverbrannte Insel, deren höchste Hügel sich gerade 200 Meter über dem Meer erheben. Die ganze Insel ist nur 14 Kilometer lang und 6 Kilometer breit, und ich kenne sie nur als dürre Steppe, obgleich die US-Admiralitätskarte Nr. 5944 optimistisch einige Flüßchen und einen größeren See im Zentrum verzeichnet. Aber dieser See und die Flüßchen sind offenbar nur vorübergehende Erscheinungen, und so bleibt es bei den Baumkakteen und bei den kahlen Palo-Santo-Bäumen, den typischen Gewächsen der Trockenzone.

Das landschaftlich wenig anziehende Hood bietet aber einige zoologische Kostbarkeiten. Die bunteste aller Meerechsen sonnt sich auf ihren Klippen, eine eigene Schildkrötenrasse mit wunderschönem sattelförmig aufgebogenem Panzer grast auf den Hügeln, und die Eidechsen, Schlangen, Finken und Spottdrosseln sind als Inselrassen von jenen der anderen Galápagos-Inseln deutlich unterschieden. Die größte Kostbarkeit der Insel ist jedoch der große Galápagos-Albatros, der nur hier brütet. Man schätzt die Population des Albatrosses auf 12000 Paare (M. P. Harris 1984). Den größten Teil seines Lebens verbringt der gut 2,3 Meter klafternde Vogel allerdings im Luftraum über den Meeren. Stundenlang segelt er, kaum einmal mit den Flügeln schlagend. Rhythmisch hebt und senkt er sich im Spiel mit den Winden. Er versteht es, aus den Geschwindigkeitsunterschieden der verschieden schnellen Luftschichten über dem Meer Gewinn zu ziehen. Aus den schnelleren, höheren Luftschichten läßt er sich mit dem Wind bis nahe an den Meeresspiegel herabfallen. Dort, in der vom Meer abgebremsten langsameren Luftschicht, wendet er sich gegen den Wind und steigt ohne Flügelschlag in die Lüfte. Dabei kommt er in immer schnellere Luftschichten, und das bedeutet, daß seine Geschwindigkeit in Beziehung zur ihn umgebenden Luft zunimmt und der Vogel Auftrieb gewinnt. Jeder Pilot kennt die Auswirkung von Böen. Wenn ein Flugzeug mit gleichmäßiger Geschwindigkeit fliegt und plötzlich in einen stärkeren Gegenstrom gerät, dann wird es so lange gehoben, bis seine ursprüngliche Geschwindigkeit, bezogen auf die umgebende Luft, wiederhergestellt ist. Wenn aber ein Gegenwind abflaut, dann bedeutet das, daß die Geschwindigkeit des Flugzeuges, bezogen auf die umgebende Luft, abnimmt, und das Flugzeug verliert an Höhe. Auch ein Segelflugzeug wird an Höhe gewinnen, wenn es gegen den Wind anfliegend in immer schnellere Windschichten gerät. Ist der Albatros so hoch wie möglich aufgestiegen, dann läßt er sich seitlich zum Wind oder mit dem Wind fallen. Fällt er mit dem Wind, dann könnte er theoretisch wiederum Energie gewinnen, da er, mit dem Wind in die langsameren Luftschichten hinabtauchend, relativ zur umgebenden Luft Energie gewinnt. Unten dreht er wieder gegen den Wind, kommt aufsteigend in schnellere Luftschichten und wird weiter gehoben, bis er Luftschichten mit konstanter Geschwindigkeit erreicht. Dann fällt er wieder, und so kreist der Vogel mit dem geringsten Energieaufwand stundenlang im dynamischen Segelflug über dem Meer und fängt Tintenfische und andere Meerestiere.

Auf seinen Wanderungen kommt der Galápagos-Albatros bis an die Küsten von Chile und Peru, aber nach Eigenart der Albatrosse kehrt er zum Brüten immer wieder zum gleichen Ort, zu den Galápagos-Inseln zurück. Er ist der einzige von den dreizehn bekannten Albatros-Arten, der ausschließlich in den Tropen lebt. Die meisten übrigen Arten, nämlich neun, bewohnen die gemäßigte und sub-antarktische Zone der südlichen Halbkugel. Dort brüten sie zu Tausenden auf einsamen, unbewohnten Inseln. Da an solchen Orten räuberische Landsäugetiere fehlen, sind die Albatrosse dort vor Feinden sicher. Die Albatrosse halten zäh an diesen Orten fest und lassen sich nicht verfrachten. Die Amerikaner haben versucht, einen Luftstützpunkt von Albatrossen zu säubern, weil die Tiere beim Starten und Landen störten[1]. Da sie nach jeder Verfrachtung wieder heimkehrten, wurden, Zeitungsmeldungen zufolge, Tausende totgeschlagen. Mit Ausnahme des Galápagos-Albatros brüten alle Albatrosse im südlichen Frühling zwischen September und Januar, der Galápagos-Albatros dagegen im Mai und Juni. Er baut auch als einziger kein Nest, sondern legt sein Ei auf den unvorbereiteten Boden.

Mit einer Spannweite von 2,3 Metern gehört er zu den »kleineren« Arten. Er wird vom Wander-Albatros (*Diomedea exulans*) um gut einen Meter übertroffen. Die Flügel sind sehr schmal.

Ein wichtiges körperliches Merkmal aller Albatrosse, das sie mit den Sturmvögeln teilen, sind die Röhrennasen, röhrenförmige Ansätze an den Nasenlöchern, die ursprünglich als Luftströmungs-Sinnesorgane gedeutet wurden. In Wirklichkeit dienen sie dazu, das Sekret der sogenannten Salzdrüsen (S. 120) auszustoßen. Da diese Vögel oft sehr lange über offener See fliegen, würde der Luftstrom die Entleerung der Drüse behindern. Ihm arbeiten die Röhrchen nach Art einer Wasserpistole entgegen.

Der Galápagos-Albatros brütet nur auf der Insel Hood (Española), und zwar entlang der Südküste von Südwest bis Südost. Als ich 1957 meine erste Begegnung mit den Albatrossen hatte, kannte man allerdings nur den Brutplatz im Südosten, und nachdem ich die Folgen militärischer Besatzung auf Baltra gesehen hatte, war ich nicht allzu hoffnungsvoll, als wir in der Gardner-Bucht im Norden von Hood (Española) vor Anker gingen. (Auch auf Hood hatte es eine Militärbasis gegeben.) Vor uns lag die Insel mit ihren gelben Hügeln und dem einladenden weißen Sandstrand. Im Osten grüßte das Osborn-Inselchen, wo ich drei Jahre zuvor mit den Seelöwen Freundschaft geschlossen hatte. Hin und wieder trug mir der Wind ihr fernes Brüllen zu. Ob der alte Bulle noch herrschte?

Die Landung in der Gardner-Bucht war nicht so einfach, wie

---

1 Dr. Rice: Birds and Aircrafts on Midway Islands. 1957/58. Investigations USF & WS, Spec. Sci. Rep. Wildlife No. 44, 1959.

wir es zunächst erwartet hatten. Mein ekuadorianischer Führer, der vorausgefahren war, verteilte gerade Hosen, Hemd und Socken dekorativ auf die umliegenden Sträucher, als ich nachkam. Sein Boot hatte sich quer zur Dünung gestellt und war von einer Welle vollgeschlagen worden. Während er ein wenig mißgelaunt in der Sonne trocknete, ging ich auf Muschelsuche. Das heißt: Suche konnte man das kaum nennen. Es war, als hätte man alle Juwelen des Ostens vor uns ausgebreitet. Da lagen zarte grüne und rosa Napfschnecken zwischen Abertausenden gelbbraun gefleckter Olivenschnecken, gelber Kauris und bunter Conusschnecken, untermengt mit den rot- und blaugezeichneten Beingliedern großer Langusten. Schon bei meinem ersten Besuch hatte ich in dieser Pracht gewühlt. Diesmal mußte ich genug Muscheln für eine Kette zusammenbringen, das hatte ich meiner dreijährigen Tochter versprochen.

Spottdrosseln und Finken scharten sich bald um mich. Sie dachten wohl, hier gäbe es etwas besonders Gutes.

Mit vollen Taschen wanderten wir nach Osten weiter. Zuerst folgten wir der Küste, wo ich an felsigen Strecken meine alten Freunde, die bunten Meerechsen, wiedersah. In der Gezeitenzone gab es sehr viele Landschlangen.

Hin und wieder kreuzten wir die breiten Spuren der Meeresschildkröten, die nachts ans Ufer gekrochen waren, um im Sand ihre Eier abzulegen. Die Spuren waren unverkennbar: Rechts und links von der breiten Schleifspur des Bauchpanzers sah man die tiefen Eindrücke der flossenartigen Beine, mit denen sich die Tiere vorangeschoben hatten. Die Meeresschildkröten sind im Gebiet der Galápagos-Inseln noch durchaus zahlreich, allerdings suchen die Siedler nach deren Eiern und vernichten so den Nachwuchs.

Als uns ein hoher Felsriegel den Weg am Ufer versperrte, wandten wir uns landeinwärts nach Südosten. Unser Ziel war Punta Cevallos, die Südostspitze der Insel, und wir kürzten durch die Wanderung über Land den Weg ab. Der Vormarsch war leicht. Unzählige Ziegen hatten kreuz und quer Wechselpfade getrampelt. Der Geruch der Böcke hing in der Luft, und wiederholt begegneten wir einem Trupp. Die Tiere waren be-

212 Verwilderte Hausziegen auf Hood (Española).

sonders kräftig und gesund. Die Böcke trugen starke, ausladende Gehörne, die leicht spiralig gewunden waren. Die meisten waren dunkelrotbraun, mit einem schwarzen Aalstrich. Rückenmähne und Bart waren kräftig entwickelt. Die Weibchen waren entweder rotbraun oder tiefschwarz. Selten sah man ein geschecktes Tier.

Der Gesundheitszustand der Ziegen war wirklich überraschend gut. Sie hatten sich offenbar völlig an diese wasserlose Wüste angepaßt. Sie fraßen die Kakteenstämme an, wenn sie durstig waren, und verschiedene Beobachter haben gesehen, daß sie sogar Seewasser trinken. Das vertragen sonst nur jene Meeressäuger, Vögel und Reptilien, die über die schon erwähnten Salzdrüsen verfügen. Bei Ziegen sind solche Salzdrüsen unbekannt. Hier muß es wohl die Niere schaffen.

Die Vegetation litt offensichtlich unter den Ziegen. Von allen Croton-Sträuchern waren Äste heruntergerissen und Zweigspitzen abgefressen. Auch sah man bereits überall beginnende Erosion. So mancher Ziegenpfad war schon zu einem tiefen, jetzt trockenliegenden Bachbett ausgewaschen. Alle Ziegen waren scheu – in auffälligem Gegensatz zu den zahmen Galápagos-Tieren.

Nach einer Stunde hörte ich wieder das Rauschen der Brandung. Ich trat aus dem Busch und sah auf eine ausgedehnte Brutkolonie von Meeresvögeln. Überall auf den schwarzen Felsklippen saßen sie: Gabelschwanzmöwen, Fregattvögel und blaufüßige Tölpel, so weit mein Auge der Felswüste folgen konnte. Die an- und abfliegenden Vögel erfüllten die Luft mit ihrem heiseren Geschrei, das Tosen der Brandung noch übertönend. Der Himmel war mit tiefen Wolken verhangen, und ein feiner Sprühregen legte seinen grauen Schleier über die düstere Szene.

Aber was sich zutiefst in meine Erinnerung einprägte, waren drei große Albatrosse, die direkt vor mir standen. Sie waren so miteinander beschäftigt, daß sie mich gar nicht bemerkten. Sie kehrten mir das Gesicht zu und schlugen mit schnellen Seitwärtsbewegungen des Kopfes die Schnäbel aneinander. Dann verneigte sich jeder tief, und zuletzt watschelten sie, sich auffällig wiegend, umeinander. Jeder der Vögel übertraf an Größe einen ausgewachsenen Puter. Ihr Federkleid war graubraun mit feiner weißer Wellung am Rücken, der Bauch zart grau gesprenkelt. Kopf und Hals waren gelblichweiß, der kräftige Schnabel gelb und die Beine zartblau.

Ich stiefelte durch die ganze Brutkolonie, sorgfältig darauf bedacht, keine Eier zu verletzen. Über manch einen brütenden Fregattvogel oder Tölpel mußte ich drübersteigen, so dicht saßen sie, und manchmal zwickte mich einer in die Hosenbeine. Aber ausweichen wollten sie nicht. Zweimal stolperte ich über einen jungen Albatros. Die unförmigen, dicken Kerlchen steckten in einem braunen Flaum und waren daher vorzüglich zwischen den Steinen getarnt. An Größe kamen sie den ausge-

213a/b Junger Albatros und junger Fregattvogel (Hood).

Der Fregattvogel bettelt seinen Nachbarn an.

wachsenen Fregattvögeln nahe. Als ich näherkam, rutschten die grotesken Riesenbabys angsterfüllt einen halben Meter zwischen den Felsblöcken dahin, dann drohten sie mit aufgesperrtem Schnabel.

Die Altvögel fütterten die Jungen mit einer ölhaltigen Flüssigkeit, die von einem Magenteil sezerniert wird. Das Jungtier erhält auf einmal so große Mengen, daß es nach einer Fütterung gelegentlich unfähig ist, sich fortzubewegen. Sie müssen mit einer Fütterung oft bis zu einer Woche auskommen.

Es gab nicht viele Albatrosse. Im ganzen zählte ich 14 erwachsene und 5 Jungtiere. Aber es war ja jetzt im Oktober auch keine Brutzeit. Im Mai, der Hauptbrutzeit, würde man schon mehr antreffen. Die meisten Albatrosse balzten. Das sah sehr merkwürdig aus, und ich setzte mich daher zu einem Paar und schaute zu.

Die beiden begannen gerade: Mit langsamen, wiegenden Schritten tanzten sie umeinander, wobei sie sich im Takt der Schritte jedesmal tief nach der Seite neigten, mit der sie gerade auftraten. Gleichzeitig beugten sie den Kopf so stark nach dieser Seite, daß der bodenwärts weisende Schnabel die Schulter berührte. Nach kurzem Tanz hielten die Tiere an und schlugen und rieben, einander gegenüberstehend, mit schnellen, kleinschlägigen Seitwärtsbewegungen die Schnäbel aneinander (Schnabelfechten). Man hörte das Klappern der aneinanderschlagenden Schnäbel auf größere Entfernungen. Die Vögel machten dabei Knabberbewegungen, die formal jenen glichen, die bei der Gefiederpflege auftreten. Oft unterbrach einer und richtete sich steil auf, starr nach vorne schauend. Manchmal öffnete er den Schnabel weit und klappte ihn wieder hörbar zusammen. Sein Partner fuhr unterdessen meist fort, in der Luft mit dem Schnabel zu fechten, bis sein Gegenüber wieder mitmachte. Auf das Schnabelklappen reagierte er allerdings oft mit der gleichen Verhaltensweise. Manchmal lösten auch plötzliche Bewegungen des Partners das Schnabelaufreißen und -zusammenklappen aus, als wäre dies eine Reaktion auf Bedrohung. Da rivalisierende Männchen einander in der gleichen Weise bedrohen, liegt die Deutung nahe, es könne sich bei diesem Schnabelklappen um eine ritualisierte Drohhandlung handeln. Es ist ja oft so, daß im Paarungsvorspiel aggressives Verhalten zum Durchbruch kommt. Die Tiere zeigen primär voreinander eine gewisse Scheu und Furcht, und diese Kontaktscheu wird erst allmählich durch die Balz überwunden. Gäbe es sie nicht, dann wäre auch die Balz nicht nötig.

Nach weiterem Schnabelfechten berührte ein Vogel mit dem Schnabel seine Seite. Das löste beim Partner Klappern aus. Er streckte seinen Hals vor und klapperte wie ein Storch. Der andere beknabberte unterdessen an der Seite seine Federn, die nach den Feststellungen von J. B. Nelson eine besondere, von den übrigen abweichende Struktur aufweisen; schließlich riß er den Kopf hoch, so daß der Schnabel steil zum Himmel zeigte (Himmelweisen), und äußerte einen langgezogenen Schrei, der an das Trompeten eines Schwans erinnerte. Danach setzten die Vögel das Schnabelfechten fort. Nach J. B. Nelson ist das Männchen im allgemeinen der Initiator der Verhaltensfolgen. Das Weibchen antwortet. Manche Folgen sind jedoch auch unabhängig vom Partner fest aneinander gekoppelt, der Vogel kann gar nicht anders. So folgt das Himmelweisen immer auf das Flankenputzen. Der Partner reagiert auf das Flankenputzen seines Gegenübers regelmäßig mit Klappern.

Nach dem Schnabelklappern rieben die Albatrosse wieder ihre Schnäbel aneinander, danach verbeugten sie sich tief, und jeder rief »go go go go«, und dabei setzten sie sich nieder, wo-

214 Balzen der Albatrosse: Schnabelfechten (mit Knabbern).

215a–f Die Balz
der Albatrosse:
(a) Schnabelfechten;

(b) ritualisiertes
Drohen;

(c) Klappern
(rechts) und
Schulterputzen
(links);

(d) Himmel-
weisen

(e) Nestplatz-
zeigen;

(f) soziale
Gefiederpflege.

mit sie wohl ihre Bereitschaft zum Nisten ausdrückten. Wiederum begannen sie die Schnäbel aneinanderzureiben, dann aber kraulten sie sich mit den derben Schnäbeln an Kehle und Nacken. Sorgfältig knabbernd kämmten sie die einzelnen Federchen durch. So putzten sie sich gegenseitig eine Weile. Schließlich standen sie wieder auf, und der ganze Vorgang begann von neuem. In der Aufeinanderfolge der einzelnen Bewegungen konnte ich dabei keine strenge Ordnung erkennen, doch schien es mir, daß mit fortschreitender Balz die Bewegungen der Partner immer mehr synchronisiert wurden, so daß zuletzt die beiden gleichzeitig den Kopf hoben, mit den Schnäbeln klappten oder sich voreinander verbeugten.

Werben zwei Männchen um ein Weibchen, dann kommt es oft zu temperamentvollen Kämpfen. Als sich ein Männchen, nachdem es sein Weibchen begattet hatte, vor diesem im Paarungsnachspiel tief verbeugte, stimmte ein anderes Männchen in unmittelbarer Nähe in das Ritual ein. Daraufhin griff das verpaarte Männchen an. Die Rivalen packten einander am Schnabel und versuchten sich vom Platz zu drücken. Dem Angreifer gelang es schließlich, seinen Rivalen umzuwerfen. Das Albatros-Weibchen kraulte die Federn am Hals des Siegers, dann ging sie auf das andere Männchen zu, was ihr Männchen – das sie eben gekrault hatte – sofort zu einem Angriff auf den anderen veranlaßte. Wieder packte er den anderen am Schnabel und versuchte, ihn mit einer Drehbewegung umzuwerfen. In den Kampfpausen hechelten beide heftig mit offenem Schnabel. Ich beobachtete wiederholt, daß das Weibchen durch sein Verhalten die Männchen aufeinanderhetzte. Immer wieder beknabberte es sein Männchen mit dem Schnabel und ging danach auf den anderen zu.

Ist ein Paar einmal verheiratet, dann bleibt meist ein Partner an der einmal gewählten Niststätte zurück, obgleich Albatrosse kein Nest bauen. Der Platz wird gegen Fremde verteidigt. Landet ein Weibchen bei seinem Männchen, dann wird es nach kurzer Balz wie zur Begrüßung begattet. Landet ein Weibchen bei einem bereits verpaarten fremden Männchen, dann wird es von diesem angegriffen und wie zur Begattung bestiegen, doch ohne einleitendes Zeremoniell. Ob es bei dieser »Vergewaltigung« auch zu einer richtigen Paarung kommt, konnte ich nicht feststellen. Es dürfte so sein, denn der Vorgang unterscheidet sich äußerlich nicht von einer normalen Paarung.

Durch genaue Analyse der Bewegungsvorgänge und gleichzeitigen Vergleich mit anderen Vogelarten lassen sich die Balzbewegungen des Albatrosses nach Funktion und Ursprung deuten.

Nur wenige dieser sehr fremdartigen Balzbewegungen wußte ich zu deuten. Die Imponierhaltung, bei der die Vögel den Hals kerzengerade nach oben strecken und mit dem Schnabel zum Himmel weisen, ist eine unter Vögeln weit verbreitete Geste. Graureiher oder Tölpel, die sich grüßen, machen die gleiche Gebärde. Dies könnte eine ritualisierte Demonstration der freundlichen Absichten sein. Zumindest ist diese Deutung, die von dem großen Vogelkenner Oskar Heinroth stammt, sehr plausibel. Die Gesten sind nämlich das genaue Gegenteil der Drohstellung, wie wir das an einigen Beispielen bereits erörterten.

Die tiefe Verneigung der Albatrosse voreinander ist wahrscheinlich ein ritualisiertes Nestplatzzeigen, und das gegenseitige Sich-Beknabbern am Hals ist sicherlich von der sozialen Gefiederpflege abzuleiten.

Das Knabbern beim einleitenden Schnabelfechten deutete ich ursprünglich als ritualisiertes Futterbetteln. Die auf Filmaufnahmen basierende Bewegungsanalyse weist jedoch darauf hin, daß es sich in beiden Fällen um ritualisierte Bewegungsweisen des Gefiederpflegens handelt. Soziale Körperpflege drückt ja ganz allgemein eine soziale Kontaktbereitschaft aus, und wir finden daher sehr oft, daß Putzbewegungen als Freundschaftsgesten ins Paarungsvorspiel einbezogen sind oder als Grußzeremonien verwendet werden.

Welcher hohe Ausdruckswert dieser Geste innewohnt, das möge eine Beobachtung von O. Antonius, ehemals Direktor des Tiergartens Schönbrunn, erläutern. Er hielt einst einen persischen Onagerhengst. Dieser Halbesel war als Fohlen gefangen worden und gebärdete sich gegen einige Wärter und auch gegen Antonius selbst äußerst wild. Sowie er den Tiergartendirektor sah, stürzte er auf ihn los und biß, um seine Aufregung abzureagieren, schreiend und kreischend in das Gitter, oder er stürzte sich auf einen anderen Hengst, der dann als Ersatzobjekt herhalten mußte. Bei solcher Gelegenheit stand er nun einmal so, daß Antonius seine Kruppe mit der Hand durch das Gitter erreichen konnte. Er nützte das und kraulte den Hengst mit dem Dienstschlüssel über der Schwanzwurzel. Der Erfolg dieser »Liebkosung« war verblüffend. Wie von einem elektrischen Schlag durchzuckt, ließ er von seinem Nachbarn ab und gab sich der Wollust dieses Hautreizes hin. Antonius kratzte ihn so lange, bis der Hengst sich wieder umdrehte und nach ihm zu beißen suchte. Aber nach einem kurzen, mehr symbolischen Beißversuch drehte er sich wieder um und forderte seinen Pfleger zur Wiederholung der Liebkosung auf. Und von diesem Zeitpunkt an war sein Verhältnis zu ihm von Grund auf geändert: In Zukunft fuhr er nicht mehr wütend ans Gitter, wenn Antonius sichtbar wurde, sondern geriet sichtlich in freudige Erregung und drehte ihm die Kruppe zu, um gekrault zu werden!

Es braucht uns daher nicht weiter zu verwundern, daß gerade Hautpflegehandlungen sehr oft zu Grußgebärden ritualisiert werden. Dabei werden sie oft so weit umgewandelt, daß man nur mehr durch den Vergleich nah verwandter Arten die Herkunft der Geste erschließen kann. So schnattert zum Beispiel der Mongoz-Maki, ein Halbaffe, zur Begrüßung, und dabei bewegt er seinen Unterkiefer schnell auf und ab, genau wie beim Durchkämmen seines Felles. Er berührt aber seinen Partner dabei gar nicht mehr, er macht vielmehr die mimisch übertriebene Fellkämmbewegung in die Luft und leckt auch ins Leere. Die Hautpflegebewegungen wurden hier von ihrer ursprünglichen Funktion völlig abgelöst und zur Begrüßungszeremonie umgestaltet. Das Beispiel zeigt klar, daß Verhaltensweisen, die eine bestimmte freundliche oder feindliche Stimmung oder sonst irgendeine bestimmte Erregungslage des betreffenden Tieres eindeutig kennzeichnen und damit als Stimmungsanzeiger dienen können, im Laufe der Stammesgeschichte zu Ausdrucksbewegungen ritualisiert werden. So zeigt uns der bekannte Tierfilmproduzent Heinz Sielmann, daß sich einige wichtige Ausdrucksbewegungen der Spechte vom Zimmern

216a/b Die Balz blau-
füßiger Tölpel. Das
Männchen hält nach
vorbeifliegenden Weib-
chen Ausschau (a).

Balzstellung beim
Anblick eines
Weibchens (b).

217 Parade vor dem
Weibchen. Die blauen
Füße werden auffällig
angehoben und dabei
dem Weibchen gezeigt.

ableiten, das ja eindeutig die Fortpflanzungsstimmung charakterisiert. Das bekannte Trommeln, das im Frühling unsere Buchenwälder durchhallt, ist ein symbolisiertes Zimmern. Es warnt Rivalen: »Hier zimmert einer«, und lockt die Weibchen mit der Aufforderung, mitzumachen. Eine andere vom Zimmern abgeleitete Ausdrucksbewegung ist das »Ablösungsklopfen«. Wenn das Paar bereits an der Nisthöhle zimmert und einer will von dem anderen abgelöst werden, dann klopft er langsam und betont an den Eingang der Nisthöhle, was etwa heißen soll: »Zimmere du jetzt weiter.« Beim Schwarzspecht wurde diese Geste noch weiter verallgemeinert. Hier drückt sie nicht nur die Aufforderung, beim Zimmern abzulösen, aus, sondern ist ganz allgemein Aufforderung zur Ablösung geworden. Der hungernde Vogel klopft von innen gegen die Wand der Nisthöhle, bevor er sich erhebt und seinem Partner den Platz übergibt.

Bei Punta Suárez im Südwesten der Insel Hood (Española) brüten auf den Uferfelsen Maskentölpel und Blaufußtölpel. Auch von ihren Ritualen habe ich viel gelernt. Bei beiden besetzen die Männchen eine bestimmte Stelle als Nistplatz, allerdings ohne dort ein richtiges Nest zu bauen. Maskentölpel bauen ein nur noch rudimentäres Nest aus Steinchen und kleinen Zweigen, und bei den Blaufußtölpeln kann man nicht einmal von rudimentärem Nestbau sprechen.

Haben die Männchen einen Platz gewählt, dann versuchen sie die Weibchen anzulocken, indem sie den vorüberfliegenden zurufen. Sie zeigen dabei mit dem Schnabel steil zum Himmel, was an die Präsentierbewegung der Albatrosse erinnert. Ihre Flügel winkeln sie in auffälliger Weise vom Körper ab. Und landet das Weibchen gar in der Nähe, dann hebt einer oder heben beide ein Hölzchen, eine Feder oder auch nur ein winziges Steinchen auf und zeigen es einander. Dieses Nestmaterial-Überreichen ist bei den Blaufußtölpeln eine reine Symbolhandlung, da diese Vögel ja, wie gesagt, kein Nest mehr bauen. Kommt das Weibchen heran, dann wird ihm die Gabe angeboten. Gleiches spielt sich später bei jeder Begrüßung ab. Männchen und Weibchen überreichen einander wechselseitig Nestmaterial als freundliche Geste. Ein winziges Steinchen genügt. Der Blaufußtöpel zeigt beim Werben überdies in ganz auffälliger Weise seine blauen Füße. Dabei stolziert er in einer Art Imponiermarsch um sie herum. Bei jedem Schritt hebt er die Beine in auffälliger Weise hoch, die Schwimmhäute maximal gespreizt. Auch beim Anlanden zeigt er ihr seine blauen Füße. Beobachtet man ein Paar, dann stellt man schnell fest, daß die Stimmung zwischen den Partnern stets auch aggressiv gespannt ist. Eine schnellere Bewegung eines der Partner löst sofort Drohen und ein kurzes Gefecht der Schnäbel aus, das allerdings rasch endet, indem die Vögel vom derben Schnabelfassen zur sozialen Gefiederpflege übergehen und einander zart das Gefieder der Kopfseiten und des Halses durchkämmen. Sie verbeugen sich auch voreinander, ähnlich wie das die Albatrosse tun, was ebenfalls beschwichtigt. Ablösende Tölpel nähern sich kopfpendelnd dem Partner und werden dann ohne Abwehr herangelassen. Möglicherweise leitet sich dieses beschwichtigende Grußverhalten vom Futterbetteln ab.

Tölpel sind im Grunde genommen gegen ihresgleichen ziemlich aggressiv, und es bedarf der beschwichtigenden und bandstiftenden Rituale, damit die Partner zueinander kommen und beieinander bleiben. Beim Maskentölpel richtet sich die Aggressivität auch gegen fremde Jungvögel. Tölpel, die auf Platzsuche ein gerade nicht von den Eltern bewachtes Junges finden, versuchen es oft derb mit dem Schnabel zu packen. Der Jungvogel verbirgt dann Schnabel und Gesicht unter seinem Hals und hält dem Angreifer den Nacken entgegen, im übrigen völlig passiv verharrend. Diese Demutsstellung ist sehr wirksam. Der Angreifer läßt meist bald ab. Seine Angriffshandlungen gehen dabei zunächst in Handlungen der Gefiederpflege über. Des öfteren sah ich, daß der Angreifer wie in Paarungsabsicht auf den Jungtölpel aufstieg. Das flache Kauern des Jungvogels scheint dies auszulösen. Es wird vielleicht als Paarungsaufforderung interpretiert. Es könnte sich aber auch um ein aggressiv motiviertes Aufsteigen handeln, vergleichbar der aggressiv motivierten Kopulation der Albatrosse.

Mit dem vergleichenden Studium tierischer Ausdrucksbewegungen hat sich der Verhaltensforschung ein sehr anregendes Forschungsfeld eröffnet. Man ist dabei auch auf zahlreiche Parallelen im tierischen und menschlichen Verhalten gestoßen. So werden zum Beispiel kindliche Verhaltensweisen vielfach als freundliche Appelle eingesetzt, wenn es gilt, den Kontakt zu einem Partner herzustellen. Die Männchen sehr vieler Singvögel (Bartmeisen, Darwin-Finken) zittern wie erwähnt beim Werben mit den Flügeln, sperren den Schnabel auf und äußern Futterbettellaute, genau wie das futterheischende Jungvögel tun. Wenn ein Hamster werbend einem Weibchen folgt, fiept er wie ein Jungtier, das aus dem Neste fiel. Und wir Menschen ziehen ganz ähnliche Register. Die Sprache Verliebter regrediert oft auf ein kindliches Niveau. Und man nimmt diese Rolle nicht nur selbst ein, die Partner teilen sie einander auch wechselseitig zu, indem sie ihren Partner jeweils im Diminutiv adressieren.

In gewisser Weise gibt uns das Studium tierischen Verhaltens einen Spiegel in die Hand. Wir können aus ihm Wesentliches zu unserem Selbstverständnis erfahren, auch wenn es sich bei den meisten dieser Ähnlichkeiten um Analogien handelt – Ähnlichkeiten, die sich parallel und unabhängig voneinander bei den verschiedenen Arten entwickelten. Sie sind mit anderen Worten das Ergebnis ähnlicher Selektionsdrücke, und wir können daher aus ihrem Studium Aufschluß über die allgemeinen Funktionsgesetze erhalten, die ihrer Ausbildung zugrunde liegen.

Einbruch ins Paradies

Seit dem Ausgang des 18. Jahrhunderts werden die Galápagos-Inseln regelmäßig von Menschen besucht. Den Seeräubern folgten zunächst die Walfänger. 1793 wurde Kapitän James Colnett von England ausgesandt, um neue Walfanggründe zu erkunden. Am 24. Juni 1793 sah er die Galápagos-Inseln. In seinem Reisebericht beschreibt er Landschaft, Tiere und Pflanzen und benennt die Inseln Hood (Española) und Chatham (San Cristóbal) nach den gleichnamigen Lords und die Inseln Barrington (Santa Fé), Duncan (Pinzón) und Jervis (Rábida) nach Admiralen. Aus der Zeit der Walfänger stammt auch das oben (S. 364) erwähnte »Postamt« in der Post-Office-Bucht auf Floreana.

1812 brachte der amerikanische Kapitän David Porter den Krieg nach Galápagos. Er hatte den Auftrag, die englischen Walfänger aus dem Gebiet zu verjagen. Sein erster Weg führte zur Post-Office-Bucht, wo er die deponierten Briefe der englischen Walfänger an sich nahm und sich über die Zahl der vorhandenen Schiffe ein Bild verschaffte. Danach suchte er, aber es dauerte 14 Tage, bis ihm Erfolg beschieden war. »Am Morgen des 29. (April) wurde ich aus meiner Koje geweckt, wo ich eine schlaflose und sorgenvolle Nacht verbracht hatte; denn das ganze Schiff hallte wider von dem Ruf ›Segel ahoi!‹, ›Segel ahoi‹, und im Nu waren alle Mann an Deck. Das fremde Segel entpuppte sich als ein großes Schiff, das westlichen Kurs innehielt und auf das wir Jagd machten; eine Stunde später entdeckten wir zwei weitere, die südwestlich fuhren und ebenfalls groß aussahen. Ich zweifelte nicht daran, daß es britische Walfänger waren, und da ich sicher war, daß gegen Mittag wie gewöhnlich eine Windstille eintrat, hatte ich die feste Zuversicht, daß es uns gelingen würde, sie alle wegzunehmen. Ich verfolgte das zuerst entdeckte Schiff weiter und rief es um 9 Uhr unter britischer Flagge an. Es erwies sich als der britische Walfischfänger ›Montezuma‹ unter Kapitän Baxter mit eintausendvierhundert Fässern Walratöl. Ich lud den Kapitän an Bord. Ich nahm seine Mannschaft an Bord der Essex, schickte einen Offizier mit Besatzung auf die ›Montezuma‹ und setzte die Verfolgung der anderen Schiffe fort, die alle Anstrengungen machten, von uns fortzukommen. Um 11 Uhr vormittags trat, wie ich erwartet hatte, Windstille ein; wir waren nunmehr dreizehn Kilometer von ihnen entfernt... Um 2 Uhr waren die Boote etwa anderthalb Kilometer von den Schiffen ab... als sie die englische Flagge hißten und verschiedene Schüsse abgaben. Die Boote sammelten sich jetzt in einem Geschwader und fuhren auf das größte Schiff zu, das, als sie herankamen, seine Geschütze auf sie gerichtet hielt. Das Zeichen zum Entern wurde gegeben, und als der Leutnant Downes nur noch wenige Meter vom Fallreep entfernt war und die Aufforderung zur Übergabe ergehen ließ, ging die Flagge nieder.«

Auch die anderen Schiffe folgten dem Beispiel, und Porter stellt fest, daß diese Schiffe ihm außer der großen Befriedigung, seinen Auftrag ausgeführt zu haben, den Vorteil einbrachten, daß nunmehr für alle seine Bedürfnisse gesorgt war. Er hatte Tauwerk, Farben, Proviant – nur das Wasser fehlte.

Kapitän Porter verdanken wir auch den Bericht über den ersten Siedler der Galápagos-Inseln, der auf Floreana lebte. Er ist als »Oberlus« in die Literatur eingegangen. In Wirklichkeit hieß er Patrick Watkins und war, wie schon der Name verrät, ein Ire. Um 1800 desertierte er von einem englischen Schiff und richtete sich in der Nähe der Post-Office-Bucht häuslich ein. Er wohnte in einer Lavahöhle und bebaute den Boden mit Kartoffeln, Tabak und Kürbissen. Nach Porters Bericht muß er sehr wild ausgesehen haben mit seinem struppigen, roten Haar, zerlumpt und von Ungeziefer starrend. Oberlus tauschte für seine landwirtschaftlichen Produkte von vorbeifahrenden Seeleuten Rum ein. Nach einem solchen Handel lag er, wie man sich erzählt, tagelang betrunken und ohne Bewußtsein am Boden.

Aber Oberlus hatte große Pläne. Und als er eines Tages in

218 Schildkrötentränke mit den Panzern ermordeter Schildkröten. (Die Aufnahme hat R. H. Beck 1902 auf Isabela gemacht.)

den Besitz einer alten Muskete kam, wollte er sich zum Herrscher ausrufen, doch dazu brauchte er Untertanen. Deshalb versuchte er, einen Neger, der die Boote seiner Schiffskameraden bewachte, zu entführen. Der Schwarze zeigte sich zunächst gefügig, aber als Patrick nicht aufpaßte, überwältigte er ihn und schleppte ihn gefesselt zum Schiff. Oberlus wurde ausgepeitscht, sein Heim wurde zerstört, seine Ersparnisse wurden geraubt. Nun sann er auf Rache. Nach wie vor belieferte er die vorbeifahrenden Schiffe, und es gelang ihm im Laufe der Zeit, fünf unachtsame Seeleute betrunken zu machen und unter seine Herrschaft zu bringen. Er bewachte seine Sklaven dauernd. Schlief er, dann fesselte er sie. Eines Tages bot sich ihm die Gelegenheit, die Insel zu verlassen. Mit dem gestohlenen Beiboot eines Walfängers segelte er am 29. März 1809 ab. Seine

Gefährten mußten mit, aber nur er allein kam in Ekuador an. Er hatte nicht genug Wasser für alle mitgenommen.

Im Jahre 1832 gründete General José Villamil auf der Insel Floreana die erste größere Pflanzung. Er brachte achtzig Soldaten mit, die er vor der Hinrichtung gerettet hatte. Als Darwin drei Jahre später die Siedlung besuchte, war die Einwohnerzahl auf rund dreihundert Mann gestiegen. Villamil nannte die Siedlung »Asilo de la Paz«, aber es ging durchaus nicht friedlich zu. Villamils Nachfolger tyrannisierte seine Untergebenen, bis diese revoltierten. Der Oberst mußte fliehen, und die Kolonie löste sich auf. Ein Teil siedelte sich auf San Cristóbal an, wo 1849 noch fünfundzwanzig Leute lebten. Die Siedlung wuchs später. Heute leben etwa tausend Menschen auf San Cristóbal. 1870 machte man neuerlich den Versuch, Floreana zu kultivieren. Anfangs schien es gutzugehen, aber dann machte man eine Strafkolonie aus der Siedlung. Die Sträflinge verschafften sich Waffen, ermordeten Señor de Valdizian, den Gründer der Kolonie, und übten eine wahre Schreckensherrschaft aus. Die redlich Gesinnten schlossen sich schließlich zusammen und besiegten die Meuterer in einer Entscheidungsschlacht. Dann verließen sie Floreana. Auch der 1893 von Antonio Gil unternommene Versuch, eine Niederlassung zu gründen, scheiterte. Die Siedler zogen sich nach kurzer Zeit auf die Südostspitze von Isabela zurück, wo sie die Siedlung Santo Tomás gründeten.

Auf San Cristóbal gründete Manuel Cobos im Jahre 1869 die Siedlung Progreso, zu deutsch Fortschritt. Die ersten Bewohner, ebenfalls Sträflinge, sammelten die Orseilleflechte, die man damals zur Farbstoffgewinnung verwandte. Um 1880 legte Cobos große Plantagen an und begann eine tyrannische Herrschaft über die 300 ihm untergebenen Bewohner, die man auf dem Festland offenbar vergessen hatte. Er stellte sogar seine eigenen Münzen her. Für die geringsten Vergehen ließ er Leute zu Tode peitschen oder erschießen. Andere setzte er auf unbewohnten Inseln aus, wie einen gewissen Camilo Casanova, der über drei Jahre unter größten Entbehrungen auf Santa Cruz sein Leben fristete. Mit einem Fäßchen Wasser, etwas Kleidung und zwei Messern hatte man ihn ausgesetzt. Er lebte von rohen Schildkröten und Leguanen, deren Blut er trank, und baute sich schließlich auch eine Hütte. In den dreieinhalb Jahren kamen zweimal englische Schiffe, aber sie nahmen ihn nicht mit, so sehr er auch darum bat. Erst später erfuhr er den Grund. Cobos hatte auf der anderen Seite der Insel eine Tafel errichtet und jeden Besucher davor gewarnt, den Mann mitzunehmen, der ein gefährlicher Verbrecher sei!

Zuletzt konnten die unglücklichen Bewohner von Progreso diese Herrschaft nicht mehr ertragen. Sie zerhackten Cobos mit ihren Macheten an der Stelle, wo er kurz zuvor fünf der Ihren erschossen hatte.

Eine starke Besiedlungswelle setzte nach dem Ersten Weltkrieg ein. Sie wurde durch William Beebes Buch »Galápagos, das Ende der Welt« ausgelöst. Beebe entwarf ein buntes Bild von den Inseln. Die bezaubernde und interessante Art der Darstellung schuf vor den Augen der Auswanderungslustigen ein lockendes Ziel. In Norwegen begann Harry Randall einen Plan für die Kolonisation der Inseln auszuarbeiten. Man war völlig verblendet und hörte nur auf die Worte der Anführer, die laut verkündeten, der Boden wäre so reich, daß leicht hunderttausend Menschen darauf leben könnten. Daß trostlose Kakteensteppen den größten Teil der Inseln bedecken, daß sich selbst Beebe über Wassermangel und scharfe Felsblöcke beklagte, das wollte man einfach nicht hören. Man verdrängte alles Unangenehme und kam. Die erste Gruppe landete auf Floreana. »Ein Blick auf die mit Kakteen bestandenen Ufer und auf die dornenreichen Akazien, ein Hauch des Geruches des stechenden Muyuyu-Strauches, dessen Duft die Luft über Black Beach erfüllte, und sie wußten, daß sie betrogen waren. Die Orangenhaine entpuppten sich als Kaktushecken, und der reiche Boden, der hunderttausend Menschen ernähren sollte, erwies sich als nackter Felsengrund. Die Galápagos-Inseln waren tatsächlich, ohne jede Übertreibung, das Ende der Welt. Es war eine ungepflügte Hölle« (V. W. von Hagen, 1949, S. 254).

Trotzdem versuchten die Mutigen ihr möglichstes. Sie sammelten die spärlichen Rinnsale, bauten Wohnungen und eine kleine Fischkonservenfabrik. Aber bald gab es Streit, Tod und Fortwanderung. Von den ersten zweiundzwanzig Siedlern, die

219 Friedrich Ritter und Dore Koerwin (aus: F. Ritter 1935).

aus Narvik gekommen waren, wanderten achtzehn innerhalb der ersten sechs Monate wieder ab. Zwölf davon starben in Guayaquil, und trotzdem kamen immer neue. Innerhalb von zwei Jahren kamen 124 Norweger, und fast ebenso viele gingen wieder, wenn sie nicht zuvor unter den Lavasteinen ihre Ruhe fanden! Im Jahre 1929 gab es im ganzen Archipel nur mehr drei norwegische Siedler. Auch der Versuch, auf Santa Cruz eine kleine Zuckerfabrik zu errichten, schlug fehl. Der Kessel flog in die Luft, und da die Norweger ihre Verpflichtungen gegenüber Ekuador nicht erfüllen konnten, beschlagnahmte die Regierung schließlich Schiffe, Ausrüstung und Gebäude.

220 Ritters Grab.

In 400 Jahren haben viele Menschen die Galápagos-Inseln besucht, und aus den Berichten ist genug über Klima und Lebensbedingungen bekannt geworden. Wir wissen, daß es einige fruchtbare Stellen in den höheren Lagen gibt, aber dort ist es unangenehm feucht. Es stimmt auch, daß auf manchen Inseln Schweine, Ziegen, Rinder und Esel wild herumlaufen, aber das macht ja noch nicht das Paradies aus. Südseezauber wird hier kein Siedler finden. Die Galápagos-Inseln sind herb, voll wilder Schönheit und für den Naturfreund ein Dorado. Aber wer hier siedeln will, muß um sein tägliches Brot und um Wasser kämpfen. Und doch suchten so viele, von falschen Vorstellun-

221 Die Baronin mit Phillipson (aus: De Witt Meredith und G. A. Hancock 1939).

gen geleitet, auf jenen unwirtlichen Felseninseln ihr Paradies. So auch der Berliner Dentist Dr. Friedrich Ritter, dessen tragisches Geschick für einige Zeit die Illustrierten beschäftigte. Wir besuchten seine Farm, den Ort, wo er Frieden gesucht und den Tod so schnell gefunden hatte. Einige Palmen zeigten an, wo seine Plantage lag. Die meisten waren bereits vom Wind geköpft worden. Wie Telegraphenmasten ragten die wipfellosen Stämme melancholisch gegen den Himmel. Wir fanden auch die Steinbank, auf der Ritter im Schatten zu meditieren pflegte, und entdeckten zuletzt auch noch sein schlichtes Grab.

Ein aus Holzlatten zusammengenageltes Kreuz, auf dessen Querbalken ein Holztäfelchen mit Namen und Sterbedatum angebracht war, erhob sich hinter dem niedrigen Grabhügel.

Dr. Friedrich Ritter zog im September 1929 mit Frau Dore Koerwin auf die Insel Floreana. Vor seiner Abfahrt ließ er sich alle Zähne ziehen und ersetzte sie durch ein viel widerstandsfähigeres Stahlgebiß. Das machte ihn berühmt. Die Ritters nannten ihr kleines Reich »Eden«. Das »Paradies« sollte sich wenig später nebenan einrichten.

Im Jahr 1932 kam Eloise Bosquet de Wagner-Wehrborn, die »Baronin«, mit zwei Verehrern auf Floreana an. Sie ließen sich in der Nachbarschaft der Ritters nieder. Die beiden Parteien

222 Alfred Rudolf Lorenz.

223/224 Alfred Rudolf Lorenz und Trygve Nuggeröd. So fand G. A. Hancock am 17. November 1934 die mumifizierten Körper an der Küste von Marchena. Nuggeröd lag nahe am Boot, Lorenz etwas weiter davon im Sand. Reste einer Meerechse bezeugen die verzweifelten Versuche der beiden, sich am Leben zu erhalten. Ein Notsignal (Flagge) wies Hancock den Weg. (Siehe S. 407 f.)

mochten sich jedoch nicht leiden. Dr. Ritter fühlte seinen Eremiten-Ruhm geschmälert und fürchtete auch um die Einnahmen an Konserven und anderen Geschenken, welche reiche amerikanische Touristen hin und wieder brachten. Die Neuankömmlinge wollten Hotels und Sommerfrischen erbauen und verstanden es, die Aufmerksamkeit der Weltpresse zu erregen. Die tollsten Meldungen, wie die, daß eine Frau sich zur Königin von Floreana erhoben hätte und mit Hilfe einer Schar mutiger Männer Ekuador bekriege, geisterten kurze Zeit durch die Zeitungen. Wahr daran ist nur, daß die Baronin ziemlich eifersüch-

225 Die mumifizierte Leiche von Alfred Lorenz.

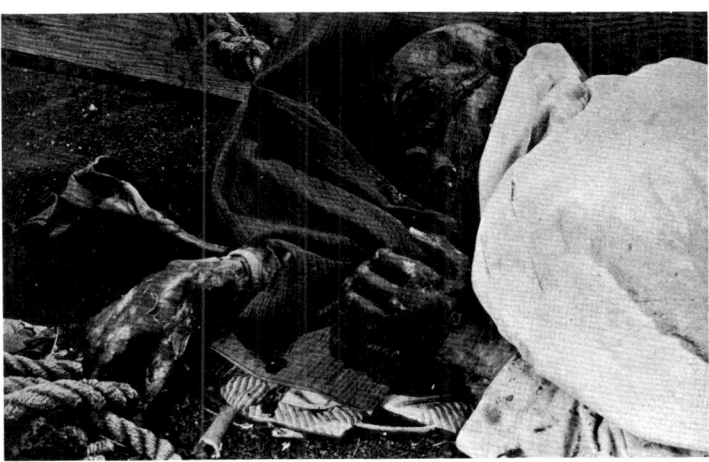

226 Der Norweger Nuggeröd starb im Schatten seines Bootes.

tig und tyrannisch über die Insel wachte. Unwillkommene Besucher verjagte sie. Unter anderem schoß sie einen Dänen an, und ein schiffbrüchiges ekuadorianisches Paar trieb sie in deren gebrechlichem Kahn wieder auf die See. Selbst in ihrer Dreiergruppe ging es gar nicht friedlich zu. Der stärkere Verehrer, Phillipson, unterdrückte den schwächeren, Lorenz, der oft bei der 1932 angekommenen Familie Wittmer Zuflucht suchte. (Wittmer hatte kurz zuvor seinen Dienst als persönlicher Referent des Oberbürgermeisters von Köln, Konrad Adenauer, quittiert.)

Eines Tages verschwanden die Baronin und Phillipson auf geheimnisvolle Weise. Lorenz, den man allein, wild blickend, in der unordentlichen Hütte vorfand, gab an, die beiden wären

227 Zurück blieb Nuggeröds junge Frau mit ihrem Baby. (Fotos 223–227: A. Hancock-Expedition 1934.)

228 Die Familie Wittmer (aus: M. Wittmer 1959).

in einer Jacht davongesegelt. Niemand hat aber je eine solche Jacht gesehen, und niemand hat die beiden wiedergefunden. Ob Lorenz sich seiner Peiniger entledigte? Auf jeden Fall bat Lorenz, man möge ihn fortbringen, und der Norweger Nuggeröd nahm ihn auch schließlich in seinem Boot »Dynamito« mit. Am 13. Juli 1934 sah man sie zum letztenmal. Sie segelten damals von der Akademie-Bucht ab. Manche wollten das Boot in der nächsten Zeit auf anscheinend planlosen Kreuzfahrten zwischen den Inseln gesehen haben. Dann waren sie verschwunden.

Am 17. November 1934 ankerte der amerikanische Thunfischer »Santo Amaro« vor Marchena. Die Besatzung erspähte am Ufer einen improvisierten Signalmast und setzte schnell ein Boot aus. Sie fanden Nuggeröd und Lorenz. Der eine lag halb im Schatten eines umgedrehten kleinen Bootes. Sein Kamerad lag einige Schritte von ihm, die Hände in den heißen Sand gekrallt. Die Sonnenglut hatte die beiden mumifiziert. Ein toter

Seelöwe und die Reste eines Leguans zeugten von ihrer letzten Mahlzeit. Von der »Dynamito« und dem eingeborenen Helfer, den sie an Bord hatten, fehlte jede Spur. Hatte er die beiden ausgesetzt? Spukte irgendeine Geschichte von vergrabenen Piratenschätzen in ihrem Kopf herum? Wir werden das wohl ebensowenig erfahren wie das Geheimnis über das Verschwinden der Baronin und ihres Verehrers.

Dr. Ritter wußte offenbar etwas darüber, denn er schrieb kurz nach dem Vorfall an Kapitän Allan Hancock, er möge doch kommen, er habe ihm etwas mitzuteilen, was er dem Brief nicht anvertrauen wolle. Kapitän Hancock kam zu spät. Am Tag vor seiner Ankunft starb Dr. Ritter an einer Fleischvergiftung.

Einziger heute noch lebender Zeuge dieser Geschehnisse ist Margret Wittmer. In ihrem Buch »Postlagernd Floreana« hat sie sehr interessant über den Sonderling Ritter und dessen Gefährtin Dore Koerwin berichtet. Die beiden hatten einen kleinen Garten angelegt, der sie mit den nötigen Gemüsen und Früchten versorgte. Was sie sonst noch brauchten, erhielten sie von anlegenden Jachten. In seinen Briefen[1] beklagt Dr. Ritter sich über die Siedler, die, durch Zeitungsberichte angelockt, ihr Glück auf Floreana versuchen würden. »Die Insel hat wieder einen neuen amerikanischen Ansiedler erhalten«, schreibt er am 18. Dezember 1930, und weiter: »Obwohl er schon vier Wochen hier ist, haben wir noch keine Annäherungslust verspürt. Er haust zusammen mit einem deutschen Lehrer oben in der Höhle, wo sie einen Vorbau machen, den sie mit unseren Zuckerrohrblättern bedecken. Sch., der Lehrer, vermittelt den Verkehr alle paar Tage mit seinen beiden Eseln. Er ißt dann immer bei uns zu Mittag.«

Wenig später, am 4. Januar 1931, schreibt er: »Das unangenehmste Gefühl, welches ich bis jetzt im allgemeinen in der Einsamkeit erlebte, war stets das Zusammentreffen mit Menschen, gleichgültig welcher Art und welchen Schlages.« Als

---

1 Zitate aus: F. Ritter: Als Robinson auf Galápagos. Grethlein u. Co., Leipzig 1935.

1932 das Ehepaar Wittmer und bald darauf auch die »Baronin« mit Anhang aufkreuzten, war Ritter keineswegs sonderlich erbaut. In Briefen bezichtigte er die Baronin der modernen Seeräuberei: »Verleitet durch das Bekanntwerden der Freigebigkeit einiger amerikanischer Millionäre gegenüber einsamen Inselbewohnern, hat sich eine geschäftstüchtige Dame mit einem Liebhaber verbunden, um diese neue Erwerbsquelle so ausgiebig wie möglich auszuschöpfen. Mit raffinierter Routine wurde der nationale Ehrgeiz der Ekuadorianer umschmeichelt und mit dessen Hilfe (im ›Telegrapho‹, 18. September 1932) ein pompöser Reklameartikel inszeniert, in welchem die Erbauung eines internationalen Hotels mit allem modernen Komfort angekündigt und die Schöpfung eines zweiten Miami und Deauville versprochen wurde, welche die Geldströme der nordamerikanischen Millionäre und die Auswanderungsströme von Europa nach den ›so fruchtbaren‹ (!) Landgebieten – lies Schlackenhaufen – der Galápagos-Inseln lenken würden. Dieser ›Scherz‹, welchen sich die Dame – nach ihren eigenen Worten – mit der Presse erlaubt hatte, bildete den Auftakt des großzügigen Unternehmens.

Mit großem Eifer legte ein arbeitsfreudiger und geschickter ekuadorianischer Arbeiter in drei Monaten einen lediglich auf äußeren Schein berechneten und deshalb auf den ersten Blick in der wilden Galápagos-Umgebung frappierenden kleinen Garten mit Häuschen im Inneren der Insel an, wo von einem romantischen ›Seeräuberfelsen‹ das ganze Jahr über etwas Wasser malerisch heruntertropft. Die kleine Niederlassung erweckt bei unbefangenen Besuchern den gewünschten Eindruck: Hier hat sich eine zivilisationsmüde Kulturträgerin zur beschaulichen Ruhe zurückgezogen. Hinter diesem Schild naturverbundener Idylle lauert die raubtierhafte Gier, von anlaufenden Schiffen möglichst fette Bissen zu kapern...«

Das konnte auf die Dauer nicht gutgehen. Ritter äußerte Befürchtungen. In einem Brief vom 10. Juli 1934 schreibt er: »Mit jeder Post will eine Anzahl gezähmter Bestien hierherkommen. Gott sei Dank ist hier weiter kein Platz mehr. Die Leute oben sind schon zuviel, obwohl wir sie seit zwei Monaten nicht mehr sehen.

229 Siedlung Wrack-Bucht (Puerto Baquerizo Moreno), San Cristóbal, 1957.

Wenn ich oder wir je einmal als ›verschollen‹ bekannt werden sollten, so dürft ihr gewiß sein, daß es ›eine Kugel aus dem Busch‹ war – auch wenn keine Baronin mehr hier ist...«

Und als die Baronin schließlich auf so rätselhafte Weise verschwand, schrieb er Ende August 1934: »Es scheint eine dunkle Geschichte zu sein, die sich im Innern im März des Jahres abgespielt hat. Wir wissen nur, was seinerzeit Lorenz und Wittmers uns erzählt haben: eben die erwähnte Abreise mit einer amerikanischen Jacht. Niemand hat sonst etwas gehört von dieser Abreise als die drei Menschen: Lorenz, Fräulein Walbröl-Wittmer und Wittmer, und diese versichern die Abreise. Wir sind natürlich froh, dieses Hochstaplerpaar los zu sein, aber die ungeklärte Affäre lastet doch als neuer Fluch auf den ›islas encantadas‹... Die Siedlerfamilie im Innern hat in der Hauptsache das Erbe der Baronin – auch in psychischer Hinsicht – angetreten.«

Kurz vor seinem Tode schließlich beschuldigte Dr. Ritter Herrn Wittmer in einem Zeitungsartikel, der in der »Universo« erschien, die Baronin erschossen zu haben. Sinngemäß schrieb er: »In jener Nacht, als die Baronin die Insel angeblich verlassen haben soll, ist kein einziges Schiff in der Nähe von Floreana gewesen. In dieser Nacht habe ich aber Schüsse und Todesschreie einer Frau gehört. Das kann nur die Baronin gewesen sein. Und der einzige, der diese Schüsse abgegeben haben kann, ist Heinz Wittmer.«

Die Anschuldigungen erwiesen sich als nicht haltbar. Allem Anschein nach trifft Lorenz doch der schwerste Verdacht.

230 Siedlerkinder auf einem Esel.

Da um die Galápagos-Inseln starke Strömungen herrschen, sind im Laufe der Zeit viele Fischer von ihrem Kurs abgekommen und an unwirtliche Plätze verschlagen worden. Niemand weiß, wie viele Menschen an den Gestaden dieser Inseln verdursteten. Als ich 1960 mit Heinz Sielmann an der Westküste von Hood (Española) filmte, fand ich die Knochenreste eines Unglücklichen. Sie waren bereits weitgehend zerfallen. Nur die Schädeldecke war noch intakt. Ich fand die Überreste an einer Stelle, die durch einige natürliche Felsen in auffälliger Weise markiert ist. Es sieht so aus, als hätte jemand die Steine zu einer Geländemarke aufgetürmt, was jedoch nicht der Fall war. Die Küste bricht hier viele Meter als steile Felswand zur See ab. Offensichtlich flüchtete sich der Unglückliche an diese Stelle, in der Hoffnung, ein Schiff könne ihn hier ausmachen. Auch gab es hier Schatten. Ich suchte vergeblich nach Bekleidungsresten oder Aufzeichnungen, die eine Identifikation ermöglicht hätten. Die Ziegen haben wohl alles zertrampelt.

Mittlerweile ist die Besiedlung der Galápagos-Inseln mit Ekuadorianern fortgeschritten. 1989 lebten auf den Inseln rund 10 000 Menschen. Auch einige Auswanderer aus Europa sind darunter. Dazu gehört die Familie Angermeyer, die durch verschiedene Berichte in Illustrierten bekannt wurde. Die Siedler wohnen in Dorfgemeinschaften auf San Cristóbal, Floreana, Santa Cruz und im Süden von Isabela. In allen Siedlungen gibt es mittlerweile auch kleine Läden, Schulen, Kirchen und ärztliche Versorgung.

Die Küstenbewohner leben vom Fischfang. Einmal im Jahr wird der getrocknete Fisch nach dem Festland verschifft und bringt dann genügend Geld für ein Jahr. Jene Siedler, die Ackerbau betreiben wollen, müssen sich in den feuchten höheren Lagen ansiedeln, und dort ist das Leben, wie schon erwähnt, sehr ungesund. Krankheitskeime gedeihen, und alles, was nicht täglich gelüftet wird, verschimmelt. Aber Kaffee, Bananen, Papayas, Avocados, Orangen, Ananas, Kartoffeln und auch Gemüsesorten wachsen gut.

Der Markt für diese Produkte, den Kaffee ausgenommen, ist begrenzt. Die Rinderzucht ist ertragreich. Schweine und Hühner züchtet man für den Eigenbedarf, daneben jagt man auch die verwilderten Haustiere. Eine neue Einnahmequelle entwickelte sich mit dem Tourismus. Eine Reihe von Siedlern betätigt sich als Führer und Bootsverleiher. Einige beherbergen auch Gäste. Daneben jagt man nach wilden Schweinen und Ziegen, die jedermann frei zur Verfügung stehen. Die verwilderten Rinder von Santa Cruz und Isabela werden dagegen von eigens dazu bestellten Personen gejagt und verteilt. Die Inseln stehen unter Militärverwaltung. Die kleinen Marinestationen, die mit Funkgeräten ausgerüstet sind, sorgen für Ruhe und Ordnung im ganzen Inselgebiet.

In Europa und in den Vereinigten Staaten machen sich zivilisationsmüde Menschen oft falsche Vorstellungen über das Leben auf den Galápagos-Inseln. Daran sind romantisierende Illustriertenberichte nicht ganz unschuldig. Sicher ist das Leben heute auf den Inseln etwas leichter als noch vor zehn Jahren.

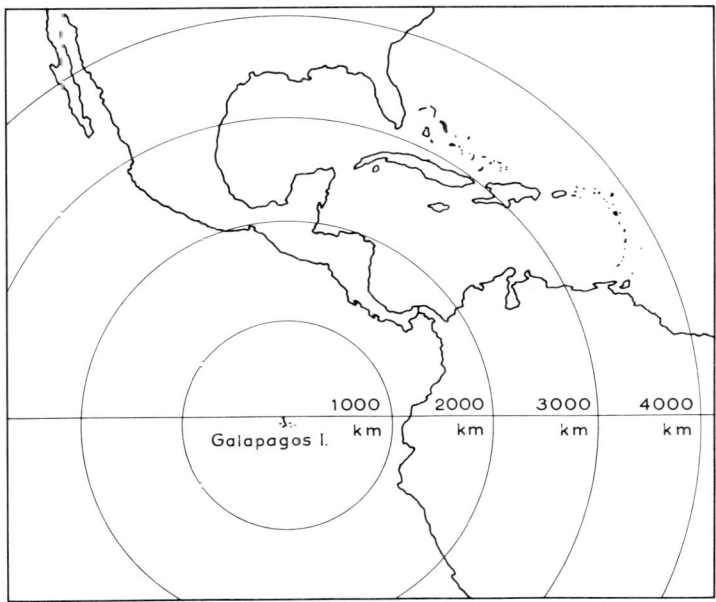

231 Die strategische Lage der Galápagos-Inseln.

Allein durch die Eröffnung des Flugverkehrs nach Baltra – zur Zeit fliegt die TAME zweimal in der Woche vom Festland her – sind die Inseln nicht mehr so sehr von der Außenwelt abgeschnitten. Außerdem verkehren die Boote häufiger zwischen Festland und Inseln. Leicht ist das Leben jedoch keineswegs. Man braucht Geld, und das verdient man auf den Inseln nur sehr schwer. Auch kann man keineswegs so freizügig wie früher Land durch Kultivierung in Besitz nehmen. Es stehen nur beschränkte Zonen dazu zur Verfügung, und diese sind zu Recht ekuadorianischen Staatsbürgern vorbehalten. An der Küste könnte man sich heute nur im Bereich der bestehenden Siedlungen niederlassen, und dort sind die meisten Plätze besetzt.

Die Galápagos-Inseln haben als »Achillesferse« des Panama-Kanals auch große strategische Bedeutung. Wer sie militärisch besetzt, kontrolliert den Panama-Kanal und das mittelamerikanische Gebiet. Begreiflich, daß die Vereinigten Staaten sich wiederholt um den Besitz der Inseln bemühten, nachdem sie dieselben durch Kurzsichtigkeit verloren hatten. Der amerikanische Kapitän Porter hatte nämlich auf seinem Feldzug gegen die englischen Walfänger 1812 den Archipel besucht und ihn durch Hissen der Flagge auf San Cristóbal formell für die Vereinigten Staaten in Besitz genommen. Aber als er nach Washington zurückkam, wurde er für diese selbständige Annexion verurteilt. Im Jahre 1854 war Nordamerika nahe daran, die Inseln zu erwerben, da man Guano auf ihnen vermutete. Ekuador unterzeichnete bereitwillig den Vertrag, aber als die Vereinigten Staaten erkannten, daß es dort keinen Guano gab, brachten sie den Vertrag nicht zur Ratifikation. Verkaufsangebote während des Unabhängigkeitskrieges stießen auf kein Interesse, und als schließlich die Vereinigten Staaten sich zum erstenmal um die Inseln bemühten, forderte Ekuador bereits eine zu hohe Summe. Danach war es überhaupt nicht mehr zum Verkauf bereit. Erst unter dem Druck der Ereignisse im Zweiten Weltkrieg gestattete Ekuador die Einrichtung militärischer Stützpunkte auf Baltra und Hood (Española). Baltra wurde 1942 zum Tanklager und Flugstützpunkt umgestaltet. 1946 wurden die Stützpunkte wieder an Ekuador zurückgegeben.

Die Charles-Darwin-Station
auf Galápagos

Als ich 1954 Galápagos zum erstenmal bereiste, prägten sich zwei Erlebnisse besonders tief in mein Gedächtnis ein.

Im Januar 1954 besuchte ich voller Erwartungen die kleine Insel Baltra (Süd-Seymour), die, nur durch einen Meeresarm getrennt, nördlich von Santa Cruz liegt. W. Beebe, der diese Insel 1923 besucht hatte, schilderte sie als unberührtes Eiland und Refugium der an vielen Stellen bereits damals so seltenen Landleguane. Unter jedem Baumkaktus hatte er welche gesehen:

»Ich war nur ein paar Meter über diese Savanne von Seymour gegangen, als mir klar war, daß sie der Hauptaufenthaltsort aller Conolophusechsen der Insel war. Jeder Kaktus, jeder kleine vereinzelte Busch von Cordia oder Acacia oder Bursera beherbergte eine Eidechse, und zwar alles große Tiere. Auf unserer ganzen Streife sah ich in der ganzen Kolonie keine einzige Eidechse unter 60 Zentimeter; die meisten waren über 90 Zentimeter lang. Ich setzte mich und zählte vierzehn vorweltlich und uralt aussehende Tiere, die alle auf Stellen des größten Schattens ausgespreizt lagen. An Kaktusstauden streckten sie sich längs des Schattens des Stammes aus, während sie sich unter den Büschen oft in irgendeinem kleinen dunklen, schattigen Fleckchen zusammengeringelt hatten.«

Beebes Buch hatte mir zur Vorbereitung auf unsere Inselreise gedient, und als ich 1954 Baltra besuchte, freute ich mich schon auf das spektakuläre Bild.

Voller Erwartung landete ich im Norden der Insel. Das Land sah wirklich verheißungsvoll aus. Hohes gelbes Gras bedeckte den roten, von Steinblöcken übersäten Aschenboden, niedrige Büsche und übermannshohe Opuntien standen verstreut. Aber

415

als ich die Uferböschung hinaufkletterte, änderte sich das Bild. Da stand ich auf einmal auf einer Asphaltstraße! Ich folgte dem durch die Sonnenhitze bereits an vielen Stellen aufgerissenen Band und kam in ein Dorf. Niedrige Armeebaracken standen rechts und links von der Straße. Dunkel gähnten die eingeschlagenen Fenster. Kein menschlicher oder tierischer Laut belebte die verlassene Siedlung. Nur der Wind spielte mit den verrosteten Fensterläden. Nichts konnte melancholischer sein als diese verfallenen Behausungen. Ich wanderte traurig weiter und fand getarnte, jetzt leere Munitionsdepots, Patrouillenhäuschen und den ganzen Weg bis zum Süden der Insel Treibstofflager neben Treibstofflager. Stundenlang durchstreifte ich sie kreuz und quer, die Wege vermeidend, aber von den einst so zahlreichen Drusenköpfen fand ich nur ein einziges Exemplar: Es lag unter einem überhängenden Fels. Die Sonne hatte den Leib des Tieres ausgedörrt, und ich konnte am Ein- und Ausschußloch feststellen, daß es erschossen worden war. Die Insel der Landleguane war verwüstet. Sie diente im Zweiten Weltkrieg als Stützpunkt, und mehrere tausend Menschen plagte tödliche Langeweile!

Als Ersatz für die ausgerotteten Galápagos-Tiere waren neue Bewohner eingezogen: die Hausmäuse! Sie hatten sich so stark vermehrt, daß der Boden auf viele Hektar von den Tieren unterwühlt war. Die hungrigen Geschöpfe hatten die meisten Grasblüten entwurzelt und liefen auf der Suche nach weiterer Nahrung im hellen Sonnenlicht umher. Selbst die kleinen Lava-Eidechsen waren recht selten. Wahrscheinlich wurden ihre Gelege von den Mäusen vernichtet. In kurzer Zeit werden auch sie verschwunden sein.

Wenn keine Seuche die Mäuse vertilgt, dann werden sie als die letzten Bewohner von Baltra den Rest der Vegetation eines Tages aufgefressen haben und sich selbst vernichten. Das Eiland wird kahl und nackt, wie es einst aus den Fluten des Ozeans aufgetaucht war, als finsteres Mahnmal anklagend, bezeugen, wie in wenigen Jahren das Leben, das Jahrmillionen wachsen ließen, hinweggerafft wurde – ein Opfer der unheilvollen Menschheitsgeschichte.

Ein weiteres Beispiel sinnloser Verwüstung lernte ich auf den

Las-Plazas-Inseln kennen. Diese im Osten von Santa Cruz liegenden zwei Inselchen sind nur einige hundert Meter lang und kaum dreihundert Meter breit, aber sie bergen ein reiches Tierleben. Auf der südlichen der beiden Inseln gibt es Landleguane, Lava-Eidechsen, Brutplätze der Schwalbenmöwen und ungezählte Seelöwen, und die Landschaft ist ausnehmend schön. Den Boden deckt ein rötliches Kraut, und wenn man den kleinen Hügel ersteigt, dann sieht man über die Baumkakteen hinweg aufs Meer und zu den gelben Tuffklippen des nahen Santa Cruz. Und inmitten dieses Idylls fand ich die Spuren betrüblichster Barbarei. Als ich den Strand entlang wanderte, stieß ich auf die halbverwesten Leichen von sechs Seelöwen. Alle hatten zertrümmerte Schädel. Fischer sehen in den Seelöwen Konkurrenten. Außerdem stören sie beim Netzfischen. Nicht weit davon fand ich einen Pelikan, dessen Oberschnabel durch einen Steinwurf zertrümmert war.

Mich erschütterten diese Funde mehr als die sonnengebleichten Panzer der Elefantenschildkröten, die ich an anderen Orten fand. Dort waren hungrige Menschen am Werk gewesen, hier aber entschuldigte keine Not die Untat! So traf ich auf meiner ersten Reise überall die Spuren der Verwüstung. In den Siedlungen bot man uns junge Schildkröten, Pinguine und die Felle der Pelzrobben und Seelöwen für wenig Geld an, obgleich die Tiere durch großzügige Schutzgesetze geschützt waren. Ekuador hat nämlich 1934 in vorbildlicher Weise alle Schildkröten, die Landleguane, Meerechsen, Pinguine, Kormorane, Tauben, Flamingos, Enten, Seelöwen und Pelzrobben unter Schutz gestellt.

Das bewog mich, 1955 mit einer Denkschrift an die IUCN (Internationale Union für Naturschutz) in Brüssel und an die UNESCO (Paris) sowie eine Reihe von europäischen und nordamerikanischen Kollegen heranzutreten und auf die Notwendigkeit wirksamer Schutzmaßnahmen hinzuweisen. Unter anderem schlug ich vor, dazu auf Galápagos eine biologische Station einzurichten. Das Echo war höchst ermutigend. Ich gedenke hier mit besonderer Hochachtung der Unterstützung, die mir von der mittlerweile verstorbenen Frau Marguerite Caram (IUCN) zuteil wurde.

Als Ergebnis all dieser Bemühungen wurde ich 1957 von der UNESCO mit der Mission beauftragt, die Inseln mehrere Monate lang zu bereisen, um einen Überblick über den Erhaltungszustand der Galápagos-Tierwelt zu gewinnen und einen Platz für die Errichtung einer biologischen Station auszusuchen.

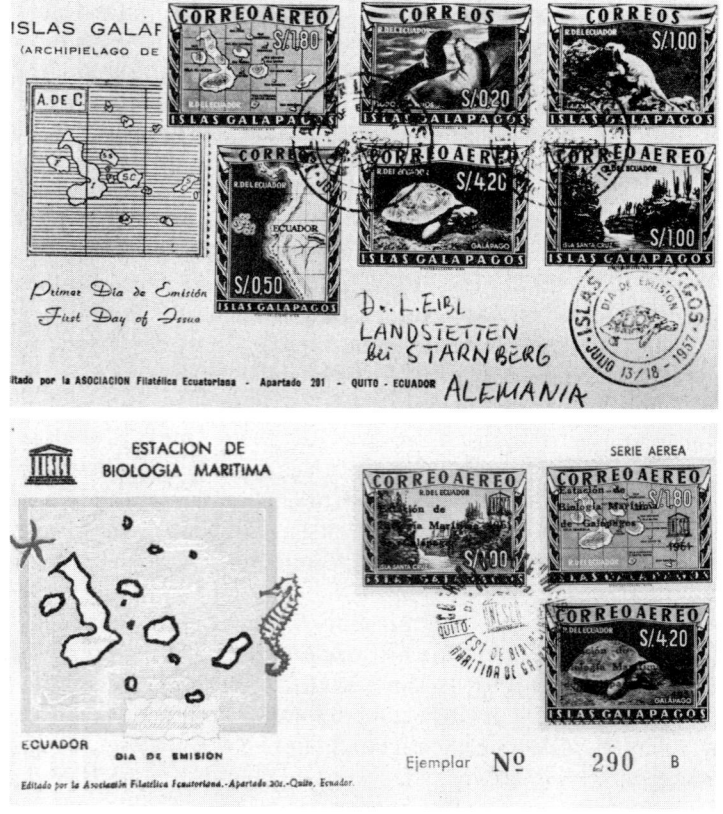

232/233 Die zum Gedenken an unsere Mission 1957 herausgegebenen Galápagos-Marken der ekuadorianischen Post. Sie wurden 1961 zur Eröffnung der Station mit einem Überdruck versehen.

Philatelisten wird interessieren, daß man die Ankunft unserer UNESCO-Mission mit der Herausgabe eines Galápagos-Markensatzes feierte. Als dann 1961 die Charles-Darwin-Station als Ergebnis dieser Mission feierlich eröffnet wurde, wurden diese Sondermarken noch mit dem Überdruck »Estación de Biología Maritima – UNESCO« versehen.

Robert Bowmann, ein Zoologe aus Kalifornien, der sich aktiv in unsere Bemühungen eingeschaltet hatte, und die beiden Life-Reporter Alfred Eisenstaedt und Rudolf Freund begleiteten mich auf dieser Mission, auf der ich auch das Innere der großen Inseln kennenlernte. Ich stapfte über scharfkantige Lavahalden, durch sonnenverbrannte Kakteenwüsten und durch regentriefende immergrüne Wälder, kampierte abwechselnd zwischen Seelöwen am Ufer und an Kraterseen in den Bergen. Die erstaunliche Vielgesichtigkeit des Archipels lernte ich erst damals wirklich kennen.

Von allen Inseln, die wir besuchten, schien uns die Insel Santa Cruz (Indefatigable) wohl am besten für die geplante Station geeignet. Sie lag zentral, hatte eine kleine Siedlung mit Radiostation im Süden, war darüber hinaus eine größere Insel mit einer Vielzahl von Biotopen, und sie war trotz Siedlertätigkeit noch im Besitz ihrer ursprünglichen Fauna. Selbst die Schildkröten hatten im Landesinneren überlebt. Es war uns auch klar, daß die Station in der Nähe der Akademie-Bucht liegen sollte. Wir empfahlen zunächst eine Bucht etwa 4 Kilometer westlich der Akademie-Bucht. Wegen der günstigeren Landverbindung wurde schließlich ein Platz im Osten der Akademie-Bucht vorgezogen.

Wir veröffentlichten unsere Empfehlungen und die Ergebnisse unserer Erhebungen in einem UNESCO-Bericht [1]. 1959 wurde in Brüssel die »Charles Darwin Foundation« gegründet, die sich seit dieser Zeit um die Finanzierung und Planung des Aufbaus der Biologischen Station und nunmehr weiter um deren Betrieb, die Forschungsplanung und den Naturschutz be-

---

1 Eibl-Eibesfeldt, I.: Survey on the Galápagos Islands. UNESCO Mission Reports, Nr. 8, 1959.

müht. Unsere Vorschläge, Naturschutzparks und strikte Reservate einzurichten, griff man ebenfalls auf. Das hatte die sehr positive Folge, daß das Departamento Forestal des Ministeriums für Landwirtschaft mehr und mehr die Überwachung des Naturschutzes übernahm [1].

Durch ein 1959 erlassenes Gesetz wurde alles bis dahin nicht besiedelte Land zum Nationalpark erklärt. Baltra, das zwar nicht besiedelt ist, aber einen Flugplatz hat, wurde ausgeklammert. Da sich nur auf vier Inseln begrenzte Siedlungen befinden, ist der größte Teil des Inselgebietes (insgesamt 690000 Hektar) Nationalpark. Im Parkgebiet selbst werden strikte Naturschutzgebiete festgelegt, die nur Wissenschaftlern zugänglich und bisher kaum gestört sind. Der größte Teil von Fernandina, die nördliche Hälfte von Isabela vom Vulkan Darwin an, ferner die Inseln Pinta, Marchena, Culpepper (Darwin) und Wenman (Wolf) gehören dazu. Eine Art Pufferzone stellt die »Primitive Zone« dar, die zwar bereits durch eingeführte Tierarten einige Änderungen erlebte, jedoch in vielem ihren ursprünglichen Charakter bewahrte und die man durch geeignete Maßnahmen (Abschuß der Ziegen, Schutz und Vermehrung der eingeborenen Tierarten) zu erhalten gedenkt. Für extensive Benützung wurden einige landschaftlich schöne und zoologisch interessante Stellen ausgewiesen, die von Touristen unter Führung besucht werden dürfen. 1960 bis 1966 besuchten jährlich rund 6000 Touristen das Inselgebiet. 1989 waren es bereits 42000 Besucher. Da die Besucher von sorgfältig ausgebildeten Reiseführern begleitet werden, ist bisher kein negativer Einfluß auf die Tierwelt nachzuweisen. Schließlich gibt es innerhalb des Parks noch für speziellen Gebrauch ausgewiesene Zonen (»Special Use Zones«). Diese grenzen meist an kolonisiertes Land und werden nach Gewohnheitsrecht von den Siedlern bereits für Feuerholz, Sand- und Salzgewin-

---

1 Plan Maestro para la Protección y uso del Parque Nacional Galápagos Documento de Trabajo. No. 1 PNUD FAO ECU/71 022, Organisación des las Naciones Unidas Para la Educación, la Ciencia y la Cultura, Oficina Regional para América Latina. Santiago/Chile 1974.

nung und dergleichen mehr genützt. Die Parkbehörde bemüht sich neuerdings auch darum, eine Zweimeilenzone um die Küsten des Parkgebietes ins Schutzgebiet einzubeziehen.

1960 wurde mit dem Aufbau der Forschungsstation »Charles Darwin« begonnen. Die eingeschossigen Gebäude passen sich gut an die langsam ansteigende Landschaft an. Sie ist mit Baumopuntien, Kandelaberkakteen und Gestrüpp bewachsen, und wenn man die mit weißem Sand bestreuten Wege morgens dahinwandert, kann man die wichtigsten Arten der Darwin-Finken mühelos beobachten. An dem kleinen Pier steht ein Gebäude ($110\,\mathrm{m}^2$ Bodenfläche), das einen Raum für Vorträge hat. Man kann dort essen. Es gibt ferner ein Laboratorium mit $160\,\mathrm{m}^2$ Bodenfläche, ein etwa gleich großes Gebäude für Bibliothek und Sammlung, eine Werkstatt ($210\,\mathrm{m}^2$), ein Besucherzentrum ($400\,\mathrm{m}^2$), vier kleinere Wohneinheiten für Gäste und Angestellte, ein Haus für den wissenschaftlichen Direktor, einen Materialschuppen und schließlich das Schildkrötenaufzuchtgebäude ($470\,\mathrm{m}^2$). Eine meteorologische und eine seismographische Station ergänzen die biologischen Einrichtungen. Das mit einem Doppelmotor ausgerüstete 21-Meter-Boot »Beagle III« wurde in England speziell für die Station gebaut. Mit ihm kann man alle Inseln des Archipels erreichen.

Neben Aufgaben, die unmittelbar mit dem Naturschutz zu tun haben, arbeiten auf der »Charles-Darwin-Station« Gastwissenschaftler aus verschiedenen Ländern, bisher vor allem Zoologen, Botaniker und Geologen, an der Erforschung der Lebensgemeinschaften – an Land und im Meer. Die Kontinuität wird durch einen wissenschaftlichen Direktor gewahrt, der immer einige Jahre bleibt. Ferner gibt es einen kleinen Stab festangestellter technischer Assistenten. Die Station war von Anbeginn wissenschaftlich produktiv. Die Liste der Publikationen zählt über 300 Titel. Stipendien und Spenden auf internationaler Basis erhalten die Station, und organisatorisch wird sie von der »Charles Darwin Foundation« in Zusammenarbeit mit den Behörden Ekuadors betreut. Ekuador besitzt mit der Station ein naturwissenschaftliches Forschungszentrum von internationalem Ansehen, das viel zum Prestige dieses Landes beigetragen hat.

234/235 Die Galápagos-Eule ist oft tagsüber unterwegs. Sie stellt Singvögeln, aber auch Seevögeln nach. Auf den Plazas-Inseln findet man oft die Überreste ihrer Opfer.

Seit 1963 informiert die Charles Darwin Foundation in ihrer Zeitschrift »Noticias de Galápagos« über die Forschungsarbeit und andere Entwicklungen auf den Galápagos-Inseln. Zur Zeit erscheinen im Jahr zwei Hefte. Die meisten Aufsätze sind in englischer Sprache abgefaßt. Über die Geschichte der Charles Darwin Foundation und der von ihr betreuten Station berichtete Corley Smith (1990).

Die Station ist, wie gesagt, von Spenden abhängig. Wer ihren Betrieb fördern will, kann Beiträge auf das Postscheckkonto der Zoologischen Gesellschaft, Postscheckamt Frankfurt/Main, Nr. 47601, überweisen, mit dem Vermerk: *»zweckgebunden Galápagos«.* Auch der World Wildlife Fund nimmt Schecks mit dem Vermerk *»For conservation in the Galápagos Islands«* mit Dank entgegen.

Damit dürfte die unmittelbare Gefahr seitens des Menschen für den Augenblick abgewendet sein, zumal eine Erziehungskampagne so etwas wie einen Stolz der Siedler auf ihre Inseln heranbildete. In den letzten Jahren sind denn auch kaum noch Fälle von Schildkrötentötung bekannt geworden. Auch der Handel mit Jungtieren hat aufgehört. Seelöwen werden noch gelegentlich getötet, wenn sie den Fischern zu lästig werden. Der Handel mit Seelöwen- und Pelzrobbenfellen hat jedoch aufgehört. Früher waren auch kalifornische Thunfischer daran beteiligt, aber das gehört ebenfalls der Vergangenheit an. Nur wenige Arten sind noch unmittelbar vom Menschen gefährdet. Das gilt in erster Linie für den Bussard.

T. de Vries schätzt den Gesamtbestand im Inselgebiet auf 130 Brutpaare. Über die Hälfte von diesen leben auf Isabela und James (Santiago). Auf den besiedelten Inseln San Cristóbal und Floreana wurde die Art ausgerottet, und auf Santa Cruz ist der Bestand äußerst reduziert. Diese Raubvögel zeichnen sich nämlich durch eine erstaunliche Zahmheit aus. Auf Duncan (Pinzón) haben wir diese Vögel mit Ziegenfleisch aus der Hand gefüttert und sie auch berührt. Sie bleiben ruhig sitzen. Nur stellen sie den Kücken der Siedler nach. Anstatt jedoch nach erfolgreicher Jagd mit der Beute wegzufliegen, bleiben sie arglos sitzen. Man kann es den Siedlern nicht verübeln, wenn sie den Hühnerdieb mit einem Stock erschlagen.

236/237 Zwei Gebäude der Charles-Darwin-Station auf Santa Cruz.

Bereits F. Ritter wies auf dieses merkwürdige Verhalten der Bussarde – er spricht von Habichten – hin. Von einem Ausflug auf Santa Cruz berichtet er: »Als wir ankamen, staunten wir über folgende seltsame Szene, welche die unberührte Harmlosigkeit der Galápagos-Welt illustriert: Zahlreiche Hühner umgaben das Haus, auf dem Baume vor dem Haus saß ein prachtvoller Habicht in ewa 3 bis 4 Meter Höhe. Der Siedler nahm einen Stock, stieg umständlich auf einen Schemel unter dem Baum und hieb auf den Habicht ein. Der schaute uns alle verwundert an, und obwohl der Streich ihn streifen mußte, flog er nicht weg, sondern erwartete ruhig den zweiten, besser gezielten Hieb, worauf er betäubt herunterfiel. Sofort sprang J. auf ihn und hob ihn rasch an den Flügelspitzen hoch; denn schon erwachte er aus seiner Betäubung. Da hieb J. ihm den Kopf ab, und die Hühner pickten nach seinem Blut, statt er nach dem ihrigen. Im selben Augenblick flog auch schon ein anderer Habicht an die gleiche Stelle, und das Schauspiel wiederholte sich noch dreimal innerhalb unseres Aufenthaltes von 20 Minuten« (Ritter, S. 97/98).

Ich glaube nicht, daß ein Siedler heute anders handeln und etwa zusehen würde, wie ein Bussard seine Hühner schlägt. Das ist ihm auch nicht zu verargen. Es bleibt daher nur die Hoffnung, daß sich ein Bestand auf den unbewohnten Inseln erhält.

Ähnlich ist die Lage der Galápagos-Ohreule (*Asio galapagosensis*), die ebenfalls wenig Scheu vor dem Menschen zeigt und die man überdies oft auch untertags frei im Gelände antrifft. Auf Baltra sah ich sie tagsüber Mäuse jagen. Vögeln stellt sie nachts nach. Auf den Plazas-Inseln jagt sie regelmäßig Seeschwalben.

Der beste Schutz der Galápagos-Tiere ist sicher die Tatsache, daß sie eine Touristenattraktion ersten Ranges darstellen. Ein friedliches Nebeneinander von Tier und Mensch ist auf den Galápagos-Inseln durchaus möglich. Das beweist Karl Angermeyer. Während sonst in der Nähe der Siedlungen Meerechsen selten sind, lebt direkt vor seinem Haus am Meer eine große Gruppe zahmer Meerechsen. Es hat mich sehr beeindruckt, als ich auf seiner Veranda saß und von allen Seiten neugierige

Meerechsen herbeikamen. Sie setzten sich zu meinen Füßen hin und bettelten um Futter wie junge Dackel. Herr Angermeyer fütterte sie dann mit Fisch, den sie aus der Hand nahmen. Sie fraßen aber auch Brot oder Reis aus einem Schüsselchen. Sie kommen zu jedem Frühstück, und wenn er einen Pudding zum Abkühlen hinausstellt und nicht sehr aufpaßt, kann es ihm passieren, daß er einen jungen Leguan vorfindet, der sich wohlig im warmen Pudding badet und ihn frißt. Die Meerechsen bewohnen auch sein Haus, alte und junge. Sie klettern Abend für Abend die Wand hoch unters Dach und lassen ihre Schwänze lang herabhängen. Ein Weibchen kommt täglich gegen halb 6 Uhr abends ins Zimmer und klettert in den Kamin, und zwar stets mit dem gleichen Zeremoniell. Es überschreitet die Schwelle, hält an, schaut aufmerksam nach links und rechts und wandert dann geradlinig zum Kamin, in dem es verschwindet. – Wenn Herr Angermeyer auf die Veranda tritt, dann eilen die Meerechsen gleich von allen Seiten auf ihn zu. Sie hören auf seinen Pfiff: Pfeift er im Zimmer, dann heben die Tiere den Kopf und kommen langsam herangekrochen. Mit dem Hund und mit der Katze vertragen sie sich ausgezeichnet. Nur mit ihresgleichen haben sie mitunter Streit, und zur Fortpflanzungszeit kann Herr Angermeyer sehen, wie der große Echsenmann sein Revier gegen die heranwachsenden jungen Männer verteidigt.

Die groß angelegten Aufklärungskampagnen haben jedoch, wie gesagt, die Einstellung der Galápagos-Siedler zu ihren Inseln grundsätzlich geändert. Von dieser Seite droht daher nur noch wenig Gefahr.

Nach wie vor stellen die eingeschleppten Haustiere den Naturschutz vor schwierige Aufgaben. Allerdings konnte man ganz unerwartete Erfolge erzielen. So hat man auf Barrington (Santa Fé) und Española (Hood) alle Ziegen abgeschossen und damit die schwere Konkurrenz für Landleguane und Schildkröten beseitigt. Fast zur Gänze sind die Ziegen auf

---

238 Der Galápagos-Bussard gehört zu den zahmsten und heute seltensten eingeborenen Vögeln der Inselgruppe.

239 Der Galápagos-Bussard. Er läßt sich ohne weiteres berühren.

Abingdon abgeschossen worden. Auf den großen Inseln stehen
wir derzeit jedoch vor praktisch unlösbaren Problemen. Man
kann die Schweine, Ziegen, Katzen und Hunde zwar dezimie-
ren, was schon eine gewisse Entlastung für die eingeborene
Tier- und Pflanzenwelt bedeutet, doch ist eben ständige Auf-
sicht geboten. Noch schwieriger wird es sein, die Ratten von
Duncan (Pinzón) auszurotten. Solange diese Plage herrscht, ist
es fraglich, ob dort je wieder junge Schildkröten aufwachsen
können. Für den Augenblick sind die Schildkröten dieser Insel
ebenso wie jene von Hood (Española) und San Cristóbal durch
das Aufzuchtprogramm der Station, und zwar geradezu im letzten Moment, gerettet worden. Man hat das Programm auch auf
andere Inselrassen ausgedehnt. Die Existenz von zehn Schildkrötenrassen ist damit zunächst gesichert. Von Jervis (Rábida)
fing man bisher nur ein Männchen, und über die Schildkröte
von Fernandina weiß man, wie gesagt, nichts Genaues. Ich
habe in den jeweiligen Kapiteln ausführlich über den gegen-
wärtigen Erhaltungszustand der Fauna berichtet und brauche
das hier nicht zu wiederholen.

Die Siedler schleppen auch Insekten ein. So wurde die kleine rote Feuerameise zu einer Plage, die sich natürlich auch auf die Kleintierfauna der Inseln auswirkt. Solchen Entwicklungen steht man mehr oder weniger hilflos gegenüber, dabei sind die Insekten der Galápagos-Inseln gewiß nicht weniger interessant als die Reptilien. Für die Landvögel, insbesondere die kleinen Finken, besteht schließlich die Gefahr, daß andere Singvögel als Konkurrenten und auch als Krankheitsträger eingeschleppt werden. Das kann zu einem schnellen Zusammenbruch der eingeborenen Singvogelwelt führen. Auf Hawaii wurden bekanntlich die Kleidervögel durch eingeschleppte Vogelmalaria dezimiert.

Um so wichtiger ist es, die Erforschung der Darwin-Finken zum Schwerpunktprogramm der Station zu erheben. Es gibt sie heute noch in großer Zahl, aber das kann sich schlagartig ändern.

Der Landvegetation erwächst schließlich in zunehmendem Maße durch eingeschleppte Nutzpflanzen und Unkräuter Konkurrenz. Wieweit sie überdies durch Schädlinge bedroht ist, entzieht sich meiner Kenntnis. Sicher besteht auch beim besten Willen der Siedler für die Lebensgemeinschaften der Galápagos-Inseln weiterhin akute Gefahr. Nur größte Aufmerksamkeit kann diese einmaligen Inselgemeinschaften vor ihrem Untergang bewahren.

In den letzten Jahren hatten der Fischbestand und der Langustenbestand in der Küstenzone der Inseln deutlich abgenommen. Die einst sehr zahlreichen Langusten wurden sogar zu einer ausgesprochenen Rarität. Man will die Entwicklung steuern, indem man bestimmte Küstenstreifen als Zwei-Meilen-Zone zum Nationalpark erklärt. Das ist sicher auch für die Fischer von Nutzen, denn aus diesen dann unberührt belassenen Gebieten würde sich der Fisch- und Langustenbestand stetig erneuern.

1936 wurde ein »Marine Resource Reserve« eingerichtet. Diese Verordnung legt fest, daß alle Gewässer zwischen den Inseln für die Zwecke des Naturschutzes und der Nutzung einer Kontrolle unterliegen.

240 Einer der verwilderten Hunde von Floreana.

Nach und nach überziehen wir unseren Planeten mit Asphalt und Beton, und wir sehen zu, wie in wenigen Jahrzehnten Naturschönheiten, die in Jahrmillionen heranwuchsen, für immer vernichtet werden. Vielleicht kann man diese traurige Entwicklung in den fruchtbaren Ackerbaugebieten unserer Erde nicht ganz vermeiden. Um so mehr ist zu wünschen, daß wenigstens die wirtschaftlich wertlosen, aber an Naturwundern so reichen Galápagos-Inseln unzerstört der Nachwelt erhalten bleiben.

Naturschutz –
Luxus oder Verpflichtung?

Wir hörten, wie die Störung des biologischen Gleichgewichtes auf den Galápagos-Inseln durch den Menschen und durch eingeführte Haustiere die weitere Existenz vieler sehr merkwürdiger Geschöpfe bedroht. Was sich hier in der kleinen Welt der Galápagos-Inseln abspielt, ist der Ausklang einer unerbittlichen Auseinandersetzung der zahlenmäßig lawinenartig anschwellenden Menschheit mit der umgebenden Natur. Vor 8000 Jahren lebten etwa 10 Millionen Menschen auf unserer Erde. Es dauerte weitere 3000 Jahre, bis sie sich auf das Doppelte vermehrt hatten. Aber mit der Zunahme der Bevölkerung wuchs die jährliche Zuwachsrate. 1950 bevölkerten bereits 2500 Millionen Menschen die Erde, und im Jahre 2000 sollen es 7000 Millionen sein.

Diese Menschen brauchen Raum und Nahrung für sich und ihre Weidetiere. Wildtiere waren Konkurrenz und boten sich zugleich als Nahrung an, und so mußten sie in dem Ausmaß weichen, in dem der Mensch sich ausbreitete. Es litt vor allem das Großwild, aber auch eine Reihe kleinerer Wildtiere, denen durch die Kultivierung des Landes, das Abforsten der Wälder oder das Trockenlegen der Sümpfe die Lebensmöglichkeit genommen wurde. In Europa verschwanden in den letzten vierhundert Jahren unter anderem Auerochs, Tarpan und Bison, während eine ganze Reihe von Wildtieren in kleine Rückzugsgebiete verdrängt wurde und daher für weite Gebiete als ausgestorben gelten muß, wie etwa die Störche in der Schweiz.

Zu diesen verdrängten Arten gehören bei uns Bär, Luchs, Biber, Fischotter, Wildkatze, Alpensteinbock, Elch, Uhu, Kranich, Schwarzstorch, Steinadler, Kolkrabe, Lämmergeier, Kormoran, Graureiher, Fischadler, Seeadler und viele andere mehr. Ähnliches spielte sich in Nordamerika ab, dessen Fauna ja derjenigen Eurasiens ähnelt. Wir brauchen nur an das große Bisonsterben und an die Massenabschlachtung der Wandertaube und den Abschuß der Schreikraniche zu erinnern. In Afrika begann die Ausrottung der eingeborenen Tiere bereits in der Römerzeit. Die nordafrikanischen Elefanten mußten damals als Kriegselefanten und in der Arena ihr Leben lassen. Der Wildesel der Atlasländer folgte. Geradezu verheerend wirkte sich schließlich der Einbruch der mit Feuerwaffen ausgerüsteten Europäer aus. 1783 wurde der Blaubock ausgerottet. 1873 schoß man das letzte Quagga, eine Zebra-Art, die nur vorne gestreift ist und in Transvaal und im Kapland in riesigen Herden lebte. Man schoß sie zu Tausenden, da Getreidesäcke aus ihrer Haut billiger als Jutesäcke waren! Das letzte Burchell-Zebra starb 1906 im Londoner Zoo. Vom Bergzebra überleben noch etwa sechzig Tiere. Südafrikanische Kuhantilope, Kap-Warzenschweine, Berber- und Kaplöwe sind ausgerottet und wahrscheinlich auch die rote Gazelle. Bläßbock und Buntbock verschwanden aus freier Wildbahn. Ebenfalls nur mehr in Schutzparks leben das Weißschwanzgnu und das Breitmaulnashorn. Und fahren wir nach Asien, so bietet sich uns dort das gleiche traurige Bild. Das indische, javanische und das Sumatra-Nashorn, Yak, Banteng, malaiischer und ceylonesischer Elefant, der Orang-Utan, eine Reihe von Großkatzen werden neben vielen anderen Tierarten mehr und mehr eingekreist. Vom asiatischen Löwen lebten 1956 noch etwa achtzig Stück in Kathiawar; vom Java-Nashorn gibt es dreißig bis vierzig Individuen. In Australien exportierte man noch 1924 zwei Millionen Felle des kleinen Koala-Bären, der das Vorbild unseres Teddybären ist. Drei Jahre später entdeckte man mit Erstaunen, daß man die Tiere fast ausgerottet hatte. Bei Sydney versucht man, einen kleinen Bestand zu erhalten.

Wir können die Reihe noch um viele andere neuseeländische und australische Tiere bereichern, aber daß die Tierwelt durch den Menschen gelitten hat, ist ja allgemein bekannt. Und wer daran noch zweifelt, braucht nur durch unsere verarmten Wälder zu wandern.

Die Entwicklung nach dem Zweiten Weltkrieg beweist, daß

die Gefahr für die Wildtiere keineswegs kleiner geworden ist. Man plündert unseren Planeten nach wie vor. In weiten Teilen Tansanias hat man zum Beispiel durch Schützenketten systematisch alles Wild abgeschossen, um Erdnußplantagen anzulegen. Man beseitigte Busch und Gestrüpp, die den Boden schützten, und pflanzte Erdnüsse, die der Erosion keinen Widerstand boten. Trotzdem werden allein in Senegal jährlich weitere 25 000 Hektar Land neu »kultiviert« und bleiben als Wüste zurück.

Es müßte sich mittlerweile auch beim Einfältigsten herumgesprochen haben, daß die Wachstumsideologie die Vernichtung unserer eigenen Lebensbasis in erschreckender Weise beschleunigt. Rohstoffe, die unersetzlich sind, werden verschleudert, und auf der Verbrennung der fossilen Vorräte wurde ein Bevölkerungsüberhang aufgebaut, dem eines Tages ein Zusammenbruch folgen muß, es sei denn, wir schrumpfen uns global gesund. In den Entwicklungsländern sinkt die Lebensmittelproduktion. Der Kunstdünger wurde wegen Erdölpreiserhöhungen zu teuer. Zwischen 1882 und 1952 wuchsen die Wüsten der Erde durch Abholzung der Wälder, Brandrodung und Überweidung von 12 auf 26 Millionen Quadratkilometer. Gleichzeitig schrumpften die Reserven an Brachland von 18 auf 2,7 Millionen Quadratkilometer. Mittlerweile sind sie aufgebraucht, und die Wüsten haben sich in den letzten 25 Jahren noch erschreckender ausgebreitet [1]. Nun sind die Regenwälder der Tropen dran. Aber wie können wir auf Vernunft hoffen, wo doch in einem Land mit relativ hohem Bildungsniveau eine Diskussion um Geschwindigkeitsbegrenzungen der Automobile zum Politikum wird.

Im tropischen Afrika überträgt die Tsetse-Fliege die Nagana-Seuche auf das Nutzvieh des Menschen. Haustiere sterben an der Erkrankung, während das eingeborene Wild unter den Erregern nicht weiter leidet. An einigen Orten ist man nun auf eine schreckliche Methode verfallen, diese Tsetse-Fliegen

---

1 Ausführliche Darstellung der Probleme siehe bei H. Gruhl: Ein Planet wird geplündert. S. Fischer, Frankfurt/Main 1975.

auszurotten. Man schießt ganz einfach jede Gazelle, jede Giraffe, jedes Nashorn, kurz alles ab, was der Tsetse-Fliege als Nahrung dienen könnte. So hat man allein im Sambesi-Tal Rhodesiens von 1948 bis 1951 über hunderttausend Stück Wild niedergemetzelt – ohne daß die Tsetse-Fliege deshalb seltener geworden wäre. Trotzdem schießt man eifrig weiter. Über den Schießer-Tourismus klagt der französische Jagdexperte Lucien Blancou in der Zeitschrift »African Wildlife« (Band 13, 1959), daß die Zahl der europäischen Sportsleute in Französisch-Äquatorialafrika immer mehr zunimmt. Die Jagdführer würden die zugänglicheren Gegenden bald leerschießen lassen, oft unter äußerst unsportlichen Bedingungen, und sie brechen die Gesetze, vielleicht gerade wegen ihrer Strenge. Das Beispiel der Jäger ist außerdem ein gefährliches Vorbild für die eingeborene Bevölkerung.

Nun könnte jemand einwenden, wir wären eben die Herren der Schöpfung, alles wäre uns untertan, kurzum, wir könnten vertreiben und schießen, was immer wir wollten.

Was können wir dagegen ins Feld führen?

G. Steiner hat eine Schrift für den Naturschutz (Der mathematische und naturwissenschaftliche Unterricht, Band 11, 1958) mit den Worten eingeleitet: »In einer Welt der Nützlichkeit und der Zweckmäßigkeit, in einer Zeit ohne verbindliche Normen für das Schöne, und in einer Spätkultur, in der alle ethischen Begriffe mehr oder minder relativiert zu werden drohen, kann man eine Sache erfolgreich nur mit den Argumenten der Nützlichkeit verfechten. Das klingt nicht sehr froh, aber es entspricht den Gegebenheiten.«

Betrachten wir also zunächst einmal das wirtschaftliche und das mit ihm eng verknüpfte wissenschaftliche Argument. Beide haben zweifellos stärkstes Gewicht, denn es leuchtet ein, daß es nicht gerade zweckmäßig ist, den Ast abzusägen, auf dem man sitzt. Wenn wir ohne Vorsorge Wälder abholzen, dann entstehen Wüsten und Einöden, wie uns unter anderem die Geschichte der Mittelmeerländer lehrt. Deshalb ist Waldraubbau unzweckmäßig und wird heute im allgemeinen auch durch Forstschutz vermieden. Aus dem gleichen Grund schützt man bisweilen selbst Tiere. So schonte man im allerletzten Augenblick die wirtschaftlich wertvolle Pelzrobbe der Pribilow-Inseln. Es gelang, den Bestand dieses wertvollen Pelzträgers wieder auf die ursprünglichen Millionen zu bringen, so daß er wieder wirtschaftlich genutzt werden kann. Die Pelzjäger stellen heute vor allem den abseits der Herden lebenden Junggesellen nach, so daß die Art nicht weiter unter der Verfolgung leidet. Weniger erfreulich ist die Situation der Wale. Man hat zwar eingesehen, daß eine unkontrollierte Bejagung die Lebensbasis der Walfang-Industrie zerstört, und eine internationale Kommisson kontrolliert den Fang, aber leider sind nicht alle Walfang-Nationen dieser Konvention beigetreten.

Zu den wirtschaftlich wichtigen Naturschutzmaßnahmen gehört also auch die Erhaltung wirtschaftlich wichtiger Tierarten, aber wer kann heute sagen, welche Arten in Zukunft wichtig sein werden? Eine ganz unscheinbare Tierart kann für die Grundlagenforschung der Biologie ein außerordentlich günstiges Objekt sein, ohne daß wir es heute wissen. Und da letzten Endes die Millionen Menschen, die heute unseren Planeten bevölkern und leider verwüsten, den naturwissenschaftlichen Erkenntnissen überhaupt erst ihre Existenz verdanken – ohne die Erkenntnisse der Biologie, der Medizin, der Physik, der Chemie und der aus diesen Wissensgebieten abgeleiteten Technik gäbe es heute nicht 3 ½ Milliarden Menschen –, dürfen wir Naturwissenschaftler schon ein paar Worte mitreden, wenn es um Fragen wie die der Erhaltung der Arten geht. Wir nehmen dabei letztlich auch die Interessen jener Kreise wahr, die selbst zu kurzsichtig sind, die Verluste zu erkennen, die ihre Gewinnsucht und Dummheit heraufbeschwören.

Und schließlich möchten wir für den Naturschutz auch heute noch ethische und ästhetische Gesichtspunkte ins Feld führen. Alle großen Religionen lehren uns, daß diese Welt die Schöpfung eines Gottes sei, mit allen ihren Blumen und Tieren. Ergibt sich daraus nicht geradezu selbstverständlich, daß wir diese Schöpfung achten müssen, daß wir diesen bunten Garten nicht barbarisch zertrampeln dürfen? Nicht gegen die Nutzung der Tier- und Pflanzenwelt wollen wir uns stemmen, aber wir sollten uns doch bewußt werden, daß es sich um kostbare Geschenke handelt und daß jede Ausrottung einer Tierart Mord

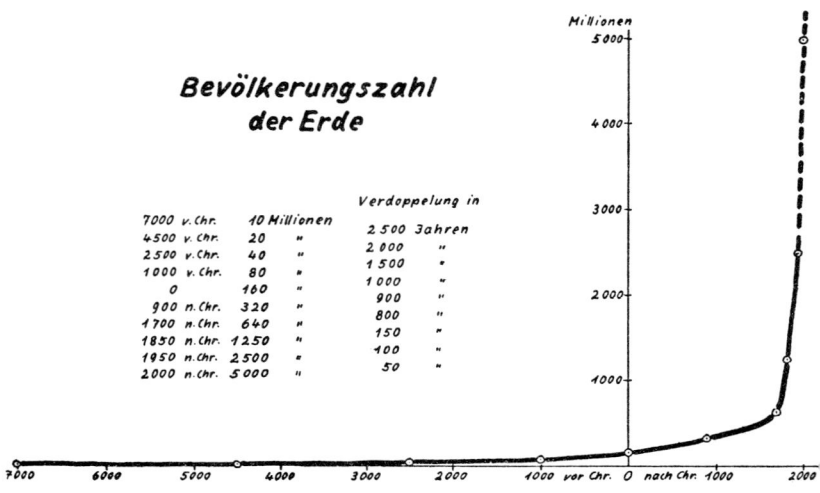

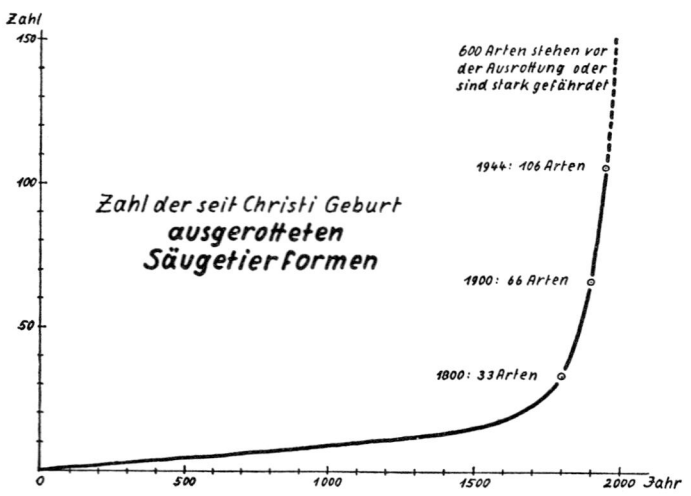

241 Mit dem Wachstum der Erdbevölkerung nimmt die Zahl der ausgerotteten Tiere zu (aus: G. Scheer 1958).

ist. Der Frankfurter Zoologe Bernhard Grzimek hat im Kommentar zu seinem Film »Serengeti darf nicht sterben« betont, daß die letzten Reste der afrikanischen Tierwelt ein kultureller Gemeinbesitz der gesamten Menschheit wären, genauso wie unsere Kathedralen und antiken Bauten. Es ist ein trauriges Symptom unserer Zeit, daß sich einige Beauftragte der Länderkultusminister an dieser Symbolik stießen. Sie empfanden es unangemessen, die Erhaltung der Zebraherden mit der Erhaltung der Akropolis oder der Peterskirche in Beziehung zu setzen, und wurden sich dabei gar nicht bewußt, daß sie dabei in maßloser Selbstüberschätzung Menschenwerk über Gottes Schöpfung setzen.

Schließlich muß jeder nicht ausgesprochen blinde Mensch auch den ästhetischen Wert unberührter Natur gelten lassen. Blühende Alpenwiesen, unberührte Moor- und Seelandschaften mit ihrer reichen Vogelwelt oder eine mit Großwild bevölkerte Steppe, das alles ist nun einmal schön und bietet manch einem Erholung. Auch in diesem Sinne kann man Nationalparks wohl kaum als Luxus bezeichnen.

Wir werden vom Lebensstrom getragen, der sich vielfach verzweigt und in unzähligen Organismen seinen Ausdruck findet. Aber so verschieden sie alle auch aussehen mögen, die Muschel, der Tannenbaum oder der Eichelhäher, sie alle teilen mit uns den gleichen zellulären Aufbau, die Schreibweise des genetischen Codes, den komplizierten Mechanismus der Chromosomen, der Zellteilung und der Reifeteilung, die Fabriken der Mitochondrien, die meisten biochemischen Prozesse und noch viel anderes mehr. Es ist gemeinsames Erbe, das uns verbindet, und sollte uns nachdenklich stimmen. Wir Menschen – das Leben wurde sich in uns wohl zum erstenmal seiner selbst bewußt – betrachten erstaunt die bunte Entfaltung lebendigen Seins, die Blumen, die emsigen Käfer und die Vögel in der Luft. Im freudigen Staunen nehmen wir diese Welt in uns auf und fragen nach einem Sinn, ohne ihn auch nur zu erahnen. Woher der Lebensstrom kommt, wohin er uns alle trägt, wir wissen es nicht. Aber wir wissen heute immerhin eines: Wo immer unsere Sonden im All unsere weitere Nachbarschaft erkundeten, sie fanden bisher nur trostlose Wüsten. Einzig unser Planet leuchtet wie ein blaues Juwel in dieser grenzenlosen Öde, bereit, noch für viele Millionen Jahre die Entfaltung weiteren Lebens zu ermöglichen – eine Entfaltung, wie wir hoffen, zu höherer Geistigkeit und größerem Glück.

Seit der Niederschrift dieses Kapitels sind viele Jahre vergangen. Wir schreiben mittlerweile das Jahr 1990, und trotz vielfältiger Bemühungen und Aufrufe hat sich die allgemeine Lage des Natur- und Umweltschutzes weiter verschlechtert. Zwar sind sich heute mehr Menschen denn je zuvor der Problematik bewußt; dennoch hat die Umweltzerstörung katastrophale Ausmaße erreicht. Man weiß, daß Autos die Luft verpesten – aber kaum war die Erdölkrise vorbei, fuhr man wieder schnelle Benzinfresser. Man weiß, daß insbesondere die Lastwagen ungeheuren Schaden anrichten. Eine Berechnung ergab, daß der Dieselpreis etwa 5 DM betragen müßte, wollte man über ihn den durch Laster verursachten Schaden beheben (soweit er überhaupt behebbar ist). Dennoch rasen Lastwagen von Nord nach Süd und von Süd nach Nord und gefährden Umwelt und Leben. Die Wälder sterben, das Klima ändert sich durch den Treibhaus-Effekt, und die uns gegen harte Strahlen schützende Ozonschicht der oberen Luftschicht wird abgebaut.

Bemühungen um Geschwindigkeitsbegrenzungen zur Verringerung von Luftverschmutzung und anderer Gefahren scheiterten in der Bundesrepublik Deutschland bisher an der Unvernunft der Politiker, die gern von Freiheit und vom mündigen Bürger reden, wobei man den Verdacht nicht los wird, daß sie die Interessen nicht des Bürgers, sondern gewisser Zweige der Autoindustrie vertreten. Diese allerdings ist eher schlecht beraten, denn bei 10000 Verkehrstoten im Jahr und einer vielfachen Anzahl von Verletzten sowie bei der zunehmenden Umweltvergiftung wird sich das Positivbild des starken und schnellen Wagens doch allmählich in ein Negativbild verwandeln. Ginge es nach Einsicht und Vernunft, hätten wir wohl weniger gefährliche und umweltverpestende Fahrzeuge. Aber wir haben da Schwierigkeiten, die in unserer menschlichen Natur begründet sind. Das Auto ist nämlich nicht nur Fahrzeug, sondern auch ein Mittel der Selbstdarstellung. Es drückt das

»Vermögen« des Besitzers aus und wird so zum Statussymbol. Leider bemißt sich dessen Wert nach Pferdestärken, und die kann man jedermann vorführen. Denkbar wären natürlich auch andere Prestigemerkmale. Aber da man sich nun einmal für Kraft und Geschwindigkeit entschieden hat, dürfte es eine Weile dauern, bis man davon wieder wegkommt. Noch etwas anderes kommt hinzu: Die 10000 Verkehrstoten beunruhigen uns zwar, aber wir verknüpfen sie nur intellektuell und nicht emotionell mit dem Auto.

Warnt eine Mutter ihr Kind durch Zuruf vor einer Schlange oder erschrickt sie vor einer Spinne, dann entwickeln wir Schlangenfurcht beziehungsweise Spinnenfurcht. Darauf sind wir durch eine lange Stammesgeschichte vorbereitet[1] – auf Furcht vor Autos dagegen nicht. Wir erfassen Autos emotionell nicht als gefährlich, noch erleben wir die Geschwindigkeit beim Fahren als bedrohlich.

Kurzfristige gewinnmaximierende Methoden der Feldbestellung führen zum Absterben der Kleinlebewesen, die den Boden lockern und umarbeiten. Die durch die schweren Maschinen verursachte Bodenverdichtung kann durch die Kleintiere nicht mehr rückgängig gemacht werden. Als Folge nimmt der verdichtete Boden nicht mehr so schnell den Regen auf, das Wasser fließt ab, Erosion ist die Folge. Wir wissen das alles. Wissen auch, daß die Abholzung der Regenwälder die Klimakatastrophe beschleunigt und das ungebremste Bevölkerungswachstum schließlich zu einer Katastrophe führen muß.

Auch hier gilt, daß wir durch unsere Stammesgeschichte ungenügend auf die durch die rasante kulturelle Entwicklung geschaffenen Situationen vorbereitet sind. Luft und Wasser sind

---

1 Man hat dieses Phänomen bei Rhesusaffen experimentell untersucht. Zeigt man unerfahrenen Äffchen einen Videofilm, in dem zu sehen ist, wie eine Rhesus-Affenmuter vor einer Schlange erschrickt, dann entwickeln die Äffchen aufgrund einmaliger Erfahrung mit dem Vorbild Schlangenscheu, die zeitlebens anhält. Nun kann man durch einen Trick die Schlange gegen eine Blume austauschen: dann sehen die unerfahrenen Äffchen, wie eine Mutter vor einer Blume erschrickt. Das assoziieren sie allerdings nicht mit Gefahr. Sich vor Blumen zu fürchten, darauf sind sie nicht vorbereitet.

zunächst einmal allgemeine Güter. Der Schaden, den ein einzelner verursacht, verteilt sich daher auf viele, den Nutzen hat aber häufig einer allein. Das Problem ist schon lange bekannt. Jeder Landwirt weiß, daß man auf einer Wiese nur eine bestimmte Anzahl von Rindern halten kann, sonst wird der Boden zerstört. Wenn der Boden ihm gehört, will er ihn schonen. Handelt es sich jedoch um eine Gemeindewiese, dann hat der, dem es gelingt, ein Rind mehr einzuschmuggeln als erlaubt, einen Vorteil, und zwar den vollen Gewinn. Der Schaden verteilt sich auf alle. Hinzu kommen noch andere in der menschlichen Natur verankerte Behinderungen. Wir müssen uns darüber im klaren sein, daß die uns angeborenen verhaltenssteuernden Rezepte sich in jener langen Zeit entwickelt haben, in der wir Menschen als altsteinzeitliche Jäger und Sammler in weit verstreuten Kleinverbänden lebten. Bei der damaligen Bevölkerungsdichte konnte der Mensch gar keinen Schaden anrichten, zumal die ihm zur Verfügung stehenden technischen Mittel begrenzt waren. Wenn er versuchte, in der Auseinandersetzung mit der Natur ein Maximum zu erwirtschaften, dann war das für ihn von Vorteil: Je mehr er jagte, je mehr er erntete, desto besser. Der steinzeitliche Mensch war auf Maximierung ausgerichtet, und es gab keinen züchtenden Faktor, der ihm irgendwelche Begrenzungen aufzwang. Man kann hören, daß Naturvölker im Umgang mit ihrer Natur pfleglich seien. Hier handelt es sich um eine romantische Verklärung, die nichts mit der Wirklichkeit zu tun hat. Gibt man Yanomami-Indianern Äxte, dann klettern sie nicht mehr auf Fruchtbäume, sondern hacken diese um, wenn diese Art des Erntens bequemer ist. Rüstet man Eskimos mit Feuerwaffen aus, dann muß man zugleich Schutzgesetze für das Wild erlassen, sonst erlegen sie zu viele Walrosse und Robben. Der Mensch ist also von Natur aus *exploitativ*. Hinzu kommt sein Streben nach Macht, das nicht durch natürliche abschaltende Mechanismen begrenzt ist. Hunger, Durst und Sex werden abgesättigt; dafür sorgen uns angeborene verhaltenssteuernde Mechanismen. Unser Streben nach Macht ist dagegen unersättlich. Es äußert sich in dem Bedürfnis, die Natur, aber auch unsere Mitmenschen zu beherrschen. Im Unterschied zu den anderen Trieben ist dieses Streben nach Macht beim Menschen unersättlich. In der kleinen steinzeitlichen Gesellschaft konnte dies nicht zur Selbstschädigung führen. Heute allerdings ist das anders, weil uns die technische Zivilisation und die Massengesellschaft unerhörte Machtmittel zur Verfügung stellen.

Wachstum heißt die Devise, doch Wachstum ist, wie Konrad Lorenz sagte, ein archaischer Positivbegriff. Wenn in der Umwelt unserer Ahnen die Tiere sich vermehrten und die Pflanzen üppig gediehen, war das ein gutes Zeichen. Heute wissen wir, daß weiteres quantitatives Wachstum im industriellen Bereich zur Verschleuderung von nicht mehr ersetzbaren Ressourcen und zu weiterer Umweltzerstörung führt. Aber würde sich auch nur ein einziger zurückhalten, dann würden ihn die anderen in der Konkurrenz überrunden. Konkurrenz heizt das Wachstum an, und dahinter steht, als nach oben hin unbegrenzter Antrieb, das Streben nach Macht.

Vielfach verhindert ideologische Festlegung vernünftige Lösungen – so wenn hohe geistliche Würdenträger gegen den Hunger in der Welt predigen, gleichzeitig aber humane Methoden der Empfängnisverhütung mit Verbot belegen oder wenn gewisse Vertreter der Grünen in Deutschland einerseits lautstark für die Schonung der Umwelt eintreten, aber gleichzeitig propagieren, das übervölkerte Land möge sich für Einwanderer öffnen. Die Liste der Ungereimtheiten ließe sich verlängern. Die stammesgeschichtlichen Anpassungen, die unser Denken, Handeln und Wahrnehmen bestimmen, entwickelten sich, wie gesagt, in weit zurückliegenden Zeiten. Wir haben uns die letzten 10 000 Jahre nicht geändert, wohl aber änderten wir kulturell – mit dem Aufbau der anonymen Großgesellschaft des großstädtischen Milieus und der technischen Zivilisation – unsere Umwelt so entscheidend, daß nicht mehr alle der uns angeborenen verhaltenssteuernden Rezepte darauf noch passen. Wir müssen uns also kulturell neu anpassen. Hierzu ist wichtig, daß wir die in unserem Erbe verborgenen Stolpersticke erkennen. Wir brauchen *Selbstbeherrschung*, und diese setzt Kenntnis über uns selbst voraus.

Galápagos als Reiseziel: ein Inselführer

Allgemeine Hinweise

Die Galápagos-Inseln sind heute ein beliebtes Reiseziel des internationalen Tourismus. Mit der Errichtung eines zweiten Flughafens auf San Cristóbal sind die Besucherzahlen weiter angestiegen, und man rechnet damit, daß in wenigen Jahren 100 000 Touristen die Inseln besuchen werden. Ob diese das verkraften, ist eine andere Frage.

Da die Besucher nur mit ausgebildeten Führern das Inselgebiet bereisen, nur an bestimmten Stellen landen und nur vorgegebene Pfade benützen dürfen, hält sich der Schaden bisher in Grenzen. Es ist geradezu erstaunlich, was manche der von Menschen besuchten Plätze aushalten. Die winzige Süd-Plaza-Insel zum Beispiel wird täglich von mehreren Reisegruppen besucht. Dennoch bevölkert eine muntere Seelöwenschar die Ufer. Oft liegen die Robben auf dem Landesteg – die Neugier lockt sie zum Landeplatz der Touristenboote. Der Besucherpfad führt durch eine Landleguan-Population, und weil die Touristen sich an den vorgeschriebenen Weg halten, wird die Vegetation geschont, und die Landleguane konnten sich ungestört erhalten. Man mußte nur ihre Fütterung verbieten, denn das hätte ihre territoriale Ordnung durcheinandergebracht. Da der Boden der Insel hart ist, hält sich die durch die Besucher bewirkte Erosion zur Zeit in engen Grenzen. Das ist auf den weichen Böden anderer Inseln anders. Auf Bartholomew mußte man die Wege befestigen, denn der lockere Aschenboden wurde hier abgetreten und in der Regenzeit weggeschwemmt.

Solange die Gruppen wie bisher von ausgebildeten Führern betreut werden – auch mit eigenen Schiffen ankommende Besuchen müssen einen Führer an Bord nehmen –, dürfte auch ein höheres Touristenaufkommen zu verkraften sein. Wichtig ist jedoch die ständige Kontrolle der Folgen, und vielleicht muß man dazu übergehen, in einem bestimmten Turnus vielbesuchten Orten auch Ruhepausen zu gönnen, indem man sie für einige Monate schließt und dafür Alternativen anbietet. Eine gewisse Entlastung könnte ferner dadurch bewirkt werden, daß man an bestimmten Orten in der Nähe der Siedlungen Hotels mit Bepflanzung, preiswerten Bungalows und einem Badestrand ausbaut. Viele Touristen wollen an einer sonnigen Küste baden und sich erholen und gar nicht so viel reisen. Das Flair von Galápagos könnte man durch eine geschickte Bepflanzung der Hotelanlagen mit einheimischer Vegetation und durch die Anlockung von Meerechsen, Seelöwen und anderen Galápagos-Tieren vermitteln. Die Meerechsen und Seelöwen fürchten ja den Menschen nicht, wenn man sie nicht stört. Der Galápagos-Tourismus kann sich durchaus mit dem Galápagos-Naturschutz vertragen, ja diesen sogar fördern, indem er bei den Besuchern das Engagement für unsere Mitgeschöpfe weckt.

Für den Besuch der Galápagos-Inseln gibt es mehrere Möglichkeiten. In Guayaquil (Ekuador) werden siebentägige Schiffsreisen angeboten. Man verliert allerdings durch die An- und Rückreise so viel Zeit, daß nur vier Tage für den Inselbesuch übrigbleiben. Es empfiehlt sich daher, nach Baltra ins Zentrum der Inselgruppe zu fliegen. Die Flugzeuge starten von Quito mit einer Zwischenlandung in Guayaquil. Flugkarten sind über jedes Reisebüro erhältlich. Es ist zweckmäßig, schon vor Antritt der Reise über ein Reisebüro den Transport zwischen den Inseln zu arrangieren. Zur Wahl stehen größere Boote der Touristikunternehmen, zum Beispiel die »Buccaneer«, die 90 Passagiere aufnehmen kann. Man kann aber auch kleinere Boote mit einem Kapitän und Führer mieten. Für kleine Gruppe von 1–4 Personen kosteten sie 1989 zwischen 100 und 300 US-Dollar pro Tag; größere Boote, die 8–10 Personen transportieren können, kosteten 900–1000 US-Dollar. Die Kabinen sind klein, aber man hält sich ohnedies meist an Deck unter dem Sonnensegel auf. Ich habe es oft vorgezogen, nachts an Deck zu schlafen.

Hat man keine Arrangements für den Aufenthalt getroffen, kann man nach der Landung auf Baltra mit einem Bus zu einer Fähre fahren und zur Nordseite der Insel Santa Cruz übersetzen. Von dort fährt ein Bus zur Akademie-Bucht auf der Südseite der Insel. Hier findet man in mehreren Hotels Übernachtungsgelegenheit.

Bei der Ankunft auf Baltra hat jeder Besucher eine Gebühr (etwa 40 US-Dollar) an den Nationalpark zu entrichten. Er erhält eine Broschüre mit verschiedenen Informationen, die den Schutz der Inseln betreffen. So ist es strengstens untersagt, Tiere, Pflanzen oder Mineralien als Andenken mitzunehmen. Die Gäste werden auch eindringlich ersucht, sich vor und nach dem Betreten einer Insel sorgfältig zu säubern, um keine Samen oder Kleingetier von Insel zu Insel zu transportieren. Außerdem darf man keinerlei Abfälle irgendwelcher Art zurücklassen. Bisher hat das eigentlich gut geklappt. Sowohl die Disziplin der Reisenden als auch die Sorgfalt der Führer verdienen Anerkennung.

Die beste Jahreszeit zum Reisen sind die Monate Dezember bis Mai, die sogenannte Regenzeit. Dann scheint normalerweise die Sonne, das Meer ist warm und die Vegetation schön grün, da es immer wieder kurze Regenschauer gibt. Um diese Jahreszeit ist das Meerwasser angenehm warm. In den Monaten Juni bis Dezember ist es dagegen windig, kühl und bedeckt. Es gibt oft Nebelregen, der allerdings nicht ausreicht, die dann recht trockene Küste zu erfrischen.

Zum Baden und Tauchen bietet Galápagos viele interessante Gelegenheiten. Tauchern ist das Fischen mit der Harpune untersagt! An exponierten Stellen können die starken Strömungen gefährlich werden. Man halte sich an die Empfehlungen der Reiseführer. Potentielle Gefahrenquellen stellen die Seelöwenbullen dar, die in ihrem Gebiet Schwimmende gelegentlich angreifen. Meist handelt es sich jedoch um Scheinangriffe. Außerhalb ihres Gebiets sind sie eher neugierig. Weibchen und Junge der Seelöwen sind stets um den Schwimmer und Taucher. Man braucht sie nicht zu fürchten – sie sind nur verspielt. Potentiell gefährlich sind die Haie, die um Galápagos unter anderem auch Seelöwen angreifen.

Der Besucher kann zwischen verschiedenen Booten und Routen wählen. Es gibt Routenvorschläge für Kurzbesuche von vier bis acht Tagen und solche für zweiwöchige Touren. Die großen Schiffe fahren nachts, so daß die Tageszeit für die Besuche der Inseln bleibt. Auch Kurzbesuche lohnen sich. Es empfiehlt sich für diesen Fall, Baltra anzufliegen und sich auf Santa Cruz und die nächste Umgebung zu beschränken. Routenvorschläge werden von den Reiseorganisatoren angeboten und können in den Reisebüros erfragt werden. In einem dieser Tourenprogramme für 8 Tage wird, von Baltra ausgehend, z. B. der Besuch von Las Bachas, Rábida, Puerto Egas, Bartolomé, der Sullivan-Bucht, Nord-Seymour, Baltra, der Süd-Plazas, San Cristóbal, Española, Santa Fé, Puerto Ayora mit Darwin-Station und wieder Baltra angeboten. Wenn man ein eigenes Boot mietet, kann man die Route innerhalb des von der Parkverwaltung vorgegebenen Rahmens selbst bestimmen. Hat man 14 Tage Zeit, dann kann man über die Plaza-Insel Santa Fé, Española, Floreana und Isabela umrunden und hier an einigen Stellen anlegen, Fernandina (dort Punta Espinosa) kurz besuchen und über Santiago und Bartolomé zurückkehren. Innerhalb dieses grob umrissenen Rahmens besteht natürlich die Möglichkeit, das Reiseprogramm individuell zu gestalten (sofern man ein eigenes Boot hat). Man kann auf einer Insel mehrere Orte aufsuchen, Landexkursionen unternehmen und dafür eine andere Insel auslassen. Allerdings sollte man das Programm vorher genau mit dem Kapitän und dem Führer besprechen, denn für jede Reise holt der mit der Führung Betraute vorher die Erlaubnis ein, unter genauer Angabe der zum Besuch vorgesehenen Orte.

Um dem Leser eine Orientierungshilfe an die Hand zu geben, habe ich im folgenden die vom *Parque Nacional Galápagos* ausgezeichneten Besucherstätten aufgelistet und kurz beschrieben. Landkarten und Skizzen mögen dabei helfen, ein anschauliches Bild von den Besucherorten zu vermitteln. Ich stütze mich auf den von Miguel Cifuentes Arias im Auftrag der Nationalparkverwaltung herausgegebenen Führer, den Alan und Tui Moore illustrierten. Die Karten wurde neu gezeichnet und die Auflistung geändert. Die Nummern auf der Übersichtskarte (S. 448/449) markieren die im einzelnen beschriebenen Orte.

Beschreibung der für die Besucher ausgewiesenen Orte auf Galápagos

Isla Santa Cruz (englisch: *Indefatigable Island*) [1]

Die Insel im Zentrum des Archipels bedeckt eine Fläche von 986 km^2. Sie ist 38 km lang; ihre größte Breite mißt 26 km; höchste Erhebung: 865 m.

Die Insel besitzt sämtliche Vegetationszonen von der trockenen, mit Baumkakteen und Trockengehölzen bewachsenen Küstenregion bis zum feuchten Scalesia-Wald und der Miconia und Farnregion des Hochlandes. Trotz ihrer Besiedlung ist auch die Tierwelt in vielen Regionen noch intakt. Das gilt zunächst für die häufigen Arten wie Darwin-Finken, Meerechsen, Lavaeidechsen und Seelöwen. Von den selteneren Arten ist eine gute Population von Elefantenschildkröten und das Vorkommen von Landleguanen bemerkenswert. Es gibt allerdings auch verwilderte Haustiere.

Wer auf Baltra ankommt und nicht gleich von einem Boot abgeholt wird, setzt mit einer Fähre nach Santa Cruz über und fährt dann mit einem kleinen Bus auf einer Straße über die Insel zur im Süden gelegenen Siedlung Puerto Ayora (im englischen Schrifttum Academy Bay genannt). Da auf der Insel rd. 3000 Menschen leben (Stand 1988), gibt es hier Läden, in denen man Lebensmittel, aber auch andere Gegenstände des Alltags, z. B. T-Shirts, Ansichtskarten oder Souvenirs, kaufen kann. Es gibt ärztliche Versorgung, eine Schule, eine Kirche, ein Büro der Fluggesellschaft TAME, ein Postamt, Pensionen, kleinere Restaurants und Snack Bars sowie die Biologische Station Charles Darwin (vgl. S. 421) und die Nationalparkverwaltung.

Für Besucher, die nicht viel Zeit haben, bietet die Insel und ihre nähere Umgebung (Islas Plazas, Isla Seymour, Islas Daphne, Isla Santa Fé) sehr viel Interessantes – durchaus ausreichend, um einen Eindruck von der Besonderheit dieser Inselgruppe zu gewinnen.

---

1 Zur Namengebung vgl. S. 32, 35, 359 und 395.

Sehenswürdigkeiten auf Santa Cruz: 1. Puerto Ayora mit Siedlung (Akademie-Bucht) und Estación Charles Darwin (Biologische Station Charles Darwin); 2. Bahía Tortuga (Schildkrötenbucht); 3. Bahía Ballena (Walbucht); 4. Bahía Conway (Conway-Bucht); 5. Playa Las Bachas (Las-Bachas-Strand); 6. Caleta Tortuga Negra (Tortuga-Negra-Bucht); 7. Zona Alta (Hochland); 8. Zona de Reserva (Schildkrötenreservat); 9. Los Gemelos (Die Zwillinge).

Kurzbeschreibung der Sehenswürdigkeiten auf Santa Cruz

1. Puerto Ayora und Estación Charles Darwin (Charles-Darwin-Station):

Puerto Ayora ist eine kleine, interessante Siedlung, die dem Besucher einen Einblick in das Siedlerleben vermitteln kann. Die meisten Siedler sind ekuadorianischer Herkunft; es gibt jedoch auch europäische Siedler. Die Siedlung bietet Einkaufsmöglichkeiten und Hotels verschiedener Preisklassen, auch solche der besseren Kategorien. Als erstklassig wären zu nennen: Delfin, Galápagos und Sol y Mar. Das Delfin-Hotel liegt malerisch abgelegen auf der Westseite der Akademie-Bucht und verfügt über einen eigenen Badestrand. Daneben gibt es einfachere, aber durchaus akzeptable Unterkünfte (Hotel Europa, Colón Insular, Elizabeth, Darwin, Castro, Lobo de Mar, Ninfas und Residencial Palmeras). Es gibt ferner ein kleines Krankenhaus, das auch Touristen versorgt, sowie ein Post- und Telegrafenamt. Puerto Ayora ist ein guter Ausgangspunkt für Exkursionen.

Die *Charles-Darwin-Station* liegt etwa 1 km östlich von Puerto Ayora. Es werden Führungen veranstaltet, die einen Überblick über die Besonderheiten der Galápagos-Inseln und die Problematik des Naturschutzes vermitteln. Die Station ist in einen malerischen Kaktusforst eingebettet, der gute Gelegenheit bietet, Darwin-Finken und andere Landvögel zu beobachten.

447

ISLA PINTA
(Abingdon)

ISL

31

Volcán Wolf   Äquator

Volcán Darwin

37
36
35

ISLA SANTIA
(James Islan
38
I. BARTOLON
39

30
34   32

29
28

Volcán Alcedo   33

40   10

41
I. RÁBIDA
(Jervis)

5
4
3

ISLA FERNANDINA
(Narborough I.)

I. PINZÓN
(Duncan)

9
8

27

26

Volcán Sierra Negra

Volcán Cerro Azul

25

24   I. TORTUGA

ISLA ISABELA
(Albemarle Island)

22   23
21
I. FLOREANA
(Charles I.)

0   10   20   30   40   50 km

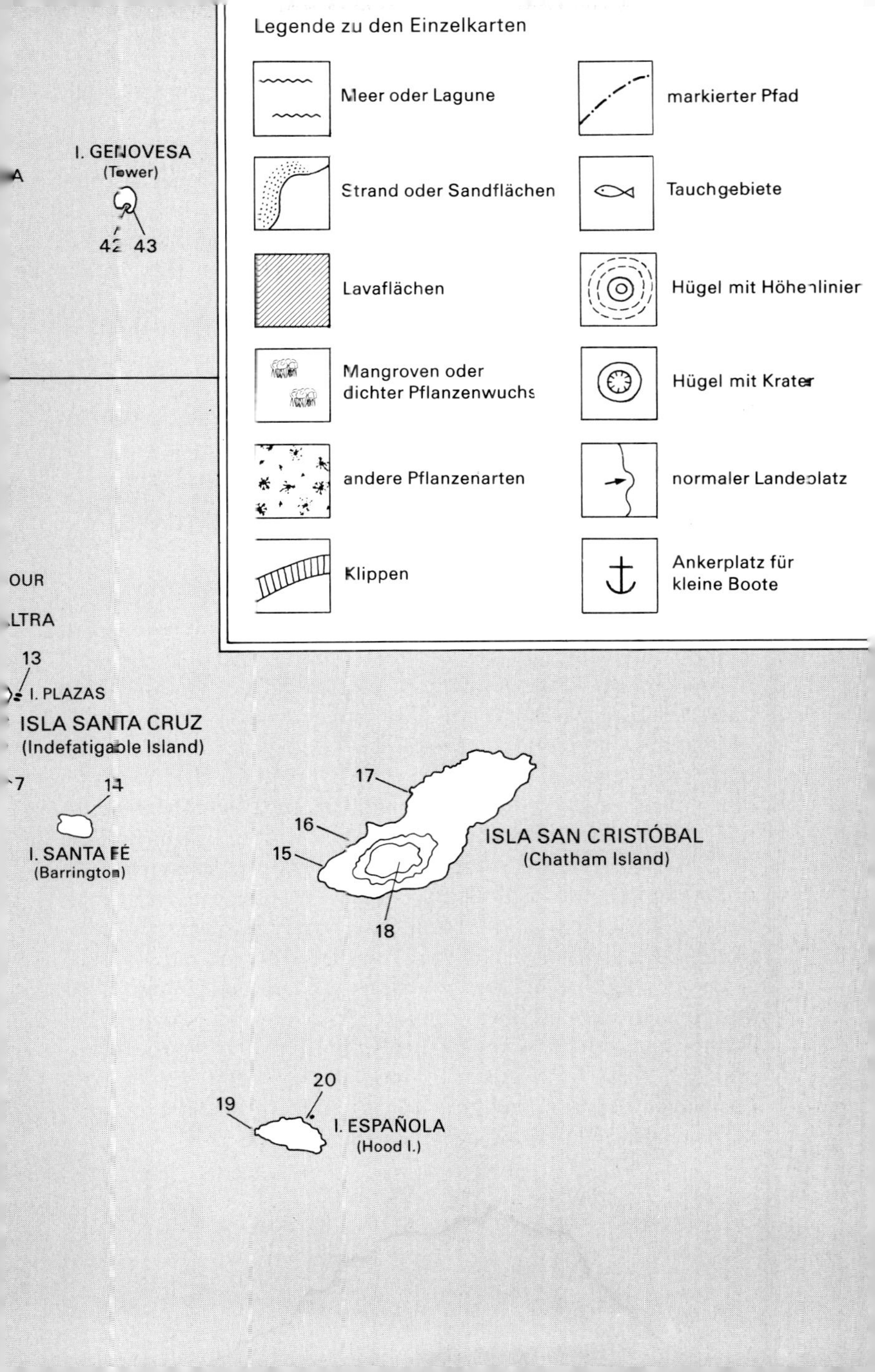

I. GENOVESA
(Tower)

42 43

Legende zu den Einzelkarten

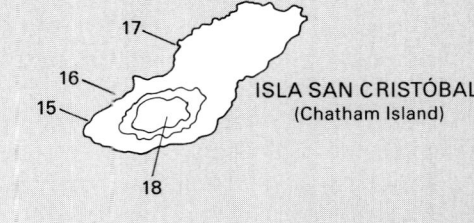

Meer oder Lagune	markierter Pfad
Strand oder Sandflächen	Tauchgebiete
Lavaflächen	Hügel mit Höhenlinier
Mangroven oder dichter Pflanzenwuchs	Hügel mit Krater
andere Pflanzenarten	normaler Landeplatz
Klippen	Ankerplatz für kleine Boote

OUR

LTRA

13

I. PLAZAS

ISLA SANTA CRUZ
(Indefatigable Island)

7   14

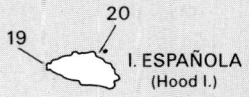

I. SANTA FÉ
(Barrington)

17

16

15

ISLA SAN CRISTÓBAL
(Chatham Island)

18

19   20

I. ESPAÑOLA
(Hood I.)

Attraktionen der Station sind vor allem das Zentrum für die Aufzucht der Landschildkröten und die Gehege, in denen, nach Unterarten getrennt, die erwachsenen Schildkröten gehalten werden. Hier hat man Gelegenheit, die Panzerformen verschiedener Inselrassen zu vergleichen. Eine weitere Sehenswürdigkeit der Station ist die Van-Straelen-Ausstellungshalle. Ein Nationalpark-Informationszentrum befindet sich in der Nähe der Station.

Durch die Station führt ein Lehrpfad. Die Pflanzen sind beschildert, so daß man sich gut über die Vegetation informieren kann. Der gesamte Rundgang in der Station umfaßt etwa 600 m. Hinzu kommen 1 km Anmarsch und dasselbe für den Rückmarsch nach Puerto Ayora. Man sollte mit einer Minimalzeit von 1 ½ Stunden für den Besuch der Station rechnen.

2. Bahía Tortuga (Tortuga Bay, Schildkrötenbucht) auf Isla Santa Cruz (Indefatigable Island):

Die Tortuga-Bucht gehört zu den schönsten Buchten von Galápagos. Man kann die Bucht zu Fuß erreichen, indem man Puerto Ayora auf der Straße, die ins Hochland und über die Insel führt, verläßt. Kurz hinter dem Ort zweigt der steinige Pfad nach der Tortuga-Bucht ab. Ein Hinweisschild ist angebracht. Man sollte sich jedoch auf jeden Fall noch vor der Exkursion bei Einheimischen erkundigen. Die Strecke führt 6 km durch den Kaktusforst von der Abzweigung bis zur Bucht. Man benötigt dafür 1 ½ Stunden und gewinnt einen guten Einblick in die trockene Küstenzone. Da man für den Rückweg die gleiche Zeit braucht und sicher in der Bucht länger verweilen will, sollte man außer dem obligaten Sonnenschutz (Hut, Hautcreme, Sonnenbrille) auch etwas Proviant und Wasser mitnehmen.

Die Tortuga-Bucht zeichnet sich durch einen schönen, weißen Sandstrand und Sanddünen am Ufer aus. Wegen der gelegentlich starken küstennahen Strömungen sollten sich Schwimmer nicht zu weit ins Meer hinauswagen. Es gibt Mangrovenbüsche, in denen manchmal Pelikane nisten, ferner Lagunen, in denen man Flamingos antreffen kann.

3. Bahía Ballena (Walbucht) auf Isla Santa Cruz (Indefatigable Island):

Die Bucht wird von einem schroffen, erodierten Bergabhang beherrscht, der vormals für die Seefahrer ein wichtiges Orientierungszeichen war. Früher wurde die kleine Bucht von Seefahrern häufig besucht, und man findet heute noch Scherben von den Gefäßen der Seeräuber und Walfänger. Bemerkenswert ist der Olivin-Strand. Gelegentlich sieht man hier auch Galápagos-Bussarde.

4. Bahía Conway (Conway-Bucht) auf Isla Santa Cruz (Indefatigable Island):

Die Bucht liegt im Nordwesten der Insel. Ein 250 m langer Pfad führt zu einem kleinen Vorkommen an Landleguanen, das allerdings seit 1975 durch wildernde Hunde stark reduziert wurde. Man hat jedoch Landleguane auf der Charles-Darwin-Station gezüchtet und in den letzten Jahren erfolgreich ausgesetzt. Malerische kleine Buchten mit allen vier auf Galápagos beheimateten Mangroven.

5. Playa Las Bachas (Las-Bachas-Strand) auf Isla Santa Cruz (Indefatigable Island):

Es handelt sich um zwei ausgezeichnete Badestrände. An den Salzwassertümpeln hinter dem Strand kann man Graureiher beobachten, gelegentlich auch Flamingos. Der Sandstrand ist ein bevorzugter Eiablageplatz der Suppenschildkröte (*Chelone mydas*), nach deren Spuren die Bucht benannt ist.

6. Caleta Tortuga Negra (Turtle Cove, Tortuga-Negra-Bucht bzw. Kleine Schildkrötenbucht) auf Isla Santa Cruz (Indefatigable Island):

Diese östlich von dem Bachas-Strand gelegene, tief ins Land eingeschnittene, vielfach zerklüftete Bucht ist von Mangroven umsäumt. Sie ist einer der bedeutenden Paarungsplätze der Suppenschildkröten. Außerdem tummeln sich viele Rochen und kleinere Haie in dem trüben Wasser. Der endemische grüne Reiher ist hier häufig, ebenso Pelikane und andere Seevögel.

7. La Zona Alta (Hochland) auf Isla Santa Cruz (Indefatigable
Island):

Der Pfad ins Hochland geht von der Hochlandsiedlung Bellavista ab, die an der die Insel überquerenden Straße 7 km von Puerto Ayora liegt. Er führt sanft ansteigend zuerst durch kultiviertes Land, dann durch die Zone der Miconia-Sträucher und
Baumfarne. Sanfte Hügel und erloschene Vulkankegel, bedeckt mit grünem Gras, Farnen und Kräutern, kennzeichnen
das Hochland. An schönen Tagen hat man hier freien Ausblick
über das Land. Es lohnt sich dann auch, den Krater *Media
Luna* zu besteigen, von dem man Aussicht bis auf das Meer hat.
Weitere lohnenswerte Ziele sind der *Cerro Crocker* und *Puntudo*. Für die Tour braucht man einen Tag. Man muß vorher,
wie zum Besuch aller Reservate, eine schriftliche Bewilligung
der Nationalparkverwaltung einholen, braucht aber keinen
Führer. Da im Hochland oft schnell Regen aufkommen und
Nebel aufziehen kann, empfiehlt es sich, Regenumhänge mitzunehmen.

Von Bellavista aus beträgt die Entfernung zu Media Luna
5 km. Von dort sind es weitere 3 km zum Cerro Crocker und
Puntudo.

An einer Seitenstraße von Bellavista auf einem Privatgrund-
stück kann man zwei große *Lavatunnels* besichtigen. Sie entstanden dadurch, daß die Lava außen erkaltete, dann aber wie
in einer Ader abfloß, so daß Tunnels von 10 bis 15 m Höhe
entstanden. Es gibt noch weitere derartige Tunnels auf Santa
Cruz und auf anderen Inseln (vgl. Post-Office-Bucht auf Floreana). In den größeren Tunnels und in den mit ihnen verbundenen unterirdischen Gewässern lebt eine noch wenig erforschte
Höhlenfauna. Auf Santa Cruz gibt es einen Lavatunnel nahe
bei Puerto Ayora hinter dem Grundstück, das ehemals im Besitz von Karl Kübler war. Hier fand man Knochen ausgestorbener Nager.

8. Zona de Reserva (Tortoise Reserve, Schildkrötenreservat)
auf Isla Santa Cruz (Indefatigable Island):

Zum Besuch des Schildkrötenreservats nimmt man am besten
den Bus ins Hochland nach Santa Rosa (etwa 19 km von Puerto

Ayora entfernt, Fahrzeit etwa eine halbe Stunde); gibt man dem Fahrer an, wohin man will, dann hält er dort, wo der Weg ins Reservat abzweigt. Man hat zwei Plätze zur Auswahl: *La Caseta* (5 km Fußmarsch) und *Cerro Chato* (6 km). An beiden Plätzen kann man freilebende Santa-Cruz-Schildkröten in ihrem natürlichen Lebensraum beobachten. Sie suhlen sich gerne in den mit Wasserfarn bewachsenen Tümpeln, die allerdings zur Trockenzeit oft austrocknen. Die Vegetation ist durch hohe Bäume, freie Wiesenflächen und Buschwerk charakterisiert. In diesem Gebiet kann man auch den roten Rubintyrann, Darwin-Finken, Rallen, Galápagos-Bussarde und Eulen sehen. Der Weg ist nicht beschwerlich und führt leicht von der Straße abwärts. Man braucht von der Straße bis nach La Caseta etwa 1 Stunde 15 Minuten, nach Cerro Chato 1 Stunde 30 Minuten (*ein* Weg). Bei La Caseta kann man kampieren. Es gelten die Nationalparkregeln, doch ist kein autorisierter Führer erforderlich.

9. Los Gemelos (Die Zwillinge) auf Isla Santa Cruz (Indefatigable Island):

Nahe der Straße Puerto Ayora–Nordküste (gegenüber Baltra), etwa 2 km nach Santa Rosa (21 km von Puerto Ayora), befindet sich rechts und links von der Straße je ein tiefes Einbruchsloch. Diese Einbrüche stellen eine geologische Besonderheit dar; sie sind wegen ihrer Größe und Tiefe eindrucksvoll. Beide liegen im *Scalesia*-Forst.

Inseln in der näheren Umgebung von Santa Cruz

Die folgenden Inseln (Kartenskizzen 10 bis 14) sind von Santa Cruz aus leicht zu erreichen. Sie eignen sich für Kurzbesuche und bieten viel Sehenswertes.

10. Isla Daphne Mayor:

32 ha groß, 800 m lang, bis 650 m breit; maximale Erhebung: 120 m.

Die kleine, nur spärlich bewachsene Insel erhebt sich weithin sichtbar nördlich von Santa Cruz steil aus dem Meer. Sie ist aus

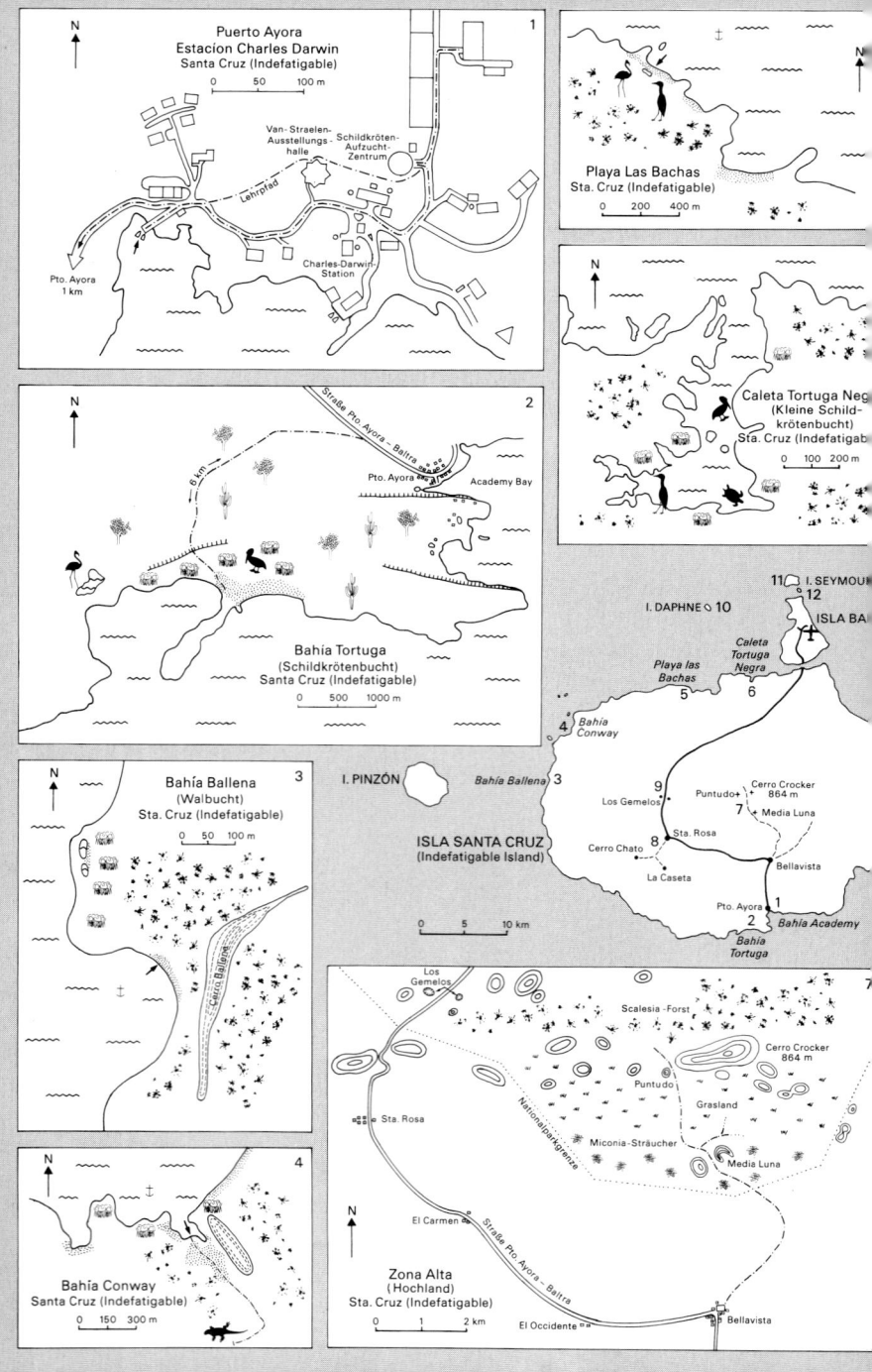

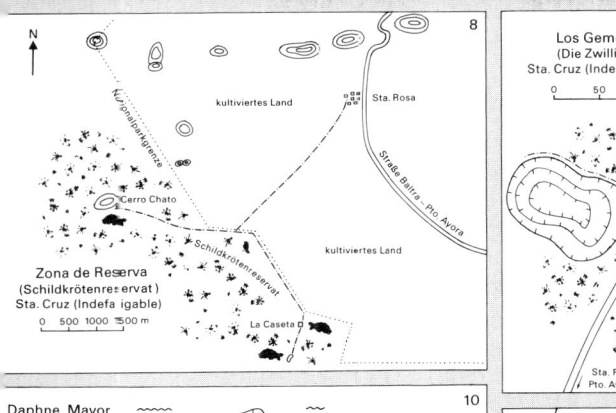

8

Zona de Reserva
(Schildkrötenreservat)
Sta. Cruz (Indefatigable)

0   500 1000 1500 m

N

Kursionalparkgrenze

kultiviertes Land

Sta. Rosa

Strade Baltra – Pto. Ayora

Cerro Chato

Schildkrötenreservat

kultiviertes Land

La Caseta

9

Los Gemelos
(Die Zwillinge)
Sta. Cruz (Indefatigable)

0   50   100 m

Scalesia-Forst

Baltra 22 km

Scalesia-Forst

N

Sta. Rosa 2 km
Pto. Ayora 21 km

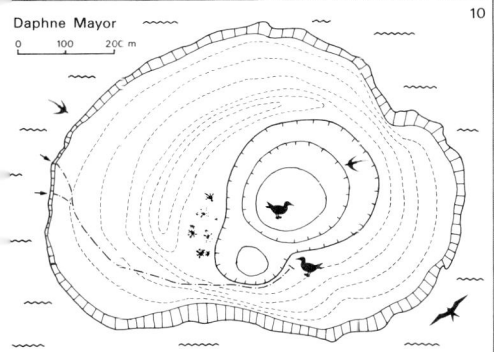

10

Daphne Mayor

0   100   200 m

ISLAS PLAZAS

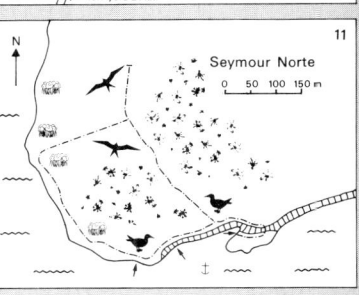

11

N

Seymour Norte

0 50 100 150 m

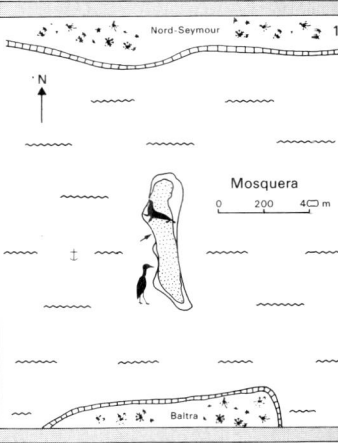

12

Nord-Seymour

N

Mosquera

0   200   400 m

Baltra

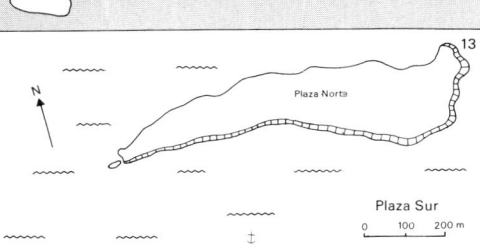

ISLA SANTA FÉ
(Barrington)

14

13

N

Plaza Norta

Plaza Sur

0   100   200 m

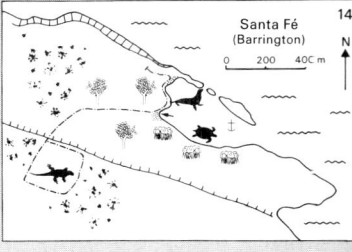

14

Santa Fé
(Barrington)

0   200   400 m

N

lockerem Tuff aufgebaut. In dem in zwei Stufen abfallenden Kraterrand nisten Blaufußtölpel in großer Zahl. Am Kraterrand und am äußeren Hang des Kraters nisten Maskentölpel und Tropikvögel. Über der Insel kreisen Fregattvögel, die den Tölpeln ihre Beute abjagen. Der Weg zum Kraterrand ist etwa 350 m lang. Es lohnt sich, zwei Stunden für den Besuch der Insel einzuplanen.

Die Nationalparkverwaltung begrenzt die Besucherzahl, indem sie den Kapitänen nur einmal im Monat und höchstens mit zwölf Personen das Betreten der Insel gestattet.

11. Isla Seymour Norte (Nord-Seymour-Insel):

1,9 km^2 (186 ha) groß, 2 km lang, bis 1 km breit; maximale Erhebung: 30 m.

Nord-Seymour ist eine flache, kleine Insel. Sie beherbergt die größte Brutkolonie des Prachtfregattvogels (*Fregata magnificens*), außerdem eine Kolonie blaufüßiger Tölpel. Der Besucherpfad ist 1200 m lang (Rundgang). Für den Besuch sollte man eine Minimalzeit von 45 Minuten veranschlagen.

12. Isla Mosquera:

5,8 ha groß, 600 m lang, bis 120 m breit; maximale Erhebung: ca. 2 m.

Die winzige flache, sandige Insel liegt zwischen Baltra und Nord-Seymour. An ihren Ufern lagern Hunderte von Seelöwen, die die Hauptattraktion bilden.

13. Isla Plaza Sur (Süd-Plaza-Insel):

13 ha groß, 1100 m lang, bis 200 m breit; maximale Erhebung: 25 m.

Die knapp über einen Kilometer lange, schmale Insel nahe der Ostküste von Santa Cruz ist zoologisch höchst bemerkenswert, weil sie eine endemische Population von Landleguanen beherbergt. Die Tiere sind zahm, und man kann sie vom Besucherpfad aus gut beobachten. Ein Fettkraut der Gattung *Sesuvium* bedeckt den Boden. Es wir zur Trockenzeit auffällig rot. Weitere Charakterpflanzen sind die baumartigen Opuntien und das rundblättrige Kraut *Portulaca*, beide wichtige Nahrungsquelle für die Landleguane. Das nördliche, langgestreckte, nicht sehr steile Felsufer wird von einer großen Zahl von Seelöwen bevölkert. In den Steilklippen im Süden nisten Gabelschwanzmöwen. Obgleich die Insel viel besucht wird, ist der Besucherpfad (1 km Rundgang) wegen des felsigen Untergrundes nicht abgetreten. Die Besucher werden strikt angewiesen, sich an den Pfad zu halten, um die spärliche Vegetation zu schonen. Für den Rundgang sollte man sich eine Stunde Zeit nehmen.

14. Isla Santa Fé (englisch: Barrington Island):

24 km^2 groß, 6,5 km lang, bis 4 km breit; maximale Erhebung: 259 m.

An der (auf unserer Kartenskizze gezeigten) Ostküste der Insel Santa Fé bietet eine wunderschöne Bucht einen sicheren Ankerplatz. Von hier aus kann man auf zwei Besucherwegen die Insel begehen. Einer dieser Besucherwege führt auf eine Klippe, von der man einen schönen Ausblick hat, und von dort durch Kaktusforst in ein Gebiet, das von Landleguanen bevölkert ist, die hier eine eigene, nur auf dieser Insel zu findende Unterart bilden. Geht man in die entgegengesetzte Richtung, dann führt der zweite Weg die Küste entlang und dann in einen kleinen Kaktusforst mit ungewöhnlich großen Baumkakteen. Außer diesen Besonderheiten kann man auf der Insel Seelöwen, Galápagos-Bussarde und Seeschildkröten sehen. Die Bucht lädt auch zum Baden und Schnorcheln ein. Der Pfad von der Landestelle zu den Landleguanen ist etwa 1,3 km lang. Man benötigt für diese Tour ungefähr eine Stunde. Zu den Baumkakteen braucht man nur 300 m weit zu laufen.

Isla San Cristóbal (englisch: *Chatham Island*)

Die Insel am Ostrand des Archipels hat eine Fläche von 558 km^2. Sie ist 48 km lang; ihre größte Breite beträgt 14 km; höchste Erhebung: 730 m.

San Cristóbal ist eine der größeren Inseln. Der östliche Teil der Insel erhebt sich nicht über 160 m. Er ist sehr wild mit vielen

Vulkankegeln, Kratern und Lavaströmen. Hier lebt auch noch eine Schildkrötenpopulation. Das Gebiet ist jedoch unzugänglich und nicht für Touristen offen. Der westliche Teil der Insel zeigt alle Vegetationszonen. Im Hochland, das zum großen Teil kultiviert ist, gibt es einen See und einen Wasserfall.

15. Puerto Baquerizo Moreno und Cerro de las Tijeretas (Fregattvogelberg) auf Isla San Cristóbal (Chatham Island):

Puerto Baquerizo Moreno ist der Hafen mit der gleichnamigen Siedlung. Der Hafen war früher als Wreck Bay (Wrack-Bucht) bekannt. Die Siedlung entstand, nachdem eine Gruppe von Sträflingen der Strafkolonie auf Floreana 1841 rebelliert hatte. Heute leben etwa 3000 Menschen auf der Insel vom Fischfang und von der Landwirtschaft. Touristisch ist die Insel noch viel weniger entwickelt als Santa Cruz, doch dürfte sich das mit der Eröffnung des neuen Flughafens schnell ändern. In der Siedlung gibt es ein kleines Museum und am Strand nahe beim Hafen ein Denkmal für Charles Darwin.

Von Puerto Baquerizo Moreno führt ein Pfad zum Fregattvogelhügel (*Cerro de las Tijeretas*). Hier hat der Besucher die seltene Möglichkeit, im Inselgebiet den Prachtfregattvogel (*Fregata magnificens*) und den Bindenfregattvogel (*Fregata minor*) nebeneinander in einer Kolonie nisten zu sehen. Für den 3,5 km langen Lehrpfad braucht man mindestens zwei Stunden.

16. Isla Lobos (Robbeninsel) bei Isla San Cristóbal (Chatham Island):

Dieses Inselchen liegt etwa eine Bootsstunde vom Hafen Puerto Baquerizo Moreno entfernt. Hier nisten auf den felsigen Ufern blaue Tölpel. Als weitere Attraktion findet man Seelöwen. Malerische Landschaft. Der Weg für die Besucher ist etwa 300 m lang. Man sollte sich mindestens eine Stunde Zeit für den Besuch nehmen.

17. Puerto Grande und Caleta Sapho (Sapho-Bucht) auf Isla San Cristóbal (Chatham Island):

Die kleine Sapho-Bucht im Puerto Grande gegenüber dem malerischen Kicker-Felsen (León Dormido) mit ruhigem Wasser

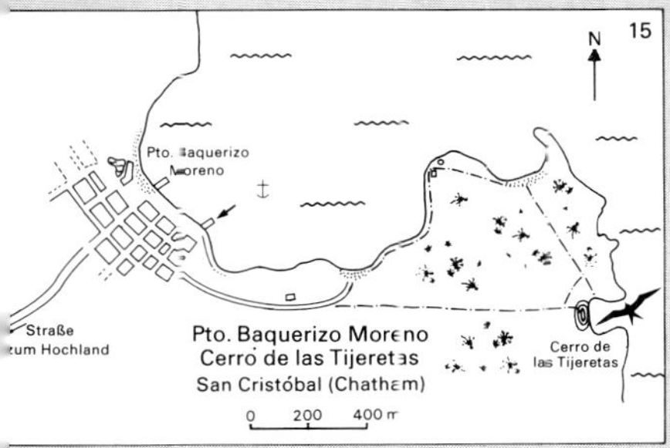

15

N

Pto. Baquerizo
Moreno

Straße
zum Hochland

Pto. Baquerizo Moreno
Cerro de las Tijeretas
San Cristóbal (Chatham)

Cerro de
las Tijeretas

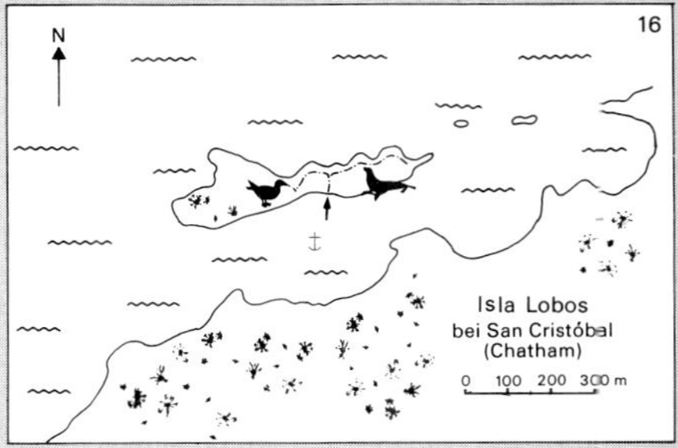

0   200   400 m

16

N

Isla Lobos
bei San Cristóbal
(Chatham)

0   100   200   300 m

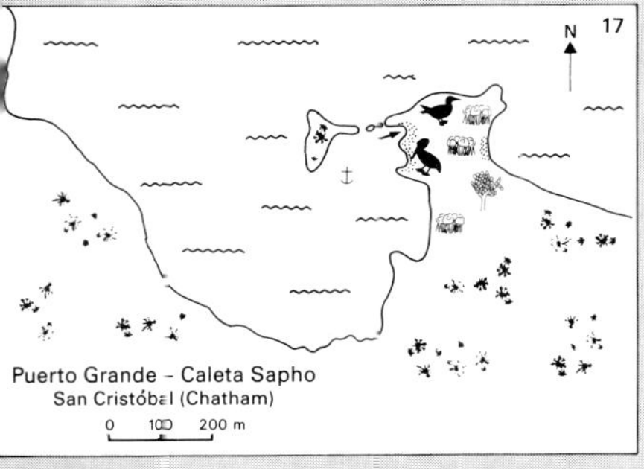

17

N

Puerto Grande – Caleta Sapho
San Cristóbal (Chatham)

0   100   200 m

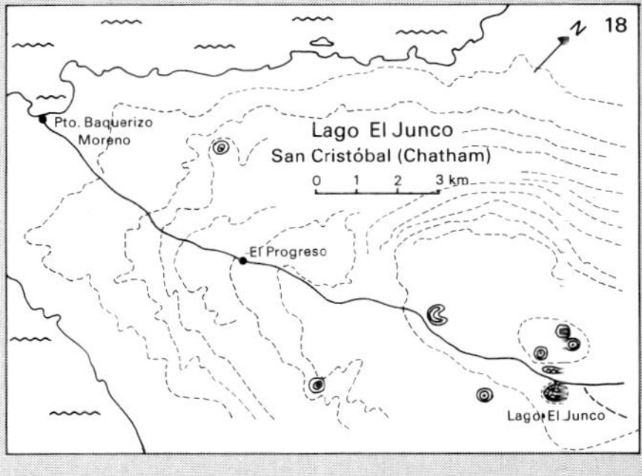

18

N

Pto. Baquerizo
Moreno

Lago El Junco
San Cristóbal (Chatham)

0   1   2   3 km

El Progreso

Lago El Junco

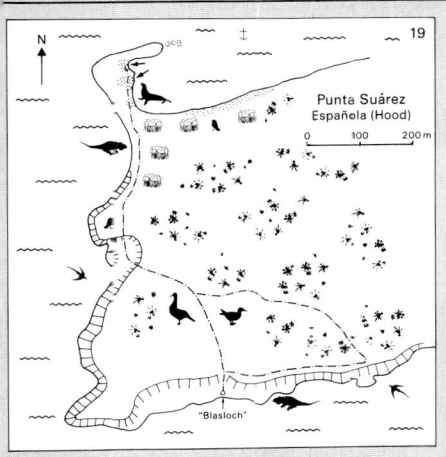

N

I. Lobos 16

15

Pto. Baquerizo
Moreno

Puerto Grande
Caleta Sapho

17

ISLA SAN CRISTÓBAL
(Chatham Island)

El Progreso

18

Lago El Junco

0   5   10 km

19

N

Punta Suárez
Española (Hood)

0   100   200 m

"Blasloch"

20

Bahia Gardner
Española (Hood)

0   500   1000 m

Isla Gardner

N

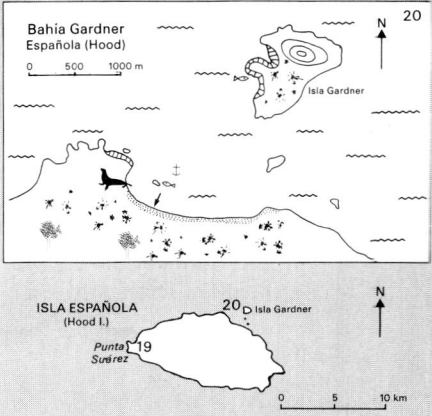

ISLA ESPAÑOLA
(Hood I.)

20   Isla Gardner

Punta
Suárez   19

N

0   5   10 km

und weißem Strand ist als Badeplatz beliebt und landschaftlich malerisch. Man kann hier Pelikane und blaufüßige Tölpel beim Fischen beobachten. Baumkakteen, Salzbüsche und Mangroven beleben die Szenerie.

18. Lago El Junco (Süßwassersee El Junco) auf Isla San Cristóbal (Chatham Island):
Dieser See, in 700 m Höhe gelegen, ist einer der wenigen permanenten Süßwasserseen des Archipels. Die Landschaft ist malerisch und typisch für die feuchte Zone des Hochlands. Hier findet man auch die endemischen Miconiabüsche und Baumfarne. Mit dem Auto benötigt man für die Rundreise von Puerto Baquerizo Moreno aus etwa 2 Stunden.

Isla Española (englisch: Hood Island)

Die südlich von San Cristóbal (Chatham) gelegene Insel hat eine Fläche von 61 km^2; Länge 14 km, größte Breite 7 km; höchste Erhebung: 206 m.

Auf Española sind nur zwei Vegetationszonen gut ausgeprägt, die trockene Küstenzone mit Baumopuntien und die Übergangszone. Wälder des Palo Santo dominieren. Zur Trockenzeit wirkt die Insel nicht sehr einladend, zumal sie auch landschaftlich eher flach aussieht. Sie ist aber zoologisch hochinteressant, unter anderem wegen einer bunten Rasse der Meerechse und der einzigen Brutkolonie des Albatrosses. Auf dieser Insel werden zwei Orte angelaufen: Punta Suárez (19) und die Gardner-Bucht (Bahía Gardner) (20).

19. Punta Suárez auf Isla Española (Hood Island):
Wer nur wenig Zeit zur Verfügung hat, sollte Punta Suárez der Gardner-Bucht vorziehen. In einem gemütlichen Spaziergang kann man hier Seelöwen, Meerechsen, Blaufußtölpel, Maskentölpel, Lavaeidechsen, Spottdrosseln und den Galápagos-Albatros sehen. Bei der Meerechse handelt es sich um eine eigene, besonders bunte Unterart. Auch die Lavaeidechsen und Spottdrosseln bilden hier eigene Inselrassen. Weitere Attrak-

tionen sind die Tropikvögel, Gabelschwanzmöwen, Seelöwen, Galápagos-Tauben und schließlich die Darwin-Finken. Besonders bunte Meerechsen trifft man zur Paarungszeit im Januar bis Anfang März. Dann legen die Weibchen die Eier ab. Im April/Mai brüten die Albatrosse, allerdings nicht jedes Jahr. Für den rd. 2 km langen Besucherpfad braucht man etwa 2 Stunden. Als Attraktion gilt auch das »Blasloch«. Dort wird das anbrandende Meerwasser unter eine große, unterwaschene Felsplatte gedrückt. Die dabei zusammengepreßte Luft wird – durch eine Öffnung mit Wasser vermischt – als hohe Fontäne herausgepreßt.

20. Bahía Gardner (Gardner-Bucht) auf Isla Española (Hood Island):

Die Gardner-Bucht befindet sich an der Ostseite der Insel Española. Der schöne, lange Sandstrand ist als Badestrand beliebt. Hier kann man sich mit den Seelöwen tummeln. Gelegentlich bekommt man Galápagos-Bussarde zu sehen. Das Besuchergebiet beschränkt sich auf diesen Strand. Bei der Insel Gardner gibt es schöne Tauchplätze mit Röhrenaalen.

Isla Floreana (englisch: Charles Island)

Die südlich von Isla Santa Cruz liegende Insel (spanisch auch *Isla Santa María* genannt) bedeckt eine Fläche von 173 km^2; Länge 15 km, größte Breite 14 km; höchste Erhebung: 640 m.

Die Insel setzt sich aus mehreren verwitterten Vulkanen zusammen. Sie ist mit dichter Vegetation mit vielen eingeführten Pflanzen bestanden. Wegen tragischer Siedlerschicksale bekannt (vgl. Kapitel »Einbruch ins Paradies«). Sehenswürdigkeiten sind die Bahía de Correo (21), Punta Cormorant mit der Flamingo-Lagune (22) und die Teufelskrone (23).

21. Bahía de Correo (Post Office Bay, Postamt-Bucht) auf Isla Floreana (Charles Island):

In der Postamt-Bucht legten die Walfänger im 18. Jahrhundert ihre Post in einem Faß ab, heimfahrende Schiffe nahmen sie dann mit. Der Brauch hat sich bis heute erhalten (vgl. S. 364). In der Nähe der Bucht befindet sich ein *Lavatunnel*, in den man sich durch eine Öffnung mit einem Seil hinablassen kann. Man sollte das allerdings nicht allein tun. Im Tunnel Reste von zahlreichen Schildkröten, die durch das eingebrochene Tunneldach herabstürzten und verhungerten.

22. **Punta Cormorant (Kormoran-Punkt)** auf Isla Floreana (Charles Island):
Zwischen zwei vulkanischen Hügeln liegt eine Lagune, in der man oft viele Flamingos antrifft. Viele Arten von Ufervögeln. Der Sand des Landestrandes enthält viel Olivin.

23. **Corona del Diablo (Isla Onslow, Devil's Crown, Teufelskrone)** auf Isla Floreana (Charles Island):
Die Teufelskrone ist ein im Meer ertrunkener Krater, dessen durchbrochene Krone als schwarze, schroffe Klippen eine mit dem offenen Meer durch viele Kanäle in Verbindung stehende Lagune umsteht. Die Klippen sind mit Kandelaber- und Opuntienkakteen bewachsen. Auf ihnen nisten Blaufußtölpel und Tropikvögel; Rastplatz für Pelikane, Lavamöwen und Fregattvögel. Die Lagune ist fischreich und ein Paradies für Schnorchler. Das Wasser ist klar und ruhig. Außerhalb der Lagune herrschen oft starke Strömungen.

Isla Isabela (englisch: *Albemarle Island*)

Die Insel im westlichen Teil des Archipels umfaßt eine Fläche von 4588 km². Sie ist 132 km lang, ihre größte Breite beträgt 84 km; höchste Erhebung: Vulkan Wolf, 1707 m (höchster Berg der Galápagos-Inseln).

Isabela ist bei weitem die größte Insel des Archipels. Fünf gewaltige, an der Basis miteinander verschmolzene Vulkane bilden diese Insel. Obgleich die Vulkane miteinander verbunden sind, verhalten sie sich wie Eilande, denn die unwegsamen Lavawüsten an ihrer Basis wirken für viele Tiere als Barrieren. Die Schildkrötenpopulationen sind daher so weitgehend von-

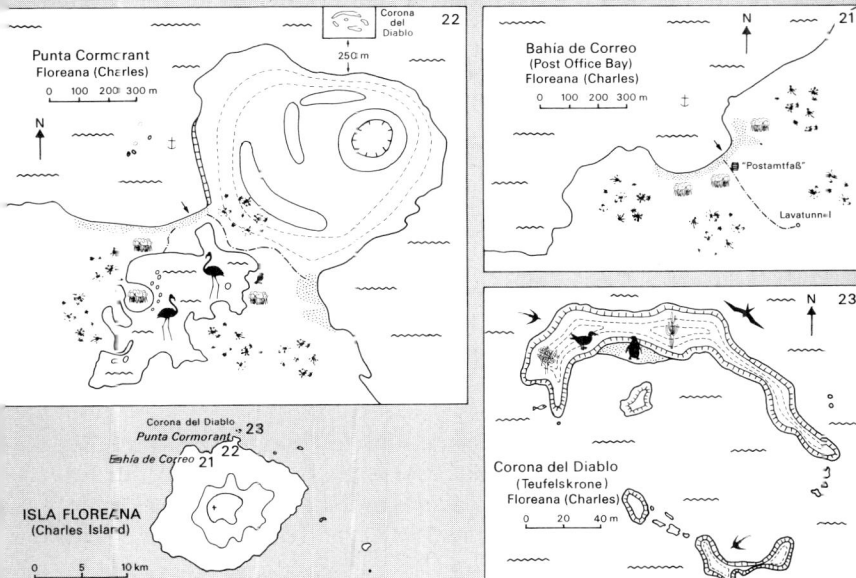

Punta Cormorant
Floreana (Charles)

Corona del Diablo

250 m

0 100 200 300 m

N

Bahía de Correo
(Post Office Bay)
Floreana (Charles)

0 100 200 300 m

N

"Postamtfaß"

Lavatunnel

Corona del Diablo
(Teufelskrone)
Floreana (Charles)

0   20   40 m

N

Corona del Diablo
Punta Cormorant
Bahía de Correo

ISLA FLOREANA
(Charles Island)

0   5   10 km

einander isoliert, daß sie auf den verschiedenen Vulkanen Unterarten bilden. Die Vulkane sind relativ jung; gewaltige Ausbrüche wurden bis in die jüngste Vergangenheit beobachtet. Die Flanken der hohen Vulkane im Norden sind von schwarzen Lavaströmen gezeichnet, als wäre ein Teerkessel übergekocht. Ein Besuch von Isabela ist überaus lohnend, weil sie praktisch alles enthält, was Galápagos zu bieten hat: Schildkröten, besonders große Meerechsen, Landleguane, den flugunfähigen Kormoran, den Galápagos-Pinguin, wilde Landschaften und Lavawüsten, aber auch grüne Wälder und Süßgewässer – selbst in den unwirtlichen Wüsten. Man könnte auf dieser Insel viele Wochen verbringen. Selbst wenn man auf einer großen Rundfahrt die Insel nur im Westen umschifft und nur an wenigen Punkten anzulegen beabsichtigt, sollte man 4–5 Tage für Isabela in Rechnung stellen. Es gibt bloß zwei kleine Siedlungen: das Fischerdorf Villamil im Südosten und das 18 km davon entfernte Dorf Santo Tomás im Hochland.

24. Lagunas de Villamil (Lagunen von Villamil) auf Isla Isabela (Albemarle Island):

Das kleine Fischerdorf Villamil wird seltener besucht, meist nur in Verbindung mit einem Aufstieg zum Vulkan Sierra Negra. Die Lagunen um Puerto Villamil sind wegen ihres reichen Vogellebens (Flamingos und andere) bekannt.

25. Volcán Sierra Negra (Sierra-Negra-Vulkan) auf Isla Isabela (Albemarle Island):

Der Vulkan Sierra Negra im Süden von Isabela ist einer der eindrucksvollsten Vulkane des Archipels. Die Caldera mißt von Kraterrand zu Kraterrand in Nord-Süd-Richtung 10 km. Eindrucksvoll sind auch die Fumarolen an einem Platz, der Vulkan Chico genannt wird, sowie die Schwefelablagerungen (Mina de Azufre). Für den Aufstieg von der Küste zum Kraterrand braucht man 5–6 Stunden. Man kann aber auch in Villamil Wagen mieten, die bis Santo Tomás fahren, und von dort mit Pferden weiter aufsteigen. Der Ritt durch das Hochland ist ein Erlebnis für sich. Um die großartigen landschaftlichen Eindrücke voll zu genießen, empfiehlt es sich, am Kraterrand zu

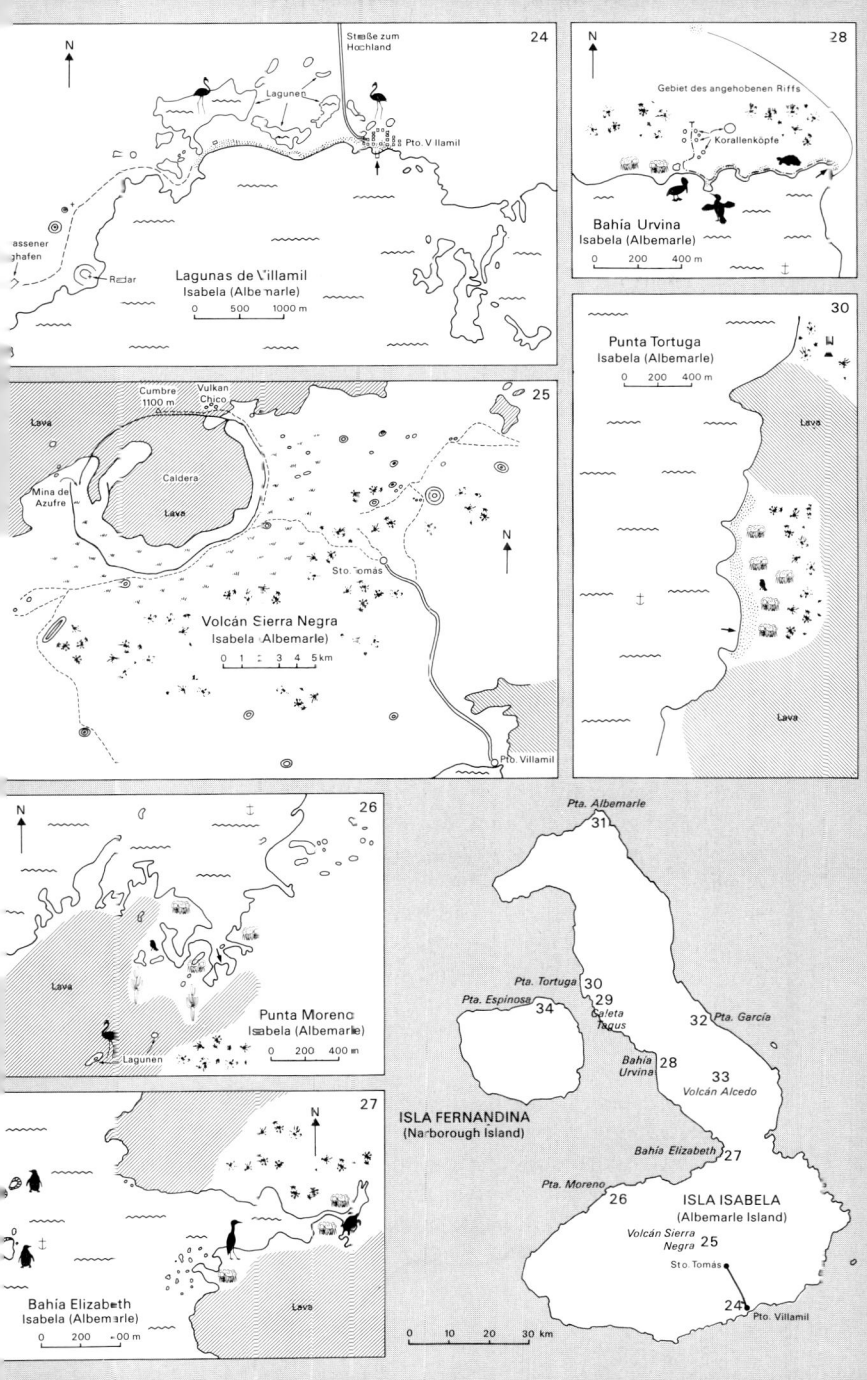

24 Lagunas de Villamil
Isabela (Albemarle)
N
Straße zum Hochland
Lagunen
Pto. V llamil
nasser Hafen
Radar
0   500   1000 m

28 Bahía Urvina
Isabela (Albemarle)
N
Gebiet des angehobenen Riffs
Korallenköpfe
0   200   400 m

25 Volcán Sierra Negra
Isabela (Albemarle)
Cumbre 1100 m
Vulkan Chico
Lava
Caldera
Mina de Azufre
Lava
Sto. Tomás
N
Pto. Villamil
0 1 2 3 4 5 km

30 Punta Tortuga
Isabela (Albemarle)
Lava
Lava
0   200   400 m

26 Punta Moreno
Isabela (Albemarle)
N
Lava
Lagunen
0   200   400 m

27 Bahía Elizabeth
Isabela (Albemarle)
N
Lava
0   200   400 m

ISLA FERNANDINA
(Narborough Island)

ISLA ISABELA
(Albemarle Island)

Pta. Albemarle 31
Pta. Tortuga 30
Pta. Espinosa 34
Caleta Tagus 29
Pta. García 32
Bahía Urvina 28
Volcán Alcedo 33
Bahía Elizabeth 27
Pta. Moreno 26
Volcán Sierra Negra 25
Sto. Tomás
Pto. Villamil 24

0   10   20   30 km

kampieren. Es gibt hier keine markierten Pfade, man kann sich am Kraterrand und in einem Bereich von einem Kilometer an den äußeren Flanken des Vulkans frei bewegen. Die Entfernung Villamil–Santo Tomás beträgt 18 km, die von Santo Tomás bis zum Kraterrand der Sierra Negra 9 km. Von hier zum Vulkan Chico sind es weitere 8 km, von dessen Kraterrand zur Schwefelablagerung (Mina de Azufre) 10 km.

26. Punta Moreno auf Isla Isabela (Albemarle Island):

Bei Punta Moreno findet man eine kleine zerklüftete, mit Mangroven bewachsene Bucht, hinter der sich eine scheinbar tote Lavawüste erstreckt. Nur da und dort sieht man vereinzelte Kandelaberkakteen, Scalesia-Bäumchen, und vielleicht kann man auch hin und wieder ein zartes Kräutlein entdecken (*Coldenia* und andere) und wird sich wohl wundern, wie diese Gewächse in einer solchen Wüstenei überleben. Die größte Überraschung kommt jedoch, wenn man nur wenige Meter vom Ufer brackische Lagunen antrifft, die bei Ebbe ziemlich ausgesüßt sein können, da von den Bergen in unterirdischen Läufen Wasser nachfließt. In diesen ausgesüßten Gewässern kann man Insekten, Fische und viele Vögel beobachten. Auch an anderen Stellen tritt das von den Vulkanen abfließende Wasser in Senken, Einbrüchen und Spalten zutage, so hinter Puerto Fragata auf dem Weg von Punta Moreno zur Elisabeth-Bucht. Hier bilden die Süßgewässer kleine Teiche, die unter der Lava mit anderen in Verbindung stehen und in denen viele große und kleine Fischarten leben. Man findet große Glasbarsche, Schwärme von Schnäppern, Meeräschen, aber auch blinde Höhlenfische (*Coecogilbia*) am Rande der unterirdischen Gewässer. Puerto Fragata ist jedoch nicht für Besucher zugänglich.

27. Bahía Elizabeth (Elisabeth-Bucht) auf Isla Isabela (Albemarle Island):

Im Eingang der Elisabeth-Bucht liegen einige kleine Inseln, an deren Stränden man in der Regel Pinguine antrifft. Wer um diese Inseln schnorchelt, dem erschließt sich ein reiches marines Leben: Schwärme gelbschwänziger Seebader, Seelöwen, Pinguine, Hornkorallen und anderes.

In der Elisabeth-Bucht kann man Rochen, Suppenschildkröten, flugunfähige Kormorane, grüne Reiher und Pelikane beobachten. Dichter Mangrovenbewuchs.

28. Bahía Urvina (Urvina-Bucht) auf Isla Isabela (Albemarle Island):

An diesem Küstenstreif am Fuße des Alcedo-Vulkans wurden 1954 fünf Kilometer Riff vier Meter aus dem Meer emporgehoben. Man kann hier ein Korallenriff mit gewaltigen Korallenblöcken begehen, von denen einer (Porites) mehrere hundert Jahre alt ist und mehrere Meter Durchmesser hat. In der Regenzeit kommen Landschildkröten vom Alcedo zur Küste herab, um hier ihre Eier abzulegen. Ferner nisten hier flugunfähige Kormorane und Pelikane.

29. Caleta Tagus (Tagus-Bucht) auf Isla Isabela (Albemarle Island):

Da diese Bucht gut geschützt ist, war sie ein beliebter Ankerplatz für Seeräuber, Walfänger und die späteren Weltumsegler. Hunderte von Schiffsnamen wurden im Laufe der Zeit an den steilen Wänden um die Bucht verewigt. An den Ufern dieser Bucht sieht man Pinguine und flugunfähige Kormorane und die üblichen Strandbewohner wie Meerechsen einer besonders großen Unterart. Ein kurzer Gang an Land führt zu einem kleinen kreisrunden Kratersee. Man genießt vom oberen Rand der Bucht einen malerischen Rundblick. Der Touristenpfad ist nicht ganz 2 km lang. (Kartenskizze auf S. 469.)

30. Punta Tortuga auf Isla Isabela (Albemarle Island):

Tortuga Point zeichnet sich durch einen dunklen Lavasandstrand aus. Hinter dem Strand erstreckt sich ein ausgedehnter Mangrovensumpf, in dem man den seltenen Mangrovenfink beobachten kann.

31. Punta Albemarle auf Isla Isabela (Albemarle Island):

Hier befand sich im Zweiten Weltkrieg eine Radarstation der Amerikaner, von der man noch Überreste sieht. An der rauhen Lavaküste kann man die größten Meerechsen des Archipels bestaunen. Als weitere Besonderheit sind flugunfähige Kormorane zu erwähnen.

32. Punta García auf Isla Isabela (Albemarle Island):

Dies ist der einzige Punkt an der Ostküste von Isabela, an dem der Besucher flugunfähige Kormorane beobachten kann. Bemerkenswert sind die wilden, kaum bewachsenen Lavahalden. Die schlackenartigen, scharfkantigen Blöcke der Brockenlava sind nur schwer zu begehen.

33. Volcán Alcedo (Alcedo-Vulkan) auf Isla Isabela (Albemarle Island):

Die Besteigung dieses Vulkans kann – gutes Wetter vorausgesetzt – zu einem großen Erlebnis werden, zunächst wegen der großartigen Landschaft, vor allem aber wegen der Elefantenschildkröten, die man verstreut sowohl am oberen Außenhang des Vulkans wie am Kraterrand und in größeren Ansammlungen im Krater selbst antreffen kann.

Man braucht von der Landestelle in der Shipton-Bucht 4–6 Stunden, um den Kraterrand des Alcedo zu erreichen, von dem sich ein schöner Blick auf die 7 km weite Caldera eröffnet. Die Strecke von der Küste zum Krater beträgt etwa 10 km. Von hier sind es weitere 6 km (3 Stunden) zum »Geysir«, einer Fumarole, die heißen Dampf ausstößt. In ihrer Umgebung findet man besonders viele Schildkröten der Alcedo-Rasse. Sie suchen zum Übernachten gerne die flachen Tümpel auf, da es nachts abkühlt und das Wasser die Wärme weniger rasch abgibt. Man sollte für die Tour 2–3 Tage einplanen. Es gibt einen Campingplatz an der Aufstiegsroute unterhalb des Kraterrandes. Zum Besuch des Alcedo und zum Kampieren muß man die Bewilligung der Nationalparkverwaltung einholen.

Isla Fernandina (englisch: Narborough Island)

Die knapp westlich von Isla Isabela liegende, von dieser beinahe umfaßte Insel hat eine Fläche von 642 km^2. Sie ist 30 km lang; größte Breite: 26 km; höchste Erhebung: 1494 m.

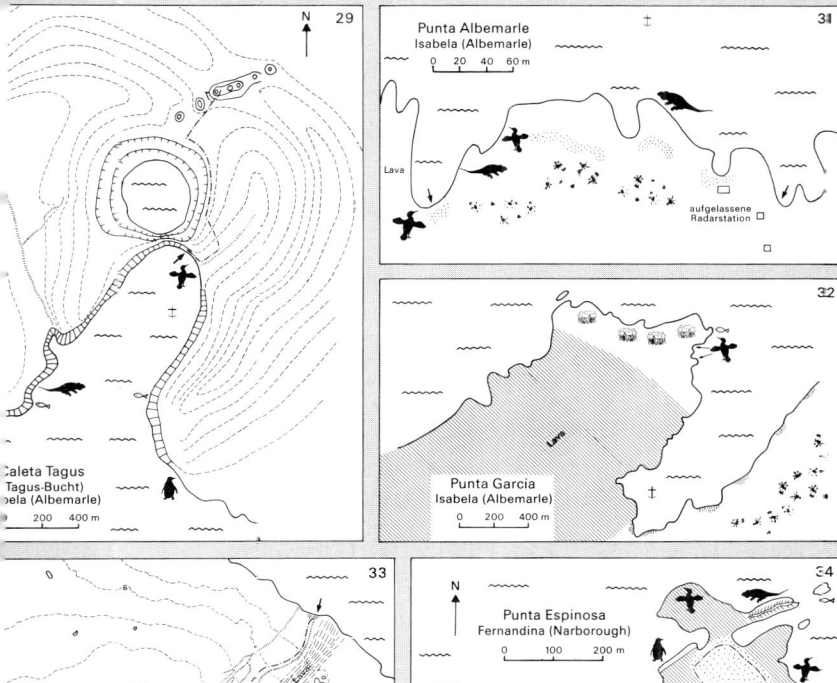

29
N

Caleta Tagus
(Tagus-Bucht)
Isabela (Albemarle)
0   200   400 m

31
Punta Albemarle
Isabela (Albemarle)
0 20 40 60 m
Lava
aufgelassene
Radarstation

32
Punta Garcia
Isabela (Albemarle)
Lava
0   200   400 m

33
Volcán Alcedo
Isabela (Albemarle)
Campingplatz
Geysir
0   1   2   3 km

34
N
Punta Espinosa
Fernandina (Narborough)
0   100   200 m
Lava

Die westlichste Insel des Archipels besteht aus einem zentralen Vulkan, in dessen Krater sich ein Kratersee befindet. Die Flanken des Vulkans sind von zahlreichen Nebenkratern und unbewachsenen, frischeren Lavaströmen gezeichnet. Die Vegetation beschränkt sich auf die von der Lava verschonten Vegetationsinseln. Die Trockenzone reicht ziemlich weit hinauf. Erst in den höheren Lagen unterhalb des Kraterrandes findet man einen *Scalesia*-Forst nicht allzu hoher Bäume. Die Insel gehört zu den vulkanisch aktivsten (vgl. Kapitel »Die Besteigung eines Vulkans«).

Auf Fernandina lebt eine eigene Schildkrötenrasse, von der man bisher nur ein einziges Exemplar gefunden hat. Des weiteren lebt hier eine beachtliche Population von Landleguanen. An den Ufern finden wir besonders große Meerechsenherden, flugunfähige Kormorane und Pinguine. Die Insel ist frei von eingeführten Haustieren, so daß auch die eingeborene kleine Ratte, Lavaeidechsen und die Dromicus-Schlange ungestört überlebten. Es handelt sich um die einzige große Insel, die man als völlig intakt bezeichnen kann. Das verpflichtet jeden Besucher zu besonderer Sorgfalt!

Der Anlaufpunkt der Insel ist Punta Espinosa. Er gehört zu den eindrucksvollsten Plätzen des Archipels.

34. Punta Espinosa auf Isla Fernandina (Narborough Island): Punta Espinosa erstreckt sich als enge Landzunge aus Lavagestein und Sand an der Nordostspitze der Insel in die See. Der Platz ist wegen der großen Meerechsenansammlungen bekannt. Ferner brüten hier auf engem Raum flugunfähige Kormorane und Pinguine. Es gibt Seelöwen und interessante Lavaformationen, Gezeitentümpel und nicht zuletzt eine unvergeßliche Landschaft. Man kann hier Fladenlava, Stricklava und Brockenlava in einem engen Areal studieren. Der Rundgang vom Landeplatz zur Landzunge beträgt nur 250 m, der Hinweg vom Landeplatz zu den Lavafeldern 700 m. (Kartenskizze auf S. 469.)

Isla Santiago (englisch: James Island)

Die nordwestlich von Isla Santa Cruz liegende Insel (spanisch auch *Isla San Salvador* genannt) hat eine Fläche von 585 km^2; Länge 34 km, größte Breite 22 km; höchste Erhebung: 907 m.

Der zentrale Vulkan, der den Westteil dieser größeren Insel beherrscht, ist verwittert und gut bewachsen. Zahlreiche kleinere Nebenkrater, Tuffkegel und ausgedehnte frische Lavaströme befinden sich im südlichen und östlichen Teil der Insel. Aber auch in die James-Bucht im Nordwesten der Insel ergoß sich ein breiter Lavastrom. Die Insel wurde von Seeräubern, Walfängern, später auch von Siedlern genutzt und leidet heute noch sehr unter den eingeführten Ziegen, Schweinen, Eseln und Ratten. Dennoch überlebten hier Schildkröten, allerdings in schwer zugänglichen Gebieten, zu denen Touristen keinen Zutritt haben. Die einst zahlreichen Landleguane sind ausgestorben. Hauptsehenswürdigkeiten der Insel sind außer der grandiosen Landschaft die Pelzrobben und Flamingos.

35. Bahía James, Puerto Egas (Egas-Hafen in der **James-Bucht)** auf Isla Santiago (James Island):

Dieser Hafen der James-Bucht im Westen von Santiago litt besonders durch die Salzgewinnung, die mittlerweile eingestellt ist. Übrig blieben die eingeschleppten Haustiere. Der vormalige Hafen ist jedoch Ausgangspunkt für eine Exkursion zu den Pelzrobben, die ein einmaliges Erlebnis sein kann. Auch ist das Uferleben im wesentlichen ungestört: Nachtreiher, Tauben, Finken und Meerechsen. Früher konnte man auf dem Weg Scherben der Tongefäße finden, welche die Seeräuber zurückgelassen haben (Taucher haben intakte Gefäße am Ankerplatz in der Bucht geborgen).

Man kann von Puerto Egas her eine Exkursion zum Salzvulkan machen, aus dem ein Unternehmer namens Egas bis 1950 Salz gewonnen hat. Auch die Besteigung des »Zuckerhuts« (Pan de Azúcar) und der Besuch einer in der Nähe befindlichen Quelle ist möglich. Am Kraterrand des Salzkraters sieht man oft Galápagos-Bussarde.

Distanzen auf den Besucherpfaden: zu den Pelzrobben 700 m, zur Quelle 1 km, zum Kraterrand des Salzvulkans 3 km, auf den Zuckerhut 2 km.

36. Bahía James, Playa Espumilla auf Isla Santiago (James Island):

Der braune Bimsstein-Strand ist ein beliebter Badestrand. Er wird von zahlreichen Gespenstkrabben bewohnt. In den Salzwasserlagunen hinter dem Strand findet man Flamingos, Enten und andere Ufervögel. Ein Pfad führt durch den Übergangsforst, in dem man Rubintyrannen und Darwin-Finken beobachten kann.

37. Caleta Bucanero (Seeräuber-Bucht) auf Isla Santiago (James Island):

Die Bucht liegt eine halbe Bootsstunde nördlich der James-Bucht; sie diente Seeräubern und Walfängern als sicherer Hafen, da hier eine Süßwasserquelle vorhanden ist. Die Bucht ist vor allem wegen der landschaftlichen Schönheit der sie umschließenden Felswände und Klippen bemerkenswert.

38. Bahía Sullivan (Sullivan-Bucht) auf Isla Santiago (James Island):

Diese Bucht im Osten der Insel Santiago wird vor allem wegen des gewaltigen Lavastromes besucht, der von Ausbrüchen um die Jahrhundertwende stammt. Es handelt sich um dunkle Fladen- und Stricklava, auf der als erste Pflanzenpioniere das zarte Teppichkraut (*Molluga flavescens*) und der Lavakaktus (*Brachycereus nesioticus*) wachsen. Am Strand kann man schnorcheln. Der Rundpfad über die Lava ist 1800 m lang.

39. Isla Bartolomé (Bartholomew Island, Bartholomeus-Insel) bei Isla Santiago (James Island):

1,2 km^2 (122 ha) groß, 2200 m lang, bis 900 m breit; maximale Erhebung: 114 m.

Diese kleine Insel wird viel besucht, da sie landschaftlich besonders schön ist. Der Blick von einem erhöhten Punkt der Insel auf die Bucht und über die charakteristische Felsnadel

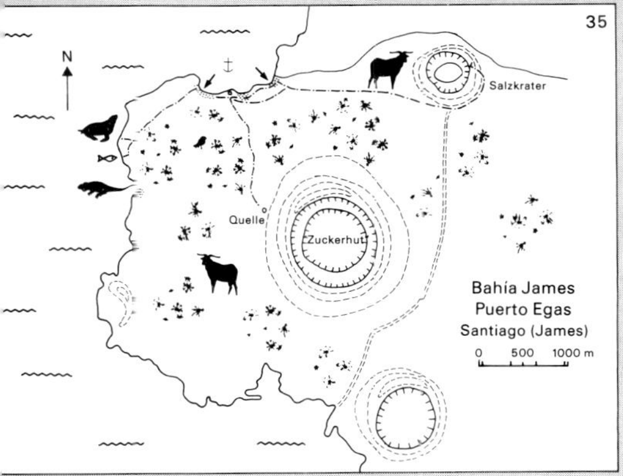

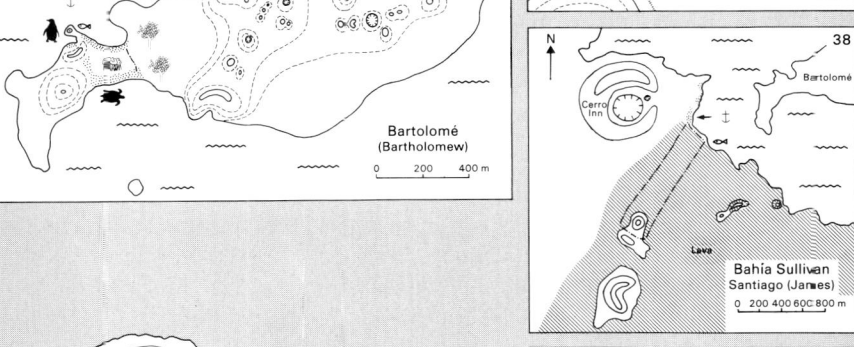

35

N

Salzkrater

Quelle

Zuckerhut

Bahía James
Puerto Egas
Santiago (James)

0   500   1000 m

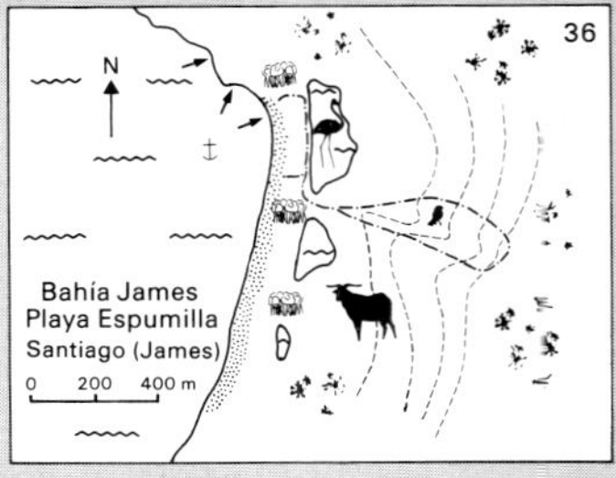

36

N

Bahía James
Playa Espumilla
Santiago (James)

0   200   400 m

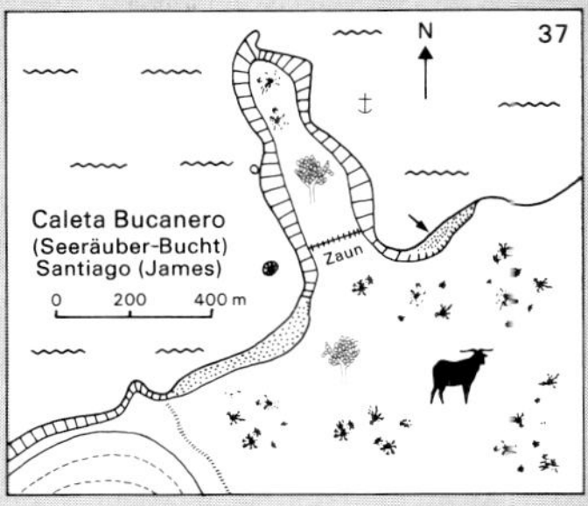

37

N

Caleta Bucanero
(Seeräuber-Bucht)
Santiago (James)

Zaun

0   200   400 m

39

N

Bartolomé
(Bartholomew)

0   200   400 m

38

N

Cerro
Inn

Lava

Bartolomé

Bahía Sullivan
Santiago (James)

0 200 400 600C 800 m

40

Santiago
(James)

Sombrero
Chino

0   100   200 m

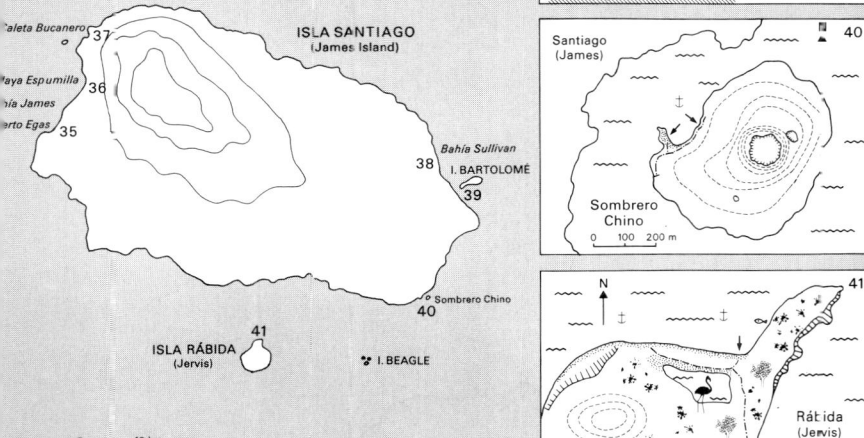

ISLA SANTIAGO
(James Island)

Caleta Bucanero   37

Playa Espumilla   36

hía James
erto Egas   35

Bahía Sullivan
38   I. BARTOLOMÉ
     39

Sombrero Chino
40

ISLA RÁBIDA   41
(Jervis)

I. BEAGLE

0   5   10 km

41

N

Rát ida
(Jervis)

0   10C   200 m

(»Pinnacle Rock«) auf die Insel Santiago im Hintergrund gehört sicher zu den am meisten fotografierten landschaftlichen Motiven der Inselgruppe.

Manche Teile der Insel erinnern an eine Mondlandschaft. Der Vulkanismus läßt sich hier in den verschiedenen Erscheinungsformen studieren. Da die Insel zum Teil aus lockerem Material aufgebaut ist, wurde der Touristenpfad stark ausgetreten und zur Regenzeit ausgewaschen. Die Parkverwaltung hat den Pfad mit Knüppeln und Stiegen gefestigt, allerdings sind die Stiegen nicht sehr bequem, da zu hoch. Besucher werden dennoch gebeten, sich strikt an den Pfad zu halten.

Für Schnorchler bietet Bartolomé das Erlebnis einer reichen Fischwelt, Seelöwen und Pinguine. Zwei Sandstrände laden zum Baden ein, doch gibt es gelegentlich viele Stechmücken.

Am südlichen Sandstrand legen von Januar bis März Meeresschildkröten ihre Eier; dann sollte man den Strand in Ruhe lassen. Der Pfad zum Gipfel ist 600 m lang.

40. Isla Sombrero Chino bei Isla Santiago (James Island):

81,6 ha groß, 700 m lang, bis 450 m breit; maximale Erhebung: 52 m.

Dieser junge Vulkankegel liegt 200 m vor der Südostküste von Santiago. Die Lava, aus der sich die Insel aufbaut, ist recht locker. Den Namen »Chinesenhut« hat die Insel von ihrer kegelartigen Gestalt. Die Vegetation ist spärlich. Der endemische *Brachycereus*-Kaktus ist ein Pionier der Lavaschutthänge. Der Besucherpfad ist 350 m lang.

41. Isla Rábida (Jervis Island) bei Isla Santiago (James Island):

5 km² groß, 3 km lang, bis 2,5 km breit; maximale Erhebung: 367 m.

Die Insel besteht aus mehreren steilen erodierten Hügeln, die mit Palo-Santo-Bäumen bewachsen sind. Baumopuntien in den niederen Lagen. Für Besucher ist eine malerische dunkelrote Bucht, in deren Hintergrund sich eine Lagune mit Flamingos befindet, zugänglich.

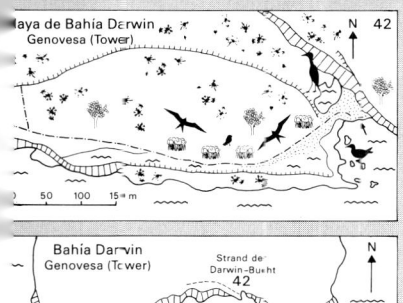

Playa de Bahía Darwin
Genovesa (Tower)

50   100   15 m

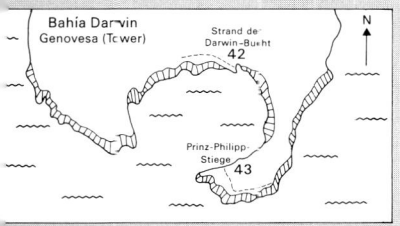

Bahía Darwin
Genovesa (Tower)

Strand der
Darwin-Bucht
42

Prinz-Philipp-
Stiege
43

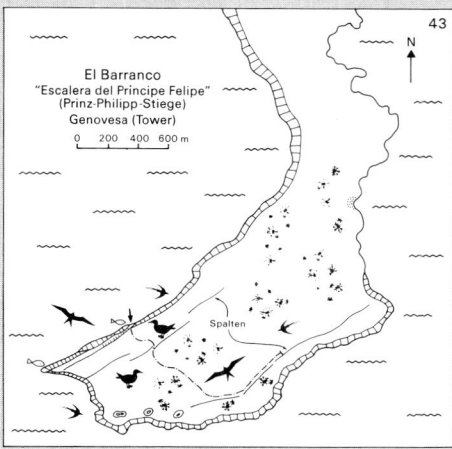

El Barranco
"Escalera del Príncipe Felipe"
(Prinz-Philipp-Stiege)
Genovesa (Tower)

0   200   400   600 m

Spalten

Isla Genovesa (englisch: *Tower Island*)

Die am nordöstlichen Rand des Archipels gelegene Insel hat nur eine Fläche von $14 km^2$; Länge 4,5 km, größte Breite 3,5 km; maximale Erhebung: 76 m.

Die Insel ist relativ flach und mit Trockenvegetation (Palo-Santo-Bäume und Opuntien) bewachsen. Der zentrale Krater beherbergt einen malerischen See. Ankerplatz ist eine geschützte große Bucht, die an den Seiten von steilen Felswänden und Klippen aus Blocklava umfaßt wird, in denen zahlreiche Seevögel hausen. Die Besonderheit dieser Insel ist das reiche Seevogelleben; am auffälligsten der Bindenfregattvogel. Zur Balzzeit leuchtet der rote Kehlsack der Männchen aus Büschen und Bäumen.

Weitere reichlich vertretene Arten von Seevögeln sind der Maskentölpel, Rotfußtölpel, Blaufußtölpel, die Lavamöwe, Gabelschwanzmöwe, der Tropikvogel und die Sturmschwalbe (*Oceanodroma*). Man findet ferner Nachtreiher und grüne Reiher, an Landvögeln eine für Genovesa typische Gemeinschaft von Darwin-Finken, die Galápagos-Eule, Galápagos-Taube und eine Spottdrossel. Eine eigene kleine Meerechsenrasse bevölkert die Klippen. Es gibt keine eingeschleppten Haustiere. Der Besuch dieser Insel gehört zu den großen Erlebnissen. Zwei Plätze sind für Besucher ausgewiesen (42 und 43, Kartenskizzen auf S. 475).

42. Playa de Bahía Darwin (Strand der Darwin-Bucht) auf Isla Genovesa (Tower Island):

Man landet an einem kleinen Sandstrand, der rechter Hand im Osten von einem hohen Felsriegel (*barranco*) und im Westen von niedrigen Lavariegeln begrenzt wird. Der hohe Felsriegel ist mit Baumopuntien und Palo-Santo-Bäumen bewachsen. Gleich hinter dem Sandstrand befindet sich eine Lagune. Der Pfad führt dann an dichten Cryptocarpus-Büschen nach Westen auf eine Steilküste. In den Cryptocarpus-Büschen nisten zur Brutzeit viele Fregattvögel, deren seltsames Balzgebaren (vgl. Kapitel »Unter Fregattvögeln und Tölpeln«) man aus nächster Nähe beobachten kann, ebenso die Betreuung von

Jungvögeln. Gabelschwanzmöwen, Lavamöwen, Maskentölpel und Rotfußtölpel, Reiher, Enten, Nachtreiher und Grüne Reiher bekommt man um Küste und Lagune ebenfalls zu Gesicht, ferner Galápagos-Tauben und Darwin-Finken. Bei Ebbe wimmelt es auf den freiliegenden Sand-Schlammflächen von Winkerkrabben. In den Gezeitentümpeln kann man Fische beobachten. Die Länge des Besucherpfades beträgt 750 m.

43. El Barranco »Escalera del Príncipe Felipe« (Felswand »Prinz-Philipp-Stiege«) auf Isla Genovesa (Tower Island): Man steigt über lose Felsen 25 m auf eine Klippe, die Teil eines hohen Felsenringes ist, der die östliche Seite der Darwin-Bucht umfaßt. Hier nisten Masken- und Rotfußtölpel, vereinzelt auch Blaufußtölpel, ferner Fregattvögel und in Nischen der Felswände Tropikvögel. Durch einen Palo-Santo-Forst gelangt man auf einen Abhang von Laven. In den Lavatunnels und -spalten brüten Tropikvögel und etwa 200000 Brutpaare der Galápagos-Sturmschwalbe (*Oceanodroma tethys*). Die Luft über der Küste ist oft vom Geflatter dieser kleinen braunen Vögel erfüllt.

Zwischen den Felsblöcken in der Darwin-Bucht kann man Pelzrobben finden. Der Besucherpfad ist etwa einen Kilometer lang.

Brutkolonien und Brutzeiten der Seevögel auf Galápagos

Auf Galápagos brütende Seevögel (nach einer Aufstellung von Harris 1984)

Art	Brutkolonien	Zahl der Vögel im Archipel[1]
Galápagos-Pinguin *Spheniscus mendiculus*	zahlreich	6000–15000 Vögel
Galápagos-Albatros *Diomedea irrorata*	1	12000 Paare
Audubons Sturmtaucher *Puffinus lherminieri*	29	(10000 Paare)
Hawaii-Sturmschwalbe *Pterodroma phaeopygia*	5	(10000–50000 Paare)
Madeira-Sturmschwalbe *Oceanodroma castro*	15	15000 Paare
Galápagos-Sturmschwalbe *Oceanodroma tethys*	3	200000 Paare
Tropikvogel *Phaethon aethereus*	30	einige tausend Paare
Brauner Pelikan *Pelecanus occidentalis*	zahlreich	einige tausend Paare
Blaufußtölpel *Sula nebouxii*	35	mindestens 10000 Paare

1 Die Zahlenangaben sind oft nicht genau. Zahlen in Klammern sollten mit Vorsicht aufgenommen werden. – Von der Sturmschwalbe *Oceanites gracilis* gibt es im Archipel viele tausend Tiere, doch fand man bisher keine Brutplätze.

Art	Brutkolonien	Zahl der Vögel im Archipel
Maskertölpel *Sula dactylatra*	23	25 000–50 000 Paare
Rotfußtölpel *Sula sula*	5	250 000 Paare
Flugunfähiger Kormoran *Nannopterum harrisi*	112	700–800 Paare
Prachtfregattvogel *Fregata magnificens*	12	(1000 Paare)
Bindenfregattvogel *Fregata minor*	12	einige tausend Paare
Gabelschwanzmöwe *Creagrus furcatus*	55	10 000–15 000 Paare
Lava-Möwe *Larus fuliginosus*	einzelne Nester	300–400 Paare
Braune Seeschwalbe *Anous stolidus*	zahlreich	einige tausend Paare
Rauchseeschwalbe *Sterna fuscata*	1	außerordentlich zahlreich

Brutzeiten der Seevögel (nach Harris 1974)

	J	F	M	A	M	J	J	A	S	O	N	D	Intervalle zwischen den Brutzeiten
Galápagos-Pinguin	×	×	×	×	×	×	×	×	×	×	×	×	wahrscheinlich kürzer als 1 Jahr
Galápagos-Albatros			O	O	×	×							jährlich
Audubons Sturmtaucher	O	O	O	O	O	O	O	O	O	O	O	O	etwa 9–10 Monate
Hawaii-Sturmschwalbe						O	O	×					jährlich
Madeira-Sturmschwalbe	×	×		×	O	O	×				O	O	jährlich
Galápagos-Sturmschwalbe			×	×	O	O							jährlich
Tropikvogel (auf Plaza)	O	×			×			×	O	O	O	O	jährlich
Tropikvogel (auf Tower, Daphne)	O	O	O	O	O	O	O	O	O	O	O	O	kürzer als 1 Jahr
Brauner Pelikan	O	O	O	O	O	O	O	O	O	O	O	O	kürzer als 1 Jahr
Blaufußtölpel	O	O	O	O	O	O	O	O	O	O	O	O	kürzer als 1 Jahr
Maskentölpel	O	O	×		×		×		O	O	O	O	jährlich
Rotfußtölpel	O	O	×	O	O	O	O	×	O	O	O	O	wahrscheinlich kürzer als 1 Jahr
Flugunfähiger Kormoran	×	×	O	O	O	O	O	O	O	×	×	×	kürzer als 1 Jahr
Prachtfregattvogel	×	×	×	×	×	O	O	O	O	×	×	×	jährlich oder länger
Bindenfregattvogel	O	O	O	O	O	O	O	O	O	O	O	O	jährlich oder länger
Lava-Möwe		×		×	×		×	×		×	×		wahrscheinlich kürzer als 1 Jahr
Gabelschwanzmöwe	O	O	O	O	O	O	O	O	O	O	O	O	ungefähr 9–10 Monate
Braune Seeschwalbe	O	O	O	O	O	O	O	×	×	×	O	O	kürzer als 1 Jahr

× = wenige Eier   O = viele Eier

Literatur

AMADON, D. (1965): Notes on the Galapagos Hawk. L'Oiseau 35, 9–21

BAILY, A. M. (1961): Dusky and Swallow-Tailed Gulls of the Galapagos Islands. Mus. Pictorial, 15, Denver Mus. of Nat. History

BANNING, G. H. (1933). Hancock Expedition to the Galapagos Islands, 1933. General Report. Bulletin of the Zoological Society of San Diego, No. 10

BARLOW, G. W. (1972): A Paternal Role for Bulls of the Galapagos Islands Sea Lion. Evolution, 26, 307–308

BARTHOLOMEW, G. A. (1966a): A Field Study of Temperature Regulation in the Galapagos Marine Iguana. Copeia, 241–250

– (1966b): The Role of Behaviour in the Temperature Regulation of the Masked Booby. Condor, 68, 523–535

BARTHOLOMEW, G. A., und LASIEWSKI, R. C. (1965): Heating and Cooling Rates, Heart Rate and Simulated Diving in the Galapagos Marine Iguana. Comp. Biochem. Physiol., 16, 573–582

BAUR, G. (1891): On the Origin of the Galapagos Islands. American Naturalist, 25, 217–229; 307–326

BECK, R. H. (1903): In the Home of the Giant Tortoise. Seventh Ann. Report, New York, Zoolog. Soc.

BEEBE, W. (1924): Galapagos, World's End. New York – London

– (1925): *Arcturus* Adventure. An Account of the New York Zoolog. Society's First Oceanogrpahie Expedition. New York – London

BERGER, M., und GOHDE, W. (1965): Zur Theorie des Segelfluges von Vögeln über dem Meere. Zool. Jb. Physio., 71, 217–224

BLACK, J. (1973): Galapagos Archipielago del Ecuador. Fund. Charles Darwin Para las Islas Galapagos, World Wildlife Fund. Imprenta Europa Cia. Ltda. Quito, Ecuador

BOWMAN, R. I. (1961): Morphological Differentiation and Adaptation in the Galapagos Finches. Univ. Calif. Publ. Zool. 58

– (1965): Darwin's Finches. Pacific Discovery, 18, 10–13

– (1966): The Galapagos. Proc. of the Symposia of the Galapagos International Sci. Project. Palais des Academies, Brüssel, Charles Darwin Foundation Contrib. Nr. 13

481

BOWMAN, R. I., und BILLEB, S. C. (1965): Blood Eating in a Galapagos Finch. The Living Bird, 4, 29–44

BOWMAN, R. I., und CARTER, A. (1971): Egg-Pecking Behavior in Galapagos Mocking Birds. The Living Bird, 10, 243–270

BROSSET, A. (1963): Mammiferes des Isles Galapagos. Mammalia, 27, 323–338

BURNEY, J. (1816): History of the Buccaneers of America. London (2 vols.)

CALIFORNIA ACADEMY OF SCIENCES (1912, 1926): Expedition to the Galapagos Islands, 1905–1906. Proceedings, Fourth Series, 2 vols.

CARPENTER, CH. C. (1964): Comparative behavior of the lava lizards (*Tropidurus*) of the Galapagos Islands. Am. Zool., 4, 26

– (1966a): Comparative behavior of the Galapagos lava lizards (*Tropidurus*). Univ. Calif. Press, Berkeley, 35, 269–273

– (1966b): The Marine Iguana of the Galapagos Islands. Its Behavior and Ecology. Proc. Calif. Acad. Sci., 4, 329–376

COLINVAUX, P. A. (1968): Eruption on Narborough. Animals, 11, 297–301

COLNETT, Capt. James (1798): A Voyage to the South Atlantic and Round Cape Horn in to the Pacific Ocean, for the Purpose of Extending the Spermaceti Whale Fisheries, by Ascertaining the Ports, Bays, Harbours and Anchoring Births. London

CONWAY, A. und F. (1947): The Enchanted Islands. Putnam's

COWLEY, A. (1699): Voyage around the World. London

CURIO, E. (1965): Galapagos – Prüffeld der Evolutionsforschung. Umschau, 18, 562–567

– (1969): Funktionsweise und Stammesgeschichte des Flugfeinderkennens einiger Darwinfinken (*Geospizinae*). Z. Tierpsychol., 26, 394–487

CURIO, E., und KRAMER, P. (1964): Vom Mangrovefinken (*Cactospiza heliobates*). Z. Tierpsychol., 21, 223–234

– (1965): *Geospiza conirostris* auf Abingdon und Wenman entdeckt. J. Ornithol., 106, 355–357

DALL, W. H., und OCHSNER, W. H. (1928): Tertiary and Pleistocene Mollusca from the Galapagos Islands. Proc. Calif. Acad. Sci., 17, 89–139

DAMPIER, W. (1697, 1729): New Voyage Round the World. London

DARWIN, C. (1859): On the Origin of Species by Means of Natural Selection, or the Preservation of Favoured Races in the Struggle for Life. London

– (1890): A Naturalist's Voyage Around the World. New York

DEROY, T. A. (1972): Giant Tortoises on a Volcano. Pacific Discov., 25, 14–20

– (1974): Mighty Volcanos of the Galapagos Islands. Oceans, 2, 4–15

DORST, J. (1959): Impressions Ornithologiques aux Iles Galapagos. L'Oiseau et La Revue Francaise d'Ornithologie, 29, 77–87

– (1966): Natur in Gefahr. Zürich

DORST. J., und LARUELLE, J. (1967): The First Seven Years of the Charles
  Darwin Foundation for the Galapagos Isles, 1959–1966. Palais des Academies, Brüssel. In diesem Bericht sind auch die ersten 65 Veröffentlichungen
  der Darwin Foundation angeführt.

DUNSON, W. A. (1969): Electrolyte Excretion by the Salt Gland of the Galapagos Marine Iguana. Am. J. of Physiol., 216, 995–1002

EIBL-EIBESFELDT, I. (1955a): Der Kommentkampf der Meerechse (*Amblyrhynchus cristatus* BELL), nebst einigen Notizen zur Biologie dieser Art. Z.
  Tierpsychol., 12, 49–62

– (1955b): Ethologische Studien am Galapagos-Seelöwen (*Zalophus wollebaeki* SIVERTSEN). Z. Tierpsychol. 12, 286–303

– (1955): Eine neue Rasse der Meerechse, *Amblyrhynchus cristatus venustissimus* nebst einigen Bemerkungen über *Amblyrhynchus cristatus cristatus*.
  Senck.biol., 37, 87–100

– (1959): Survey on the Galapagos Islands. UNESCO Mission Report, 8

– (1960): Naturschutzprobleme auf den Galapagos-Inseln. Acta Tropica

– (1962): Neue Unterarten der Meerechse, *Amblyrhynchus cristatus*, nebst
  weiteren Angaben zur Biologie der Art. Senck. biol., 43, 177–199

– (1964): Im Reich der tausend Atolle. München (Piper)

– (1966a): Beobachtungen über das innerartliche Kampfverhalten der Kielschwanzleguane (*Tropidurus*). Z. Tierpsych. 6, 672–676

– (1966b): Das Verteidigen der Eiablageplätze bei der Hood-Meerechse (*Amblyrhynchus cristatus venustissimus*). Z. Tierpsychol., 23, 627–631

– (1970): Liebe und Haß. Zur Naturgeschichte elementarer Verhaltensweisen. Piper, München (Serie Piper 113. 1976)

– (1974): Grundriß der vergleichenden Verhaltensforschung. 4. Aufl., München (Piper)

– (1975): Krieg und Frieden aus der Sicht der Verhaltensforschung. München
  (Piper)

– (1976): Menschenforschung auf neuen Wegen. Wien (Molden)

– (1984): The large Iguanas of the Galapagos Islands. In: Perry, R. (Ed.) Key
  Environments: Galapagos, Pergamon Press. Oxford, 157–173

– (1984): The Galapagos Seals Part 1: Natural History of the Galápagos Sea
  Lion. In: Perry, R. (Ed.): Key Environments: Galapagos. Pergamon Press,
  Oxford, 207–214

– (1990): Der Mensch, das riskierte Wesen. Zur Naturgeschichte menschlicher
  Unvernunft. Piper, München 3. Aufl. 1

EIBL-EIBESFELDT, I., und KÖSTER, F. (1983): *Taenioconger klausewitzi*, a New
  Garden-Eel from the Galapagos. Noticias de Galápagos, 38, 26–27

EIBL-EIBESFELDT, I., und SIELMANN, H. (1962): Beobachtungen am Spechtfinken (*Cactospiza pallida*). J. Ornith., 103, 92–101

GERLACH, R. (1959): Bedrohte Tierwelt. Darmstadt (Luchterhand)

GLYNN, P. W. & WELLINGTON, G. M (1983): Corals and Coral Reefs of the Galapagos Islands. Berkeley & Los Angeles (Univ. of California Press)

GRANT, P. R. (1986): Ecology and Evolution of Darwins Finches. Princeton University Press, Princeton

GRUHL, H. (1975): Ein Planet wird geplündert. Frankfurt (S. Fischer)

GRZIMEK, B. (1954): Kein Platz für wilde Tiere. München (Kindler)

GRZIMEK, B. und M. (1959): Serengeti darf nicht sterben. Berlin (Ullstein)

HAGEN, V. W. von (1949): Ecuador and the Galápagos Islands. (Norman)

HAILMAN, J. P. (1964): The Galapagos Swallow-Tailed Gull is nocturnal! Wilson Bull., 76, 347–354

– (1965): Cliff Nesting Adaptations of the Galapagos Swallow-Tailed Gull. Wilson Bull., 77, 346–362

HAMANN, O. (1981): Plant Communities of the Galapagos Islands. Dansk Botanisk Arkiv, 34, Nr. 2

HARRIS, M. P. (1968): Egg-eating by the Galapagos Mocking Birds. Condor, 67, 354–355

– (1969a): The Biology of the Storm Petrels in the Galapagos Islands. Proc. Calif. Acad. Sci., 37, 95–166

– (1969b): Breeding Season of Sea Birds in the Galapagos Islands. J. Zool. Lond., 159, 145–165

– (1972): Coereba flaveola and the Geospizinae. Bull. Brit. Ornithol. Club, 92, 164–168

– (1973): The Biology of the Waved Albatros, *Diomedea irrorata*, of Hood Island, Galapagos. Ibis, 115, 482–510

– (1974): A Field Guide to the Birds of Galapagos. London (Collins)

– (1984): The Seabirds, Kapitel 13, 191–206 in: Key Environments, Galapagos (Hrsg. R. Perry); Pergamon-Press, Oxford, New York

HASS, H. (1957): Wir kommen aus dem Meer. Berlin (Ullstein)

HASS, H., und EIBL-EIBESFELDT, I. (1977): Haie wie sie wirklich sind. (Bertelsmann)

HATCH, J. J. (1965): Only one Species of Galapagos Mocking Bird feeds on Eggs. Condor, 67, 354–355

HEIM, R. (1956): Derniers Refuges. Amsterdam/Brüssel (Elsevier)

HELLER, E. (1903): Papers of the Hopkins Stanford Galapagos Expedition 1898–99, Reptiles Proc. Washington Acad. Sci. 5, 39–98

HENDRICKSON, J. R. (1965): Reptiles of the Galapagos. Pac. Discovery, 18, 28ff.

HOBSON, E. S. (1965): Observations on Diving in the Galapagos Marine Iguana, *Amblyrhynchus cristatus*. Copeia, 2, 249–250

HOLST, E. v. (1950): Die Tätigkeit des Statolithenapparates der Wirbeltiere. Die Naturwiss., 12, 265–272

484

HONEGGER, R. E. (1972): Die Reptilien-Bestände auf den Galapagos-Inseln 1972. Natur und Mus., 102, 437–454

HUNDLEY, M. H. (1963): Notes on Methods of Feeding and the Use of Tools in the *Geospizinae*. Auk, 80, 372–373

JACKSON, M. H. (1985): Galapagos – A Natural History Guide. The University of Calgary Press, Canada.

KING, J. E. (1954): The Otariid Seals of the Pacific Coast of America. Zool. (London), 2, 311–357

KÖSTEL, F. und H. (1983): Twelve Days Among the »Vampire-Finches« of Wolf Island. Noticias de Galapagos, 38, 4–10

KRAMER, P. (1973): Wildlife Conservation in the Galapagos Islands. Nature and Resources, 9, 3–10

LACK, D. (1947): Darwin's Finches. Cambridge

LARREA, C. M. (1960): El Archipielago de Colon (Galapagos). Descubrimierto, Exploraciones Cientificas y Bibliografia de las Islas. Quito (Case de la Cultura Ecuatoriana)

LARUELLE, J. (1967): Galapagos. Natuurwetenschappelijk Tijdschrift, 6. Charles Darwin Foundation for the Galapagos Islands. Contribution 50. (Ausgezeichnete flämische Monographie mit französ. Zusammenfassung und Literaturverzeichnis, das alle wichtigen Arbeiten bis 1967 enthält.)

LAURIE, A. (1983): Marine Iguanas as El Nino Breaks All Records. Noticias de Galapagos, 38, 11

LAWICK-GOODALL, J., und LAWICK, H. van (1965): Use of Tools by the Egyptian Vulture, *Neophron percnopterus*. Nature 212, 1468–1469

LINSLEY, E. G., und USINGER, R. L. (1966): Insects of the Galapagos Islands. Proc. Calif. Acad. Sci., 7, 113–196

LORENZ, K. (1949): Er redete mit dem Vieh, den Vögeln und den Fischen. Wien (Borotha-Schoeler)

– (1963): Das sogenannte Böse. Wien (Borotha-Schoeler)

McCOSKER, J. E. und ROSENBLATT, R. (1984): The Inshore Fish Fauna of Galapagos Islands. In: Key Environments, Galapagos. (Hrsg. R. Perry), Kapitel 9, 133–144; Pergamon Press, Oxford, New York

MACFARLAND, C. (1972): Giant Tortoises. Goliaths of the Galapagos. Nat. Geographic, 142, 632–649

MACFARLAND, C., und REEDER, W. G. (1974): Cleaning Symbiosis Involving Galapagos Tortoises and Two Species of Darwin's Finches. Z. Tierpsychol. 34, 464–483

MACFARLAND, C. G., VILLA, J., und TORO, B. (1974): The Galapagos Giant Tortoises (*Geochelone elephantopus*). Part I: Status of the Survivings Populations. Biol. Conserv., 6, 118–133. Part II. Conservation Methods, ebd., 198–212

MACKAY, S. (1964): Galapagos Tortoise and Marine Iguana deep body temperatures measured by radio telemetry. Nature, 182, 783–785

MELVILLE, H. (1940): The Encantadas, or the Enchanted Isles. New York (Burlingame)

MEREDITH, DE WITT (1939): Voyages of the VALERO III.

MERTENS, R. (1960): Über die Schlangen der Galapagos. Senck. biolog., 41, 133–141

METZGER, S. und MARLOW, R. W. (1986): The Status of the Pinzon Island Giant Tortoise. Noticias de Galapagos Nr. 83, 18–20

MILLIKAN, C., und BOWMAN, R. I. (1967): Observations on Galapagos Toolusing Finches in Captivity. The Living Bird, 6, 23–41

MOORE, R. T. (1935): The Protection and Conservation of Zoological Life of the Galapagos Archipelago. Science, 82, 519–521

MORRELL, B. (1832): A Narative of Four Voyages to the South Sea and South Pacific Ocean. New York

MURPHY, R. C. (1936): Oceanic Birds of South America. NewYork, 2 vols.

NELSON, B. (1968): Galapagos. Islands of Birds. London (Longmans)

NELSON, J. B. (1966): The Man-o-War Bird. Puzzling Behaviour Studied in the Galapagos. Natural History, May 1966, 32–39

– (1968): Breeding Behaviour of the Swallow-Tailed Gull in the Galapagos. Behaviour, 30, 146–174

– (1969): The Breeding Behaviour of the Red-Footed Booby *Sula sula*. Ibis, 111, 357–385

NIETHAMMER, J. (1964): Contribution à la connaissance des mammifères terrestres de l'Ile Indefatigable (Santa Cruz), Galapagos. Mammalia, 28, 593–606

ORR, R. T. (1967): The Galapagos Sea Lion. Mammology, 48, 62–69

PACIFIC SCIENCE CONGRESS 10 (1963): Galápagos – A Unique Area for Scientific Exploraiton. Occasional Papers of the California Academy of Sciences, No. 44

PARKER, H. W., und LOWE, P. R.: On the Need for the Prservation of the Galapagos Fauna. Proc. of the Linnaean Soc. of London

PARQUE NACIONAL GALAPAGOS 1980 (Guide to the Visitor Sites), Ministerio de Agricultura y Ganadería, Servicio Parque Nacional Galapagos, 1980

PECK, ST. und PECK, J. (1988): Biology and Distribution of Galapagos Cave and Soil Arthropods: Knowledge as of 1985. Annual Report of the Charles Darwin Research Station 1984–1985, Galapagos, Ecuador, 43–45

PERRY, R. (1970): Tortoise Rearing in the Galapagos Islands. Zoonooz, 7, 9–15

– (1972): The Galapagos Islands. New York (Dood, Mead & Co)

PERRY, R. (1984): Galápagos (Key environments) (Contribution No. 355 of the

486

Charles Darwin Foundation for the Galápagos Isles), Oxford, New York etc. (Pergamon)

PETERSON, R. L. (1966): Recent Mammal Records from the Galapagos Islands. Mammalia, 30, 441–445

PETERSON, R. T. (1967): The Galapagos. Eeri Cradle of New Species. Nat. Geographic, 131, 540–585

POLL, M., und LELEUP, N. (1965): Un poisson aveugle nouveau de la famille des Brotulidae provenant des îles Galapagos. Acad. Roy. Belg., Bull. Sci., 51, 464–474

POLL, M., und VAN MOL, J. J. (1966): Au sujet d'une espèce inconnue des Brotulidae littoral îles Galapagos, apparentée à l'espèce aveugle *Coecogilbia galapagosensis* Poll et Leleup. Acad. Roy. Belg., Bull. Sci., 52

PORTER, D. (1815, 1822): Journal of a Cruise Made to the Pacific Ocean by Cpt. David Porter in the US Frigate »Essex« in the Years, 1812, 1813 and 1814. Philadelphia/New York

PORTER, D. M. (1976): Geography and Dispersal of Galápagos Islands Vascular Plants. Nature, 264, 745–746

– (1984): Endemism and Evolution in Terrestrial Plants. in: Perry, R. (Ed.): Galápagos. (Key Environments), (Contribution No. 355 of the Charles Darwin Foundation for the Galápagos Isles), Oxford, New York etc. (Pergamon), 85–99

PRITCHARD, P. C. (1971): A Further Report on Galapagos Tortoises. Herpetol. Rev., 3, 25–28

RATCLIFFE, L. M., und GRANT, P. R. (1983): Species Recognition in Darwin's Finches (Geospiza, Gould). I. Discrimination by Morphological Cues. Anim. Behav., 1983, 31, 1139–1153

RITTER, F. (1935): Als Robinson auf Galapagos. Leipzig (Grethlein & Co.)

ROBINSON, G. und EUGENIA M. DEL PINO (1985): El Niño en las Islas Galápagos El evento de 1982–1983. Publicación de la Fundación Charles Darwin para las Islas Galápagos, Quito, Ecuador, 1985

ROBINSON, W. A. (1936): Voyage to Galápagos. Brace (Harcourt)

ROGERS, Captain Woodes (1718): A Cruising Voyage Around theWorld. London

ROHRBACH, C. (1988): Inseln aus Feuer und Meer. Galapagos, Archipel der zahmen Tiere. Abenteuer Report. Franz Schneider Verlag, München

ROTHMANN, M., und TEUBER, E. (1915): Einzelausgabe der Anthropoiden-Station auf Teneriffa. I: Ziele und Aufgaben der Station sowie erste Beobachtungen an den auf ihr gehaltenen Schimpansen. Abh. Preuß. Akad. Wiss. Berlin, 1–20

SCHEER, G. (1958): Die Vernichtung der Tierwelt durch den Menschen. Schriftenreihe der Naturschutzstelle Darmstadt

SCHOFIELD, E. K. (ohne Jahreszahl): Field Guide to Some Common Galapagos Plants. Ohio State University Research Foundation.

SIELMANN, H. (1958): Das Jahr mit den Spechten. Berlin (Ullstein)

SIMKIN, T., und HOWARD, K. A. (1970): Caldera Collapse in the Galapagos Islands, 1968. Science, 169, 429–437

SIVERTSEN, E. (1953): A New Species of Sea Lion, *Zalophus wollebaecki* from the Galapagos Islands. Det Kongelige Norske Videnskabers Selskabs Forhandlinger 26 (I) 1–3

SLEVIN, J. R. (1931): Log of the Schooner ACADEMY. Occasional Papers of the Calif. Acad. of Sciences, No. 17

– (1935): An account of Reptiles Inhabiting the Galapagos Islands. Zoolog. Soc. Bull., 38, 2–24

– (1959): The Galapagos Islands. A History of their Exploration. Occ. Papers Calif. Acad. Sci., 25, 1–50

SMITH, G. T. CORLEY (1990): A Brief History of the Charles Darwin Foundation for the Galápagos Islands 1959–1988. Noticias de Galápagos, 49

SNOW, B. K. (1966): Observations on the Behaviour and Ecology of the Flighless Cormorant *Nannopterum harrisi*. Ibis, 108, 265–280

SNOW, B. K. und D. W. (1968): Behavior of the Swallow-Tailed Gull of the Galapagos. Condor, 70, 252–264

– (1969): Observations on the Lava Gull. Ibis, 111, 30–35

SNOW, D. W. (1964): The Giant Tortoises of the Galapagos Islands. Their Present Status and Future Chances. Oryx, 7, 277–290

STEWART, A. (1911): A Botanical Survey of the Galapagos Islands. Proc. Calif. Acad. Sci., 1, 7–288

SWARTH, H. S. (1931): The Avifauna of the Galapagos Islands. Occ. Papers Calif. Acad. Sci., 18, 1–299

THORNTON, J. (1971): Darwin's Islands. A Natural History of the Galapagos. Am. Mus. Nat. Hist., Nat. Hist. Press, Garden City, New York

TINBERGEN, N. (1959): Einige Gedanken über »Beschwichtigungsgebärden«. Z. Tierpsychol., 16, 661–665

TOWNSEND, CH. H. (1925): The Galapagos Tortoises in their Relation to the Whaling Industry. Zoologica, 4, 55–135. New York. S. a. 1936, New Bedford

– (1934): The Fur Seal of the Galapagos-Islands. Zoologica, 18, 43–56

TREHERNE, J. (1987): The Galapagos Affair. Glasgow: Triad Grafton

TRILLMICH, K. G. K. (1983): The Mating System of the Marine Iguana *(Amblyrhynchus cristatus)*. Z. Tierpsychol., 63, 141–172

VAN DENBURGH, J. (1912): The Snakes of the Galapagos Archipelago. Proc. Calif. Acad. Sci., 1, 323–374

– (1914): The Gigantic Land Tortoises of the Galapagos Archipelago. Proc. Calif. Acad. Sci., 2, 203–374

VAN DENBURGH, J., und SLEVIN, J. R. (1913): The Galapagos Lizards of the Genus *Tropidurus*; with Notes on the Iguanas of the Genera *Conolophus* and *Amblyrhynchus*. Proc. Calif. Acad. Sci., 2, 133–202

VAN MOL, J. J. (1965): Ecologie comparée de deux espèces de Brotulidae (Pisces) des Iles Galapagos: *Caecogilbia deroyi* Poll et van Mol et *Caecogilbia galapagosensis* Poll et Leleup. Acad. Roy. Belg., Bull. Sci., 51

VINTON, K. W. (1951): Origin of Life on the Galapagos Islands. Am. J. Sc., 242, 356–376

VRIES, T. de (1973): The Galapagos Hawk. Diss. Universiteit de Amsterdam

– (1974): Opmerkingen over taconomie en ecologie van de reptilen van de Galapagos eilanden. II: Landleguanen en zeeleguanen. Lacerta, 32, 95–106

VRIES, T. DE & BLACK, J. (1983): Of men, goats & guava – problems caused by introduced species in the Galapagos. Noticias de Galápagos, 38, 18–21

WELLINGTON, G. M. (1975): The Galapagos Coastal Marine Environments. A Resource Report to the Department of National Parks and Wildlife, Quito

WICKLER, W. (1967): Vergleichende Verhaltensforschung und Phylogenetik. In: Heberer, G. (Ed.): Die Evolution der Organismen, 3. Auflage, I, 420–508

WIGGINS, J. L., und PORTER, D. M. (1971): Flora of the Galapagos Islands. Stanford (Univ. Press)

WILLIAMS, F. (1911): Expedition of the California Academy of Sciences to the Galapagos Islands, 1905–1906. The Butterflies and Hawkmoths of the Galapagos Islands. Proc. Calif. Acad. Sci., 1, 289–322

WITTMER, M. (1959): Postlagernd Floreana. Frankfurt/Main

WOLF, TH. (1895): Die Galapagos Inseln. Ges. f. Erdkunde Berlin, 22, 246–265

Liste der wissenschaftlichen Filme

Encyclopaedia cinematographica Inst. f. d. wiss. Film. Göttingen

EIBL-EIBESFELDT, I. (1963): E 593 *Testudo elephantopus* (Testudinidae): Fressen und Trinken

– (1964): E 576 *Geospiza fuliginosa* (Fringillidae): Säubern von Meerechsen

– (1964): E 581 *Amblyrhynchus cristatus* (Iguanidae): Nahrungserwerb an Land und unter Wasser

– (1964): E 582 *Amblyrhynchus cristatus* (Iguanidae): Kampf der Weibchen

– (1964): E 591 *Amblyrhynchus cristatus* (Iguanidae): Kommentkampf der Männchen

- (1964): E 592 *Conolophus subcristatus* (Iguanidae): Drohen
- (1964): E 584 *Nannopterum harrisi* (Phalacrocoracidae): Fütterung der Jungen
- (1964): E 596 *Nannopterum harrisi* (Phalacrocoracidae): Brutablösung
- (1964): E 577 *Zalophus wollebaeki* (Otariidae): Schwimmen über und unter Wasser
- (1964): E 578 *Zalophus wollebaeki* (Otariidae): Lokomotion and Land
- (1964): E 579 *Zalophus wollebaeki* (Otariidae): Hautpflegeverhalten
- (1964): E 580 *Zalophus wollebaeki* (Otariidae): Grüßen und Drohen
- (1964): E 594 *Fregata spec.* (Fregatidae): Balz
- (1964): E 595 *Fregata spec.* (Fregatidae): Fütterung der Jungen
- (1964): E 609 *Tropidurus delanonis* (Iguanidae): Kommentkampf der Männchen
- (1976): E 2882 *Conolophus subcristatus* (Iguanidae): Fressen stacheliger Pflanzen
- (1976): E 2283 *Geospiza fuliginosa* (Fringillidae): Putzsymbiose mit *Conolophus subcristatus*

EIBL-EIBESFELDT, I., und SIELMANN, H. (1964): E 597 *Cactospica pallida* (Fringillidae): Werkzeuggebrauch beim Nahrungserwerb

SCHÖNE, H., und EIBL-EIBESFELDT, I. (1964): E 599 *Grapsus grapsus* (Brachyura): Drohen

Tiernamenverzeichnis

Buntbarsch *Hemichromis bimaculatus* GILL S. 51, 130
Buntbock *Damaliscus pygargus* PALL. S. 432
Buntspecht *Dencrocopus major* S. 316
Burchell-Zebra *Equus quagga burchelli* GRAY S. 432
Bussard siehe Galápagos-Bussard

Ceylon-Elefant *Elephas maximus maximus* L. und *E. m. vilaliya* DERANIYA-
GALA S. 432

Dachs *Meles meles* L. S. 52, 54, 64
Darwin-Finken *Geospiza*, 5 Gattungen, 13 Arten (in Klammern die Nummern,
durch die die Art in Abb. 181 gekennzeichnet ist): S. 9, 14, 34, 44, 45, 73, 86,
87, 89, 125, 190–192, 194, 195, 290–323, 368, 394, 421, 429

    Geospiza magnirostris GOULD, Großer Grundfink (1)
    Geospiza fortis GOULD, Mittlerer Grundfink (2)
    Geospiza fuliginosa GOULD, Kleiner Grundfink (3)
    Geospiza difficilis SHARPE, Spitzschnäbliger Grundfink (4)
    Geospiza scandens GOULD, Kaktusfink (5)
    Geospiza conirostris RIDGWAY, Großer Kaktusfink (6)
    Platyspiza crassirostris GOULD, Vegetarischer Baumfink (7)
    Camarhynchus psittacula GOULD, Großer insektenfressender
    Baumfink (8)
    Camarhynchus pauper RIDGWAY, Mittlerer insektenfressender
    Baumfink (9)
    Camarhynchus parvulus GOULD, Kleiner insektenfressender
    Baumfink (10)
    Cactospiza pallida SCLATER u. SALVIN, »Specht«-Fink (11)
    Cactospiza heliobates SNODGRASS und HELLER, Mangrovenfink
    (12)
    Certhidea olivacea GOULD, Laubsänger-Fink (13)
    Pinarolaxias inornata GOULD, Kokosfink (14)
Delphin *Delphinus* S. 353f.
Dickkopf *Bodianus eclancheri* VAL. S. 234, 264, 265, 278, 279, 285
Dronte *Didus ineptus* L. S. 148
Drusenkopf siehe Landleguan

Elch *Alces alces* L. S. 431
Elefantenschildkröten S. 9, 14, 16, 18, 20, 26, 77–115, 192, 207, 249, 325, 326,
327, 377, 397, 417, 427, 428
Die erste Galápagos-Schildkröte wurde von HARLAN 1827 als *Testudo ele-*

Flugunfähiger Kormoran *Nannopterum harrisi* ROTHSCHILD S. 9, 11, 14, 148–157, 163, 165, 284, 372, 417

Fregattvogel (Bindenfregattvogel) *Fregata minor ridgwayi* MATHEWS S. 9, 209–215, 227, 258 ff., 382, 383

Füsiliere *Xenichthys jessicae* Jordan & Boll S. 230, 231, 232, 233, 235, 287

Gabelschwanzmöwe *Creagrus furcatus* NEBOUX S. 44, 209, 222, 225, 261, 339, 382

Galago-Halbaffe *Galago crassicaudatus* S. 53

Galápagos-Bussard *Buteo galapagosensis* GOULD S. 46, 104, 142, 144, 184, 187, 318, 329, 366, 423, 425, 427

Galápagos-Ente *Poecilonetta galapagosensis* RIDGWAY S. 200, 203, 227, 417

Galápagos-Pelzrobbe *Arctocephalus galapagosensis* BRASS S. 15, 41, 270, 287, 351, 372–376, 417

Galápagos-Pinguin *Spheniscus mendiculus* SUNDEVALL S. 9, 15, 165, 166–172, 284, 417

Galápagos-Ratte: 6 Arten von *Oryzomys* S. 14, 196, 205, 208
(4 davon der Untergattung *Nesoryzomys* angehörig):
>   *Oryzomys bauri* ALLEN, Barrington (Santa Fé)
>   *Oryzomys galapagosensis* WATERHOUSE, San Cristóbal
>   *Oryzomys narboroughi* HELLER, Fernandina (Narborough)
>   *Oryzomys indefessus* THOMAS, Santa Cruz
>   *Oryzomys darwini* Osgood, Santa Cruz
>   *Oryzomys swarthi* ORR., James (Santiago)

Galápagos-Sänger *Dendroica petechia aureola* GOULD S. 342

Galápagos-Schlange *Dromicus* S. 154, 202, 269, 318, 324, 328–331
Man unterschied bisher sechs Arten. Aufgrund einer Aufsammlung des Verfassers hat Robert Mertens diese Arten kürzlich in drei Rassenkreise zusammengefaßt. Eine bisher unbekannte Art von San Cristóbal wurde bei dieser Gelegenheit neu beschrieben. Nach Mertens hat man die Galápagos-Schlangen folgendermaßen zu gruppieren:

>   1. *Dromicus biserialis* GÜNTHER: *Dromicus biserialis biserialis* GÜNTHER, Floreana; *Dromicus biserialis hoodensis* VAN DENBURGH, Hood (Española); *Dromicus biserialis eibli* MERTENS, San Cristóbal

>   2. *Dromicus dorsalis* STEINDACHNER: *Dromicus dorsalis dorsalis* STEINDACHNER, James (Santiago), Jervis (Rábida), Santa Cruz, Baltra, Barrington (Santa Fé); *Dromicus dorsalis occidentalis* VAN DENBURGH, Fernandina; *Dromicus dorsalis helleri* VAN DENBURGH, Isabela

>   3. *Dromicus slevini* VAN DENBURGH: *Dromicus slevini slevini* VAN

494

Fernandina: von Barrington wurde die Unterart *T. albemarlensis barringtonensis* beschrieben

Klapperschlange *Crotalus sp.* S. 132

Kleidervögel *Drepanididae* S. 319, 320, 429

Koala *Phascolarctus cinereus* GOLDFUSS S. 432

Königs-Pinguin S. 166

Kokos-Anolis *Anolis townsendi* STEJN S. 341

Kokos-Fink *Pinarolaxias inornata* GOULD S. 339, 342

Kokos-Kuckuck *Coccyzus ferrugineus* TOWNS. S. 342

Kolkrabe *Corvus corax* L. S. 159, 431

Kormoran *Phalacrocorax carbo* L. S. 120, 431

Krähe *Corvus sp.* S. 319

Kranich, europäischer *Grus grus* L. S. 431

Kreuzotter *Vipera berus* L. S. 132

Kugelfisch *Arothron hispidus* L. S. 237, 273, 287, 370, 373

Lachmöwe *Larus ridibundus* L. S. 159

Lachtaube *Streptopelia roseogrisea* L. S. 136

Lämmergeier *Gypaëtus barbatus* L. S. 431

Landleguane der Galápagos-Inseln *Conolophus* S. 14, 26, 125, 174, 182–195, 199, 204, 255, 303, 415, 416

Alle Landleguane, mit Ausnahme jener von Barrington, werden unter dem Namen *Conolophus subcristatus* GRAY zusammengefaßt. Der Barrington-Landleguan wurde als *Conolophus pallidus* HELLER beschrieben. Er ist wahrscheinlich eine Unterart des ersteren.

Landschnecke *Gastrocopta minuta* S. 20, 79, 82, 185, 324, 328

Lauber vogel *Ptilonorhynchus violaceus* S. 316

Laubsänger *Dendroica petechia aureola* S. 342

Laubsänger-Fink *Certhidea olivacea* GOULD S. 298

Lavamöwe *Larus fuliginosus* GOULD S. 144, 222, 368

Lippfisch *Labridae* S. 65, 232, 283, 287;
siehe auch Putzender Lippfisch, Bindenlippfisch, Dickkopf

Lotsenfisch *Naucrates ductor* L. S. 274, 352

Löwe S. 134

Luchs *Lynx lynx* L. S. 431

Madenhacker *Buphagus* S. 86

Maghelan-Pinguin *Spheniscus magellanicus* FORSTER S. 166

Malaiischer Elefant *Elephas maximus hirsutus* LYDECKER S. 432

Marder *Martes sp.* S. 52, 148

Maskarenen-Schildkröte *Testudo sp.*

Register

Ein * nach geographischen Namen verweist darauf, daß es im Inselführer zu diesem Stichwort eine Karte gibt. Große Übersichtskarte der Galápagos-Inseln auf S. 448/449.

503

Konrad Lorenz

Der Abbau des Menschlichen
294 Seiten. Serie Piper 498

Die acht Todsünden der zivilisierten Menschheit
112 Seiten. Serie Piper 50

Er redete mit dem Vieh, den Vögeln und den Fischen
Tiergeschichten. 215 Seiten mit 104 Zeichnungen von Konrad Lorenz
und Annie Eisenmenger. Geb.

Hier bin ich – wo bist du?
Ethologie der Graugans. 320 Seiten mit 140 teils farbigen Abb. Leinen

Das Jahr der Graugans
200 Seiten mit 147 Farbfotos von Sybille und Klaus Kalas. Geb.

Die Rückseite des Spiegels
Versuch einer Naturgeschichte menschlichen Erkennens
Der Abbau des Menschlichen
Zusammen 537 Seiten. Geb.

So kam der Mensch auf den Hund
187 Seiten mit 110 Zeichnungen des Verfassers. Geb.

Das sogenannte Böse
Zur Naturgeschichte der Aggression. 317 Seiten. Geb.

Über tierisches und menschliches Verhalten
Aus dem Werdegang der Verhaltenslehre. Gesammelte Abhandlungen
Bd. I: 412 Seiten mit 5 Abb. Serie Piper 360
Bd. II: 398 Seiten mit 63 Abb. Serie Piper 361

P<small>IPER</small>

Konrad Lorenz

Das Wirkungsgefüge der Natur und das Schicksal des Menschen
Gesammelte Arbeiten
Herausgegeben und eingeleitet von Irenäus Eibl-Eibesfeldt.
368 Seiten mit 23 Abb. Serie Piper 309

Oskar Heinroth / Konrad Lorenz
Wozu aber hat das Vieh diesen Schnabel?
Briefe aus der frühen Verhaltensforschung 1930–1940
Herausgegeben von Otto Koenig.
334 Seiten. Serie Piper 975

Konrad Lorenz / Franz Kreuzer
Leben ist Lernen
Von Immanuel Kant zu Konrad Lorenz
Ein Gespräch über das Lebenswerk des Nobelpreisträgers.
103 Seiten mit 1 Abb. Serie Piper 223

Karl R. Popper / Konrad Lorenz
Die Zukunft ist offen
Das Altenberger Gespräch
Mit den Texten des Wiener Popper-Symposiums. Hrsg. von Franz Kreuzer
143 Seiten. Serie Piper 340

Franz M. Wuketits
Konrad Lorenz
Leben und Werk eines großen Naturforschers
288 Seiten mit 13 farbigen Abbildungen
auf Tafeln und 32 Abbildungen im Text. Leinen

PIPER